현광사 들어오는 길

현광사 전체 전경

현광사 연못

현광사 극락전과 석불

현광사 7층 석탑

창종법회

부처님 오신 날 찬불가 합창

자비미 리본

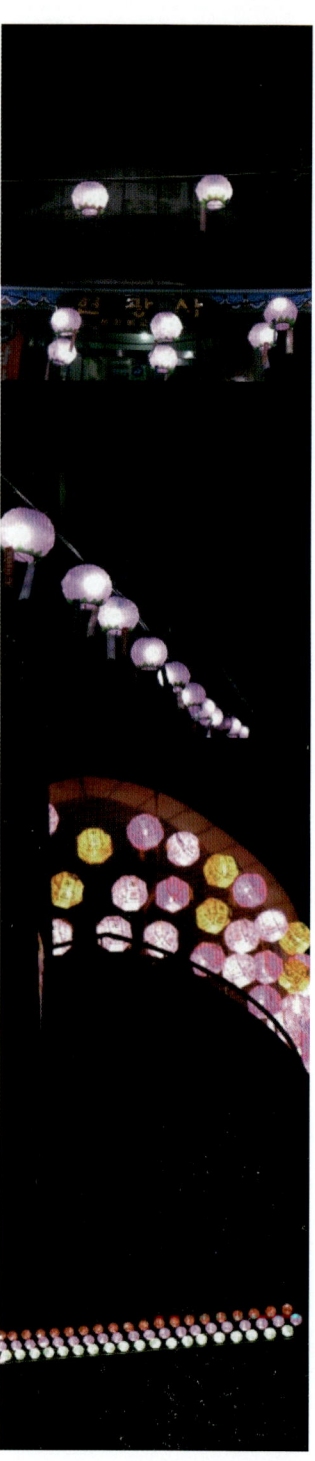

연등 및 점등 행사

실상연화종 · 현광사 석동광 큰스님의 법화경 이야기

지금이 그 때라

- 법화경의 이해와 수행 -

(주)이화문화출판사

中國 浙江省 台州市 天台縣 國淸寺(중국 절강성 태주시 천태현 소재 국청사 대웅전)

천태대사께서 38~48세(575~585)에 천태산으로 들어가 경전연구와 수행정진하던 곳이다.

국청서 경내 천태대사 친필 說妙法藏

머리말

모든 사람들은 한결같이 희망찬 내일을 위해서 분주하게 움직이고, 최선을 다하는 한 해를 보낼 것이라고 마음먹고, 새해를 맞이하는 생활이 반복됩니다.

어리석게도 범부 중생들은 일이 잘 풀리면 기분이 좋고 잘 풀리지 않으면 절망하기를 거듭하게 되지만 이것을 사주팔자려니 하고 살아가고 있다는 것은 안타까운 일입니다.

이제부터라도 불교를 바르게 알고 바른 믿음으로 불교를 생활화하는 것이 이 세상에 몸을 받고 태어난 보람을 찾을 수 있을 것입니다.

대체로 사람들은 불교를 믿고 부처님을 믿는다고 하면서도 부처님을 믿는 것보다는, 사람을 보고 믿고 절에 다닌다거나, 아니면 자신이 다니는 절에서 작은 것에 대한 이익이 생겼다고 해서 계속 다닌다고 보는 것이 정확할 것입니다.

불교에 대한 바른 이해가 없으면서, 절에 다니는 것은 기복 신앙에 빠져 있는 것과 무엇이 다르겠습니까.

불교는 반드시 부처님의 가르침을 본으로 삼고 수행해야 할 것입니다.

모든 사람들이 불교를 바르게 믿는다면 태어날 때 자신도 모르는 큰 목적이 있었다는 것을 깨닫게 될 것이며, 그 목적을 모르고 살아가는 것은 잠시 잊어버린 상태에서 살아가고 있다는 것입니다.

그 목적이 무엇인가를 알고자 한다면 부처님의 가르침인 경문을 바르게 알아야하며, 목적을 이루고자 한다면 경문을 바르게 믿고 이해하여 그 이치를 깨달아 나가야 합니다.

열반경에서 "믿고 이해하는 마음이 하나로 통일 되어야만 한다"고 하셨습니다.

또한 "사람은 누구나 다 부처의 성품을 갖추고 있다"고 하셨고,

묘법연화경 방편품 제2에서,

"이 경을 믿으면 한사람도 성불 못하는 사람이 없다"고 하셨습니다.

이 경문의 말씀은 곧 사람으로 태어날 때 이미 부처가 될 수 있는 성품을 갖추고 있기 때문에 누구나 부처님의 가르침을 받아서 믿고 실천하면 반드시 부처가 된다는 가르침입니다.

그러므로 사람은 태어날 때 반드시 부처가 될 것을 서원하고 태어난다고 해도 지나친 말이 아닐 것입니다.

사람이 태어날 때는 청정한 마음을 갖고 태어나지만, 어른이 되어 갈수록 마음은 청정하지 못하게 됩니다.

그것은 어른이 되면 될수록 요령만 늘게 되고, 잘한 일과 못한 일에 대해서 집착을 하기 때문에, 사견(思見)이 나와서 탐·진·치가 더욱더 치성해져서 업만 쌓여지기 때문입니다.

불교는 부처님의 가르침으로, 인연과보(因緣果報)를 존중하는 것이 또한 불교인 것입니다.

그리고 선(善)을 근본으로 삼아야 하며, 선(善)의 근본은 하나의 마음에서 나옵니다.

부모에 효도하고, 나라에 충성하고, 사회에 봉사하고, 진실한 말과 행동을 하고, 친구에게 진실하고, 주인에게 충실하고, 가족에게 자비로써 감싸고 하는 이러한 것은 모두가 하나의 마음에서 나오는 것으로, 이러한 모든 선(善)은 부처님의 가르침인 일불승(묘법연화경)에서 나오는 것입니다.

특히 주인에게 충실하는 것은 주종의 관계도 되겠지만, 나 자신이 나의 주인으로써 스스로가 얼마나 소중한가를 알아야 합니다.

그것은 다름 아닌 자기 자신이 갖추고 있는 본래 면목으로서 불성이 있기 때문입니다.

우리는 태어날 때부터 부처님의 성품을 갖추고 태어나기 때문에 반드시 부처님의 가르침을 바르게 실천 수행한다면 그 인과로 인해서 부처를 이룰 수 있음을 믿어야 합니다.

묘법연화경 방편품 제2에서

부처가 되고자 하면 바른 수행의 실천과 노력하는 것이 인연과보(因緣果報)의 인(因)이 되고,

인(因)으로 인해 부처님의 가르침에 의해서 행하게 되는 것이 인연과보(因緣果報)의 연(緣)이 되고,

연(緣)으로 인해 부처님과 같이 훌륭한 덕을 갖추게 되는 결과가 인연과보(因緣果報)의 과(果)가 되고,

과(果)로 인해서 이익이 되어서 일체중생을 인도하여 이익되

게 하는 작용이 인연과보(因緣果報)의 보(報)가 된다는 가르침이
있습니다.

우리 모든 사람들은 부처님의 가르침대로 좋은 인(因)을 지어
서, 부처님의 가르침을 실천수행을 바르게 하면(緣), 바른 수행
으로 부처님의 마음과 같이 훌륭한 덕을 갖추게 되며(果), 이렇
게 부처님의 마음과 같은 덕이 갖추어지게 되면, 나 자신과 더
불어 다른 사람들도 불법으로 인도하므로 이로움을 주는 것이
됩니다.

그러므로 나 자신과 다른 사람들도 스스로 좋아지게 되는 작
용이 나타나게 되는 것입니다.

부처님께서 열반경 사상품(四相品)에서, "가섭아 여래가 스승
으로 삼는 것은 법(法)이니라. 그러므로 여래가 이 법(法)에 공
경 공양하느니라."

부처님께서도 법을 스승으로 삼고 공경 공양하신다고 하신
이 법이 바로 묘법연화경입니다.

불자들은 모름지기 부처님께서 공경 공양하시는 이 법을 바
르게 믿는 것만이 성불의 대도를 행하는 것이라는 것을 알고,
이 법을 믿음으로 인해서 내가 바라는 별원(소원)은 저절로 이
루어진다는 것을 알아야 합니다.

불교를 믿는다고 하면서 그 신앙하는 마음이 기복의 신앙인
지 아닌지를 바르게 분별해야 하며, 부처님의 바른 가르침을
받아 가지고 실천 수행하는 일이야말로 진실한 부처님의 자식
이 될 것입니다.

부처님의 가르침을 바르게 믿는다는 것은, 나 자신을 사랑하
고, 가정을 소중하게 생각하고, 그리고 사회가 밝아지도록 하

8

고, 특히 내가 태어난 나라(대한민국)를 바로 섬기고 지키겠다는 마음과 나 아닌 다른 사람을 내 몸과 같이 생각하겠다는 신념이기도 한 것입니다.

이 지면으로 인해서 불자 여러분들의 바른 이해로 신앙생활 하시는데 작은 도움이라도 되어지기를 간절히 바라는 바입니다.

끝으로 대구신문사에 게재한 저의 칼럼과 『불교의 참 이해』를 엮어서 이 책을 발간하게 된 것을 모든 분들께 감사드리며, 혹 잘못된 부분이 있다면 이해를 구하는 바이며, 특히 칼럼과 사진 일부를 제공해주신 영남대학교수 배규성님, 교정을 도와주신 혜안수보살님, 그리고 이화출판사에 깊은 감사를 드립니다.

실상묘법연화경. 실상묘법연화경. 나무평등대혜실상묘법연화경

차례

머리말 ·· 5

1 지금이 그 때라 ································· 15

Ⅰ. 접촉 ··· 17
Ⅱ. 지금이 그 때라 – 법화경의 수행 (칼럼) ········· 21
 1. 인법일여(人法一如)의 석가여래 ······················· 21
 2. 착한 사람 ··· 25
 3. 불교신앙의 대상은 묘법연화경이다 ················ 29
 4. 보살(菩薩)의 종류 ·· 32
 5. 허망횡계의 자가 되지 말라 ···························· 35
 6. 위대한 힘 ··· 38
 7. 나는 이와 같이 들었다 ···································· 41
 8. 타방육서(他邦六瑞) ·· 45
 9. 오직 정실 순수한 열매 ··································· 49
 10. 일대사인연(一大事因緣) ································· 52
 11. 사람다운 삶은 바른 가치관 설정에 있다 ······· 55
 12. 자기중심적 사고에서 벗어나야 ····················· 59
 13. 오탁악세(五濁惡世)에 출현하시는 부처님 ······· 62
 14. 오탁악세(五濁惡世) ·· 65
 15. 부처님의 가르침 ··· 69
 16. 이제사 만족함이라 ·· 73
 17. 성불(成佛) ·· 77

18. 모든 사람이 부처가 될 수 있다 ······························· 80

19. 믿음과 이해 ··· 83

20. 지금이 바로 그 때라 ··· 88

21. 하나밖에 없는 세상의 진리 ····································· 91

22. 사리불(舍利弗) ··· 95

23. 부처님의 가르침을 근본으로 삼아야 ······················· 98

24. 득불법분(得佛法分) ·· 102

25. 불가사의한 부처님의 힘 ······································· 105

26. 사리불 스스로 의심을 풀다 ··································· 109

27. 육체적 장애보다 마음의 장애가 더 큰 장애다 ··········· 113

28. 본래 발원한 행할 바의 도 ···································· 116

29. 사리불존자 수기 받다 ··· 120

30. 삼계와 불타는 집의 비유 ······································ 125

31. 불타는 집의 비유 ··· 129

32. 다섯 가지의 비유 ··· 133

33. 묘법연화경 비유품 ··· 137

34. 깨닫고자 하는 마음 ·· 141

35. 환란은 스스로 만든다 ··· 145

36. 불기 2555년 '부처님 오신 날' 봉축사 ···················· 148

37. 사람의 몸으로 태어나기 어려워 ···························· 151

38. 큰 창고에 들어있는 보배 ······································ 155

39. 석가모니불은 성인 중 대성존이시라 ······················ 158

40. 상락아정 ··· 162

41. 부처님의 지혜 ··· 166

42. 고통의 원인은 탐욕 ·· 170

43. 업보(業報)와 해법(解法) ······································ 173

44. 과보(果報) ·· 177

45. 선한 사람의 모습 ································· 180

46. 부자 아버지와 가난한 아들의 비유 ················· 184

47. 여럿 가운데서 첫째가는 것(第一) ················· 187

48. 외도(外道)의 말을 믿지 말라 ···················· 191

49. 작은 것에 집착하지 말아야 한다 ·············· 195

50. 자기중심적인 사람이 되지 말라 ··············· 198

51. "부처님 오신 뜻을 봉축하며" ·················· 201

52. 부처님의 본 모습은 구원본불(久遠本佛)이다 ·········· 204

53. 말법에는 오직 하나밖에 없는 일불승인 묘법연화경에
    의지하라 ·· 207

54. 연꽃과 같은 진실한 가르침 ··················· 210

55. 현각 스님이 이것을 알았더라면 ············· 213

56. 어리석은 마음에서 벗어나는 가르침 ··········· 216

57. 작은 것에 집착하고 있으면서 작다는 것을 알지 못하고 220

58. 번뇌망상 ·· 224

59. 복은 스스로 짓는 것이다 ······················ 227

60. 인연과보(因緣果報) ······························· 231

61. 양의 수레, 사슴의 수레, 소의 수레 ············ 234

62. 묘법(妙法)으로 자신의 주인공을 찾자 ·········· 238

63. 스스로 행복을 찾을 수 있는 가르침 ··········· 242

64. 무서운 코끼리를 만날지언정 악지식은 만나지 말라 ···· 245

65. 자심(慈心)·비심(悲心)·희심(喜心)·사심(捨心) ·········· 249

66. 물은 물이지만, 샘은 강이 아니고 강은 바다가 아니다 253

67. 섭수절복을 바르게 해야 할 때 ················· 257

2 은혜와 삶 ·················· 263

Ⅰ. 국가의 은혜를 알고 벽신에서 벗어나야 ··············· 265

Ⅱ. SGI의 판 만다라인 남묘호레엔게교는 일본종교다 ··········· 269

Ⅲ. 울산제일일보 칼럼 ··················· 274

  1. '설' 유감 ·················· 274

  2. 행복지수 ·················· 277

  3. 한 송이 할미꽃의 생명 ··············· 280

3 불제자의 도리 ·················· 283
2004년 4월 7일 ~ 8월 25일 대한불교신문 지상법문에 대해서

  1. 불제자의 도리 ·················· 285

  2. 깨달음 ·················· 290

  3. 안팎의 마장을 막아주고 지옥 아귀 축생의 과보를 끊어줄 수
     있다는 말에 대해서 ·················· 292

  4. 정법의 몸통만을 사자후 하겠다 했는데 ··············· 301

  5. 나 아니면 부모조상 천도는 안 된다고 했는데 ··········· 306

  6. 적정삼매에서 부처님으로부터 직접 들은 법문 ············ 308

  7. 삼신설(三身說) ·················· 311

  8. 일대성교대의 ·················· 317

  9. 묘법연화경은 성경(聖經) 중의 대왕이다 ··············· 320

  10. 여래출세(來自覺此)의 문자를 수지하라 ··············· 324

  11. 법화경(묘법연화경)은 일본종교인가? ··············· 330

  12. 유명인의 법문은 모두 정법인가 ··············· 331

  13. 일대사인연 ·················· 336

4 부록 : 불교의 참 이해 …………………………… 343
부처님의 일대성교(一大聖敎) 대의(大義)

1. 부처님의 탄생 예언(漢王大記) ………………………… 345
2. 동양의 삼교(三敎) …………………………………… 346
3. 법화경의 유래 (법화경의 한역) ………………………… 348
4. 묘법연화경이란? …………………………………… 353
5. 법화경의 중심사상 …………………………………… 357
6. 대승(大乘)의 성립 ………………………………… 358
7. 본불과 적불이란? …………………………………… 359
8. 법화경과 중국의 천태대사 ……………………………… 360
9. 석가여래와 묘법연화경 ………………………………… 367
10. 묘법연화경과 우주와 인간과의 관계 ……………………… 371
11. 수지(受持)란? ……………………………………… 374
12. 법화경의 중요성 …………………………………… 375
13. 오시팔교(五時八敎) ………………………………… 377
14. 우리나라의 법화불교 ………………………………… 403
15. 제목봉창의 시창자는? ………………………………… 407
16. 제목의 중요성 ……………………………………… 408
17. 묘법연화경 제목봉창에 대하여 ………………………… 410
18. 실상묘법연화경(實相妙法蓮華經) 제목 창제 ……………… 415
19. 제목을 부르라고 하신 증무 …………………………… 421
20. 불보살의 명호와 묘법연화경의 승열 …………………… 422
21. 인간의 무한한 가능성 ………………………………… 427

1

지금이 그 때라

법화경의 수행 (칼럼)

Ⅰ. 접촉

Ⅱ. 지금이 그 때라

2010년 1월 12일자 ~ 2017년 2월 10일자
대구신문 연재 칼럼 모음

I. 접촉

네팔 룸비니의 붓다 출생지(Lumbini, the Birthplace of the Lord Buddha)

마야데비 사원에 모셔진 붓다의 첫 발자국(Marker Stone)

파리니르바나 사리탑이 있는 파리니르바나 사원 (the Parinirvana Temple)

파리니르바나 사리탑 안에 있는 한 덩어리 붉은 사암에 깎은 6.1m의 누워 있는 부처상

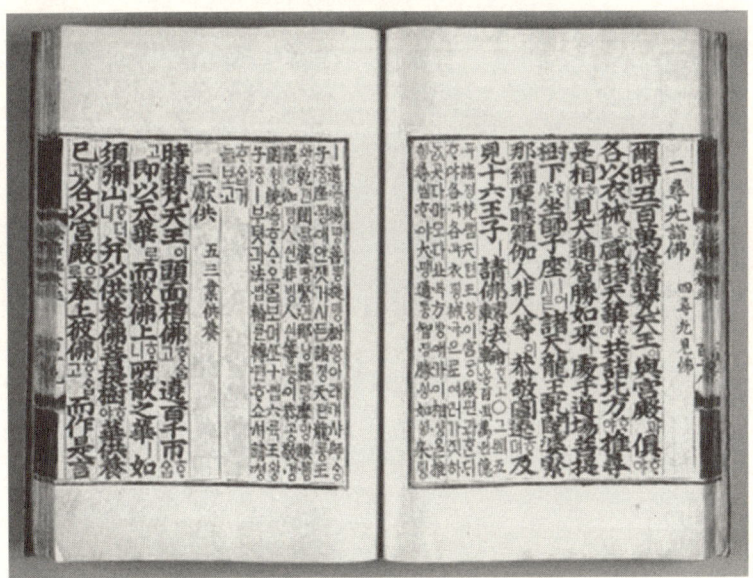

묘법연화경 한국어 번역본 – 국립박물관 소장

종교유형별 인구 (1995, 2005, 2015)

(단위: 천명, %)

구분	인구			구성비		
	1995년	2005년	2015년	1995년	2005년	2015년
계	43,834	46,352	49,052	100.0	100.0	100.0
종교있음	22,100	24,526	21,554	50.4	52.9	43.9
불교	10,154	10,588	7,619	23.2	22.8	15.5
기독교(개신교)	8,505	8,446	9,676	19.4	18.2	19.7
기독교(천주교)	2,885	5,015	3,890	6.6	10.8	7.9
원불교	86	129	84	0.2	0.3	0.2
유교	210	104	76	0.5	0.2	0.2
천도교	28	45	66	0.1	0.1	0.1
대종교	7	4	3	0.0	0.0	0.0
기타	225	196	139	0.5	0.4	0.3
종교없음	21,735	21,826	27,499	49.6	47.1	56.1

주) 특별조사구 제외　　통계청 발표 자료/신대승네트워크 〈트렌드&리서치센터〉제공

우리나라 전체 인구 중 종교신자 비율

※ 2005년 기준, 단위 %

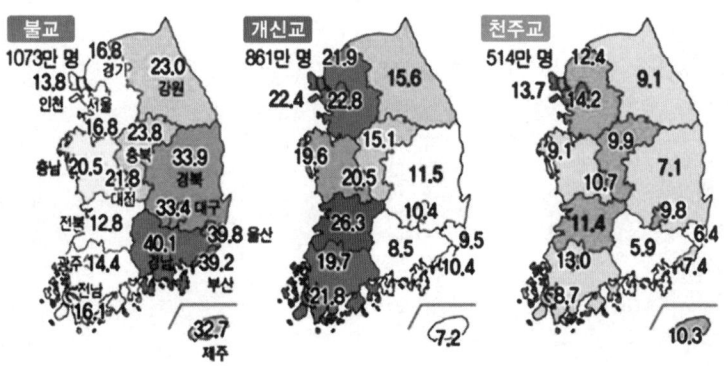

자료 : 통계청

불교인구가 감소된 것에 대해서 안타깝게 생각합니다.

Ⅱ. 지금이 그 때라

- 법화경의 수행 (칼럼)

1. 인법일여(人法一如)의 석가여래

대구신문 2010년 1월 12일자 23면에 실린 글

먼저 이 글을 올리게 된 것에 대하여 대구신문에 감사드린다. 온 국민들이 지금 겪고 있는 경제난을 슬기롭게 극복하기를 기대한다. 지금 이러한 시기에 불교에 대한 바른 이해를 돕기 위해서 묘법연화경의 진실한 가르침에 대한 원고를 청탁받고 기꺼이 응하게 된 것이다. 앞으로 시간이 허락하는 데까지 부처님의 진실한 뜻을 바르게 전하고자 한다.

묘법연화경(妙法蓮華經)에서 이 경은 듣기도 어렵고, 믿기도 어려우며, 이해하기도 어렵고, 설하기도 어려운 법이라고 부처님께서 말씀하셨다. 불자들이 알고 있기로는 묘법연화경과 화엄경이 다 같은 일승원교(一乘圓教)라고 알고 있으나 그 차이는 분명 있다.

화엄경(華嚴經)의 일승원교는 별교로서 방편의 가르침이며, 법화경은 법화순원의 원교로 방편이 아닌 진실법을 설하신 일승원교인 것이다. 화엄경은 부처님께서 완벽한 인격을 갖추신 본모습과 부처님의 경계를 보여 주신 가르침으로 완벽한 인격을 갖추고 수행하는 선재동자와 같은 사람을 위해서 설하신 경이다. 반면에 묘법연화경은 부처님이 되기 위한 후보인 보살들과 법사들을 위하고 곧 이어서 일체중생들이 일생에 성불할 수 있도록 설하신 가르침인 것이다.

화엄경과 묘법연화경의 차이는, 수행자만을 위한 가르침인지 아니면 신앙의 대상의 가르침인가 하는 차이가 있는 것이다. 화엄경에서는 성불할 수 없는 존재의 한계를 밝혀 놓으신 것으로 여자의 성불과 오역죄를 지은 악인의 성불을 허락하지 않았으나, 묘법연화경에서는 여인의 성불은 물론, 악인과 축생의 성불도 허락하신 것이 특별하게 다른 부분이다. 묘법연화경은 일체중생 실유불성(一切衆生悉有佛性)이요, 전미개오 즉신성불(轉迷皆悟卽身成佛)의 경이다.

부처님께서는 모든 중생들에게 과거의 일을 알게 하시고, 모든 생명에 불성이 갖추어져 있으므로, 중생의 미혹한 마음을 깨닫게 해서, 중생의 육신 그대로가 역겁수행을 행하지 않고 이 법에 들면, 묘법의 공덕과 힘으로 바로 부처가 된다는 경이다. 여타의 경은 역겁수행을 하더라도 궁극에는 이 묘법에 들지 않고서는 성불하지 못한다고 하신 것이다.

금강명경에서 "일체세긴소유의 신론(善論)은 모두 이 경에 인함이며, 만약 깊이 이 세상의 법을 알면, 즉 이는 불법(佛法)이니라"라고 하신 가르침을, 중국 진·수나라 당시의 천태대사(天台大師) 왈, "이 경(經)이라고 하신 것은 묘법연화경(妙法蓮華經)

이며, 이 세상의 법(法)이란 지·수·화·풍·공(地水火風空) 5대(五大)의 물질이며, 이것이 곧 묘법연화경"이라고 구명하신 것이다. 그러므로 이 묘법연화경이 진실(眞實)한 진리(眞理)라는 뜻이다.

묘법연화경이라는 것은, 본래부터 그윽하고 흔들리지 않고, 말로서는 감히 미치지 못하고, 마음으로도 측량할 수 없으며, 굳이 말로 표현하고자 한다면, 팔만대장경의 골수로, 대우주의 근원이며, 우주 삼라만상과 우주 법계를 포함한 대우주 본원의 에너지, 즉 실상을 나타낸 법(法)이라 하겠다.

불교(佛敎)의 교주이신 석가모니부처님께서는 인본존(人本尊)으로 인법일여(人法一如)의 본존이다. 사람으로 깨달음을 증득한 인본존과 동시에 법본존(法本尊)이 된다는 뜻이다. 말법에 있어서는 묘법연화경 5자를 법본존으로 하고 있다. 부처님은 세납 80세에 열반에 드시면서 법만 남겨 두셨으며, 말법오탁악세(五濁惡世)에는 반드시 법본존인 묘법연화경 5자를 수지하라고 하신 것이 열반경과 묘법연화경에서 밝혀 두신 것이다.

묘법연화경을 설하시기 직전에 무량의경을 설하시고, 이 경의 설법품(說法品)에서 밝히시기를 "선남자야 내가 일찍이 보리수 아래에 앉아서 6년 만에 아뇩다라삼먁삼보리를 이룩하여 얻었느니라. 그러나 부처님의 눈으로 일체의 모든 법을 관하였으되, 선설하지 않았느니라. 그것은 모든 중생의 성품과 욕망이 같지 않다는 것을 알았으며, 성품과 욕망이 같지 아니하여 가지가지로 법을 설하였느니라. 가지가지 법을 설하되 방편력으로 설하였으니, 사십여 년에 아직 진실을 나타내지 않았느니라."

분명 부처님은 보리수 아래서 깨달음을 얻으셨고, 부처님의 안목으로 중생을 굽어보시니, 모든 중생의 성품도 다르고 바라는 욕망도 다른 것을 아시고, 42년 동안에는 성품과 욕망에 따라서 방편으로 근기에 맞는 가르침을 설하시되, 진실한 가르침을 설하지 않았다는 뜻이다.

묘법연화경은 방편에서 밝히지 않은, 중생이 곧 부처이며, 부처가 곧 중생임을 밝히신 인법일여(人法一如)의 가르침이다. 그리고 말법악세 후 제 오 오백세를 위한 가르침으로, 일체중생의 성불을 바라는 부처님의 대자비심이며, 이것은 부처님의 하나의 마음에서 나온 지혜로서 말법 만년동안 부처님의 종자를 지키고 보호하는 위대한 경전이다.

부처님의 지혜는 하나지, 둘 셋도 아니다. 하나는 부처님의 지혜이며, 둘은 성문의 지혜와 연각의 지혜이며, 셋은 보살의 지혜로, 이 셋 모두가 다 하나인 부처님의 지혜를 설하시기 위한 방편설(方便說)인 것이다.

2. 착한 사람

대구신문 2010년 1월 19일자 23면에 실린 글

열반경(涅槃經)에서 "믿음만 있고 이해가 없으면 무명을 증장하고, 이해만 있고 믿음이 없으면 사견을 증장하느니라. 반드시 신해(信解)가 융통해서 행동의 근본을 삼아야 하느니라."

이 가르침은 설사 신심이 있다고 해도, 이해하고자 하는 마음이 없이, 아무렇게나 믿기만 하면, 미혹한 마음이 더욱더 생기게 되어, 기복으로 깊이 빠지게 된다는 뜻이다. 결국 믿는다는 꿈을 꾸고 있는 것과 같은 것이 된다는 뜻이다. 또, 이해하는 힘이 있더라도 믿음이 없으면, 법화경의 가르침을 학문적으로만 생각하게 되고, 아상만 높아지게 되어, 다른 경과 비슷하다고 하는, 망어를 서슴없이 하게 되는 사견이 나오게 된다. 이러한 사견과 미혹에서 벗어나고자 하면, 굳건한 믿음과 이해하고자 하는 마음이 되도록, 부단한 노력을 아끼지 말고, 법화경의 가르침을 부지런히 닦아야 한다는 뜻이다.

열반경(涅槃經) 범행품(梵行品)에, "믿음에는 두 가지가 있다. 하나는 절에 가는 자이고, 또 하나는 절에 가지 않는 자이다. 보살은 마땅히 알라. 절에 가는 자는 착하고, 절에 가지 않는 자는 착하다고 이름하지 않는다."

부처님께서는 절에 다니는 것도 구분하시고, 불자들은 왜 절에 다니는가를 깊이 생각하여 바르게 알고, 실천해야 한다고 하신 뜻이다. 절에 다니는 사람도 두 가지 부류가 있다고 하셨다. 그 하나는 예배를 행하는 사람이고, 또 하나는 예배를 행하지 않는 사람이며, 예배하는 사람은 착한 자라고 하시고, 예배를 행하지 않는 사람은, 착하지 못한 자라고 하셨다. 예배를 행하지 않는 사람은, 절에 가도 법당에 들어가서 예배하지 않고, 구경만 하는 사람을 두고 하신 말씀이다. 예배를 행하더라도 법을 바르게 들어야 한다고 하시고, 법을 바르게 듣지 않고, 사견을 내는 자는 착한 사람이 아니라고 하신 것이다. 법을 듣는 것도 두 가지가 있다고 하셨다. 지극하게 듣는 사람과, 지극한 마음이 없는 사람이다. 지극하게 듣는다는 것도, 뜻을 생각하고 듣는 것과, 뜻을 생각하지 않고 건성으로 듣는 것이 있다.

법을 듣고 뜻을 생각하는 것도, 법문의 뜻을 바르게 생각하고, 그 뜻을 실천하고자 노력해야 한다는 뜻이다. 부처님 가르침의 뜻과, 믿고 이해하려고 노력하고자 하는 마음보다는, 모든 것을 자기중심적으로 생각하는 사람은, 결코 착한 사람이 아니라고 하신 것이다.

우리가 먹는 음식도 여러 가지 음식이 많이 있는데, 그 중에서 가장 좋은 음식이 있듯이, 법도 또한 팔만법장을 부처님께서 설해 놓으셨지만, 그 중에서 가장 훌륭한 법으로 경중의 왕이요 신앙의 대상은 "묘법연화경"이라고 밝히신 것이다. 작금의 현실은 안타까움이 극에 도달해 있는 말법시대라 생각한다.

약간의 경문과 경서를 읽고 한 곳에 집착하여, 현 시대와 내가 태어난 나라의 역사적 배경을 생각하지 않고, 불지(佛智)를 얻었다고 생각해서, 경의 뜻 모두를 다 아는 것같이, 함부로 말을 하는 것은 불자들을 무간 대성으로 인도하는 것이 될 것이다.

　열반경(涅槃經)에서 '말법에 반드시 네 군데 의지할 곳'을 정해 주신 것이다.
　첫째는 법에 의지하고, 사람에게 의지하지 말라.
　둘째는 지혜에 의지하고, 식에 의지하지 말라.
　셋째는 뜻에 의지하고, 말에 의지하지 말라.
　넷째는 요의경(了義經)에 의지하고, 불요의경(不了義經)에 의지하지 말라.

　첫 번째 법이란 부처님의 일대사인연법으로, 하나밖에 없는 일불승으로서 묘법연화경이다. 사람이란 옛 조사, 선사, 논사를 지칭한 것이다.
　가섭존자가 부처님께 "마구니들이 부처님의 형상으로도 신통변화를 하는데, 혹 말을 하더라도 그대로 믿을 수 없고 공경하는 마음으로 의지할 수 없나이다."라고 하였는데 이 뜻은 온갖 신통력을 다 부린다 해도 그런 사람에게는 의지하지 않겠다는 뜻으로, 오로지 진실한 법에 의지하겠다고 부처님께 맹세하는 것인데, 하물며 옛 조사나 선사나 논사에 의지한다는 것은 곧 사람에게 의지하는 것이 되기 때문에 법에 의지하고 사람에게 의지하지 말라고 하신 것이다.

두 번째 지혜는 부처님의 지혜이지, 보살이나 성문과 연각의 지혜가 아니다. 보살이나 성문과 연각의 지혜도 식이라고 하신 것이다. 그것은 부처님의 지혜는 부처님과 부처님만이 아신다고 법화경에서 밝히셨기 때문이다.

세 번째 뜻이라고 함은, 일체의 모든 뜻을 다 여윈 진실의 가르침으로, 일불승인 묘법연화경의 뜻이며, 40여 년 동안 설하신 방편의 가르침이 아니라는 뜻이다.

네 번째 요의경(了義經, 부처의 깨달음을 그대로 드러낸 경) 이라고 함은, 열반경에서 "여래의 방편으로 말한 법에 대하여 집착을 갖지 않는 것을 요의라고 하느니라." 또 "여래가 법의 성품에 든다함을 요의라 하고, 만족함을 아는 것을 요의라 하느니라." 무량의경에서 사십여년 미현진실(四拾餘年 未現眞實) 화엄, 아함, 방등십이부, 대반야 등 일체의 내전, 외전, 즉 사십여 년 동안 설하신 가르침은 진실이 아닌 방편의 가르침을 지칭하신 것으로, 불요의경(不了義經, 부처의 깨달음을 그대로 드러내지 않고, 일시적인 방편으로 설한 경)이라는 뜻이다.

묘법연화경 방편품 제2에서 "금자이만족"이라 "이제사 만족함이니라"고 하신 말씀이 곧 요의로서의 증문이 되는 것이니, 묘법연화경을 설하심으로, 부처님께서 이 세상에 출현하신 목적이며, 스스로 만족한다고 하신 것이다. 이렇게 부처님께서는 오로지 말법에 있어서는, 일체중생 모두가 다 일불승이요 진실법인, 묘법연화경에 의지해야 된다고 의지처를 정해주신 것이다.

3. 불교신앙의 대상은 묘법연화경이다

대구신문 2010년 2월 2일자 23면에 실린 글

무엇 때문에 묘법연화경(妙法蓮華經)이 제일로 경중에 왕이라고 하는가. 열반경(涅槃經)에 가로되, "선남자야 수다라에서 방등을 내고, 방등에서 반야바라밀을 내며, 반야에서 대열반을 내므로 마치 제호가 이것이니라. 제호 최상은 불성을 비유하며 불성이란 여래이니라."

불성은 묘법연화경이며, 불성이 곧 여래라고 밝히신 가르침은, 삼세제불(三世諸佛)이 출생하시는 경으로, 팔만법장 중에서, 최상의 법이 묘법연화경이라는 뜻이다. 부처님의 49년 설법 중 42년 동안은 방편설인 화엄경(華嚴經) 21일, 아함경(阿含經) 12년, 방등십이부경(方等十二部經) 8년, 대반야경(大般若經) 21년을 설하신 후, 무량의경으로 진실의 문을 여시고, 진실법인 묘법연화경을 8년간 설하시고, 이어서 불설관보현보살행법경(佛說觀普賢菩薩行法經)을 설하신 후 열반경을 설하시고 입멸하신 것이다. 42년 동안 종종으로 수많은 가르침을 설하신 것은 방편의 가르침으로, 진실법인 묘법연화경을 설하시기 위한 것이라고 부처님께서 무량의경과 열반경에서 밝혀 두신 것이다.

그러므로 제호최상의 법인 묘법연화경에서, "삼세제불(三世諸佛)이 이 경에서 출생하시느니라."고 밝히신 것이다. 일반적으로 석가모니불을 시성정각(始成正覺)으로만 생각하는데, 시성정각의 부처로만 생각해서는 결코 안 된다. 그것은 묘법연화경

여래수량품에서, 구원겁 이전에 성불하신 부처라는 것을 밝히셨기 때문이다.

　석가모니불은 사람으로서 부처를 이루셨지만, 그것은 구원실성본불에 의해서 출생하셨다는 것을 밝히시고, 인본존과 법본존이 둘이 아님을 나타내신 가르침인 것이다. 사람의 몸을 나투신 것은 오직 중생을 구원하시기 위함이다. 부처님과 같이 바른 생각과 바른 수행을 하게 되면, 반드시 석가모니불과 같이 될 수 있다는 것을 보여 주신 것이다.

　이러한 석가모니불의 대자비심을 닮아가려고 노력하는 것이 중요하다. 다만 실천 없이 경전을 안다는 생각만은 불교를 믿는 사람이 아니다. 그리고 일시적으로 마음이 편안한 것에 집착해서는 안 된다. 예를 들어 하늘에 떠 있는 달을 보지 못하고, 달을 가리키는 손가락만을 보고 있다면 무슨 소용이 있겠는가. 하늘에 떠 있는 달은 진실의 가르침인 제호최상의 묘법연화경이요, 달을 가리키는 손가락은 방편의 가르침으로, 진실에 들려고 하지 않고, 방편에만 집착하고 있어서는 안 된다는 뜻이다. 부처님께서 우주의 진리인 5대 물질(지·수·화·풍·공)과 인간관계를, 이 법에서 밝혀 두시지 않으셨다면, 부처님은 마구니가 되고 말았을 것이라고, 묘법연화경에서 밝히신 것이다.

　제호최상으로써 진리의 가르침인 묘법연화경을 읽을 때, 불자들은 세 가지 방법을 하나로 통일시켜서 읽어야 한다. ① 구독(口讀, 소리), ② 심독(心讀, 마음), ③ 색독(色讀, 몸으로 실천하는 것). 경전을 읽을 때 소리만 낸다고 해서 되는 것이 아니며, 마음으로만 읽는다고 되는 것이 아니라, 소리를 내서 마음으로 믿고 받아서 몸으로 실천하는 것이, 비로소 마음을 닦으며 읽는다고 할 수 있다.

그것은 몸으로 문자를 해석하기 때문이다. 마음을 표현하는 것과 진리라는 자체도 문자요, 사물의 이름도 문자고 말과 생각 행동이 다 문자로, 문자가 없이는 의사소통을 할 수가 없으며, 마음과 마음을 전하는 것도 문자를 표현한 것이며, 부처님 진리의 가르침인 문자를 마음으로 받아서, 소리로 내고 실천할 때, 비로소 마음을 닦는 것이 된다. 그러므로 열반경에서 '부처님이 출생하는 문자를 수지하라'고 명확하게 밝혀 두신 것이다. 문자가 없이는 중생을 구원할 수도 성불할 수도 없는 것이다.

화엄경(華嚴經)에서 일체유심조(一切唯心造)라고 하셨다. 모든 것은 마음먹기에 달렸다는 뜻으로, 한 마음으로 부처를 이룰 수도, 이루지 못할 수도 있다는 뜻이며. 부처를 이루고자 한다면, 그것은 묘법연화경에 있으므로, 이 경을 가지고 마음을 닦아나가면 성불할 수가 있다는 뜻이다. 그것은 모든 중생은 부처의 종자를 본래부터 갖추고 있다고 하시고, 중생도 이 법에 의해서 부처를 이룰 수 있기 때문에, 이 법에 들기를 바라는 마음에서 스스로 바른 선택을 하라고 하신 큰 가르침이다.

우리 인간은 진실한 삶을 살고자 하는 마음가짐으로 사람답게 사는 것이 중요하다. 주위 환경에 의해서 영향을 받는 것 또한 인간이다. 그래서 자신의 부족한 점이 무엇인가를 알아야 하고 대중적이어야 한다. 나 자신의 허물은 생각하지 않고, 다른 사람의 좋은 점은 묻어버리고, 허물은 잘 보이기 때문에 큰 약점으로 생각하고 공격하는 것이 중생이다. 남의 잘못을 보았더라도 잘못만을 보지 말고, 잘못을 용서할 줄 알고 관용으로 대할 때, 자기 자신에게서 잘못된 마음과 행동이 나오지 않게 된다.

4. 보살(菩薩)의 종류

대구신문 2010년 2월 16일자 23면에 실린 글

번뇌의 근본이 어디서 나오는가 하면 그것은 세 가지의 마음에서 나온다. 첫째, 탐심(貪心), 지나친 욕심은 반드시 화를 부르게 된다. 둘째, 진심(瞋心)은 화를 잘 내는 마음으로 자기주장대로 되지 않으면 성이 나는 마음이다. 셋째, 치심(癡心)은 부처님의 가르침 중에는, 선(先)과 후(後) 그리고 방편설과 진실설이 있는데, 모든 경은 다 똑같다는 말을 하거나, 옳고 그름을 분별하지 못하고, 사견을 설하는 사람을 가장 어리석은 사람이라고 한다.

이렇게 탐욕과 성내는 마음은 어리석은 마음으로 인해서 생거나, 번뇌는 끊어지지 않고, 스스로 그물을 만들어 그 속에 갇혀서, 고통을 고통인지 모르고 살아가고 있는 것이 중생이다. 이렇게 고통 받는 중생을 구원하기 위해서 이 세상에 출현하신 분이 부처님이다.

미혹한 마음 상태로는 다른 사람을 구원할 수가 없으며, 부처님의 가르침에 따라, 중생을 구원하고자 육바라밀을 닦아, 나자신부터 먼저 마음을 밝게하고 깨달은 다음에, 중생을 구원하는 성인이 보살이다. 보살의 종류에는 편교보살. 통교보살. 별교보살. 원교보살이 있다.

　편교보살(偏敎菩薩)은, 삼장교의 보살로 네 가지(四)아함경을 설해서, 석공(析空) 즉 우주 삼라만상의 일체제법을 하나하나 분석하고, 본래부터 공하다는 것을 아는 것을 근본사상으로 해서, 소승의 열반에 드는 것이 목적인 보살이다.

　통교보살(通敎菩薩)은, 삼장교의 사제법과 십이인연을 같이 배워서, 근기에 따라 증득하는 보살로 자행(自行)인 자리이타(自利利他)와 화타(化他)를 같이 행하고, 근기에 따라 증득한 보살로 별교와 원교에 서로 상통한다.

　별교보살(別敎菩薩)은, 소승인 삼장의 전(前) 후(後)의 가르침을 깨달아서, 삼계를 뛰어넘는 중도를 증득한 보살로, 눈에 보이는 현상은 차별이 있지만, 이치를 평등하게 보기 때문에, 하나하나 이해해서 평등하고 원융한 이치를(理事相則) 증득해 나가는, 십지 중, 초지 이상의 중도를 깨닫고 응해서, 화도(應化)의 능력이 생긴 보살이 별교보살이다.

　원교보살(圓敎菩薩)은, 어느 쪽으로도 치우치지 않고, 원융 무애한 가르침을 증득한 보살로, 생사에 상즉(相即)해서 실상(實

相)의 도리를 이해하고, 묘법연화경(妙法蓮華經)에서의 보살(菩薩)로서 법신(法身)보살이 된다. 즉 부처님의 뜻으로 색신을 가지고 이 세상에 나와서, 중생들에게 불가사의한 방법으로 삼승법(三乘法), 즉 성문법(聲聞法)·연각법(緣覺法)·보살법(菩薩法)을 가르쳐, 일불승인 묘법연화경에 들게 하여, 구원하고자 하는 보살이다.

이렇게 보살의 경계도 경전에 따라 다르듯이, 부처님의 가르침인 경전도 방편법으로 중생의 근기를 성숙시킨 후에 진실법을 설해서, 중생이 부처님의 지혜를 증득할 수 있게 하신 것이다. 묘법연화경을 잘못 이해하게 되면, 여타의 경과 같다고 생각할 수가 있다. 그것은 묘법연화경을 내려뜨리는 것으로, 큰 방법죄(법을 배반하는 죄)를 짓는 것이 된다.

부처님 일대 50년 설법을, 천태대사(天台大師)가 다섯 시기로 구분하셨는데, 그것은 열반경에서 다섯 가지 맛(五味)에 비유한 가르침과 같은 맥락이다. 부처님이 되신 직후에 화엄경(華嚴經) 21일간의 설법은 화엄시로 유미(우유를 짜냈을 때 원유 그대로의 맛)고, 다음 12년 동안 아함경의 설법은 아함시로 낙미(원유에 물을 약간 섞어 끓인 맛)고, 다음 8년 간 방등십이부경(方等十二部經)의 설법은 방등시로 생소미(낙미에서 다시 정제한 맛)고, 다음에 대반야경 22년간 설법은 반야시로 숙소미(생소미를 다시 정제한 맛)고, 다음으로 묘법연화경을 8년간 설하신 다음, 하루 밤 하루 낮 동안 열반경의 설법은 법화열반시로 제호미(일체의 모든 맛을 두루 갖춘 맛으로 법화순원 일실이라고 한다)라 하여, 시기와 맛에 비유하신 것이다. 특히 마지막으로 설하신 열반경은, 묘법연화경을 홍통하기 위한 유통분으로, 묘법연화경을 위한 유언의 가르침이다. 이렇게 부처님은 중생들을 위해서, 근기에 따라 단계적으로 가르침을 주시고, 궁극에는 부처님의 묘지(妙智)로서 성불의 경인 묘법연화경을 설하시어, 부처님의 지혜를 증득할 수 있게 하신 것이다.

5. 허망횡계의 자가 되지 말라

대구신문 2010년 3월 2일자 23면에 실린 글

부처님이 말씀하셨다. "이제중생 허망횡계"(而諸衆生 虛妄橫計) "모든 중생은 허망하고 비뚤어지게 헤아린다." 중생들은 허망이라는 '망상'으로 인해서 자기중심적으로만 생각하고 다른 사람의 입장이나 마음은 헤아리지 않는다는 뜻이다.

현세에 사는 우리들은 물질적으로만 살려고 하는 습성이 많다. 지금 이 순간이 중요하다는 것을 먼저 알아야 한다. 그것은 각자가 짓는 말과 행동 하나 하나로 인해서 사후가 결정되기 때문이다. 아무렇게나 되는 대로 자기 자신의 이익만 생각하고, 멋대로 행동한다면 미래에 대한 결과는, 현재의 인과로 인해서 과보를 받는 것이기 때문에, 지금 내가하고 있는 말과 행동 하나 하나가 얼마나 중요한가를 알아야 한다는 뜻이다.

사람이나 축생들이 어두운 곳에서만 살다가, 갑자기 밝은 곳으로 나오면 놀라게 된다. 그러나 밝은 곳이 있다는 것을 알게 되면 밝은 곳을 찾게 된다. 그런데 둔한 사람은 갑자기 밝아지게 되었을 때, 놀라서 큰 일이 생긴 줄 알고, 두더지와 같이 다시 어두운 곳으로 숨어들게 된다. 이것은 부처님의 존귀한 가르침을 듣고도, 그 가르침에 대한 뜻을 의심하고, 두려워서 외면하는 것과 같은 뜻이다.

열반경(涅槃經)에서 "끝내 실경(實經)을 홍통하지 않으면 천마(天魔)로 알아야 하느니라." 실경은 묘법연화경(妙法蓮華經)으로, 이 경이 부처님의 법이며, 부처님의 지혜이며 부처님의 뜻이며 부처님이 설하신 가르침 중에서 요의경(了義經)이기 때문에, 부처님의 지혜를 증득하고 끝에 가서, 실경인 묘법연화경을 설하지 않고, 열반에 들게 되는 부처는 부처가 아니라, 하늘의 마구니라고 일갈하신 것이다.

무량의경(無量義經)에서 "일체제법 자본래금 성상공적(一切諸法 自本來今 性相空寂)", '일체의 모든 법은 본래부터 지금까지 성품과 형상이 공적하다', '모든 법은 절대적으로 평등하다'는 뜻이다. 이 구절을 잘못 이해하게 되면 모든 경전이 다 똑같다고 잘못 생각할 수 있다. 부처님께서 설하신 팔만법장은 중생의 근기에 따라 설하신 것으로, 경전의 뜻이 서로 다르며 우열이 있다.

법이라는 것은 변하지 않고 항상 그 자리에 그대로 있다는 것이며, "성품과 형상이 공적하다"는 것은 서로 다른 것이 아니라는 뜻이다. 왜 그런가하면 공(空)이라는 것은 차별을 초월한 것이고, 적(寂)이라고 하는 것은 변화를 초월한 것이기 때문에,

일체의 모든 법은 본래부터 가지고 있는 형상이 차별도 없고, 변하지도 않는 것이기 때문에 절대적으로 평등하다는 것이다.

"법(法)"이라는 것은 이 세상에 존재하는 모든 것은 시시때때로 변해 가는데 이 변화는 모든 것은 보이지 않는 거대한 힘의 작용으로 인해서 나타나는 것으로 자본래금(본래부터 지금까지)이라고 하신 것이다. 그러나 시대가 흘러가면서 모든 것이 변하는 모습을 볼 수 있다. 시시때때로 변하고 있는 것 중에서 변하지 않고, 세세생생 영원히 변하지 않으면서, 절대적으로 평등한 것을 진실한 불도, 또는 진리라고 하는 것이다.

무량의경을 설하시는 것은, 하나밖에 없는 진리로 일불승(一佛乘)인 묘법연화경의 문을 열어서 진실을 드러내시고자 하는데 그 목적이 있다. "이제중생 허망횡계(而諸衆生 虛妄橫計)", "모든 중생은 허망하고 비뚤어지게 헤아린다." 중생들은 허망이라는 '망상'으로 인해서 자기중심적으로만 생각하고 다른 사람의 입장이나 마음은 헤아리지 않고 있다는 뜻이다.

사람의 본성은 혼자서 살아갈 수 없는 사회적 동물이다. 내가 있어야 다른 사람도 있다고 생각하는 것은, 이기적인 마음으로, 탐욕하는 마음만 증장하고, 마음대로 안 되면 성을 내게 되는 어리석음을 반복하게 되는 자기중심적 사고로 인해서 비뚤어진 마음으로 윤회를 반복하면서 살아가고 있는 것이다.

다른 사람이 없으면 '나'라는 존재도 있을 수 없으며, 자기중심적 사고에서 벗어나지 못하는 것은 축생과 다를 바가 없는 것이다. 부처님께서는 자기중심적인 사람을 보고 어리석음을 되풀이 하는 허망횡계의 자라고 하시고, 여기서 벗어나라고 가르침을 주신 것이다.

6. 위대한 힘

대구신문 2010년 3월 16일자 23면에 실린 글

무량의경(無量義經) 설법품(說法品), "시제시피 시득시실 기불선념 조중악업 윤회육취 비제고독 무량억겁(是此是被 是得是失 起不善念 造衆惡業 輪廻六趣 備諸苦毒 無量億劫)""이를 얻었다 이를 잃었다하며, 선하지 못한 생각을 일으키어 여러 가지의 악업을 지어 육도에 윤회하며 모든 독한 괴로움을 받아서 한량없는 억겁에 스스로 나오지 못함이라"모든 사람들은 이 세상에 태어나서 죽는 그 시간까지, 그리고 살아서 지은 악업으로 인해서 육도를 윤회하는데, 그 고통에서 빠져 나오려고 하지 않고, 그냥 되는대로 적당하게 살아가고 있다는 뜻이다.

전생에 지어놓은 인연과보에 의해서 지금을 살아가고 있는 것은, 오늘이 지나면 내일이 다시 오는 것과 같은 것이 반복되는 것과 같은 것이 윤회다. 오늘 내가 좋은 인연을 지어 놓으면, 내일 좋은 인연으로 인해서 좋은 일이 생겨날 것이고, 나쁜 인연을 지었다면, 내일 반드시 그로 인해서 나쁜 일이 생겨날 것이다. 그리므로 내가 무잇을 가지고 인연을 시어나가야

할 것인가. 받기 어려운 사람의 몸을 받았으면, 사람으로 태어
난 궁극적인 목적이 어디에 있는가를 알고 윤회를 벗어나고자
노력하는 것이 인생사에 있어 가장 중요한 일이기 때문에, 부
처님께서는 윤회의 고에서 벗어나는 길을 제시하신 것이다.

　부처님의 가르침을 바르게 알고 부처님의 뜻에 따라 행할 것
인지, 아니면 잘못된 사견을 듣고 따르면서, 그러한 것에 집착
하고 스스로 벗어나려고 하지 않고, 어제까지 지은 인연과보에
따라 숙명처럼 받아들이고 살아갈 것인가는 각자 자신이 선택
할 것이지만, 바르고 현명한 선택으로 인해서 좋은 인과를 지
어가기를 바라시는 것이다.
　불교를 하나의 종교로만 보고, 석가모니부처님을 사람으로서
부처가 되신 분이라고만 생각해서, 부처님과 같은 성인이라고
자칭하는 자들이 사견으로서 중생을 현혹시켜, 부처님의 지혜
인양 설하는 자들이 바닷가 모래알과 같이 많다고 여타의 경에
서 이미 설하신 것이다.
　부처님의 뜻이 어디에 있는가를 안다는 것은 그냥 적당하게
알아서는 안다고 할 수 없으며, 반드시 경문에 의한 가르침이
바르게 이해가 되었을 때 비로소 안다고 할 수 있는 것이다.
부처님의 지혜에 대한 이해가 부족하게 되면, 사견의 말인지를
분별하지 못하고 달콤한 말만을 듣고, 그 말을 쫓아다니다가
한 생을 마감하고 만다.

　불교는 부처님의 가르침이다. 오직 부처님 설법의 경전인 경
문의 뜻을 믿음의 근본으로 삼는다면 사견에 끌리지 않을 것이

며, 기복신앙에서 벗어날 수가 있을 것이다. 우리는 우주 진리 속에서 살아가고 있으면서, 자신도 모르게 부정하면서 살아가고 있다는 것을 알지 못하고, 그냥 처해져 있는 입장과 주위 환경에 의해서 하루하루를 이어가고 있다.

부모로부터 받은 이 몸은 우주의 거대한 5대 물질인 지·수·화·풍·공으로 인해서 모든 생명을 이 세상에 낳게 하고, 생명을 유지시켜주면서 성장시키고 있는 것이다. 원천적으로 보면, 부모로부터 받은 이 몸은 단지 부모라는 몸을 빌린 것이 된다. 부모의 몸을 임시로 빌렸다고 해서, 부모님에 대한 존경심이 부족한 사람들이 많은데, 그것은 이 세상의 이치를 잘 모르는 처사로, 우주의 5대 물질(지·수·화·풍·공)의 힘과, 나를 낳아준 위대한 부모의 은혜가 말은 다르지만 같은 힘이라는 것을 바르게 이해하지 못하기 때문일 것이다.

5대 물질의 힘이 아니면, 사람이 살아갈 수 없을 뿐 아니라, 생명이라는 존재 자체가 있을 수도 없는 것과 같이, 부모가 없다면 내가 이 세상에 나올 수도 없는 것과 같은 것이다. 지·수·화·풍·공(地水火風空)의 물질이 생명을 낳게 하여, 생명에 활력을 불어넣고, 우주와 내가 하나 될 수 있는 가르침이 묘법연화경(妙法蓮華經)인 이 다섯 자가 곧 나 자신이라는 것임을 밝히신 가르침이다.

그러므로 석가모니불의 일대사인연법(一大事因緣法)인 묘법연화경의 뜻을 바르게 받아가지고 행하면, 반드시 사람의 몸으로도 부처가 될 수 있다고 밝혀 두신 것이다.

7. 나는 이와 같이 들었다

대구신문 2010년 3월 30일자 23면에 실린 글

묘법연화경을 줄여서 법화경이라고 한다. 모든 경은 "여시아문(如是我聞)", "나는 이와 같이 들었다"로 시작된다. '여시'란 겸손하고 분명하게 들었고, 또 틀림이 없다는 뜻이다. 만에 하나 잘못된 것이 있으면 그것은 부처님의 잘못이 아니라 부처님의 설법을 듣고 전하는 아난존자의 잘못이지만 결코 한 점도 잘못된 점이 없다는 뜻이다. '여시(如是)'라 하면, 모든 경이 다 똑같은 것으로 생각한다. 그러나 여시의 뜻도 경전마다 다 다르다. 여시라 함은 그 경(經)의 총칭(總稱)이기 때문에, 경이 다르면 '여시'의 뜻도 다를 수밖에 없다.

묘법연화경의 "여시"는 일체 모든 경의 뜻을 가지고 있는 것이 된다. 그것은 무량의경(無量義經)에서 밝히신 바와 같이, "문사수일 이의각이(文辭雖一而義各異)"라, 말은 같을지라도 문자가 가지고 있는 뜻이 각각 다름이 있다고 하신 말씀이 증문이 된다. 법화경의 서품에서는 석가모니부처님이 법화경을 설법하시기 위해서 준비하시는 모습과 그 당시의 전후 여러 가지 사정과, 정황들을 설명하였고, 부처님께서 직접 설하신 말씀은 한 말씀도 없다.

서품은 부처님께서 설법하신지 42년이 지나서야, 법화경을 설하시기 위해서, 무량의경(無量義經)을 설하시고 무량의처(無量義處) 삼매(三昧))에 드시어, 지난 42년 동안 하열한 중생들의 근기를 성숙시키고자 설하신 가르침을, 다시 한 번 생각해 보시고 난 다음, 일체 모든 중생들을 구원하시기 위한 준비를 하시고자, 크게 부사의(不思議)한 상서로운 일을 보여 주신다. 그것이 "차토육서(此土六瑞)"이다.

석가모니부처님이 42년 동안의 설법으로 인해서 얻어지는 것을 신통력으로 보여 주신 "차토육서(此土六瑞)"의 첫 번째 설법서(說法瑞)는 부처님께서 묘법연화경을 설하시기 직전에 무량의경을 설해 마쳤어도 대중이 일어나지 아니한 상서로운 일이다. 무량의경은 부처님께서 42년 동안 수많은 설법(팔만사천법문)인 방편의 설법을 다 설하시고 나서, 진실법인 묘법연화경을 설하시기 위하여, 사전에 중생들의 근기가 하열함으로, 그들에게 알맞은 설법을 하시어, 중생의 근기를 성숙시킨 다음 부처님의 지혜에 들게 하고자 무량의경을 설하신 것으로 중생들에게 있어서 중요한 일이 되는 것이다.

두 번째 입정서(入定瑞)는 부처님이 무량의처 삼매에 드심이다. 부처님은 무량의처 삼매에 드시어 하늘에서 내린 신통력으로 "큰 법비"를 내린 일인데, 이 일은 꽃비를 하늘에서 내린 상서로, 화엄경(華嚴經) 52위의 계위에서, 십주의 불지견, 즉 부처님의 지혜를 여는 것으로 개불지견이 된다. "큰 법비"란, 부처님은 차별하는 마음이 없으시기 때문, 우주상에 있는 모든 생명이 있는 것들에게, 평등한 법을 설해 주신다는 뜻이다. 마음의 문을 열고 부처님의 가르침을 받아가져서 듣고 실천하면 누구나 부처님의 지혜에 들 수 있으며, 설사 사람이 아닐지라도 부처님의 설법은, 우주의 진리를 드러낸 가르침으로, 생명이 있는 모든 것들은 우주 진리의 5대 물질인 지·수·화·풍·공의 힘으로 생장하고 있기 때문에, 이들에게 골고루 법의 말씀을 주어서 성장할 수 있도록 하신 일이다.

여기서 밝혀 두고자 한다. 추후에 밝혀야 하겠지만 부처님을 이해하는데 도움을 주고자 약간 언급을 하고자 한다. 석가모니 부처님을 사람으로서의 부처님으로만 보고 구업을 짓는 사람들이 실로 많다. 석가모니불이 사람으로서 부처가 되신 것은, 모든 중생도 다 부처가 될 수 있다는 것을 보여주시고자 한 것이다. 또한 인본존이신 석가모니불은 구원겁이전에 이미 부처님이셨다는 것을 여래수량품에서 명백하게 밝히신 것이다. 사람으로서의 부처님으로만 보아서는 결코 안 되는 것이며, 구원태초로부터 모든 생명을 나게 한 본래의 부처님이신 것이다. 그러므로 석가모니불은 능인이시만 능생(부처를 나오게 함)의 법을 중생들에게 남겨주시어 모든 생명을 구원하시고자 하신 큰 뜻으로 큰 법비를 내리는 신통력을 보여 주신 것이다.

세 번째 우화서(雨華瑞)는 꽃비 내린 일로, 네 가지의 꽃비인 만수사꽃, 마하만수사꽃, 만다라꽃, 마하만다라꽃이 부처님과 대중 위에 내린 일이다. 바른 수행으로 인해서 화엄 52위중 10주(十住)·10행(十行)·10회향(十廻向)·십지(十地)에 들어가게 하시어, 석가모니부처님께서 대중들에게 부처님의 과를 이루게 하셨다는 뜻이다.

네 번째 지동서(地動瑞)는 땅이 여섯 가지로 진동한 일이다. 육근(六根), 즉 눈(眼)·귀(耳)·코(鼻)·입(舌)·몸(身)·뜻(意)의 여섯 가지로 인해서 생겨나는 번뇌를 다 깨뜨려 버림으로써 청정한 마음을 얻는 것을 보여주신 일이다.

다섯 번째 중회서(衆喜瑞)는 이러한 상서를 보고 모인 대중이 큰 진리를 받아들일 마음의 문을 열고 기뻐한 모습을 보여주신 일이다.

여섯 번째 방광서(放光瑞)는 부처님의 미간백호(眉間白毫)에서 광명을 놓아, 즉 부처님의 가르침의 빛이 동방 1만 8천 불국토(佛國土)를 비추신 일이다. 부처님의 가르침은 생명이 있는 모든 것들과 중생들이 먹어야 할 양식으로 없어서는 안 되는 생명의 활력소이기 때문에 모든 생명에게 이익을 주신다는 뜻이다. 이 여섯 가지 상서를 차토육서(此土六瑞)라 한다.

이 차토육서(此土六瑞) 또는 법화육서(法華六瑞), 즉 설법서(說法瑞), 입정서(入定瑞), 우화서(雨華瑞), 지동서(地動瑞), 중희서(衆喜瑞), 방광서(放光瑞)는 법화경 설법이 시작되려는 순간에 법을 들으려는 대중들의 기대와 감격이 어떠하였던 가를 극적으로 보여준다. 이 여섯 가지 부사의한 상서를 보고 대중들은 얼마나 놀라고 감동했을까?

8. 타방육서(他邦六瑞)

대구신문 2010년 4월 13일자 23면에 실린 글

앞서 말한 여섯 가지 상서, 즉 설법서(說法瑞), 입정서(入定瑞), 우화서(雨華瑞), 지동서(地動瑞), 중희서(衆喜瑞), 방광서(放光瑞)를 차토육서(此土六瑞)라고 하고, 부처님의 가르침에 의해 비친 동방 1만 8천 불국토에 나타난 여섯 가지 광경은 이것과 구별하여 타방육서(他邦六瑞) 또는 피토육서(彼土六瑞)라고 한다.

타방육서(他邦六瑞)는 타방(다른 국토)의 모든 일들을 신통력으로 보여 주신 상서다. 첫째 견육취중생서(見六趣衆生瑞)는 지옥(地獄), 아귀(餓鬼), 축생(畜生), 아수라(阿修羅), 인간(人間), 천상(天上)의 6도를 윤회하고 있는 인생의 모습을 부처님의 방광에 의하여 밝혀볼 수 있는 일인데, 선연이든 악연이든 모든 업연은 각자가 짓는 것이기 때문에, 나쁜 마음으로 살게 되면 각각 고통을 받는 것에 대해서 보여 주신 일이다.

둘째 견제불서(見諸佛瑞)는 타방의 일체 모든 부처님을 친히 뵙는 일로 부처님을 친견하기는 실로 어렵지만 법화경을 바르게 수행하면 부처님을 친견하게 된다는 것을 보여 주신 일이다.

셋째 문불설법서(聞佛說法瑞)는 타방의 모든 부처님의 설법을 듣는 일로, 사견을 설하는 사람을 만나지 않고, 오직 부처님의 진실한 가르침에 대한 설법을 듣는다는 것을 보여주신 일이다.

넷째 견사중득도서(見四衆得道瑞)는 비구(比丘), 비구니(比丘尼), 우바새(優婆塞, 남자신도, 居士), 우바이(優婆夷, 여자신도, 요즘은 보살)의 사부대중이 수행하여 점차 그 계위(階位, 수행의 증득 단계)가 향상되는 과정을 볼 수 있음이다. 이것은 바른 수행으로 중생들이 깨달음을 얻는 것을 보여 주신 일로, 바르지 못한 방법으로 수행하지 않고, 오직 부처님의 가르침으로 바른 수행의 사람들이 깨달음을 얻는 것을 보여 주신 일이다.

다섯째 견보살소행서(見菩薩所行瑞)는 많은 보살들이 여러 가지 모습으로 수행하고 있음을 보는 일이다. 즉 보살들이 행하는 육바라밀행인 보시·지계·인욕·정진·선정·지혜를 행하는 것을 보여주신 일이다.

여섯째 견제불열반서(見諸佛涅槃瑞)는 여러 부처님의 입멸하시는 모습을 볼 수 있는 일이다. 즉 타방의 부처님께서 방편법과 진실법을 설하시고 난 후, 마지막 열반에 드시는 것을 보여 주시는데, 부처님은 끝까지 방편법만을 설하지 않으시고, 끝에는 과거의 부처님이나 미래에 오실 부처님도 반드시 일체중생을 구원하시고자 묘법연화경을 설하시고 난 다음, 마지막으로 부처님의 유언경인 열반경(涅槃經)을 설하시고 열반에 드신다는 뜻이다.

이렇게 여섯 가지의 상서를 신통력으로 보여 주신 일이 타방육서(他邦六瑞)이다. 이것은 과거의 모든 부처님이 행하신 일과 영산회상에서 석가모니부처님이 행하시는 일이 다르지 않다는 뜻이며, 법화경은 과거 현재 미래에 있어 변하지 않는 진리라는 것을 나타내고자 하는 큰 뜻으로 차토육서(此土六瑞)와 타방육서(他邦六瑞)라는 12가지 상서를 보여 주신 것이다.

옛날의 모든 부처님께서도 무량의경(無量義經)을 설하시고 난 후에 방편을 열어서 진실을 밝히시고, 무량한 가르침을 설하신 이치를 거두어들이시고, 하나밖에 없는 진실로 돌아오게 하셨던 것은 지금의 석가여래께서도 무량의경을 설하시고 난 후에 일승법인 묘법연화경을 설하신 것과 같은 것이다.

묘법연화경을 설하시기 전에 큰 법고동과 큰 법고를 울린 것은 고동소리를 바로 앞에서 듣게 되면 그다지 아름다운 소리라고 할 수 없지만, 멀리서 그 소리를 듣게 되면 참으로 은은하고 아름다운 소리로 들리는 것과 같이 부처님의 가르침도 들을 당시에는 대수롭게 생각하지 않다가 시간이 흐르면 흐를수록 가르침에 대한 가치가 크게 나타나게 되는 것과 같은 이치로, 부처님의 가르침은 세월이 아무리 많이 흘러도, 그 힘을 잃지 않는다는 뜻으로 큰 법고동에 비유한 것이다.

그리고 '큰 법고'는 부처님의 진실한 가르침을 널리 편다는 뜻으로, 42년간 방편의 설법을 설하시고 난 후에야, 비로소 하나밖에 없는 부처님의 지혜이며, 진실대승경인 묘법연화경을 설하신 것이다. 이것은 일체중생을 구원하시고자 하신, 대자비심으로 행하시고자 하시는 것이다.

중생들은 스스로 지은 업보에 대해서, 어떻게 지어진 것인가를 알려고 하지도 않고, 지속적으로 죄를 짓고 살아가고 있다. 업이라는 것은 자기 자신이 행하는 행동이며 보는 행동으로 인하여 갚음이 나타나는 것이다. 자신이 저지르고 있는 몸과 마음작용으로 인해서 받기도 하고, 자신이 처해져 있는 입장과 처지인 환경의 작용으로 인해서 받는 것도 있다.

그래서 우리들은 바른 인간관계를 만들어가야 하며, 자기 자신의 잘못된 성품이나 말과 행동을 알고, 참회하면서 고쳐 가야 하는 것이다. 자기 자신의 아집과 고집으로만 살아가게 되면, 좋은 인과와 업보를 지을 수가 없으므로, 부처님의 진실법인 묘법연화경의 힘과 공덕으로 스스로 구원되어져야 하겠다. 이것만이 나 자신과 가족을 밝은 곳으로 인도하는 것이 되고, 진실로 사랑하면서 위하는 것이 된다는 사실을 알아야 할 것이다.

열반경(涅槃經)에서 말씀하시기를 "거친 말씀과 부드러운 말씀이 다 '제일의(第一義)'로 돌아간다."라고 하셨다. 이 '제일의'라고 하신 것은 바로 묘법연화경임은 두말할 나위가 없다. 이여섯 가지 상서를 보여 주신 모든 것은 일불승(一佛乘) 즉 부처님이 깨달아서 얻어진 최고의 진리요 지혜인 묘법연화경으로 중생을 인도하여 구원하기 위한 방편으로 부처님께서 이 세상에 출현하신 목적인 것이다.

9. 오직 정실 순수한 열매

대구신문 2010년 4월 27일자 23면에 실린 글

그때 부처님께서 사리불에게 이르시되 나의 지금 이 대중은 가지나 잎은 없고 오직 정실 순수한 열매만 남아 있음이라. '사리불아, 이같이 거만한 자는 물러감도 좋으니라. 너는 지금 자세히 들어라. 마땅히 너를 위하여 설하리라.' 사리불이 말씀하되 '예 그러하옵니까? 세존이시여, 원컨대 즐거이 듣고자 하나이다.' 부처님께서 사리불에게 이르시되 '이같이 묘한 법은 모든 부처님께서 때를 당하여 이를 설하시나니 우담바라 꽃이 때에 한 번 피는 것과 같으니라. 사리불아, 너희들은 마땅히 믿을지니라. 부처님이 설하신 말씀은 진실이요, 허망함이 없느니라.'

부처님께서는 영산회상에서 묘법연화경을 설하시기 직전에 오천인의 비구 비구니 우바새 우바이는 물러났다. 그들은 교만한 자들이고, 깨닫지도 못한 것을 스스로 깨달았다고 생각하는 자들이다. 그들이 생각하기를 나는 이미 열반에 들었다고 생각하며, 더 이상 부처님으로부터 들을 것이 없다고 생각하고 물러난 자들이다.

묘법연화경의 설법을 부처님으로부터 듣고자 남아 있는 사람들을 '순수 정실의 열매'라고 하셨다. 부처님의 가르침을 진지하고 조금도 소홀하지 않으면서 듣고자 하는 사람, 말하자면 부처님께서 이 법화경 설하시는데 건성으로 듣지 않는 사람들

만 남았다는 뜻이다. 그래서 순수 정실의 열매만 남아있다고
하신 것이다.

'사리불아 이렇게 거만한 자는 물러나도 좋으니라.' 스스로
깨달아서 안다고 생각하는 자는 물러나는 것이 좋다. 왜냐 하
면 이들이 앉아있어 봐야 부처님의 설법을 의심하고, 믿지도
않기 때문에, 결국 그들은 법화경의 가르침을 무시하고 비방할
것이 분명하기 때문에 그 죄과로 무간지옥에 떨어질 것이 분명
하기 때문이다. 부처님은 자비심이 많기 때문에 그들이 무간지
옥에 들어가 고통 받는 것을 어찌 볼 수 있겠나. 그래서 그들
이 물러가기를 기다리신 것이다.

그러나 남아 있는 자를 위해, '사리불아 너는 자세히 들어라.
너를 위해서 설하리라.' 하신 것이다. 왜 사리불을 위해 설하시
겠다고 말씀하시는가 하면, 사리불존자는 근기가 수승한 십대제
자 중에서 가장 지혜로운 사람이기 때문이다. 그래서 사리불에
게 설하시는 것이다. 단 사리불에게 설하신다하여 사리불만 들
으라는 것은 아니다. 사리불은 지혜롭고 겸손한 자를 대변하는
인물이다. 그러므로 이승인 성문과 연각들에게 해당이 되는 것
이다. 그러니까 사리불존자가 '예 그러하옵니까? 세존이시여,
즐겁게 설법을 듣고자 하옵니다.'

부처님께서 말씀하시기를 '이같이 묘한 법은 때를 당해야 이
를 설하신다.' 하셨다. 이 묘법연화경은 때가 되지 않으면 결코
설할 수가 없다는 뜻이다. 용수보살은 부처님 입멸 700년 후에

나오신 분인데 부처님께서 예언을 해놓으셨다. 부처님 입멸 후 '700년 뒤에 선인이 나오리라. 그가 법을 전하리라.'라고 예언하신 것이다. 그 용수보살이 부처님의 예언대로 나와 '대지도론(大智度論)을 폈다. 그 지도론을 보면 흑문과 백문이라는 말씀을 해놓으셨다. 흑문은 일체 42년의 방편의 경이고, 백문은 일불승(一佛乘)인 묘법연화경이다.

용수보살도 때가 되지 않았기 때문에 백문인 묘법연화경의 제목의 뜻을 설하지 않았다. 다만 대지도론에 보면 법화경에 대한 가르침을 인용해서 법을 많이 설해 놓았다. 때가 되지 않아서 자세히 설하지는 않았던 것이다. 몰라서 설하지 않은 것이 아니다.

여기 방편품 경문에서 말씀하신 것과 같이 때가 되어야 이법은 설한다고 하셨다. 우담바라 꽃이 한 번 피는 것과 같다. 우담바라 꽃은 삼천 년에 한 번 핀다는 꽃이다. 그와 같이 이법은 듣기도, 믿기도, 들어가기도, 또한 펴기도 힘들다는 뜻이다. 한 번 듣는 것조차도 우담바라 꽃이 한 번 피는 것과 같다. 그러니 얼마나 귀하고 귀한 법인가. 그래서 때가 되어서 이를 설한다고 하신 것이다.

부처님께서 이 법화경을 찬탄하시는 뜻과 이 법은 함부로 마음대로 설하는 것이 아니라는 것을 밝혀놓으신 것이다. 이 법은 함부로 멋대로 설하고 싶다고 때가 되지 않았는데도 설하는 법이 아니다. 그래서 용수보살도 대지도론에 인용만 했을 뿐, 법화경을 설하지는 않은 것이다.

부처님이 말씀하셨다. 부처님께서 설하신 것은 진실하고 허망한 것이 없다. 다시 말해서 부처님께서 사십여 년 동안 방편의 가르침을 설하신 것은 이 진실한 묘법연화경을 설하시기 위함이라는 것을 드러낸 것이다. 때라고 하는 것은 말법의 시를 나타낸 것이다. 그러므로 부처님은 이 묘법연화경을 설하시고자 이 세상에 나오신 것이라고 하신 것이다.

10. 일대사인연(一大事因緣)

대구신문 2010년 5월 11일자 23면에 실린 글

'모든 부처님께서는 중생의 근기에 따라서 법을 설하시나니 어찌하여 그러한고, 내가 수없는 방편과 가지가지의 인연과 비유의 말로써 모든 법을 설함이니라. 이 법은 능히 생각해서 분별하기가 어려우니 오직 모든 부처님만이 능히 이를 알게 하시느니라. 어찌하여 그러한고, 모든 부처님께서 오직 일대사의 인연으로 하여 세상에 출현하시느니라.'

'어찌하여 모든 부처님 세존이 오직 일대사인연으로 하여 세상에 출현하신다 하는고. 모든 부처님 세존이 중생으로 하여금 부처님의 지혜를 열어주사 청정함을 얻게 하고자 세상에 출현하시며, 중생에게 부처님 지혜를 보여 주고자 세상에 출현하시며, 중생으로 하여금 부처님의 지혜를 깨닫게 하고자 세상에 출현하시며, 중생으로 하여금 부처님의 지견과 깨달음의 길로 들어가게 하시려고 세상에 출현하시느니라. 사리불아, 이것이

모든 부처님께서 오직 일대사인연으로 하여 세상에 출현하신다고 함이니라.'

'모든 부처님은 다만 보살을 교화하시느니라. 모든 여러 가지의 소작이 있음은 항상 이 한 가지 일을 위하심이라. 오직 부처님의 지혜로써 중생에게 보이며 깨우치도록 하심이라. 사리불아, 여래는 다만 일불승(一佛乘)으로 중생을 위하여 설법하시고, 다른 법은 없거늘, 어찌 이승이 있고, 삼승이 있겠느냐. 사리불아, 일체 시방에 계신 모든 부처님의 법도 또한 이와 같으니라.'

여기서 부처님께서 실로 중요하고 놀라운 말씀을 하신다. 부처님이 세상에 나오신 뜻을 밝히신 것이다. 첫머리에는 질문하고 대답하시고, 이런 식으로 그들을 위해서 법을 설하셨다. 묻는 사람들을 위해서 법을 설하셨다. 이제부터는 묻지 않는데 부처님 스스로 설하신 것이다. 이것을 무문자설(無問自說)이라고 한다. 수없는 방편과 가지가지의 비유로 모든 법을 설하시는데, 이것은 부처님께서 방편을 여시는 것이다. 그 다음에 모든 부처님은 '일대사인연'으로 이 세상에 출현하셨다고 밝히신다. '일대사인연'이란 말씀이 아주 중요하다. 부처님께서 이 세상에 나온 뜻이 담겨 있는 말씀이다. 일대사라는 자체가 중요하다. 사람이 살아가는데 무엇이 중요한가. 사람답게 살아가는 것이 무엇인가. 무엇이 바르고 바르지 않는가를 명확하게 분별해서 바르게 아는 것이 무엇인가. 이것이 일대사인 것이다. 사람답게 산다는 것 이것은 이해하기가 어렵다.

사회에서는 물질적으로 풍족하게 잘 먹고 잘 사는 것, 즐거움을 누리는 것을 사람답게 사는 걸로 알고 있다. 하지만 사람답게 사는 것은 그런데 있지 않다는 것을 알아야 한다. 사람이 살면서 어떤 마음가짐으로 살아야 보람이 있는가. 여기서 올바른 가치관을 가지는 것이 중요하다. 올바른 가치관을 확립하기 위해서는 부처님께서 설하신 불법에 들어와야 할 것이다. 부처님께서는 중생들의 바른 삶을 위해서 8만 4천 법문을 설하셨지만, 법화경을 설하시기 전의 법문은 법화경으로 중생들을 이끌어 들이기 위한 방편이었음을 여기서 밝히신 것이다.

　이제 부처님이 이 세상에 나오신 근본 목적이 어디에 있는가를 밝히신 것이 바로 그것이다. 일대사의 가르침인 일불승을 가르치기 위해서 나오신 것이라고 밝히신 것이 '일대사인연'이란 말씀이다. 중생이 바로 목적해야 할 그 근본은 부처님의 가르침이고, 부처님의 가르침을 근본으로 삼게 되면 바로 부처가 되는 것이 목적이 되는 것이다. 그런데 중생들은 쉽게 포기해 버리니 부처님께서 법을 설하시게 되고 '일대사인연'을 밝히신 것이다.

　'일대사인연'에서 '일'은 일불승을 말하는 것이고, 일불승은 곧 묘법연화경(妙法蓮華經)을 말하는 것이다. '여래는 다만 일불승으로 중생을 위하여 설하신다'고 하셨다. '이찌 이승이 있고, 삼승이 있겠느냐' 다른 법은 없다. 일불승 밖에 없다. 따라서 일불승의 '일(一)'은 묘법연화경을 뜻하는 것이다. 부처님의 법은 팔만법장이 있다. 그러나 팔만법장이라는 것이 결국 하나라는 것이다. 여러 가지를 설하셨지만 전부 다른 것이 아니라 전부가 하나라는 것이다. 이 하나가 '대'라는 것이다. 하나에 팔만법장이 다 들어있다. 그래서 '대(大)'라는 것이다.

이 하나인 묘법연화경에서 모든 법이 나온 것이다. 그런데 묘법연화경도 다른 방편경과 '똑같다'고 하는 스님들이 많다. 그것은 잘못된 사견임을 알아야 한다. 법화경은 다른 경과 동등한 것이 아니다. 팔만사천 법문이 일불승인 법화경에서 나온 것이다. 일대사에서 '사'는 부처님께서 이 세상에서 나오시고 열반하시는데 대한 의식이다. 다시 말해서 태자로 태어나서 성장하시고, 성장을 해서 궁성을 나와 출가를 하시고, 바른 수행으로 인해 득도를 하시고, 득도를 하시어 설법을 하시고, 설법을 하시고 나서 열반에 드시는 의식, 이것을 '사(事)'라고 한다.

11. 사람다운 삶은 바른 가치관 설정에 있다

대구신문 2010년 5월 25일자 23면에 실린 글

'일대사인연(一大事因緣)'의 '인(因)'은 모든 중생들이 본래 부처 불성이라는 종자 이것을 갖추고 있다. 그래서 '인'이라고 한다. '연(緣)'은 모든 부처님께서 이 세상에 나오시게 되면 중생의 근기에 따라 법을 설하셔서 감응이 되게 해서 나타나는 것, 이것을 '연'이라고 한다. 즉 부처님의 가르침을 '연'이라고 한다. 좋은 인연을 지어야 하는데 부처님의 가르침이 아니고서는 좋은 인연이 될 수 없다. 부처님이 이 세상에 출현하신 본래 뜻은 가장 큰 '인연(因緣)'이 되는 것이다.

이 인연을 맺어서 실천해 가는 것이 그야말로 중생이 가져야 할 가치관이다. 왜냐하면 부처님이라는 존재는 두 가지로 나타낼 수 있다. 하나는 중생을 구원하시기 위해 사람의 몸을 받아 나오셔서 부처님이 되는 과정을 보이시고, 42년 동안 방편의 가르침을 설하시게 된다. 마지막에 십지보살을 위해 설하신 것이 타수용신(他受用身)이라는 것이다. 깨달음의 경지를 중생들에게 설하여 그들을 즐겁게 하는 부처로서 이 타수용신은 곧 사람으로서의 부처님이 십지 보살을 위해 법을 설하신 것이다.

그러나 이 법화경을 설하신 것은 사람 몸으로 부처되신 분이 설하신 것이 아니라, 본래 부처님이 설하신 것이다. 구원본불(久遠本佛)인 자수용보신여래(自受用報身如來)가 설하신 것이다. 석가모니부처님께서 법화경을 설하신 것은 절대적인 신으로 설하신 것이지 사람으로 설하신 것이 아니다. 그래서 능생(能生)이라고 한다. 능인(能仁)은 사람 몸으로 오신 석가모니부처님을 뜻한다. 그러나 석가모니부처님을 나오게 하신 것은 능생이다. 이 능생은 바로 묘법연화경(妙法蓮華經)이다. 일불승(一佛乘)이다. 일불승은 신령스럽다. 신령스럽다는 것은 절대적인 신이라는 뜻이다.

하나밖에 없는 절대적인 유일신으로, 우주 삼라만상 삼천대천세계를 창조하신 부처님이시다. 여기서 하나님이라는 신의 존재가 창조주인가 생각해볼 만한 말이 아닐까 싶다. 하나님은 천국에 있다고 한다. 부처님은 왕중왕, 즉 33천을 관장하신다 하셨다. 뿐만 아니라 우주 전체와 삼계(三界), 즉 욕계(欲界)·색계(色界)·무색계(無色界)와 시방삼세(十方三世)를 부처님이 두셨다고 하셨다. 그런데 중요한 것은 중생이 본래부터 부처의 종자를 가지고 있는 존재라는 것이다. 그러나 종자만 가지고 있다고 부처가 되지는 않는다. 그 부처의 종자가 싹이 나도록 해서 잘 거두어야, 비로소 싹이 성장해서 열매가 열리는 것과 같이 성불할 수 있는 것이다.

불성이 작용할 수 있도록 하는 것이 사람으로서 가장 중요한 가치관을 설정하는 것이다. 불성을 작용할 수 있도록 하는 것은 오직 부처님의 하나 밖에 없는 진실한 가르침인 불법인 묘법연화경밖에 없다. 그런데 일반적인 사회의 가치관은 전혀 그렇지 않다. 그저 물질적 풍요만을 최고의 가치로 삼다 보니 사회가 어지럽고, 유사 이래 일찍이 누려보지 못한 풍요를 누리고 있으면서도, 행복을 못 느끼고 사는 사람이 많은 것이다. 여기서 또 중요한 것은 불성이 마음의 핵이란 사실이다.

그러면 이 마음은 어떻게 만들어지는가? 불성을 감싸고 있는 것이 마음이고, 마음은 하나의 생각에서 나오는데, 이 생각에서 지옥, 아귀, 축생, 아수라, 인, 천, 성문, 연각, 보살, 불의 십계(十界)가 만들어진다. 이 십계 중 지옥, 아귀, 축생, 수라, 인, 천의 육도(六道)라는 여섯 가지 마음이 시시때때로 나오기 때문에 불성을 개발하고자 하는 것을 방해하고, 불성이 나오지 못하게 하고 있는 것이다.

부처님의 가르침을 바르게 이해하지 못하면 결코 부처님의 지혜에 들 수가 없다. 사람들은 자기 생각이 만들어 내는 육도 때문에 불성을 끄집어내어 부처를 이루지 못하고 미혹 속에서 헤매는 생활에서 벗어나지 못하고 있는 것이다. 그래서 부처님께서 일대사인연으로 이 세상에 나오시어 개시오입(開示悟入)케 하신 것이다. 개시오입은 부처님께서 법을 열어서, 법을 보이고, 법을 닦게 해서, 법에 들어가게 한다는 것을 일컫는 말이다. 이 개시오입은 네 가지로 설하셨지만 궁극에는 하나가 된다.

부처님의 가르침을 관으로 닦으면 법문(法門)이 열린다 했다. 그 다음에는 법문을 통해서 지혜가 이루어지고, 지혜가 이루어지게 되면 계위를 성취하게 된다. 부처님이 되고자 하는 수행 계위인 오십이위가 화엄경에 설해져 있다. 그렇기 때문에 이치는 하나다. 그리고 부처님의 지견도 하나다. 부처님의 지혜도 하나다. 그러므로 진리가 하나라는 것이다.

우리는 부처님의 가르침이 이 우주상에 하나밖에 없는 진리라는 가치관을 설정해야 한다. 이것이 곧 묘법연화경이며 불교인 것이다. 부처님께서는 중생의 고통을 당신의 고통으로 생각하신다. 또 중생들의 즐거움이 곧 부처님 자신의 즐거움으로 생각하신다. 그러니 우리 중생들은 부처님과 어떤 관계가 되는가? 그것은 유기적 공존이 된다. 부처님이 없으면 중생이 없다. 중생이 없으면 부처도 없다. 이것은 필연적 공존으로서 유기적 공존이 되는 이치다.

부처님과 내가 궁극에는 하나가 된다. 그때는 필연적 공존이 되지만 지금의 중생과 부처님으로서는 유기적 공존이 된다. 그래서 우리 중생들은 부처님의 가르침 자체를 내 가치관으로 설정을 해서 살아가면, 가장 사람다운 삶을 살 수 있다는 것을 분명히 알아야 한다.

12. 자기중심적 사고에서 벗어나야

대구신문 2010년 6월 8일자 23면에 실린 글

부처님의 가르침을 가지고 살아가게 되면, 악한 마음을 자꾸 버리려고 노력하게 된다. 그러나 부처님의 가르침을 가지지 않고서는 자기 이익에만 급급하여 이기적이 될 수밖에 없다. 이것이 사회를 점점 어둡게 만들고, 악이라는 사실을 인식하지 못하고, 다만 살인하고 강도질 하고 도둑질 하는 것만 나쁜 짓이라 생각하니, 무엇이 나쁜 짓인가를 깊이 생각하지 않으면서 말과 행동을 하게 되는 것이다.

석가모니부처님이 보여주셨듯이, 우리는 부처가 되기 위한 하나의 도구로 태어났음에도 불구하고, 이런 부처님의 가르침을 알려고 하지 않고, 이생의 막을 내린다는 것은 가장 불행한 일이 아닐 수 없다. 부처님께서 42년 동안 수없는 방편의 가르침을 설하신 목적이 바로 이 묘법연화경(妙法蓮華經)에 있다는 것을 이미 무량의경(無量義經)에 밝히신 바 있다.

그리고 불자들이 불법을 믿는다는 마음만 가진다고 해서 바르게 믿는 것은 결코 아니다. 항상 묘법연화경의 밝게 비쳐진 빛에 고마움을 가져야 한다. 그것은 일체중생은 이 법화경에 들어서 받들어 수지하여, 바른 믿음의 수행만이 구원받을 수 있다고 하신 때문이다. 이러한 뜻이 부처님의 대자비심이며, 중생구원을 실현하고자 하는 것이 법화경의 정신이다.

그러므로 나쁜 모든 것을 버릴 수 있는 능사의 마음이 되어야 한다. 나쁜 마음과 행동을 버릴 수 있는 마음을 가지고 자리이타를 실천하는 것이 중요하다. 내가 깨달아서 아는 것을 다른 사람에도 전해서 깨달을 수 있도록 도움을 주고 인생이라는 바른 뜻의 이치를 알게 해서 조용하게 실천할 수 있게 해야 한다.

자비심이 많으면 두려워할 일이 없다. 자기중심적 사고에서 벗어나지 못하기 때문에 모든 일이 두려워지고 사람도 두려워하게 된다. 어찌해서 그런가 하면 그것이 곧 번뇌가 되기 때문이다. 자기 잘못을 인정하지 않고 모든 것을 남의 잘못으로만 생각하게 되면 화가 나고 자비심이 없어진다. 자신의 잘못된 점을 알고 비판하고 두 번 다시 실수를 하지 않도록 노력하는 것이 중요하다. 일반적으로 여인을 두고 스님들이 보살이라고 한다. 보살은 다른 사람을 구원하고자 하는 마음을 가지고 불법으로 인도해서 구원시키고자 하는 것이 보살이다.

이 시대는 말법세상으로 행과 증득하는 사람이 없는 시대로 부처님의 가르침인 경전은 팔만대장경이 전해져 내려오고 있지만 없는 것과 같은 시대라고 한다. 능엄경에 보면, "설법할 줄 모르면서 간단한 방편으로 삼매 들기를 좋아하는 자와 바른 선나를 모르는 자들을 위해서 능엄경을 설하노라."

예를 들어, 어떤 사람이 법문을 통해서, 부처님을 보고 황노인이라고 하고, 부처님의 가르침을 설하면서 부처님을 고인이라고 하는 등, 웃지 못할 말을 서슴없이 행하는 자들이다. 또 부처님을 지칭해서 어느 노인이 말하기를 지금 이 시대를 삼계화택이라고 하였다는 등의 말이다. 어느 노인이 삼계화택이라고 했다는 것은 법화경 비유품 제3에서 삼계(三界), 즉 욕계(欲界)·색계(色界)·무색계(無色界)를 두고 불타는 집이라고 하신 가르침이 있는데, 이 가르침을 두고 부처님을 어느 노인에 비유하면서, 이 시대는 삼계화택이라고 했다는 말로 부처님보다 더 큰 지혜를 갖추고 있는 것처럼 망어를 한 것이다.

불교가 묘법연화경이라고 하는 것은 부처님께서 방편과 진실을 밝히시고 시성정각(始成正覺)과 구원실성본불 두 부처님으로 밝히신 것이다. 모든 설법은 하나밖에 없는 일불승(一佛乘)이요 진리의 말씀인 법화경을 위해서 수많은 가르침을 설하셨다고 이미 무량의경(無量義經)에 설하신 바 있다. 석가모니부처님이 본래는 영원불멸의 구원실성본불로서 임시로 사람의 몸으로 나오시어 출가하는 것, 수행하는 것, 깨달음을 얻고자할 때 마구니들로부터 방해를 받는 것, 마구니의 방해를 물리치고 깨달음을 얻는 것, 깨달아 아시는 지혜를 중생들에게 가르침을 설하시는 것, 열반에 드시는 것을 보여 주신 것이다. 그러므로 오직 중생을 구원하시고자 시성정각(始成正覺)의 인본존(人本尊)이 되신 것을 사람으로만 보아서는 안 된다는 것을 법화경에서 밝히시게 된다.

13. 오탁악세(五濁惡世)에 출현하시는 부처님

대구신문 2010년 6월 22일자 23면에 실린 글

"사리불아, 현재 시방의 한량없는 백천만억 불토 중의 모든 부처님 세존께서 요익하게 하시는 바가 많아 중생을 안락케 하시느니라. 이 모든 부처님도 또한 한량없고 수없는 방편과 가지가지의 인연과 비유의 말씀으로 중생을 위하여 모든 법을 설하심이니, 이 법도 다 일불승(一佛乘)을 위하는 까닭이니라. 이 모든 중생이 부처님을 쫓아 법을 받들어 듣고 마침내 다 일체종지를 얻게 되느니라.

사리불아, 이 모든 부처님은 다만 보살을 교화하시느니라. 부처님의 지견을 중생에게 보이고자 하심이며, 부처님의 지견으로 중생이 깨치도록 하고자 하심이며, 중생으로 하여금 부처님 지견에 들게 하고자 하시는 까닭이니라."

사불지견(四佛知見)에 대해서 하신 말씀이다. 이 부분은 부처님께서 사바세계에 머무시면서 과거의 부처님과 같이 방편을 열어가지고 진실을 드러내서 중생들에게 이익되게 하시고자 하신 것이다. 그래서 중생을 편안하게 하고 궁극에는 일불승에 들게 하고자 하시는 그러한 뜻이 들어있다. 말하자면 42년 동안 방편의 가르침을 설하신 것은 곧 일불승인 묘법연화경(妙法蓮華經)에 들게 하시기 위함인 것이다. 방편의 가르침을 설해서 중생들이 우선 편안한 것을 느끼도록 해주고 이익되게 해준 다음에 일불승인 법화경에 들게 하시고자 하신다는 뜻이다.

'모든 보살을 교화하신다'라고 하신 것은 보살들이 부처님이 되기 전에는 반드시 네 가지 서원(誓願), 즉, 사홍서원(四弘誓願)을 발의해야 한다. 서원에는 두 가지가 있다. 총원(總願)이 있고, 별원(別願)이 있다. 총원은 바로 보살의 원으로서 사홍서원이다. 모든 사람을 구원하자, 모든 번뇌를 없애자, 모든 법문을 배우자, 부처님의 경계에 가까이 들자, 이것이 보살서원(사홍서원)이다. 그런데 이 네 가지 서원도 법화경에 들고자 하는 서원이라는 것이다. 그래서 보살서원이라 하는 것이다. 법화경에 들어서야 비로소 이 보살서원(菩薩誓願)이 이루어지는 것이다. 그래서 '보살을 교화하시느니라.'

법화경의 가르침이 아니고는 불도를 이룰 수가 없다. 왜냐하면 이 묘법연화경은 역겁수행 – 수없는 겁을 수행하지 않고서도, 미혹한 중생의 몸 그대로 부처임을 깨닫게 하기 때문이다. 즉 묘법연화경에 들어오면 중생의 몸이 바로 부처라고 하는 것을 깨닫게 된다. '내가 부처다' 하는 것을 깨닫는 것이다. 그것을 깨닫지 못하면 수행의 의미가 없다. 그걸 깨달아야 자신도 불도에 들 수가 있고, 모든 중생도 이끌어들일 수가 있다는 것이다. 그렇기 때문에 중생을 성불케 하고자 하면 반드시 부처님께서 설하신 일대사의 가르침인 묘법연화경을 수지해야 하는 것이다. 그래서 사홍서원도 이 묘법연화경에서 나온다 하는 것이다.

별원(別願)은 이 시대에 해당이 되는 게 아니다. 말법시대에는 별원이라는 것이 해당이 안 된다. 왜냐하면 별원이라고 하는 것은 약사여래불을 찾는다든지, 관세음보살을 부른다든지, 아미타불을 부른다든지, 지장보살을 부른다든지… 이것은 상법시대까지의 수행 방법이었다. 그것은 작은 이익을 주는 것이다. 지장보살(地藏菩薩)을 불러가지고 조상을 지옥에서 나오게 했다고 해서 그게 완성된 걸로 생각하는데 그건 아니다. 그건 불교를 너무 잘못 알고 있는 것이다. 바로 그래서 상법시대(像法時代)까지는 거기라도 건져내자. 왜냐하면 중생의 근기가 하열하기 때문에 우선 그렇게라도 해서 이 법에 들게 하기 위한 방편을 쓴 것이다. 그 방편에 의해서 작은 소원을 비는 것, 이것이 별원이다.

각자 처한 환경에 따라 나이 많은 분들은 서방극락정토에 가는 게 원이다. 그래서 아미타불(阿彌陀佛)을 부르는 것이고, 몸이 좀 아프니까 약사여래불한테 도움을 청해가지고 내 몸을 낫게 해달라고 하자. 그래서 야사여래불(藥師如來佛)을 찾는 것이다. 또 관세음보살(觀世音菩薩)을 부르는 것은 작은 이익을 위해서 '관세음보살님, 어려운 일이 있으니 이것 좀 구해주십시오' 그러는 것이다. 지장보살은 '우리 아버님 어머님을 지옥에서 좀 건져 주십시오' 하는 것이다. 이처럼 환경에 따라서 하나의 원을 가지고 기도하는 것, 발원하는 것, 이것이 별원이다.

"사리불아, 나도 지금 또한 이와 같아서 모든 중생의 가지가지의 욕망이 마음 깊이 착을 하여 있는 바를 알아서 그 본성을 따라 가지가지의 인연과 비유의 말씀과 방편력으로 법을 설하느니라. 사리불아, 이같이 함은 다 일불승의 일체종지를 얻게 하고자 함이니라. 사리불아, 시방세계에는 오히려 이승도 없거늘 어찌 하물며 삼승이 있겠느냐. 사리불아, 모든 부처님께서는 오탁악세(五濁惡世)에 출현하시느니라. 이른바 세상이 오래되어 생기는 혼란인 겁탁(劫濁)과 번뇌가 치열해져서 생기는 번뇌탁(煩惱濁)과 성질이 복잡해져서 생기는 중생탁(衆生濁)과 삿되게 보는 견해가 세상을 뒤덮어 생기는 견탁(見濁)과 수명이 짧아져서 생기는 명탁(命濁)이니라."

14. 오탁악세(五濁惡世)

대구신문 2010년 7월 6일자 23면에 실린 글

제불출어 오탁악세 소위겁탁 번뇌탁 중생탁 견탁 명탁(諸佛 出於 五濁惡世 所謂劫濁 煩惱濁 衆生濁 見濁 命濁) 모든 부처님께서는 오탁악세(五濁惡世)에 출현하시느니라. 이른바 겁탁(劫濁), 번뇌탁(煩惱濁), 중생탁(衆生濁), 견탁(見濁), 명탁(命濁)이 오탁이니라.

지금의 이 시대를 말법세상(末法世上)이라고 한다. 흔히들 말세(末世)라고도 하는데, 말세라고 하는 것은 세상이 완전히 멸망하는 것으로 생각하기 쉽다.

부처님 입멸(入滅) 후 1000년 동안을 정법시대라고 하는데, 정법시대(正法時代)는 부처님의 가르침과 행과 증득하는 사람, 즉 깨달은 사람이 많이 나오는 시대이다. 1001년부터 2000년까지를 상법시대(像法時代)라고 하는데, 상법시대는 부처님의 가르침과 행만 있을 뿐이며 증득하는 사람이 없는 시대다. 2001년부터 만 년 동안은 말법시대(末法時代)로 부처님의 가르침만 있을 뿐 증득하는 자도 없고 행을 바르게 하는 자 또한 심히 적은 시대인 것이다. 작금의 시대에는 여타의 경전에서 밝히신 바와 같이 깨닫지도 못한 자가 깨달아 아는 것처럼 말을 함부로 하는 자들이 바닷가 모래알같이 많다고 밝히신 바 있다.

오랜 세월 동안 사람이 살아가는 세상은 부정이 생기게 되고, 부정하게 되므로 부패하게 된다. 잘못된 방법으로 살아가다 보면 자신도 모르게 자기 자신만을 생각하게 되고, 남을 생각하는 마음은 점차로 줄어들게 된다. 이렇게 되면 사람이 살아가는 세상은 복잡하게 얽히게 되고, 남을 이해하려는 것보다는 자기중심적으로 판단하고 행동하게 된다. 그릇된 판단으로 인해서, 이웃과도 관계가 악화되는 경향이 많아지고 그리므로 사회는 점점 악하게 되어, 서로를 믿는 마음이 부족하게 되어 생기는 혼란으로 인해서 사회가 혼란하게 되는 것이 겁탁이다.

이 세상을 살다 보면 자기중심적으로 모든 것을 생각해서 행동하게 되면 미혹한 마음이 생기게 된다. 미혹한 마음이 곧 번뇌(煩惱)로서 백여덟 가지의 번뇌가 생겨난다. 인간으로서 가장 중요한 것은 생명인데, 생명에 대한 존엄성을 생각하는 것보다 눈앞에 있는 이해득실만을 생각하고 욕심을 낸다던가, 작은 일에도 성을 잘 낸다든지, 나보다 나은 사람을 보면 질투심이 생겨서 그 사람을 이유 없이 미워한다든지, 아주 작은 자기 자신을 중심으로 모든 것을 판단하여 자기 마음대로 해석하여 생겨나도록 행동하는 것이 곧 번뇌탁이다.

모든 사람들의 성품이 제각기 다르기 때문에 여러 가지 잘못된 일들이 생겨나게 된다. 각자의 생김새나 마음도 각기 다 다르기 마련이다. 어떤 사람은 내가 노력하는 것을 알아주지 않는다고 불평도 하고 원망도 하고 미워도 하게 된다. 그러나 정작 나를 알아주지 않는다고 생각하는 자기 자신도 남을 알아주려고 하지 않으면서 말이다. 이것은 살아가는 환경이 서로 다르기 때문에 서로가 이해할 수 있는 부분이 극히 적기 때문이다. 서로가 생활환경이 다르고 마음이 다르기 때문에 내가 생각하는 것과 남이 생각하는 것이 서로 다르니까 생겨나는 것이 중생탁이라 한다.

사람은 각자가 하는 일이 서로 다르기 때문에 사물을 보는 것이 다르므로 인해서 생겨나는 것이 견탁이다. 예를 들어 하나의 물건을 놓고 오른쪽에서 보는 것과 왼쪽이나, 아래, 위에서 보는 것이 각각 다르게 마련이다. 이렇게 자기가 보는 입장에서만 사물을 생각하게 되는 것이 중생이다. 그리고 각자가 가지고 있는 세계를 보고 생각하는 세계관이나, 인생관이나, 또는 자연을 생각하는 자연관이 서로 다르기 때문에 자기의 견해를 내세워서 주장하게 되어 서로간에 마찰이 생기고 다투게 되는 것이다. 상대방의 입장이나 상대방의 마음을 이해하지 못하고 자기 자신의 생각만 주장하므로 인해서 생겨나는 것이 곧 견탁(見濁)인 것이다.

사람은 죽으면 끝이라고 생각하는 사람이 많다. 그래서 욕심에 오래 살기를 바라는 마음은 누구나 다 가지고 있다. 사람의 수명이 짧은데서 오는 번뇌가 명탁(命濁)이다. 내 수명이 얼마가 되면 어떠한 일을 할 것이라고 생각하게 된다. 사람은 자기가 하고 싶은 일을 다 하고 죽어지지 않는다. 그래서 오는 번뇌가 또한 명탁이다. 인간은 사람의 명이 짧다고 생각하는 그 생각으로부터 잘못의 근원이 생겨나는 것이다. 살아있을 때 깨달아서 성실하게 해 나가면 될 것을 욕심만 부리게 된다. 문제는 생명이 얼마 남지 않았다는 것을 안다면, 얼마 살지 못한다고 하는 데서 아무렇게나 살려고 하는 잘못된 생각을 하기 쉬운데 이러한 마음은 어리석은 마음이다. 만일 2-3일 내에 죽는다고 한다면, 하루 동안만이라도 바르게 살기를 바라는 마음을 가진다면, 번뇌에서 벗어나 깨달음을 얻을 수 있다. 그래서 부처님께서 번뇌, 즉 보리라고 하신 것이다.

번뇌(煩惱)는 보리(菩提)의 근본이다. 그래서 좋은 생각과 실천으로 명이 짧다는 것이 보리의 근본이 되게 하는 것이 중요하다. 마음의 근본을 바로 가지면, 악의 근본이 선의 근본으로 바꾸어진다. 특히 말법세상에서는 악한 일들이 많이 생겨나게 된다. 말법오탁악세(五濁惡世)에 이러한 번뇌는 탐욕과 성냄과 어리석은 마음으로 인해서 생겨나는 것이다. 오탁의 마음에서 벗어나고자 노력하는 것이 중요하며 실천하는 노력 없이 말로만 하는 것은 자기발전이 없다. 겉으로는 세상일을 다 아는 것처럼 말로 하기는 쉽다. 그러나 번뇌를 벗어버리려고 하는 마음이 중요할 것이다.

15. 부처님의 가르침

대구신문 2010년 7월 20일자 23면에 실린 글

말법악세(末法惡世)에는 중생들의 업장, 즉 번뇌가 심해서, 아끼거나 탐욕하는 마음이 많이 생기고 질투와 시기심이 많아져서, 선한 마음이 점점 없어지기 쉬워져 부처님의 가르침조차도 분별하지 못하기 때문에, 방편의 힘으로서 본래는 하나밖에 없는 부처님의 법을 나누어서 삼승법(三乘法), 즉 성문법(聲聞法)·연각법(緣覺法)·보살법(菩薩法)이 있는 것처럼 설하신다고 하신 것이다. 탐낸다고 하는 것은 자기 것은 아까워하고 남의 것은 가볍게 생각해서 함부로 쓰는 것이다.

탐욕하는 마음이 번뇌의 근본이 되며, 지나친 탐욕으로 인해서 화를 부르게 된다는 것을 잘 알면서도 마음을 바꾸지 못하는 것이 중생이다. 이런 마음을 없이 하고자 한다면 오직 하나 밖에 없는 일승법인 법화경만이 가능하다고 밝히신 것이다. 삼 승법을 설하신 것은 중생들의 근기가 하열해서 그에 맞게 설하 신 것임을 명백하게 밝혀 두신 것이다.

"제불여래 단교화보살사 차비불제자 비아라한 비벽지불(諸佛 如來 但敎化菩薩事 此非佛弟子 非阿羅漢 非辟支佛)""모든 부처님께 서 다만 보살을 교화하시는 일을 듣지 않고 알지 못하면, 이는 부처님의 제자가 아니며 아라한이 아니며 벽지불이 아니니라."

보살(菩薩)이라고 하는 것은 높은 경계에 든 사람만을 지칭하 는 것이 아니라, 자기 자신을 스스로 구원하고, 나 아닌 다른 사람도 구원하겠다는 마음이 확실하게 서 있는 사람이다.
번뇌를 완전히 제거한 아라한이라도 다른 사람을 위해서 노 력하지 않으면 올바른 아라한이라고 할 수 없다. 또한 번뇌만 제거하고 남을 구원하고자 하는 진실한 마음이 없는 것은 진 정한 수행자가 아니다. 부처님의 뜻을 바르게 알지 못하고, 자 기 자신이 아는 것이 근본적인 최고의 깨달음으로 더 이상 알 필요가 없다고 생각해서, 더 이상 구할 것이 없다고 생각하는 자들을 두고 증상만자들이라고 하신 것이다. 말법오탁악세에는 이러한 사람들이 불교를 허물어뜨린다고 하신 것이다. 이런 사 람은 깨달아서 아는 것이 아니며, 사견이 충민한 자들로서 더 이상 부처님의 가르침을 알려고 하지 않는 교만한 자들인 것 이다.

원문에 "약우여불 어차법중 변득결료(若遇餘佛 於此法中 便得決了)" "만일 다른 부처님을 만난다 하더라도 이 법에서 마침내 깨달음을 얻으리라."

비구나 수행자가 진실한 아라한을 얻고자 하면 반드시 이 묘법연화경을 믿지 않고는 부처님의 지견에 들 수 없다는 뜻이다. 또 부처님께서 멸도하신 후에는 이 묘법연화경을 받아 지니고, 읽고, 외우고, 뜻을 해설해서 바르게 설하는 사람을 만나기가 어렵다고 하신 것이다. 부처님의 가르침은 허망함이 있을 수 없으며 오직 불법은 하나밖에 없다고 경문에서 밝히시고, 설사 미래에 오실 미륵부처님을 친견해서 불법을 배운다고 하더라도 결국에는 법화경에 들어야만 깨달아서 부처님의 지견에 든다고 하신 것이다. 이러한 부처님의 가르침을 부정하고 있으니 안타까운 일이 아닐 수 없다. 부처님의 법은 하나이며(一佛乘 일불승) 둘(二乘, 성문·연각) 셋(三乘, 성문·연각·보살)이 아님을 분명히 알아야 할 것이다.

"불자견기과 어계유결루 호석기하자(不自見基過 於戒有缺漏 護惜基瑕疵)" "스스로 그 허물을 보지 않고 계행에 결함이 있어 그 허물을 아끼고 감추려고 하느니라."

자기의 허물을 감추려고 하는 자는 자기중심적으로만 생각하기 때문이다. 일반인들이 말하기를 부처님의 가르침은 너무 방대하기 때문에 알기도 어렵고 실천하기가 어렵다고 생각해서 쉽게 포기하는 사람들이 많다. 그래서 말법에 있어 중생들이 의지해야 할 곳을 열반경(涅槃經) 제6에서 밝혀 두신 것이다. 부처님의 하나밖에 없는 법에 의지하고, 사람에게 의지하지 말 것이며, 부처님의 지혜에 의지하고 식에 의지하지 말 것이며, 부처님의 뜻에 의지하고 말에 의지하지 말라 하시고, 부처님이 스스로 만족하신 요의경(了義經)에 의지하고 불요의경(不了義經)에 의지하지 말라고 하신 부처님의 유언을 잘 생각해서 중생들이 어디에 마음을 두어야 할 것인가를 바르게 분별해야 할 것이다. 이 가르침은 바로 묘법연화경(妙法蓮華經)인 것이다. 즉, 묘법연화경이 바로 요의경(了義經)이고, 이는 보살을 위한 참된 법을 설한 경전이다. 이에 비해 불요의경(不了義經)은 일반 대중을 위한 방편의 가르침일 뿐이다.

항상 자기 자신이 깨달았다고 하는 정도가 어느 정도의 경계인가를 스스로를 보아야 하지만 자신이 깨닫지도 못하고 깨달아서 아는 것같이 하는 것은 자기의 계행에 결함이 있다는 것을 알기 때문에 자신의 허물을 감추려고 하기 때문이라고 본다. 부처님의 가르침을 믿는 것 같이 보이지만 불법을 생각조차 하지 않고 세상을 살아가고자 하는 마음이 많기 때문일 것이다. 믿지 못하는 마음으로 인해서 악연을 만들어 가고 있다는 것을 알게 된다면 세상이 밝아질 것이다.

열반경의 가르침에 "말법에는 사견(邪見)이 치성하여 나의 법을 허물어뜨리느니라." 라고 하셨다. 깨닫지도 못하고서 깨달아서 아는 것처럼 말로서 중생을 현혹하여 바르고 바르지 못한 것을 분별할 수 없도록 인간적인 면만 내세워 눈앞을 가리고 자신의 이익만 탐하는 무리들이 이 시대는 바닷가 모래알 같이 많다고 하신 부처님의 가르침을 다시 한 번 생각해야 할 때인 것 같다.

보통 사람은 자신의 허물을 지적해주면 싫어한다. 그러나 나의 허물을 지적해주는 사람이 있다는 것은 그 만큼 관심이 있다는 증거이기 때문에 기분 나쁘게만 생각하지 말고 다시 한 번 자신을 되돌아보고 사견을 따르는 것은 아닌가를 점검해 보는 습관을 가져야 할 때인 것 같다.

16. 이제사 만족함이라

대구신문 2010년 8월 3일자 23면에 실린 글

"혹설수다라 가타급본사 본생미증유 역설어인연 비유병기야 우파제사경(或說修多羅 伽陀及本事 本生未曾有 亦說於因緣 譬喻并祈夜 優波提舍經)" "혹은 경과 율과 논과 부처님의 전생담과 신비로운 과거사연과 여러 경을 설하노라." "아설시방편 영득입불혜 미증설여등 당득성불도 소이미증설 설시지고 금정시기시 결정설대승(我說是方便 令得入佛慧 未曾說汝等 當得成佛道 所以未曾說 說時未至故 今正是其時 決定說大乘)" "내가 이러한 방편을 만들어 부처님 지혜를 얻게 함이라. 아직 너희들에게 성불의 도를 얻는 것을 설하지 아니 하였노라. 일찍이 설하지 않은 것은 설할 때가 되지 않았기 때문이며, 지금이 바로 그 때라고 결정하고 대승을 설하노라."

무량의경(無量義經) 설법품(說法品)에서 사십여년 미현진실(四十餘年 未顯眞實)이라고 하신 경문과 일치가 된다. 지금은 이미 사십여 년 동안에 방편으로서 설하실 것은 다 설했기 때문에, 이제 부처님 스스로 부처님의 법이요 부처님의 지혜이며 부처님의 뜻이며 요의경(了義經)인 묘법연화경(妙法蓮華經)을 설하실 때라는 것을 밝히신 것이다.

"성문약보살 문아소설법 내지어일게 개성불무의 십방불토중 유유일승법 무이역무삼 제불방편설 단이가명자 인도어중생 설불지혜고 제불출어세 유차일사실 여이칙비진 종불이소승 제도어중생(聲聞若菩薩 聞我所說法 乃至於一偈 皆成佛無疑 十方佛土中 唯有一乘法 無二亦無三 除佛方便說 但以假名字 引導於衆生 說佛智慧故 諸佛出於世 唯此一事實 餘二則非眞 終不以小乘 濟度於衆生)" "성문이나 보살이 내가 설하는 법의 게송 한 마디를 들을지라도 다 의심없이 다 성불하리라. 시방불토에는 오직 일불승법만이 있고 이승도 없고 삼승도 없느니라. 부처님이 방편으로 설하신 것은 제하노라. 다만 헛된 이름으로 중생을 인도하여 부처님의 지혜를 설하려 한 까닭이니라. 모든 부처님이 세상에 출현하심은 오직 일승법만이 진실이요, 달리 둘이 있다면 진실이 아니니 끝까지 소승으로써 중생을 제도하지 아니하느니라."

방편경(方便經)에서 이승 즉 성문·연각은 성불이 안 되시만, 묘법연화경의 방편품(方便品)에서 안락행품(安樂行品) 제 14품까지 이승도 이 법을 믿고 행하면 부처님이 된다고 하신 것이다.

성문과 연각에게 성불(成佛)이 안 된다고 하신 것은, 더욱 정진해서 묘법에 들게 하시기 위해 방편으로 하신 말씀이다. 어떤 종단의 종지에는 일승을 두고 방편의 설이라 하고 이승을 진실이라고 하는 일승방편 삼승진실이라고 하는 부류도 있다. 어떻게 들으면 그럴 듯 하게 들릴 수도 있을 것이다. 이러한 종단은 삼승 중에 보살만이 부처가 될 수 있다고 하고, 성문과 연각은 보살이 되어야 부처가 된다고 하고, 모든 중생이 부처가 된다고 하는 것은 방편으로 공부를 시키기 위해서 말씀하신 것이다라고 말도 안 되는 소리를 하는 부류도 있다.

오로지 삼승 중에 보살만이 부처가 된다고 할 것 같으면 부처님께서 굳이 사십여 년 동안 많은 말씀을 하시지 않아도 되었을 것이다. 오로지 수행만 하도록 하셨을 것이다. 부처님께서는 끝까지 소승으로 중생을 제도하지 않는다고 하신 것은 40여 년의 가르침도 묘법연화경에 들게 되면 일체 모든 경은 일승의 가르침이라고 하신 것이다.

원문에 "아본립서원 욕령일체중 여아등무이 여아석소원 금자이만족 화일체중생 개령입불도(我本立誓願 欲令一切衆 如我等無異 如我昔所願 今者已滿足 花一切衆生 皆令入佛道)" "내가 본래 세운 서원이 일체중생으로 하여금 나와 같이 평등하여 다름이 없게 하려함이라. 내가 옛적에 소원한 바와 같이 이미 이제는 만족함이니, 일체중생을 교화하여 다 불도에 들게 함이라." 부처님께서 말법에는 일심으로 믿고 이해하는 마음으로 수행하라고 하시고, 일체중생을 모두 부처님과 같이 성불시키고자 이 묘법연화경을 설하시는 것이 본래의 서원이라고 하신 것이다.

"금자이만족(今者已滿足)" "이제사 만족함이라" 열반경(涅槃經)에서 "요의라 함은 만족함에 있느니라"라고 밝히셨다. 중생이 말법에 반드시 네 군데 의지하라고 정해주신 "요의경(了義經)에 의지하고 불요의경(不了義經)에 의지하지 말라"고 하신 것은, 부처님의 목적이 이 묘법연화경에 있기 때문에 이 묘법연화경을 설하심으로 해서 만족하신다고 하신 뜻이다. 이 묘법연화경이 요의경이라는 것을 직접 밝히신 것이다. 그러므로 일체중생들은 말법오탁악세(五濁惡世)인 현세에는 오직 묘법연화경만이 모든 중생을 구원할 수 있다는 뜻이다. 부처님은 십여시에서 밝히셨듯이 처음의 상에서부터, 끝의 보에 이르기까지, 궁극에는 평등해진다고 하신 바와 같이, 모든 중생들도 석가여래와 같이 모두 부처가 될 수 있기 때문에 평등해진다고 하신 것이다.

부처님께서는 항상 일불승(一佛乘)인 묘법연화경(妙法蓮華經)을 위해서, 모든 방편(方便)의 가르침을 설하신 것을 중생들은 미혹해서 알지 못하고, 방편의 가르침에만 집착을 하고 머물러 있으면서, 이 묘법연화경을 받지도 않고, 믿으려고 하지도 않고, 알려고 하지도 않고, 오히려 사이비라고 매도하는 승려가 있는가 하면, 그들의 말을 듣고 따르는 자가 바닷가 모래알 같이 많을 것이라고 이미 여타의 경전에서 부처님께서는 예언하신 것이다.

그들은 누구보다 선본을 닦지 않으면서 아는 것처럼 말로서 중생을 현혹시켜 불도 닦는 것을 멀리하게 만들고 있는 것이다. 이 묘법연화경을 받지 않고 선본을 닦지 않는 어리석음으로 인해서 오욕에 깊이 집착하여, 번뇌는 더욱더 치성해져서, 욕심으로 인연하기 때문에 결국은 삼악도(지옥·아귀·축생)에 떨어져 육도(六道), 즉, 지옥(地獄)·아귀(餓鬼)·축생(畜生)·아수라(阿修羅)·인간(人間)·천(天)을 윤회해서 가지가지의 고통을 받게 된다고 하신 것이다.

17. 성불(成佛)

대구신문 2010년 8월 17일자 23면에 실린 글

"불자행도이 내세득작불 아유방편력 개시삼승법 일체제세존 개설일승도(佛子行道已 來世得作佛 我有方便力 開示三乘法 一切諸世尊 皆說一乘道)" "불자가 도를 행하여 마치면 내세에 성불하리라. 내가 방편력이 있어 삼승법(三乘法), 즉 성문법(聲聞法)·연각법(緣覺法)·보살법(菩薩法)을 열어 보였으니, 일체의 모든 부처님도 마침내 다 일승법을 설하시느니라."

모든 법이 무상하고 거짓되고 허망한 법이며, 곧 미혹한 세계를 삼계(三界), 즉 욕계(欲界)·색계(色界)·무색계(無色界)라고 하는데, 모든 중생들은 이 미혹의 세계를 진실한 존재 즉 실제로 있는 것으로 집착하고 있는 것이다. 그래서 이승(성문·연각)들은 허망한 법들이 연기된 존재로 받아들이기 때문에, 반야에서는 허망한 법들의 인연으로 지어진 온갖 존재라고 보고 공(空)하다고 한 것이다. 그러나 사물의 진실된 모습은 색(色)을 멸해서 공(空)을 취하는데 있지 않고, 모든 존재 자체에 들어있는 불성(佛性)이라는 열반 자체의 모습을 보아야 한다. 이렇게 알게 되면 무명으로 지어진 모든 것이 적멸이라 하더라도, 부처님의 가르침으로 수행을 거치지 않고서는 이것을 체득하지 못하기 때문에, 묘법연화경에 든 불자가 수행을 마치면 미래세에 성불한다고 하신 것이다.

"개이성불도(皆已成佛道)", "불도를 이룩함이니라." 불도의 이치를 깨닫게 하는 조건에 있어서 진실을 나타내시는 것인데, 이 부분은 사람과 하늘의 업을 나타내신 것으로, 아이들이 놀면서 어지러운 마음으로 부처님의 형상을 모래에 그리고 탑을 쌓는 것이 곧 선한 것을 행하는 인업에 해당되는 것이다. 그러므로 모래로 부처님의 형상이나 탑을 만든다는 것은 방편에 있어서 아주 중요한 부분이라 할 수 있다. 모래는 집착하는 마음이 없어지는 것을 뜻하고, 탑은 쌓는 것은 수많은 수행의 공덕을 나타내는 것이다. 다시 말해서 행을 쌓아올려서, 바르게 깨달은 마음을 탑 안에 간직한다는 것을 나타내신 것이기도 한 것이다. 그래서 탑 불사가 그만큼 수행을 가름하는 것으로 대불사가 되는 것으로 해석할 수 있다.

부처님께서 방편(方便)의 문을 여시지 않았을 때는, 단순하게 얻고자 하는 것에 만족하고 집착했지만, 방편을 여심으로 해서 반드시 보리에 나아가, 진실법인 묘법연화경을 나타내시고 이 법에 들어오게 함으로써 불도를 이룰 수 있다는 것이다. 작은 일로서 부처님을 생각하더라도 역겁 수행을 거치면 반드시 이 묘법연화경에 들 수 있다는 뜻이기도 하다. 묘법연화경에 들어야만이 성불할 수 있다는 뜻이다.

열반경(涅槃經) 제4 여래성품(如來性品)에서 "목상화상(木傷畵像) 개안공양(開眼供養)이 묘법(妙法)에 한함이라" 법화(法華) 이전의 가르침은 방편(方便)의 가르침이기 때문에 열반경에 와서 비로소 불상의 개안공양에 대해서 밝히신 것이다. 묘법연화경으로만이 불상의 눈을 뜨시게 할 수 있다는 뜻이다.

이 묘법연화경에 들어야 불도를 이룬다고 하셨는데 불도는 오직 일불승(一佛乘)인 묘법연화경의 가르침을 나타내신 것이다. 그러면 불도는 무엇인가? 자신을 좋게 하고 남을 좋게 하는 因을 겸하는 것인데, 어느 한 쪽으로 치우쳐서는 안 된다. 나 자신만 좋아도 안 되고, 또 다른 사람만 좋아도 안 된다. 남을 위해서 노력한다는 것은 자기 자신을 이익되게 하기 때문이다. 이 경계까지 이르자면 노력 없이 안 된다. 또 나 자신은 어떻게 되던지 다른 사람만 좋으면 된다고 하는 것은 좋게 들릴지 모르지만 그것은 결코 오래가지 못한다. 믿음은 일시적이 되어서는 안 된다. 게으름을 피우지 말고 지속적이어야 한다.

"약유문법자 무일불성불 제불본서원 아소행불도 보욕령중생 역동득차도(若有聞法者 無一不成佛 諸佛本誓願 我所行佛道 普欲令衆生 亦同得此道)"만일 법문을 듣는 자는 한 사람도 성불 못하는 이가 없느니라. 모든 부처님의 본래 서원은 내가 행한 불도를 널리 중생으로 하여금 또한 같이 얻게 하고자 함이니라."

　이 문구는 여러 스님들이 쓰고 있는 구절이다. 무슨 말이 더 필요하겠는가? 이 묘법연화경에 들어오면 한 사람도 빠짐없이 성불을 허락하셨으니, 우리는 부처님의 대자비심에 진실로 깊이깊이 감사하고 또 감사해야 할 것이며, 게으르지 않고 부지런히 정진해야 할 것이다.
　불자들이여, 생각하고 생각할지니 부처님의 대자비심에 세세생생 참회하고 또 참회하고 고맙고 또 고마워해야 할 뿐이다. 믿고 행하면 반드시 성불한다는 가르침이다.

18. 모든 사람이 부처가 될 수 있다

대구신문 2010년 8월 31일자 23면에 실린 글

　"아이불안관 견육도중생 빈궁무복혜 입생사험도 상속고부단 심착어오욕 여모우애미 이탐애자폐 맹명무소견(我以佛眼觀　見六道衆生 貧窮無福慧 入生死險道 相續苦不斷 深着於五欲 如牦牛愛尾 以貪愛自蔽 盲冥無所見)" "내가 부처님의 눈으로 육도의 중생을 굽어보니, 빈궁하며 복덕과 지혜가 없으며, 생사의 험한 길에 들어가, 서로서로 이어서 고를 끊지 못하고, 깊이 오욕에 착함이 물소가 꼬리를 사랑함과 같으며, 탐내고 애착으로 자기를 덮어 눈 멀고 어두워 보는 바가 없음이라."

부처님께서 범부중생들의 경계를 아시고 나타내신 말씀이다. 현재 환경에 처해 있는 모든 사람을 육도(六道) 중생(衆生)이라고 한다. 내 마음에 지옥의 마음도 있고. 아귀의 마음도 있고. 축생의 마음도 있고. 수라의 마음도 있고. 사람의 마음도 있고. 하늘의 마음도 있다. 이 육도의 중생은 물질적으로 빈궁하다고 하는 것이 아니다. 지혜가 없고, 분별력이 없고, 마음이 가난한 것을 나타내신 것이다. 자기 자신을 구원할 수 없고 다른 사람을 구원할 수 있는 힘도 없는 사람을 복덕과 지혜가 없다고 하시고 이러한 사람을 불쌍한 사람이라고 하신 것이다. 생사라는 것에 매여 있는 것이다. 생사라고 하는 것은 인간이 나고 죽는 것은 물론 살아가는 데 있어서 항상 변화하고 있는 것을 말하는 것이다.

예를 들어 일을 하다보면 잘될 때도 있고 안될 때도 있다. 재물이 들어오면 즐거워하고 손해를 보게 되면 실망하게 된다. 이러한 마음이 끊임없이 반복된다. 다른 사람이 나를 부러워하는 입장에 있어도 정작 본인은 만족하지 못하고 또 다른 괴로움이 있기 때문에 스스로 고를 끊지 못하는 것이다. 또 재물이 많이 있으면 없는 사람을 경계하게 되고 자기자신을 만족하고 사는가 하면 결코 만족하고 살지 않는다. 재물이 많으면 혹시 돈을 빌리러 오는 사람은 없을까? 혹시 이 돈을 누가 뺏으려고 하지나 않을까 두려워하는 마음 때문에 남을 의심하는 병까지 얻게 된다. 재물이 많으면 즐거움을 찾아다니게 되고 향락에 빠져 분별력을 잃고 만다.

사람은 참으로 이해하기 힘든 존재임에는 틀림없다. 없는 사람은 돈이 많은 사람을 부러워하는가 하면, 가진 사람은 없는 사람을 무시하는 경향이 많다. 이렇게 하루하루 살아가면서 자기 자신만을 생각하다 보니까 오욕에 깊이 집착하고 있다고 하신 것이다. 사람이 자기 자신에게 스스로 만족하지 못하고 있는 것은 오욕 때문이다. 오욕을 오체라고도 하는데 즉 눈(眼)·귀(耳)·코(鼻)·혀(舌)·몸(身)의 다섯 가지로 인해서 생겨나는 욕망이다. 사람들은 이 다섯 가지의 욕망이 가장 중요하다고 착각하면서 살아가고 있다. 이렇게 오욕(재물욕·성욕·명예욕·식욕·수면욕)에 빠져서 탐욕을 버리려고 하지 않고, 오히려 자꾸 깊이 빠져들고 있는 것이 중생이다. 부처님께서는 이 오욕에서 벗어나 사람답게 사는 방법을 가르쳐 주시고자 이 세상에 사람의 몸을 나타내시어 모든 것을 보여주신 것이다.

　일체중생이 성불할 수 있는 부처님의 일대사인연법(因緣法)이라는 것을 이해한다면 자신이 구원받을 수 있는 부처님의 금구의 말씀이 바로 여기에 있다는 것을 알게 되기를 간절한 마음으로 바라면서 이 글을 쓰고 있는 것이다.

　이 법화경은 사람 뿐 아니라 우주에 존재하고 있는 모든 생명체가 다 구원받을 수 있는 진리의 말씀이다. 또한 이 법화경은 서가모니불을 니오게 하신 능생(能生)으로써 석가모니불을 포함한 모든 부처님이 이 묘법에서 나오시기 때문에 신령스럽고 절대적이며 우주 삼라만상에서 하나밖에 없는 본불이 되는 것이다.

중생들은 부처님의 마음을 모르니까 눈 앞에 당장 처해져 있는 고통만을 생각하기 때문에 아무리 좋은 가르침을 설한다 해도 부처님의 가르침을 받지도 믿지도 알려고 하지 않는 것이다. 부처님의 가르침을 믿지 않는다는 것이 얼마나 큰 죄업이 된다는 것을 모르고 살아가고 있는 것이 현실이다.

왜 큰 죄업이 되는가 하면 내가 믿지 않으면 구업을 짓지 말고 가만히 있어야 하는데 그것이 잘 안 된다. 그저 간섭을 하고 싶어 하게 되고, 뭐 그런 것을 믿으려고 하는가. 또는 법화(法華) 열반경(涅槃經)은 문자에 지나지 않는다라고 한다든지 하는 잡스러운 방법으로 방해를 하게 되는데, 이것은 자기 한 사람만 믿지 않는 것이 아니라, 믿는 사람까지도 혼란을 조성시키기 때문에, 이것은 불법의 원적이 되고 불법을 허물어뜨리는 죄업을 짓게 되는 것이다. 부처님께서 법을 허물어뜨리는 자는 삼악도(지옥계·아귀계·축생계)에 떨어진다고 하신 것을 모르기 때문이고 믿지 않기 때문일 것이다.

19. 믿음과 이해

대구신문 2010년 9월 14일자 23면에 실린 글

"어찌하여 그러한고. 만일 비구가 참된 아라한을 얻으려면 이 법을 믿지 않고는 그 경지에 도달할 수 없느니라. 부처님이 멸도하신 후 이 경을 받아 가져 읽고 외우며 뜻을 해석하는 사람을 만나기 어려우니라. 만일 다른 부처님을 만난다 하더라도 이 법에서 마침내 깨달음을 얻으리라. 사리불아 너희들은 마땅히 일심으로 믿고 알아서 부처님의 말씀을 받아 가질지니라. 모든 부처님의 말씀은 허망함이 없나니 다른 법이 없고 오직 일불승(一佛乘)만이 있을 뿐이니라.”

이 경문을 읽어 보면 이해가 갈 것이다. 비구나 수행자가 진실한 아라한을 얻고자 하면 반드시 이 묘법연화경(妙法蓮華經)을 믿지 않고서는 부처님의 직인에 들 수 없고, 진실한 아라한이 될 수 없다. 그래서 부처님께서 멸도하신 후에는 이 묘법연화경을 받아 지녀서 읽고 외우고 뜻을 해설하는 사람을 만나기 어렵다고 하신 것이다.

이 정법을 만나기란 맹구우목(盲龜遇木)과 같다고 했다. 태평양 바다 가운데 판자 하나에 구멍을 뚫어놓고, 그 밑에 노는 거북이 한 마리가 그 판자를 찾아서 목을 쏙 내미는 것과 같이 어렵다는 뜻이다. 다시 말해서 이 법문을 듣기조차 어렵다. 어찌해서 그런가 하면, 말법오탁악세(末法五濁惡世)에는 하나밖에 없는 정법을 사도로 말하고, 외도가 삿된 견해를 정법인양 알고 설하기 때문이라고 여타의 경에서 이미 말씀을 하셨다.

그리고 이 법을 설하는 사람을 만나기조차 어렵고, 설사 다른 부처님을 만난다고 하더라도 이 묘법연화경이 아니고서는 깨달음을 얻을 수 없다고 하신 것을 믿고 의지해야 할 것이다. 부처님의 가르침은 허망함이 없다. 망령된 것이 없고 진실하다. 또 이승도 성문연각도 보살법도 없으며, 오직 일불승인 묘법연화경만이 있다고 하신 경문의 가르침을 근본으로 삼고 수행해야 하는 것이 불자의 도리요 참된 제자라고 열반경(涅槃經)에서 말씀하신 바 있다. 이 말씀을 우리는 새겨듣고 사견에 따라서는 안될 것이다.

그렇다면 "부처님께서 법화경을 설하신 근본 목적"이 어디에 있는가? 그것은 "모든 중생을 전미개오"케 하고자 함이다. 전미개오(轉迷開悟)란 부처님께서는 중생들에게 가지가지 비유로서 과거의 일들을 알게 하시고, 번뇌로 인해서 미혹함과 허망함이 많은 중생을 깨닫게 하시겠다는 뜻이다. 방편품(方便品)에서는 불교를 믿는 모든 사람들에게 근본적인 교훈을 설하신 부분이고, 성문과 연각도 성불할 수 있다는 것을 밝히신 것으로 성문과 연각인 이승에게 희망을 주신 가르침이다. 또한 모든 중생들은 부처님을 밖에서만 구하려고 하는데 내 자신이 부처임을 깨닫게 해 주시는 가르침으로, 역겁의 수행을 거치지 않고서도 일불승에 들어오면 누구나 다 즉신성불을 한다고 밝혀 두신 것이다.

석가여래께서 이 세상에 출현하신 것은 오직 이 묘법연화경을 설하시어 일체중생을 성불시키고자 하는 일대사인연(一大事因緣)으로 출현하셨다는 것을 밝히신 품이며, 묘법연화경 28품 중에서 제14품까지의 절반인 적문의 핵심이 되기도 하는 중요한 가르침의 부분이다. 이 시대는 중생의 마음이 갈수록 악하게 되므로 해서, 세상도 악하게 되어 흐린 세상으로 변하기 때문에 말법오탁악세(末法五濁惡世)를 두고 흐리고 악한 세상이라고 하신 것이다.

이 세상에서 살아간다는 것은 자기자신이 만족하고 살아가기가 어렵다. 그렇기 때문에 욕망이라는 것이 미혹한 마음과 번뇌로 인해서 끝없이 나오는 것이다. 이렇게 미혹한 마음과 번뇌를 제거하여 모든 중생이 마음의 평안을 찾고 가정이 화합하여 사회가 밝아지고 국가가 번창하게 되어 불국토를 이루게 되는 것이다. 그러자면 믿음이 중요하다. 부처님의 가르침을 근본으로 삼고 바른 마음으로 굳게 믿고 실천하는 노력이 있을 때 우주법계와 나 자신이 하나가 되어 부처님의 가피력이 생겨나게 되는 것이다. 이것을 부처님께서 감응하셨다고 하는 것이다.

열반경에서 말씀하시기를. "신해(信解)가 원통(圓通)해서 비로소 행실의 근본이 된다."라고 하셨다. '신(信)'은 믿는 마음이고, '해(解)'는 이해하는 마음이다. '원(圓)'은 갖추어지는 것이고, '통(通)'은 갖추어진 것이 하나라는 뜻이다. 이 말씀은 믿는다는 마음만 가져서는 안 된다는 뜻으로, 믿는다는 마음만 있고 이해가 부족하게 되면 자신도 모르게 되고, 최면에 걸린 것처럼 몽롱해지면서 거기에 집착하게 되어, 바른 것인지 바르지 못한 것인지를 분별하지 못하고 사견에 빠져 허우적거리는 것과 같이 된다고 하신 것이다. 이러한 믿음을 보고 원인과 까닭도 모르고 맹목적인 신앙이라고 하는 것이다. 다시 말해서 믿는다는 마음만 가지게 되면 탐욕하는 마음이 더 크게 생기게 된다.

예를 들어 믿음이 있으면 기도를 하게 되고 기도를 하게 되면 목적하는 것이 얻어지게 되므로 해서, 더 큰 것을 얻고자 하는 마음이 자주 생기게 되기 때문에 탐욕하는 마음이 더욱

커지게 되어, 궁극에는 자신도 모르게 욕망으로 인해서 스스로를 파멸시킬 수도 있기 때문에 믿음만 가져서도 안 된다는 뜻이다. 먼저 부처님의 가르침에 대한 목적이 어디에 있는가를 알아야 하고 부처님의 가르침에 대한 뜻을 실제로 이해하고자 하는 마음을 가지려고 하는 노력이 있어야 한다. 그래서 법화경에 대한 믿음과 이해함이 갖추어져 하나가 될 때 비로소 마음을 비울 수 있게 되고, 또한 행실의 근본이 된다는 열반경(涅槃經)의 가르침의 뜻이다.

결국 믿는 마음과 이해한다는 것은 부처님의 가르침을 바르게 믿고 이해하려고 하는 마음으로 행을 실천함으로서 진실하게 믿는 것이 된다고 할 수 있는 것이다. 출가자나 재가나 모두가 다 마음의 출가가 먼저 선행되어져야 한다. 출가는 두 가지가 있다. 하나는 머리를 깎고 부처님 제자가 되는 것이고, 또 하나는 마음의 출가다.

출가의 입문은 자기를 버리는 일부터 수행을 시작하는 것이 된다. 자기를 버리고 하나의 마음인 부처님의 마음이 되고자 하는 것이 출가의 목적이다. 하나의 마음은 선(善)의 근본에서 나온다. 부처님의 마음으로 세상을 따뜻하게 살아가고자 한다면, 부처님의 가르침을 바르게 알아가는 것이 실로 중요한 일이다.

20. 지금이 바로 그 때라

대구신문 2010년 9월 28일자 23면에 실린 글

부모에게 효도하고, 나라에 충성하고, 사회에 봉사하고, 진실한 행동과 말을 하고, 주인에게는 충실해야 하고, 친구에게는 진실하고, 가족에게는 자비로 이끌어가고, 이렇게 올바른 말과 행동은 하나의 마음에서 나오는 것이다. 올바른 마음이 나오고자 하면 부처님의 가르침을 진실한 마음으로 믿고, 입으로 부르고, 몸으로 받아 행을 해야 하는 것이다. 이것을 구독(口讀), 심독(心讀), 색독(色讀)이라고 한다. 여기서 색(色)이라 함은 몸으로 행하는 것을 말한다.

열반경(涅槃經)에 부처님께서 가섭존자에게 말씀하시기를 "모든 여래가 공경 공양하는 바는 법이며, 모든 여래가 스승으로 하는 바 또한 곧 법이니 그러므로 여래는 항상한 법이라고 하느니라." 모든 부처님께서 공경 공양하는 것은 법이며, 부처님이 스승으로 삼는 것 또한 법이라고 하시고, 여래는 항상한 법이라고 하셨는데도 불구하고 사람들은 사견을 설하고 있는 사람에게 의지하고 있으니 실로 안타까운 마음 금할 길이 없다.

바로 이 묘법연화경(妙法蓮華經)의 진실한 가르침이 선(善)의 근본이며, 이 법을 바르게 이해하자면 먼저 부처님께서 설하신 일대 오십 년 동안의 설법을 바르게 인식하는 것이 중요하다. 묘법연화경 방편품 제2에서 "세존법구후 요당설진실, 욕령중생 개불지견 사득청정고 출현어세 욕시중생 불지지견고 출현어세

욕령중생 오불지견고 출현어세 욕령중생 입불지견도고 출현어
세 사리불 시위제불 이 일대사인연고 출현어세(世尊法久後 要當
設眞實, 欲令衆生 開佛知見 使得淸淨故 出現於世 欲示衆生 佛之知見
故 出現於世 欲令衆生 悟佛知見故 出現於世 欲令衆生 入佛知見道故
出現於世 舍利弗 是爲諸佛 以 一大事因緣故 出現於世)" "세존은 오
랫동안 법을 설하신 후에야 요긴한 진실을 설하시느니라. 중생
으로 하여금 부처님의 지혜를 열어주사 청정함을 얻게 하고자
세상에 출현하시며(開), 중생에게 부처님 지혜를 보여 주고자
세상에 출현하시며(始), 중생으로 하여금 부처님의 지혜를 깨닫
게 하고자 세상에 출현하시며(悟), 중생으로 하여금 부처님의
지견과 깨달음의 길로 들어가게 하시려고 세상에 출현하시느니
라(入). 사리불아, 마땅히 알라. 이것이 모든 부처님께서 오직
일대사인연으로 하여 세상에 출현하신다고 함이니라."

이 말씀은 묘법연화경 방편품 제2에서 설하신 말씀이다. 부
처님이 세상에 나온 일대사인연(一大事因緣)은 모든 중생으로 하
여금 이 불지견(佛知見), 소위 사불지견(四佛知見), 즉 개불지견
(開佛知見)·시불지견(示佛知見)·오불지견(悟佛知見)·입불지견(入佛
知見)을 개(開)·시(示)·오(悟)·입(入)케 하기 위한 것이다. 이를
개시오입(開示悟入) 사불지견(四佛知見)이라 한다.

부처님께서 사십여 년 동안 법을 설하시고 난 다음에 비로소
요긴한 진실을 설하신다고 하셨으니, 석가여래의 진실이 어디
에 있는가를 알 수 있다. 오직 부처님께서는 대자비심으로 일
체 중생들을 부처님의 지혜와 깨달음에 들게 하기 위해서 처음

에는 법을 열어서 보여 주시고 깨닫게 하신 다음, 불도인 묘법 연화경에 들어서 구원받을 수 있기를 바라시는 대자비심으로 법을 설하셨다는 것을 밝히신 것이다. 부처님은 모든 사람들을 성불시켜 부처님과 같이 되게 하기 위하여 먼저 유인책으로 42 년 동안 설하신 가르침인 방편의 권교에 집착하지 말고, 불도 인 묘법연화경에 들어서 구원받기를 원하신 것이다. 그러나 중 생들은 묘법연화경을 설하신 목적을 이해하지 못하고 있으면서 알려고도 하지 않는다. 여타의 경전에서는 주로 질문과 답을 하는 형식을 취하고 있는 반면, 묘법연화경은 무문자설로서, 부 처님께서 스스로 세상에 출현하시어 본회를 밝히신 하나밖에 없는 진실한 가르침으로 우주진리의 대생명의 대활력소인 가르 침이다. 특히 묘법연화경은 삼천(三千)의 제법(諸法)이 원융원만 (圓融圓滿)하므로 일승법화원교(一乘法華圓敎)라고 한다.

방편품 제2에서 "금정시기시(今正是其時)" "지금이 바로 그 때 라." 부처님은 부처가 되는 것은 오직 일불승(一佛乘)에 있기 때 문에 수없는 가르침을 남겼지만, 그것은 방편으로 설하신 것이 고 모든 법은 일승에 귀착한다는 것을 밝히시는 것으로, 모든 인간은 제 각각 다르지만 궁극에는 다 같이 부처님이 된다고 하신 것이다. 중생들에게 수많은 설법으로서 근기가 성숙하도 록 하였으며, 이제 부처님의 목적인 묘법연화경을 설하실 때가 지금이라고 생각하시고 바로 그 때리고 하신 것이다.

"금아희무외 어제보살중 정직사방편 단설무상도(今我喜無畏 於 諸菩薩中 正直捨方便 但說無上道)" "나는 지금 기뻐하고 두려움이 없어 모든 보살에게 방편을 버리고 정직하게 다만 깨달은 위 없이 높은 법, 무상도(無上道)를 설하노라." 40여 년 동안 중생들의 근기를 성숙시키고자 수많은 설법을 하셨지만 이제 묘법연화경을 설할 때가 되어, 앞에 설한 모든 방편의 가르침(화엄경·아함경·방등십이부경·대반야경)을 버리라고 하신 것이다.

다시 말해서, 초목과 산하대지에 미진 속에서도 서로 각 십법계의 법을 구족하고 있으며, 시방의 정토에 의보(依報)와 정보(正報)의 공덕장엄(功德莊嚴)이 나의 마음속에 있어서 순간도 삼신즉일의 본각의 여래는 떨어져 있지 않고 내 마음에 있기 때문에 이외의 또 다른 법이 있을 수 없다는 뜻이다. 그래서 묘법연화경을 무분별법(無分別法, 분별을 초월한 경지에 들어가야 깨달음을 이룰 수 있다)이라고 하는 것이다. 그런데 그저 중생들이 빠르고 쉽게 깨달음의 경지에 갈 수 있도록 설하는 가르침인 방편법을 성불(成佛)의 경(經)이라고 알고 믿고 행하는 것은 미혹 중에 미혹한 생각이다.

21. 하나밖에 없는 세상의 진리

대구신문 2010년 10월 12일자 23면에 실린 글

열반경(涅槃經)에서 "끝내 실경(實經)을 홍통하지 않으면 천마(天魔)로 알아야 하느니라." 실경이란 묘법연화경(妙法蓮華經)이며 이 묘법연화경을 홍통하지 않는 자는 하늘의 마구니라고 하신 것이다. 묘법연화경의 가르침을 믿는 것같이 하면서 이 경의 가르침을 자기가 깨달아서 아는 것처럼, 경의 제목을 밝히지 않고 법문을 하는 자는 법을 악용하는 자로써 결코 대무간지옥을 면할 길이 없다는 뜻이기도 하다.

방편품에서 "소지락소법 부자신작불 시고이방편 분별설제과 수부설삼승 단위교보살(小智樂小法 不自信作佛 是故以方便 分別說 諸果 雖復說三乘 但爲敎菩薩)" "작은 지혜 가진 자는 작은 법을 원하고 스스로 성불할 것을 믿지 않는지라 이런고로 방편으로써 분별하여 모든 과를 설하고 다시 삼승을 설하였으니 다만 보살을 가르치기 위함이라."

작은 지혜는 삼승법(三乘法), 성문법(聲聞法)·연각법(緣覺法)·보살법(菩薩法)으로 여기에 집착하고 있기 때문에 더 이상 배우려고 하지 않는 자로써 이들은 자신의 성불은 요원하게 생각하고 믿지 않고 작은 법에 집착하고 있는 사람을 두고 작은 지혜를 가진 자라고 하신 것이다. 이런 자들을 위해서 성문(聲聞) 4과(果), 즉 수다원(須陀洹)·사다함(斯陀含)·아나함(阿那含)·아라한(阿羅漢)을 근기에 따라 설하신 다음 삼승법인 방편의 가르침을 설하신 연후에 진실법인 묘법연화경을 설하시고자 하신 것이다. 이렇게 작은 것에 집착하고 있는 자 중에서도 보살의 근기가 되는 자를 위해서 이 묘법연화경을 설하신다고 하신 것이다.

부처님께서는 이렇게 중생을 위해서 대자비심으로 일체중생을 구원하시고자 모든 중생의 근기에 따라서 가르침을 주신 것이다. 글자나 말에 집착하게 되면 부처님의 실법 그 사체의 본

뜻을 바르게 해석하지 못한다. 그러므로 부처님의 가르침인 경전을 바르게 이해하려면 먼저 교상판석(教相判釋), 즉 교판(教判)을 배워야만 도움이 되기 때문에 앞서 밝힌 바 있다.

"시법 개위일불승고(是法 皆爲一佛乘故)" "이 법도 다 일불승을 위한 까닭이니라." 이 말씀은 진실을 드러내시고자 한 뜻이다. 모든 부처님의 심법은 과거 부처님이나 지금의 석가여래나 미래의 부처님도 모두 같다는 것을 밝히신 내용이기도 하다. 부처님께서는 사바세계에 머무시면서, 과거의 부처님과 같이 방편을 열어 진실을 나타내시고, 중생으로 하여금 이익되게 하시며 중생을 편안하도록 해서 궁극에는 일불승에 들게끔 하고자 하신 것이다.

그리고 부처님이 되기 전에 먼저 보살로서 네 가지 서원(誓願)을 세우게 된다. 서원에도 두 가지가 있는데 총원(總願)과 별원(別願)이다. 총원이라고 하는 것은 사홍서원(四弘誓願)으로 첫째, 모든 사람 구원하고자 노력하겠다. 둘째, 모든 번뇌를 없이 하도록 불철주야 노력하겠다. 셋째, 모든 법문을 바르게 배우고자 노력하겠다. 넷째, 부처님의 경계에 가까이 갈 수 있도록 끊임없이 노력하고자 하는 마음으로 지속적으로 실천하겠다.

보살이 세운 총원으로써 사홍서원(四弘誓願)은 묘법연화경의 가르침이 아니고서는 이루어질 수가 없다. 그것은 역겁수행을 거치지 않고 미혹한 중생의 이 몸 그대로가 부처임을 깨닫게 하시고 중생을 성불시키고자 설하신 일대사의 가르침이 묘법연화경이기 때문이다. 그래서 총원으로서의 사홍서원(四弘誓願)도 이 묘법연화경을 행하는 보살들의 서원이 되는 것이다. 별원(別願)이라고 하는 것은 약사여래불(藥師如來佛), 아미타불(阿彌陀佛), 석가여래불(釋迦如來佛), 관세음보살(觀世音菩薩), 지장보살(地藏菩薩) 등 각자의 환경에 따라서 몇 가지씩의 원을 세우고 불보살의 명호를 부르며 소원을 이루고자 하는 것을 별원이라고 한다. 일반적으로 사홍서원은 누구나 절에 다니면 다 알고 있지만 정작 출처가 어딘지는 잘 이해하지 못하고 있는 것 같다. 그러므로 묘법연화경이 불교로써 신앙의 대상이 되는 것이다. 부처님께서 수많은 법을 설하신 목적은 오로지 일불승(一佛乘)을 위해서 수많은 법을 설하신 것이다.

당나라 때 천태종 제 6조(祖)인 묘락대사(妙樂大師)께서 말씀하시기를 "애써서 불성을 발휘시킨다는 것은 마치 광산에서 광석을 캐내가지고 빻아서 순금을 걸러내는 것과 같은 것"이라고 하신 것이다. 여러 가지 다른 물질을 다 없애고 금만 남게 하는 것을 성불하는 것에 비유하신 말씀이다. 그러나 금덩이를 그대로 두게 되면 큰 의미를 갖지 못하지만, 금덩이는 여러 가지의 모양을 내어서 장식용으로 만들 수 있는 가치를 가지고 있는 것이며, 그 가치가 있는 것을 장식용으로 만들었을 때는 더 큰 가치가 있는 것이다.

이와 같이 사람이 부처님의 지혜를 갖추게 되면, 어떠한 위치에 오르거나, 또 어떠한 곳에 있더라도 그 환경에 따라 책임을 다 함으로써 완전한 행동이 저절로 나오게 되는 것이다. 부처님의 하나밖에 없는 지혜에서 수도 없는 방편의 지혜가 나와, 궁극에는 다시 하나의 법인 진실로 돌아간다는 것을 밝히신 것은 이 세상의 진리는 하나밖에 없다는 것을 나타내 주신 것으로 그 하나가 묘법연화경(妙法蓮華經), 즉 법화경(法華經)인 것이다.

22. 사리불(舍利弗)

대구신문 2010년 10월 26일자 23면에 실린 글

묘법연화경 비유품(譬喩品) 제3에서 "이시 사리불 용약환희 즉기합장 첨앙존안 이백불언(爾時 舍利弗 踊躍歡喜 卽起合掌 瞻仰 尊顔 而白佛言)" 즉, "그 때 사리불이 기뻐 뛰며 곧 일어나 합장하고 부처님의 존안을 우러러 보며 부처님께 말씀드리되"

사리불은 지금까지 자신과 같은 사람들은 부처님의 지혜를 얻을 수 없다고 생각해 왔는데 방편품의 설법에서 자기 자신은 물론이고, 자기와 같이 성문의 경계에 든 사람들도 모두 부처님의 지혜를 증득할 수 있다는 부처님의 가르침을 듣고 너무나 기뻐서 몸으로 기쁨을 나타내고 부처님에 대한 고마운 마음으로 몸을 일심으로 하여 합장하고 부처님의 존안을 우러러 보고 환희하는 이유를 말씀드리고자 하는 뜻이다.

사리불은 방편품(方便品)의 가르침으로 부처님에 대한 고마움과 세 가지를 기쁘게 생각한 것이 있다. 첫째는 부처님을 친견하고 난 후부터 부처님의 가르침을 배우면서 지금까지 오게 된 것을 기뻐한 일이며, 두 번째는 지금까지 부처님을 따라 다녔지만 듣지 못한 미묘한 법의 가르침을 들었다는 것에 대해서 기뻐한 일이다. 세 번째는 방편의 설법은 부처님이 아니고서는 알 수 없는 가르침인 미묘하고 실로 미묘한 설법을 듣고 이해하게 되었다는 것에 대해서 너무나 기뻐했다는 뜻으로 기뻐 뛰며 존안을 우러러 보고 합장한 것이다.

이렇게 스스로 부처님의 설법을 듣고 이해하게 된 것을 기뻐해서 몸으로써 나타낸 표현이다. 여기서 '합장하고'라는 뜻은 방편이 곧 진실이라는 것을 알았다는 뜻이다. 다시 말해서 진실이 없으면 방편이 있을 수 없고 방편이 없는 진실도 없다는 뜻을 알게 해 주신 가르침이기 때문에 기뻐한 것이다. 그리고 부처님의 존안을 우러러 본 것은 방편의 가르침에서는 부처님의 인(因)을 이루지 못하고 진실한 부처님의 과(果)를 이루지 못하였으나, 지금에 와서 방편품의 설법을 듣고 비로소 원만한 불인(佛因)이 이루어져서 반드시 불과(佛果)로 들 것이라는 것을 확신한 것을 나타낸 것이다. 여기서 우리는 새겨두어야 할 것이 있으니, 다름 아닌 부처님의 깊고 깊은 대자비심과 뜻이 묘법연화경에 있다는 것을 명확하게 알아야 할 것이다. 묘법연화경은 일체중생에게 이익되게 하시고 이 경으로부터 성불의 인을 지어야 한다는 것이다.

"아석종불 문여시법 견제보살 수기작불 이아등 불예사사 심자감

상 실어여래 무량지견(我昔從佛 聞如是法 見諸菩薩 授記作佛 而我等 不預斯事 甚自感傷 失於如來 無量知見)" 즉, "제가 옛적에 부처님을 따라 이와 같은 법을 들었사오니, 모든 보살이 수기 받아 성불함을 보았나이다. 그러나 저희들은 이 일에 참여하지 못하여 여래의 한량없는 지견을 상실함을 스스로 마음 깊이 슬퍼하였나이다."

부처님께서 증득하신 후 처음으로 천상의 대보살들을 위하여 화엄경(華嚴經)을 설하실 당시에 부처님의 화엄설법을 들을 때, 사리불 자신은 성문의 경계에서 귀먹은 사람과 같아 무슨 말씀을 하시는 것인지를 알아들을 수가 없었고, 방등경(方等經)을 설하실 때에는, 모든 보살들에게 부처님께서 수기하시는 것을 보았지만 그 보살들 속에서 수기를 받지 못함으로써 부처님의 지견을 얻지 못했기 때문에 지금에 와서 부처님의 방편품 설법을 듣고 보니 너무 아쉬워서 슬퍼했다는 것이다. 또한 부처님의 가르침은 중생의 근기에 따라 단계별로 설하셨다는 것을 밝혀 놓은 것이 된다.

다시 말해서 화엄을 설하실 때 알아듣지 못하고 이해하지 못하다가, 방편품의 설법을 들은 지금에야 부처님의 참뜻이 어디에 있는가를 알고 이해하게 되었다는 뜻이다. 그렇다면 사리불은 어떤 분인가에 대해서 천태대사(天台大師)의 『법화문구(法華文句)』에서 밝혀 두신 것을 보면, 사리불은 본래 아주 먼 옛날에 성불하신 분으로써 금용타불이라는 명호의 부처님이셨는데, 이제 그 자취를 나타내어 석가모니불을 도와서 석가모니불의 오른쪽에 위치하는 우면 지혜제자가 되신 분이다. 그래서 사리불이 처음에는 외도를 행하다가 불교에 귀의하여, 자신의 삿된 견해를 버리고 부처님의 정법에 들어오게 된 일을 보여주신 것이다.

사리불은 화엄(華嚴) 52위(位)의 유미 중 십지(十地)의 초지인 환희지(歡喜地)를 보여, 범부중생에게 이익이 되도록 하시고, 그 다음에 아함경(阿含經)인 낙미의 환희를 보여서 성현(聖賢)에게 이익이 되도록 하시고, 또 그 다음에는 생소미의 방등경(方等經)과 숙소미인 대반야경(大般若經)의 환희지를 나타내시어 보살들에게 이익이 되도록 하시고, 지금의 법화열반경(涅槃經)인 제호미로는 입불지견의 환희함을 보임으로써 불도를 구하는 사람에게 이익이 되도록 하시는 분이라고 천태대사 법화문구에서 밝혀 두신 것이다. 이렇게 법화경 비유품 제3에서 지혜제일인 사리불존자의 진면목이 드러나게 된다.

23. 부처님의 가르침을 근본으로 삼아야

대구신문 2010년 11월 9일자 23면에 실린 글

"제가 항상 홀로 숲속이나 나무 밑에서 혹은 앉거나 혹은 거닐면서 항상 이 같은 생각을 하였으니 저희들도 같은 법의 성품에 들어있거늘 어찌하여 부처님께서 소승법(小乘法)으로써 중생을 제도하시는고 이는 저희들의 허물이요 세존의 잘못이 아니었나이다."

사리불은 소승의 수행법만을 알고 수행 정진했기 때문에 스스로 자신의 잘못된 수행법이었다는 것을 알지 못하여 부처님을 원망한 것은 사리불 자기 자신이 부처님의 가르침을 이해하지 못했다는 죄책감이 들어서 이것을 깊이 뉘우치고 있다는 뜻을 자신의 허물이라고 한 것이다. 사리불과 같은 성인도 자신의 허물을 인정하고 참회(懺悔)를 하고 있는 것을 본다면 지금 이 시대에 살고 있는 수행자나 모든 사람들은 스스로 자신을 되돌아보고 자신이 바른 믿음을 가지고 살아가고 있는가를 짚어봐야 할 것이다. "법의 성품에 들어 있거늘" 누구나 부처의 성품을 가지고 있으면서도 깨닫지 못하여 부처의 경지를 잘 알지 못하고 자신이 스스로 증득한 공 반야(般若)에 집착하고 있었다는 것을 나타낸 것이다. 그러므로 수행자는 항상 자신의 경계를 잘 관찰해보아야 하며, 삿된 견해에 빠지지 않도록 각별한 주의가 필요하다. 그것은 부처님께서 방편으로 중생의 근기에 따라 설하시어 가르침을 주신다는 것을 모르고, 사견을 듣고는 믿고 받아 가지게 된 것을 스스로 깨달아서 얻은 것으로 잘못 알고 착각한 것이기 때문이다.

　그래서 사리불이 때를 기다리지 못하여, 부처님께서 부처가 되신 직후 처음으로 설법하신 화엄경(華嚴經)을 설하실 때는 화엄경의 설법을 알지 못하여 놓치고 말았다는 것이다. 사리불은 지금 묘법연화경 방편품의 설법을 듣고서야, 비로소 스스로 잘못 알고 생각한 것임을 알고, 이제 스스로 의심을 끊어 몸과 마음이 편안한 것을 알고, 부처님의 진실이 어디에 있었는가를 바르게 알았기 때문에, 이제야 부처님의 자식이 되었다는 것임을 알았다는 것이다. 사리불이 법화경 방편품의 설법을 듣고 기뻐한 세 가지가 있다. 첫 번째는 몸으로 받는 기쁨이요(身喜), 두 번째는 마음으로 받는 기쁨이며(意喜), 세 번째는 부처님의 설법을 듣고(口喜) 기뻐한 것이다.

부처님의 가르침(佛法)을 믿는 중생들은 반드시 알아야 할 것이 수기이며, 수기(受記)를 주시는 일은 부처님께서 중생에게 하신 약속이다. 부처님의 약속이라 해서 믿는다는 마음만 가진다고 수기를 주시는 것이 아니라, 믿고 받아 가져서, 부처님의 가르침에 대한 하나하나의 이치를 깨닫기 위해서 실천하고 이것을 노력할 때 부처님으로부터 수기를 받게 되는 것이다. 사리불은 이 세 가지의 기쁨이 있어 부처님으로부터 수기를 받게 되었기 때문에 기뻐한 것이다.

불교는 복을 구하는 종교가 아니라 스스로 복을 만들어갈 수 있도록, 부처님께서 그 길을 열어서 보여 주시고 깨닫게 하신 다음에 스스로 편안한 곳으로 들어가도록 하신 가르침이다. 절에 다니는 사람들이 불교를 믿는 것처럼 보이지만, 실은 기복적인 신앙을 가진 사람이 대부분으로, 이런 사람들은 결코 성불하지 못하고 오히려 방법의 죄를 범하게 된다는 사실을 알아야 한다. 그러므로 항상 자신을 돌아보고 잘못된 부분이 있는가를 스스로 지신을 잘 되돌아보고 질 실퍼보아야 한나.

모든 중생은 모두가 다 성불할 수 있지만, 부처님의 가르침을 수행하지 않기 때문에, 항상 그 자리에 멈추어 있거나 후퇴

하면서 살아가고 있는 것이다. 예를 들어 보리씨를 땅에 뿌렸는데 씨가 나오지 않으면 그 씨는 썩어 버리고 만다. 그러나 거름을 주고 잘 가꾸면 수확을 할 수 있듯이, 우리들도 부처님의 가르침대로 수행을 잘 해 나가면 반드시 부처님이 될 수 있다는 것이다. 이와 같이 부처님의 가르침을 바르게 듣고 가져서, 부처님의 가르침을 근본으로 삼고, 바른 수행을 통해서 실천하고자 노력을 지속적으로 해 나간다면, 반드시 부처님의 지혜를 얻게 된다는 것을 알고, 티끌만큼이라도 의심을 해서는 결코 성불할 수 없을 뿐 아니라, 법을 배반하게 되는 방법죄가 되어, 이로 인해서 무간지옥(無間地獄)을 벗어날 수 없게 되는 것이다.

일본 동장사(東長寺)에 걸려 있는 무간지옥도 (無間地獄, Hell of Incessant Suffering)

24. 득불법분(得佛法分)

대구신문 2010년 11월 23일자 23면에 실린 글

천태대사(天台大師)께서는 득불법분(得佛法分)의 경지에 도달하기란 너무 어렵다고 하셨다. 여기서 분(分)이란 나눈다는 뜻이다. 무엇을 나누는가 하면 범부중생이 부처님의 가르침을 배우고 실천하는 노력을 해서 부처님의 지혜를 얻기까지를 여섯 단계로 나눈 것을 말하는데, 이것을 '육즉(六卽)'이라고 한다. ① 이즉(理卽) ② 명자즉(名字卽) ③ 관행즉(觀行卽) ④ 상사즉(相似卽) ⑤ 분증즉(分證卽) ⑥ 구경즉(究竟卽)이다.

첫 번째 이즉(理卽)이란, 모든 중생은 모두 다 성불할 수 있지만, 부처님의 가르침을 수행하지 않는 자를 두고 이즉의 위치에 있다고 하는 것이다. 예를 들어 씨앗을 땅에 뿌렸는데 싹이 나오지 않으면 그 씨는 썩어 버리고 만다. 그러나 씨가 썩지 않도록 물이 잘 빠지게 도랑을 파주고, 거름을 주어서 잘 가꾸면 성장해서 곡식이 되어 수확을 할 수 있듯이, 우리들도 부처님의 가르침을 바른 마음으로 받아 바르게 수행을 잘 해나가면 반드시 부처님의 지혜를 얻을 수 있다는 뜻이다.

두 번째는 명자즉(名字卽)이다. 명자즉은 이즉의 경계를 알게 되면 명자즉으로 올라가게 되는데, 이것은 불교를 조금 알게 되면 여러 부처님과 보살의 명호를 알게 된다. 부처님이란 거룩하고 위대한 세간 출세간의 대스승이라는 것을 배워서 아는 것을 명자즉이라고 한다. 중생들은 부처님의 명호를 알면서도 매순간마다 잊고 살아가고 있기 때문에 이즉의 경계와 명자즉의 경계를 왔다 갔다 하고 있는 것이다.

세 번째 관행즉(觀行卽)이란 이즉과 명자즉의 경계를 넘어서면 관행즉의 경계가 된다. 내 자신이 법화경을 공부하면서 과연 바르게 하고 있는 것인지 내 마음과 행동을 비추어 보았을 때, 스스로 자신의 잘못된 부분에 대해서 반성하고 다시는 그러한 잘못을 저지르지 않도록 자신의 마음을 잘 닦아서 가꾸어 나가야 한다.

네 번째는 상사즉(相似卽)으로 관행즉에서 한 단계 오르면 상사즉이 된다. 형상으로 나타난 것만으로는 부처님과 차이가 없이 보이는 것이 상사즉이다. 형상만 부처와 같다고 해서 되는 것이 아니다. 다시 말해서 고요한 곳에서 부처의 상을 하고 있지만 마음은 야차와 같다면 이것은 부처가 아니라는 것이다. 형상과 마음이 일치되어야 한다. 형상이 부드러우면 마음 또한 자비로워야 한다. 묘법연화경(妙法蓮華經) 제목을 지극한 마음으로 부르고 읽고 쓰고 하다 보면 얼굴 모습이 좋게 변하게 된다. 얼굴 모습만 좋아진다고 해서 되는 것이 아니고 마음도 얼굴이 좋아지는 것과 같이 다른 사람도 나와 같이 생각하고 다 같이 구원받고자 하는 자비로운 마음이 되어야 한다. 예를 들어 남이 나에게 욕을 하면 속으로는 싫지만 겉으로는 나타내지 않으려고 노력하게 된다. 그것은 결코 좋은 마음이라고 할 수 없지만, 마음도 겉에 나타나지 않는 것과 같이 일치해야 한다. 우리 중생들은 처음부터 완벽하지 않기 때문에 부처님의 마음과 같이 되고자 부단한 노력을 해야 한다. 묘법연화경을 열심히 공부하고 기도하면 얼굴이 맑아지게 되고, 그러므로 더욱 노력해서 겉모습만 부처님과 같이 되는 것이 아니라, 마음까지도 부처님과 같은 경지에 도달해야 한다. 그래서 자신의 형상이 부처님과 같이 닮아 가게 되는 단계를 넘어서야 한다.

다섯 번째 분증즉(分證卽)으로, 상사즉을 넘어서면 분증즉에 들게 된다. 자기 자신이 스스로 실천함으로서 '아 바로 이것이로구나' 하고 깨닫게 되는 것이 분증즉이다. 분증즉의 분(分)은 자기 자신이 처해져 있는 환경을 말하는 것이다. 예를 들어 장사를 하는 사람, 회사에 다니는 사람, 집을 짓는 사람, 농사를 짓는 사람, 도시사람, 산골사람 등은 여러 가지 환경에 처해 살아가기 때문에 살아가는 방법도 다르니까 생각의 차이도 다를 수밖에 없는 것이다. 자신이 현재 어떠한 위치에 서 있는가를 알게 되면, 모든 것을 빨리 깨달아갈 수 있다. 내가 하는 한 마디 말과 행동이 주위의 사람들에게 감화를 줄 수도 있고, 실망을 줄 수도 있기 때문에 한 마디의 말이 얼마나 중요한가를 깨달아야 한다. 불법을 믿지 않는 사람들도 살아가면서 하나하나 깨달아 감으로 불법에 들 수 있고 불법으로 수행을 바르게 하면 분증즉을 얻어, 부처님께서 깨달으신 작은 부분이라도 자기 것으로 만들어 가게 되고, 다른 사람에게 나쁜 인상을 주지 않게 된다.

마지막 구경즉(究竟卽)은 최후에 깨달음이 되는 부처님의 경지에 이르는 것이다. 우리 인간은 처음의 이즉에서 관행즉까지는 올랐다가 다시 내려가고 하는 것을 수없이 반복하기 때문에 내가 처해져 있는 곳이 어디인가를 알아서 배우고 실천하여 노력하므로 해서 점점 변화를 가져올 수 있게 되는 것이다.

천태대사(天台大師)의 육즉(六卽)에 대해서 일부 종파에서는 너무 학문적이라고 비웃는 무리도 있는데, 예를 들어 지극하게 염불(念佛)만 한다든지 아니면 참선(參禪)을 해서 자기를 찾으면 극락에 갈 수 있는데 뭐 그렇게 복잡한 문자에 연연할 필요가 있겠는가라고 하는 것은 크게 잘못된 생각이다. 자기 자신이 어느 위치에 있는지도 모르면서 깨닫겠다고 하는 것은 우스운 일이 아닐 수 없다. 그리고 '불립문자(不立文字)', '견성성불(見性成佛)'이라고 하는데, 문자가 없이는 성불이 불가능하다는 것을 묘법연화경 방편품 제2에서 이미 밝히신 바 있다. 생각하는 것, 말하는 것, 행동 하나하나가 다 문자라는 것을 모른다면 성불(成佛)이라는 말도 해서는 안될 것이다.

25. 불가사의한 부처님의 힘

대구신문 2010년 12월 7일자 23면에 실린 글

부처님이 갖추고 있는 힘은 불가사의하다. 대보살로서도 감히 짐작도 할 수 없는 것이 부처님의 지혜이며 힘이다. 수행을 통한 개인의 해탈을 가르치는 소승불교(小乘佛敎)의 철학을 집대성한 백과사전인 『대비바사론(大毘婆沙論)』 권30에서 부처님은 열 가지 힘(十力)과 십팔불공법(十八不共法)이라는 특징을 갖추고 계신다고 설하신 바 있다.

열 가지 힘을 십력(十力)이라고 한다.

① 처비처 지력(處非處 智力) : 일체의 도리와 도리가 아닌 것을 아는 힘.
② 업법집 지력(業法集 智力) : 일체중생의 삼세(과거·현재·미래) 의 인연과보의 인과를 아는 힘.
③ 정처해탈등지등지 발기잡염청정 지력(靜慮解脫等持等至 發起雜 染淸淨 智力) : 일체의 선정 해탈 삼매를 아는 힘.
④ 종종계 지력(種種界 智力) : 일체중생의 온갖 경계를 아는 힘,
⑤ 종종승해 지력(種種勝解 智力) : 일체중생의 온갖 지(智, 아는 것)와 해(解, 이해하는 것)를 아는 힘.
⑥ 근승열 지력(根勝劣 智力) : 중생의 근기의 높고 낮음을 아는 지력.
⑦ 변취행 지력(遍趣行 智力) : 중생이 각자의 행에 의한 행의 결 과를 아는 힘.
⑧ 숙주수념 지력(宿住隨念 智力) : 과거세의 일들을 빠짐없이 아 는 지력.
⑨ 사생 지력(死生 智力) : 중생이 선취와 악취를 알고 생사의 때를 아는 힘.
⑩ 누진 지력(漏盡 智力) : 일체의 미혹을 단진하고 내세에 생을 받지 않는 것을 아는 힘.

부처님만이 갖추고 계시는 열여덟 가지의 특징을 십팔불공법(十八佛共法)이라 한다.

① 신무실(身無失) : 부처님께서 무량겁 이후 삼학(三學, 계(戒)·정(定)·혜(慧))의 자비로써의 수행공덕을 갖추고 계신다.
② 구무실(口無失) : 중생의 근기에 따라 부처님이 갖추고 계신 무량한 지혜변재로 설법하시기 때문에 깨달음을 얻게 하시는 것이다.
③ 의무실(意無失) : 깊은 선정으로 마음이 산란하지 않으시고 편안하심이 조금도 변함이 없으시다. 이 세 가지는 한가지의 종류로 몸과 입과 뜻으로 행하심이 조금도 잘못이 없으신 분이다.
④ 무이상(無異想) : 일체중생을 구원하시고자 하는 마음만을 가지고 계시기 때문에 일체의 다른 생각이 없으심으로 거리낌이 없으신 분이다.
⑤ 무불정심(無不定心) : 언제나 깊은 선정에서 떠나심이 없으시다. 마음은 항상 안정되어 흐트러짐이 없으신 분이다.
⑥ 무불지이사(無不知已捨) : 하나라도 버리시는 일이 없으시다. 세상의 일을 바르게 아시기 때문에 옳고 그른 일을 분별하셔서 필요하지 않는 것은 버리고, 해서 안되는 일은 하지 않아야 한다는 것을 가르쳐 주신다.
⑦ 욕무감(欲無減) : 일체중생을 구원하시고자 하시는데 조금도 싫어하시지 않으신다. 중생을 구원하겠다고 하시는 마음이 중도에서 포기하거나 줄지 않는다는 것이다.
⑧ 정진무감(精進無減) : 일체중생을 구원하시고자 쉬시는 일이

없으시다. 우리 중생들은 마음이 시시각각으로 변하지만, 부처님은 중생들을 구원하시겠다는 마음 뿐이기 때문에 잠시도 쉬는 일이 없다는 것이다.

⑨ 염무감(念無減) : 삼세제불(三世諸佛)의 법을 완전무결하게 갖추시고 물러섬이 없으시며, 일불승(一佛乘)을 항상 호념하심에 물러서지 않으신다.

⑩ 혜무감(慧無減) : 완전한 지혜를 갖추시어 이를 따라 설하셔서 다함이 없으시다. 중생은 나이가 들면 지혜가 점점 쇠퇴해지지만, 부처님의 지혜는 조금도 변함이 없으시다.

⑪ 해탈무감(解脫無減) : 일체의 미혹을 완전히 제거하시고 완전한 해탈을 얻으신 것이다. 세상의 명리와 일체의 욕망이 완전히 없어진 상태가 조금도 변함이 없다는 것이다.

⑫ 해탈지견무감(解脫知見無減) : 완전한 해탈에서 나오는 지견이 밝으셔서 걸림이 없으심을 갖추고 계신다. 옳다고 생각하는 것을 스스로 깨달아서 바른 일을 하는 것을 지견이라고 한다. 중생을 해탈시키고자 하는 일이 좋은 일이기 때문에, 이러한 행동의 가치를 중도에서 물러서거나 쉬는 일이 없으신 것이다.

⑬ 일체신업수지혜행(一切身業隨智慧行) : 일체중생을 위해서 지혜의 힘으로, 몸으로 나타내시는 일이 모두 지혜에서 나오신다.

⑭ 일체구업수지혜행(一切口業隨智慧行) : 일체중생을 구원하시기 위해 지혜의 힘으로써, 모든 설법이 지혜에서 나오신다.

⑮ 일체의업수지혜행(一切意業隨智慧行) : 마음의 작용이 항상 지혜에서 나오시기 때문에 모든 의업(意業)이 지혜에서 나오심

을 갖추고 있으시다.

⑯ 지혜지과거세무애(智慧知過去世無碍) : 부처님의 지혜로써 과거세의 일을 비추어 보심에 막힘이 없으심을 갖추고 계신다.

⑰ 지혜지현재세무애(智慧知現在世無碍) : 부처님의 지혜로써 현재의 일을 비추어 보심에 막힘이 없으심을 갖추고 계신다.

⑱ 지혜지미래세무애(智慧知未來世無碍) : 부처님의 지혜로써 미래의 일을 비추어 보심에 막힘이 없으심을 갖추고 계신다.

이렇게 부처님이 갖추고 있는 것은 과거·현재·미래세를 모두 다 아신다는 뜻이다. 이렇게 부처님이 갖추고 있는 것은 대보살로서도 감히 알 수가 없는 지혜와 힘이다. 우리들도 부처님의 가르침대로 바른 믿음을 가지고 실천하는 노력을 아끼지 않아야 하며, 부처님과 같이 되겠다는 신념이 있어야 사회에서도 성공을 할 수 있으며, 다른 사람을 구원할 수 있는 것이다.

26. 사리불 스스로 의심을 풀다

대구신문 2010년 12월 21일자 23면에 실린 글

법화경(法華經) 비유품(譬喩品)에서 사리불존자가 부처님께 말씀 드리기를 "중생으로 하여금 누를 없애고 도량에 이르게 하시니 생각하기 어렵나이다." 중생들이 불교에 귀의해서 묘법연화경에 들어오는 사람은 두 가지 부류가 있다. 첫째는 먼저 낮은 가르침인 소승법(小乘法)을 배워서 묘법연화경에 들어오는 사람이 있고, 둘째는 처음부터 묘법연화경(妙法蓮華經)에 들어오는 사람이 있다. 다시 말해서 불교와 인연이 있는 사람과 인연이 전혀 없는 사람이 모두 이 묘법연화경에 들어올 수 있다는 뜻이다.

처음부터 묘법연화경에 들어온 사람은 불교를 복(福)을 바라는(祈) 기복(祈福)신앙으로 생각하기 쉽다. 이러한 사람은 금생에 처음으로 불교에 귀의해서 믿고자 하는 사람으로, 불법의 가르침에 대한 이해가 부족하기 때문에 쉽게 불법에서 물러나기 쉽다는 뜻이다.

그러나 과거세상에서 이미 불법에 인연이 있어온 사람은, 중생의 여러 가지 고통과 체험을 통해서 이해하는 마음이 생겨나기 때문에, 이 법에 들어오면 물러서는 일이 없고, 지속적으로 배워 익혀서 일생 동안에 성불을 이루고자 하는 것이다. 그래서 처음에 이 묘법연화경에 들어왔다 하더라도, 믿는 마음과 이치를 바르게 알고자 하는 마음을 가지고 법문이나 법화경에 대한 강의를 통해서 하나하나 자신의 것으로 만들어 깨달아 가게 되면 물러서지 않게 되는 것이다. 그러나 불교를 이론적으로 조금 들은 것을 가지고 많이 아는 것처럼 생각하여, 그것에 집착하고 있으면서도 조금 아는 것에 집착하고 있다는 것임을 깨닫지 못하고, 그렇다고 법화경의 진실을 알고자 하는 마음도 없고 알려고 하지도 않는 사람들이 실로 많다.

이러한 마음에서 벗어나 바르게 알고자 하는 마음으로 노력하는 것이 무엇보다 중요한 일이다. 지혜제일의 사리불존자도 부처님으로부터 묘법연화경의 방편품 제2의 설법을 듣고서야, 의심한 것에 대해서 후회하고 참회한 것이다. 사리불은 지금까지 혼자서 바르게 정진해 왔기 때문에 스스로 멸도를 얻었다고 생각하고, 일체의 미혹을 완전히 벗어났다고 알고 있었지만, 진정한 멸도가 아니라는 것을 알고, 이제부터라도 부처님의 가르침을 바르게 알아서 믿고 열심히 실천하고 노력해서, 부처님과 같이 일체중생을 구원하겠다고 말씀드린 것이다.

사람은 누구나 다 부처님이 될 수 있기 때문에 평등하다고만 생각하는 것은 바른 생각이 아니고 이것은 상상일 뿐이다. 사리불이 묘법연화경 방편품의 설법을 듣고 처음에는 마구니가 부처님의 형상을 하고 사리불의 마음을 어지럽게 하는 것이 아닌가하고 의심을 하였으나, 가지가지 인연과 비유로써 상세하게 설해 주심을 듣고, 마음이 한없이 편안한 것이 바다와 같아서 의심을 끊었다고 말씀드리고, 과거의 부처님께서도 방편으로써 석가모니부처님과 같이 설하시고, 현재와 미래에 오실 미륵부처님과 모든 부처님도, 부처가 되신 후에는 방편을 설하시고 난 후에 일불승(一佛乘)인 묘법연화경을 설하시는 것으로, 이것은 마구니로서는 묘법연화경의 설법을 감당할 수 없는 일이라는 것을 알았다고 부처님께 진술하게 된다.

사리불은 스스로가 의심을 하였기 때문에, 잠시나마 부처님을 마구니라고 생각하였다는 것을 솔직하게 자신의 마음을 나타낸 것이다. 사리불은 부처님의 참되고 바른 법을 듣고, 환희해서 의심과 후회를 영원히 다 끊고 성불해서, 반드시 부처님의 지혜로서 천상과 모든 사람들에게, 보살이 될 수 있도록 부처님의 청정한 법을 설하겠다고 한 것이다. 이것은 사리불이 지속적으로 참회하고 반성하고 있다는 것임을 나타낸 것이기도 한 내용임을 알 수 있다.

마구니의 마(魔)라고 하는 것은 무엇인가. 모든 종교에서 보면 마라고 하는 것은 귀신이라고 한다. 공자(孔子)와 노자(老子)의 가르침에는 마라는 것이 없다. 불교 이후부터 마(魔)라고 하는 것이 생겨나기 시작하는데, 인도말로는 마라(麻羅)라고 한다. 한문으로 마(麻)자에 귀(鬼)를 붙여서 글자를 만든 것이다. 마라를 중국어로 직역하면 장(障)이라고 한다. 장(障)이라고 하는 것은 좋은 일을 하는데 방해가 된다는 뜻이다.

마(摩)라고 하는 것은 내부(內部)에서 생기는 내마와 외부(外部)에서 생기는 외마가 있는데, 외부에서 생기는 것보다 마음 가운데 즉 내부에서 생기는 것을 두고 악마의 마음이라고 한다. 이 악마의 마음은 얼마든지 막을 수 있지만 자신이 악의 마음인지를 잘 분별하지 못하고 행하고 있기 때문에 막아내지 못하고 스스로 큰 문제를 만들어 가게 되는 것이다.

27. 육체적 장애보다 마음의 장애가 더 큰 장애다

대구신문 2011년 1월 4일자 23면에 실린 글

지난 병인년(丙寅年) 한 해는 국가적으로나 개인적으로 우리 주변에서 실로 많은 일들이 일어났습니다. 신묘년 새해에는 지난 해 일어났던 어지러운 일들이 두 번 다시 일어나지 않기를 간절히 바라며, 각자 이루지 못한 일들이 새해에는 성취되기를 바라면서 새해 인사를 드립니다.

중생들은 항상 마(魔)로 바른 분별을 하지 못하고 살아가고 있다는 것을 알지 못하고 생활하고 있다. 마(魔)는 열 가지로 나눌 수 있는데 이것을 십마(十魔)라고 한다. 그 첫 번째가 온마(蘊魔)로 이것은 몸과 마음에서 오는 작용이다. 인간의 몸과 마음은 불완전하기 때문에 깨달음을 얻고자 수행할 때 항상 장애를 일으킨다. 이것은 몸과 마음이 스스로를 방해하고 있기 때문에, 사람이 살아가는데 있어서 바른 것을 분별하지 못하여 깨닫지 못하므로, 사람은 바른 것을 깨달을 수 있는 진리의 가르침으로 수행을 지속적으로 해 나가야 하는 것이다.

두 번째는 번뇌마(煩惱魔)다. 사람은 한평생을 서로 미워하고 탐내고 질투하고 성내고 하는 마음작용의 번뇌로 인해서, 사람다운 삶을 살아가는 것이 무엇인지를 잘 이해하지 못하고 살다가 때가 되면 죽고 마는 것이다. 그래서 사람은 삼독인 탐욕과 성냄과 어리석은 마음에 빠져서 옳고 그릇된 것을 바르게 이해하지 못하고 생각대로 살다가 생을 마치게 되는 것이다.

세 번째는 업마(業摩)로 자기 자신이 지어온 업이라는 것 때문에 장애가 된다는 것이다. 자신이 좋은 일이나 나쁜 일에 있어서 바르게 이해하지 못하면서, 장애를 벗어나려고 하지 않고, 오히려 장애를 더 증장시키고 있는 것이다. 이러한 업보로 인해서 지속적으로 윤회를 하는 것이다.

네 번째는 심마(心摩)다. 자기중심적 사고로 모든 사물을 분별해서 판단하게 되면, 이기심이 먼저 생기게 된다. 이 이기심으로 인해서 생겨나는 마음의 장애가 심마다. 모든 사물을 볼 때 주관적인 자기의 입장에서 보지 말고, 객관적으로 보고 판단하는 것이 중요하다. 자기 입장에서 보게 되면 바른 판단이 되지 않으며, 객관적이고 중도의 입장으로 보게 되면, 편협한 판단을 하지 않고 바른 결론을 짓게 되게 된다.

다섯 번째는 사마(死摩)다. 생명이라는 것은 죽고 만다. 마음은 영원하지만 육신은 죽기 마련이다. 사람은 항상 죽는다는 것을 두려워하고, 죽는다는 것에 집착을 하게 되면 두려운 마음이 먼저 생겨서, 바른 생각보다는 잘못된 생각이 앞서 장애를 만드는 것이다. 무엇보다도 모든 생명은 영원하다는 것을 알아야 한다. 부처님께서 묘법연화경(妙法蓮華經) 여래수량품 제16에서 생명은 영원하다고 밝히시고 어떻게 하면 깨달은 생명을 유지하느냐 아니면 윤회의 생명을 받느냐가 중요하다고 말씀하셨다.

여섯 번째는 천마(天摩)로 천상계에 있는 하나의 악마다. 일반적으로 악한 사람을 보고 저 사람은 악마와 같다고 하는 것은 천마로, 사람이 무슨 일을 할 때 방해를 하는 많은 마(摩) 중에서 하나의 마(摩)일 뿐이다.

일곱 번째는 선근마(善根摩)로, 이것은 좋은 일을 하고 상(相)을 내는 장애다. 좋은 일을 했으면 한 것으로 잊어버려야 한다. 그러나 중생은 그렇지 않다. 어떤 사찰이라도 가보면 대보살이라고 부르는 사람을 볼 수 있다. 절에 보시를 많이 한다거나, 불사에 힘을 쓰는 사람들이다. 이들은 '내가 내다'하는 상을 내는 것을 볼 수 있다. 이들은 겸손해야 함에도 보통 그렇지 않은 사람이 많다. 남이 알아주기를 바라고 그렇지 않으면 서운하게 생각해서, 스님을 비방하는 사람을 흔히 볼 수 있는 것이 현실이다.

여덟 번째는 삼매마(三昧摩)로, 마음이 어지럽지 않고 안정되어 있다는 마이다. 보통 수행자는 이 정도하면 되었다고 생각하고, 부처님의 가르침으로 바른 수행을 게을리 하는 장애다. 사리불도 이 삼매마로 인해서 마음의 장애가 있었던 것을 묘법연화경 방편품 제2의 설법을 듣고 작은 것에 안주하고 있었다는 것을 제일 먼저 깨닫게 된 것이다.

아홉 번째는 선지식마(善知識摩)다. 선지식은 스승이란 뜻으로, 수행 중에 선지식마가 생기면 잘못되기 쉽다. 다른 사람의 스승이 되고자 하면, 바른 것을 바르게 알고, 바르게 안 것을 바르게 전해주는 것이 중요하다. 그래서 맹자는 남의 스승이 되는 것을 즐거워하지 말라고 한 것이다. 바르게 가르치지 못했을 때의 오는 장애가 크기 때문이다.

열 번째는 보리법지마(菩提法智摩)로 부처님 지혜에 가까운 마다. 부처님의 지혜에 가까운 지혜를 갖추었다 하더라도, 이것은 완전한 부처님의 지혜가 아니기 때문에 조심해야 한다는 뜻이다. 이 정도면 되었겠지 하는 마음의 장애가 들게 되면, 완전한 부처의 경지에 들지 못하고, 중도에서 더 이상 나는 배울 것이 없다고 스스로 만족하게 되는 장애다. 이렇게 열 가지의 장애는 몸과 마음에서 오는 것으로, 육체적인 장애만 장애가 아니라 더 큰 장애는 바로 마음의 장애인 것이다.

28. 본래 발원한 행할 바의 도

대구신문 2011년 1월 18일자 23면에 실린 글

묘법연화경(妙法蓮華經) 비유품(譬喩品)에서 "내가 방편으로써 너를 인도한고로 나의 법 가운데 나옴이니라. 사리불아 내가 옛적에 너를 교화하여 불도를 지원하게 하였거늘 너는 지금 다 잊어버리고 스스로 이미 멸도를 얻었다고 생각함이라. 본래 발원한 행할 바의 도를 모든 성문을 위하여 이 대승경을 설하나니 이름이 묘법연화경이라. 보살을 가르치는 법이며 부처님이 보호하는 법이니라."

'나의 법 가운데 나옴이라'는 이 묘법으로 인해서 모든 생명이 생겨난 것을 밝히신 것이다. 사리불존자는 부처님 제자가 되기 이전에는 바라문교의 우두머리였다. 부처님의 설법을 듣고 귀의한 지혜제일의 제자가 되었으나 과거 오랜 전생에 부처님의 제자로 만나서 불도를 배웠으나, 지금은 과거의 일을 잊어버리고 바라문교의 제일 우두머리가 되었으나 전생으로부터 선근(善根)이 있어 부처님의 제자가 되었지만, 이 법화경 설법을 듣기 전에는 스스로 멸도를 얻었다고 생각하고 있었다는 뜻이다.

 부처님께서 사문과 바라문 등에게 법을 설하시게 되는데, 사문은 부처님의 가르침으로 바른 수행을 하는 부처님의 제자로써, 근가정진(勤伽精進)하라는 가르침을 잊지 않고 항상 정진을 게을리 하지 않는 수행자이며, 바라문은 부처님이 나오시기 이전에 하늘을 섬기는 것을 업으로 삼는 사람들로 자기가 지은 것은 어쩔 수 없으니 그대로 받아야 한다고 알고 있으며 수행정진을 게을리 하는 사람들이다. 수행으로 인해서 조금 알았다고 하여 정진을 중단하지 말고 더욱더 노력해서 반드시 부처님의 지혜에 들 것을 당부하시는 것이다.

 여래수량품(如來壽量品) 제16에서 부처님은 구원겁 이전에 이미 성불하셨다고 밝히시는데, 수량품에서 처음으로 나타내시는 것이 아니고, 비유품에서도 부처님의 수명이 무량하다는 것을 밝히시고 있다. "내가 옛적 일찍이 이만억 부처님 처소에서 무상도(無上道)를 위하는 고로 항상 너를 교화하였느니라." 이렇게 무량한 부처님의 수명을 비유품(譬喩品)에서도 밝히시고 있다. 그렇기 때문에 사리불 등에게 지금 40여년 동안 설법을 하고 있지만, 실지로는 먼 옛날부터 너희들과는 전세로부터 깊은 인연으로 인해서, 지금도 이렇게 스승과 제자가 돼서 법을 듣고 있는 것이라고 밝히신 것이다.

우리 중생들은 어릴 때에는 혼자라는 것을 모르고 누구와 함께 하고 있다고 생각하게 된다. 예를 들어 어릴 때는 가지고 싶은 것이 있으면, 엄마 손을 끌고 사달라고 하고, 무엇이던지 혼자서 하지는 않게 된다. 어릴 때는 작은 자기 자신에게 얽매이지 않는다는 뜻이다. 어릴 때의 마음이 부처님의 마음과 가장 가깝다고 할 수 있는 마음이다. 우리는 어릴 때의 마음을 잊고 산다고 할 수 있고, 점점 아이가 영리해진다든지 하는 것은, 점점 본래의 성질에서 멀어지고 있다고 할 수 있는 것이다.

그래서 인간의 본성은 부처님과 일치한다고 볼 수 있다는 것이다. 사람으로 태어날 때, 이미 부처님의 가르침을 배워야 된다는 것을 가지고 태어난다고 해도 조금의 잘못됨이 없다. 이렇게 과거의 일들을 잊고 있기 때문에, 부처님께서는 사리불 등 제자들에게 "너는 지금 다 잊어버리고"라고 하신 것이다. 이것을 요약해서 말하지면, 사리불(바라문의 우두머리)은 스스로 대승을 중도에서 버리고 소승을 배우고 있었다는 뜻으로, 사리불은 수행의 힘이 부족해서, 전세에 불도를 구했던 것을 잊고 있었다는 뜻이다.

부처님은 모든 성문(聲聞)과 대중(大衆)을 위해서, 본래의 마음이 어떤 것이었는지를 다시 한 번 마음으로 생각하게 하기 위해서, 보살(菩薩)은 보살로서 행해야 할 불도를 가르치는 법이며, 대승경의 꽃이라 불리는 묘법연화경은 보살을 가르치는 법으로, 부처님께서 항상 보호하고 항상 마음속에 간직하고 생각하는 법이며, 이 묘법연화경에서 일체제불이 출생하시는 능생(能生)임을 밝히신 것이다.

경문에 "본래 발원한 행할 바의 도"라고 하셨는데, 본래의 발원은 부처가 되는 것이다. 그러나 인간은 불완전한 생각을 하면서, 완전한 것을 구하려고 하는 것이 인간의 본래의 성질이다. 완전한 것을 구하려고 하지만 생각하는 것처럼 잘 되지 않기 때문에 단념하게 된다. 우리 중생들은 완전한 것을 바란다는 점에서 보게 되면, 살아가는데 근본이 되어야 하는 것은 불도를 바르게 배우려고 하는 것이 본래의 발원으로서 완전한 것을 만들어 내게 되는 것이다. 발원은 생각만으로 이상을 그리거나, 희망이라는 것이 아니라, 반드시 실천해서, 꼭 이루고 말겠다는 강한 의지로서 실행하는데 있다. 희망이나 이상은 하다가 안 되면 변경할 수도 있지만, 발원은 변경하고 수시로 바꾸는 것이 아니고, 내 목숨을 걸고라도 반드시 하겠다는 것이 발원이다.

발원에는 총원(總願)과 별원(別願)이 있다고 전에도 이야기한 바 있다. 총원은 불교를 믿고 배우는 이상 누구나 다 같은 부처님이 되고자 하는 발원이다. 별원은 사람은 다 같지 않기 때문에, 각자 자기 환경에 따라서 원하는 바가 다르므로, 불보살의 명호를 불러서 작은 가피를 얻고자 하는 것이다. 그래서 사홍서원(四弘誓願)을 만든 것이다. '중생 제도할 것을 서원하나이다', '무진번뇌 끊기를 서원하나이다', '무량법문 배울 것을 서원하나이다', '무상불도 이룰 것을 서원하나이다', 이것은 나와 중생을 구원하고자 하는 소원이다. 이러한 발원 없이 불교를 배우겠다고 하는 것은 하나의 도(道)를 하나의 즐거움(樂)으로 삼고자 하는(道樂) 데 지나지 않는 것이다.

"모든 성문을 위하여"는 방편품(方便品)에서 이승(二乘) 삼승(三乘)이 없다고 하신 것을 생각하면 모순된다고 하겠지만, 여기서 성문을 위해서라고 하신 것은, 세상의 무상(無相)을 깨닫고 세상에 얽매이지 않는 마음을 가지고 있지만, 성문일지라도 부처님의 가르침을 받아서 바르게 수행을 해 가는 것이, 보살의 수행이 되어서 반드시 부처님의 경지에 도달할 수 있기 때문에 누구라도 이 묘법연화경을 수지하면 부처가 될 수 있다는 뜻임으로 모든 사람이 묘법을 바로 알고 이해하려고 노력해서 수지행하면 반드시 소원을 이루게 된다는 뜻이다.

29. 사리불존자 수기 받다

대구신문 2011년 2월 1일자 23면에 실린 글

"묘법연화경(妙法蓮華經)"의 법이라고 하는 것은 교법(教法)이다. 법이라고 하는 것은 세 가지의 뜻이 있다. 법칙과 규칙의

뜻이 있고. 교법의 뜻이 있고. 진리의 뜻이 있다. 법칙과 규칙
은 인간이 정하는 것이라고 할 수 있다. 교법은 인간으로서 해
야 하는 것을 가르치는 것이다. 법칙은 교법에서 나오게 되는
것이다. 교법은 인간의 본성이 있고 우주 만물만상은 그 나름
대로 본성이 있기 때문에, 그 근본이 되는 절대적인 진리를 기
초로 해서 설정한 것이지 부처님 마음대로 설정한 것이 아니
고, 우주 진리에 입각해서 세운 것이다.

　법(法)이라는 것을 평범하게 생각하면 규칙이고, 깊이 들어가
게 되면 법이 되고, 가장 깊게 보면 절대적인 진리로서 실재가
되는 것이다. 법이라고 하는 것은 이 세 가지를 합쳐서 법이라
고 하고, 이 법은 절대적으로 존귀한 것으로서 감히 중생들이
무엇이라고 할 수 없는 것이기도 하다. 그래서 문자로 굳이 형
용을 한다면 정(正)과 변(遍)이라 해서 부처님의 지혜는 정변지
라고 하며, 부처님의 지혜는 바르며 삼천대천세계에 골고루 비
친다는 뜻으로 정변지(正遍知)라고 한다.

　경문에 "부처님을 공양하고"라고 하셨는데, 공양(供養)에는 바
른 공양이 있고 잘못된 공양이 있다. 바른 공양은 부처님의 마
음을 자기 자신의 마음으로 삼고자 하는 것이 진정한 공양이
되는 것이다. 공양에는 이공양(利供養)·경공양(敬供養)·행공양(行
供養)이 있다. 이공양은 물질적인 것을 올리는 것이다. 경공양
은 부처님의 가르침을 고맙게 생각하고 부처님을 생각하면서
예배하고, 가르침에 공양하는 것이다.(경전불사 등) 행공양은
마음만으로 부처님의 궁전을 짓는다든지 하는 것이 아니고, 진

실한 마음으로 작은 것이지마는, 부처님께 감사하고 경전에 공양하고, 부처님께 공양하는 것을 행동으로 실천하는 것이다. 특히 행공양에 중요한 것은 부처님의 가르침을 진실하게 받아 가져 믿고, 지극한 마음으로 기도하는 것을 생활화하는 것이 또한 중요한 행공양이기도 한 것이다.

그리고 보시(報施)를 하는데 아끼는 마음이 앞서서 망설이는 것은 진정한 보시의 공양이 아니다. 이 세 가지가 갖추어져야만 바른 공양이라고 할 수 있다. 용수(龍樹) 보살의 "대지도론(大智度論)"에 보면, 잘못된 공양에 대해서 설하고 있는데, "집이 가난하면 이(利)공양은 할 수 없다. 만약 물건을 살 돈이 없으면 할 수 없기 때문에 다음 두 가지를 행하라. 그러나 자기의 몸이 부자유할 때에는 부득이한 일이므로 경공양도 할 수 없지만, 그러나 행공양만은 반드시 하여야 하느니라."라고 설해져 있다. 기도를 한다든지 부처님의 가르침을 실지로 행하고자 한다든지, 포교를 해서 다른 사람에게도 불도인 묘법연화경에 인도한다든지 이것은 모두가 행공양이다. 지극한 마음으로 기도를 열심히 하게 되면, 반드시 생활은 점차로 좋아지게 되므로, 후일 이공양과 법공양도 할 수 있게 되기 때문이다. 또한 모든 불사에 동참하는 것은, 세 가지의 공양이라고 할 수 있다.

반면에 불자들이 행한 공양물을 성직자들이 함부로 쓴다든지, 아니면 개인의 명예와 이익을 위해서 사용되는 것에 공양하는 것은 결코 바른 공양을 하는 것이 아니다. 공양도 법을 위해서 하는 공양이 가장 바른 공양으로 이것 또한 행공양이라고 할 수 있다.

　사리불은 부처님으로부터 수기(受記)를 받는데, 미래에 "이름이 화광여래라는 부처님이 된다"고 수기하신 것이다. 화광여래(華光如來)의 화(華)는 부처님의 덕을 꽃에 비유한 것이다. 그래서 화엄경(華嚴經)이란 경의 이름도 꽃으로 장식한다는 뜻이다. 그 덕이 저절로 주위를 밝게 비추기 때문에 광(光)이라고 해서, 화광여래라고 하신 것이다. 인간계는 고통과 번민이 있다. 그러나 천상계는 고통과 번민이 없지만, 이것은 결코 좋다고만 할 수 없다고 부처님께서는 말씀하셨다. 그것은 처음에는 좋겠지만 시간이 지나다보면, 편안한 상태에 안주하게 된다. 편한 것만으로는 인간에게 만족을 주지 못한다. 노력으로 인해서 주위의 사람들에게 도움이 된다고 할 때, 누구나 즐거움을 느끼게 되는데, 이것이야말로 진정한 만족이라고 할 수 있을 것이다. 그래서 천상계와 인간계가 다 부처님을 대스승으로 삼고, 나의 힘으로 다른 사람에게 힘이 되는 것을 즐겁게 생각해서 이것을 실천하는 생활을 하는 것이 좋다고 하는 것이다.

　사리불이 화광여래가 되어도 반드시 낮은 가르침에서부터, 점차 높은 가르침인 삼승인 세 가지의 가르침을 설해서, 일체 중생을 교화할 것이라고 부처님께서는 말씀하신 것이다. 그리고 선한 세상이라고 하는 것은 모든 중생이 다 부처님이 되었을 때, 비로소 선한 세상이라고 하는 것이고, 그렇지 않는 한에는 이 세상은 불완전한 세상인 것이다. 그래서 부처님께서는 일불승(一佛乘)을 마지막으로 설하셔서 모든 중생을 불도에 들게 하시고자 하시는 것이다.

경문에 "그 때 사부중의 대중은 사리불이 부처님 앞에서 아뇩다라삼먁삼보리의 수기 받는 것을 보고 마음에 큰 환희를 내어 한량없이 뛰며, 각각 옷을 벗어 부처님께 공양하니 … 다 불도에 회향하나이다." 사부중(四部衆)은 모든 생명이 있는 것을 나타낸 것이며, 생명이 있는 것은 모두 부처님의 불도인 묘법연화경에 귀의한다는 뜻이다.

사리불은 전생에서나 금생에 지은 공덕과 부처님을 뵙게 된 공덕, 그리고 부처님과 항상 함께 하는 공덕을 모두 이 불도인 묘법연화경에 회향할 것을 부처님께 말씀드리고 있다. 부처님을 친견한 공덕은 부처님의 가르침을 지속적으로 실천하고 믿는 마음을 굳게 가지게 되면, 자기 자신이 항상 부처님이 옆에 계시는 것과 같은 마음이며, 부처님의 경지에 오르게 되는 큰 목적을 위해서 노력하고 이 공덕을 모두 다른 사람을 위해서 돌리겠다는 뜻으로, 자신들이 실천 수행한 일체의 모든 공덕을 불도인 묘법연화경에 회향함으로 해서, 대중들도 부처님과 같은 경지에 들 수 있다는 것을 확실하게 믿게 되었다고 부처님께 말씀드린 것이다.

30. 삼계와 불타는 집의 비유

대구신문 2011년 2월 15일자 23면에 실린 글

석가여래는 부처님이 되신 후 제일 먼저 삼칠일(21일)간 화엄경(華嚴經)을 설하시고, 다음에 소승불교(小乘佛敎)의 경전(經典)인 아함경(阿含經)을 설하시고(12년), 다음에 방등십이부경(方等十二部經)을 설하시고(8년), 다시 대반야경(大般若經)을 설하신 후에야(22년), 비로소 일불승(一佛乘)인 묘법연화경(妙法蓮華經)을 설하시는데(8년), 처음에는 인연과 비유로서 방편을 설하시고 이 모든 설법은 보살을 위한 가르침이라고 밝히신다.

부처님께서는 방편의 가르침에서 중단하지 않으시고, 부처님의 뜻은 오직 일불승인 묘법연화경에 있으며, 이 법으로써만이 일체중생을 구원할 수 있다는 가르침을 나타내신 것이다. 일불승(一佛乘)인 묘법연화경을 설하시기 위해서 삼승법(三乘法)인 성문법(聲聞法)·연각법(緣覺法)·보살법(菩薩法)이 있는 것처럼 설하신 것은 방편으로 설하신 것임을 밝히시고, 오직 일불승인 묘법연화경만이 진실이라는 것을 드러내시고, 삼계화택의 비유를 설하시게 된다. 중생이 살아가고 있는 이 삼계(三界), 즉 욕계(欲界)·색계(色界)·무색계(無色界)는 탐욕과 성냄과 어리석음인 세 가지 독(毒), 삼독(三毒)으로 인해서 고(苦)가 끊이질 않는 곳에서 살아가고 있다는 것을 밝히시게 된다.

이곳은 항상 생노병사(生老病死)와 우비고뇌(憂悲苦惱, 걱정·슬픔·괴로움·번민)가 그칠 날이 없는 곳으로, 중생들은 이것을 알지 못하고 어린아이들처럼 오욕락(재물욕·성욕·명예욕·식욕·수면욕)에 탐착해서 시시각각으로 앞으로 다가오는 삼재팔난(三災八難)을 가르쳐 주어도 알려고 하지도 않고 이곳을 벗어나려고 하지도 않는 것이 현실에서 살아가고 있는 중생이다. 그래서 부처님께서는 중생들이 무엇을 바라는지를 잘 살피시어 방편의 설법으로 하여 생사고해에서 벗어나게 하기 위하여 삼계화택의 비유를 설하신다.

"이제 다시 비유로써 이 뜻을 밝히리라. 모든 지혜 있는 자는 이 비유로써 알리라. 사리불아 어떤 나라의 성읍이거나 촌락이거나 거기에 큰 장자가 있다고 하자. 그 나이 늙었으되 재물은 한량이 없어 토지와 주택과 하인들이 많았으며 그 집은 넓고 크되 문은 오직 하나만 있고 사람들이 많이 있어 일백 이백 또는 오백 인이 살았느니라. 당각은 낡고 썩어서 장벽이 무너져 떨어지며, 기둥뿌리가 썩고 들보가 기울어 위태한데, 이때 두루 한꺼번에 불이 나서 집이 타고 있음이라. 장자의 모든 아들들이 혹은 열 혹은 스물 혹은 서른이 집안에 있음이라. 장자는 큰 불이 사면으로 일어남을 보고 곧 크게 놀라고 두려워하여 이 생각을 하되, 나는 비록 능히 이 불타는 집에서 편안히 나왔으나 모든 아들들은 불타는 집안에서 질탕히 놀며 깨닫지도 못하고 알지도 못하고 놀라지도 않고 두려워하지도 않으며 불길이 몸에 닿아서 고통이 극심하여도 마음에 싫어하지도 않고 찾아 나올 뜻도 없는지라."

중생들이 살아가고 있는 현실을 그대로 나타내신 부분이다.

여기서 장자와 불이 난 것을 발견하신 장자는 오탁(五濁)의 고(苦)에서 헤매는 중생을 가르쳐서 밝은 곳으로 인도하시는 석가모니부처님을 비유한 것이다. '아들'이라고 비유하신 것은 삼계(三界), 즉 욕계(欲界)·색계(色界)·무색계(無色界)의 생노병사와 우비고뇌에서 벗어나지 못하고 있는 중생을 비유한 것이다. '주택'이라는 것은 삼계에서 편안하게 살아가고 있는 것과 불안하게 살아가고 있는 것을 비유한 것이다. 물질적인 여유가 있거나 없거나 간에 편안할 때도 있을 것이고 반면에 고통스러울 때도 있는 곳이 사바세계의 중생들인 것이다. 궁궐같은 집이 있다고 하더라도 출입하는 대문은 하나밖에 없는 것과 마찬 가지로, 수많은 부처님의 가르침이 있지만 불도에 들어 부처님의 지혜를 성취할 수 있는 가르침은 오직 일승법인 묘법연화경 하나밖에 없다는 것을 비유로써 문이 하나밖에 없다고 하신 것이다.

'불이(火) 일어나'는 오탁(五濁), 곧 명탁(命濁)·중생탁(衆生濁)·번뇌탁(煩惱濁)·견탁(見濁)·겁탁(劫濁)과 팔고(八苦), 즉, ① 생고(生苦), ② 노고(老苦), ③ 병고(病苦), ④ 사고(死苦), ⑤ 애별리고(愛別離苦), ⑥ 원증회고(怨憎會苦), ⑦ 구부득고(求不得苦), ⑧ 오음성고(五陰盛苦)의 고통에서 벗어나지 못하고 살아가고 있는 중생을 비유로써 설하신 것이다. 오탁은 사람이 살아가고 있는 다섯 가지 종류의 탁한 세상이라는 뜻이다. 겁탁(劫濁)은 물이 탁한 것과 같이 탁한 시대로 사회의 모든 환경이 어지럽고 나빠지게 되어 세상과 사람의 마음이 어지러워지는 것이 겁탁이다. 지금의 현실이 바로 겁탁의 시대인 것이다. 번뇌탁(煩惱濁)은 오둔사(五鈍使), 곧, 탐(貪)·진(瞋)·치(癡)·만(慢)·의(疑)에 의해서 지배되고 있는 것으로 물들어 있는 미혹한 마음이 치성하는 시대다. 중생탁(衆生濁)은 사람의 마음이 번뇌망상으로 인해서 깨끗하지 못한 미혹한 마음이다. 견탁(見濁)은 사물을 바르게 보지 못하는 미혹한 마음이 치성하는 시대다. 명탁(命濁)은 물질적인 면에만 집착하여 생명의 소중함을 알지 못하는 시대다. 중생들이 번뇌망상과 사견에 집착하게 되면 중생세간 사바세계가 혼탁해지고 장기간 이러한 것이 지속되면 중생을 구원하시고자 부처님이 이 세상에 출현하시게 된다.

경문에 "세 가지 수레와 크고 흰 소가 끄는 수레"는 성문승을 양의 수레에 비유하시고, 연각승은 사슴의 수레에 비유하시고, 보살승은 소의 수레로 삼승을 수행하고 있는 자를 비유한 것이다. 다시 말해서 여러 부류로 수행자들의 경계를 나타내신 것으로 이들에게 알맞은 가르침을 설하신다는 뜻이다. 지금까지 설하신 42년 동안 삼승법(三乘法)을 설하신 것을 밝히시는 것으로, 지금까지 설하신 가르침은 삼승인 성문·연각·보살을 위해서 근기를 성숙시키고자 설하신 가르침이며, 마지막으로 '크고 흰 소가 끄는 수레'를 비유로 하나밖에 없는 일승법(一乘法)인 묘법연화경(妙法蓮華經)을 밝히고자 하시는 것이다. 전생으로부터 인연이 있든 없든 간에 중생이라면 누구나 일승법에 들어서 불도를 이루어 부처가 될 수 있다는 것을 밝히시고자 하신 것이다.

31. 불타는 집의 비유

대구신문 2011년 3월 1일자 23면에 실린 글

"그 집은 넓고 크되 문은 오직 하나만 있고…." 우주는 실로 넓고 크기를 헤아릴 수 없다. 다시 말해서 삼계(三界), 즉 욕계(欲界)·색계(色界)·무색계(無色界)는 광대무량하다는 불법계의 비유로, 중생들이 살아가고 있는 이 삼계의 진리는 오직 하나 뿐으로 그 하나가 일승법인 묘법연화경(妙法蓮華經)을 비유한 것이다. 이 우주의 법계 속에서 살아가고 있는 중생을 불도로 이끌고자 하시는 것이다. 중생은 그것도 모르고 어리석은 마음으로 살아가고 있는 것이다.

"당각은 낡고 썩고 장벽이 무너져 떨어지며, 기둥뿌리가 썩고 들보가 기울어 위태한데 이 때 두루 한꺼번에 불이 일어나 집이 타고 있음이라. 장자는 편안히 나왔으나 나올 뜻도 없는지라." 이것은 오탁팔고로 인해서 편안하지 않은 것을 비유한 것이다. 다시 말해서 중생들의 육신을 그대로 비유하신 것이다. 부모로부터 몸을 받고 태어나서 성장하면서 살아가고 궁극에는 늙어 병들고 죽는 것을 벗어나고자 하지 않고 그것에 집착하고 살아가고 있다는 것을 비유한 것이다.

생노병사는 다른 사람이 만들어 주는 것이 아니라 스스로 만들어 가고 있는 것이다. 그러나 중생은 타인으로 인해서 내가 피해를 본다는 생각을 가지고 원망을 하거나 원한을 갖게 되는 것이다. 부처님께서는 이러한 중생이 스스로 만든 덫에 걸려서 빠져나오려고 하지 않고 오히려 집착하고 있으므로 벗어나라는 뜻으로 비유로서 나타내시는 것이다. 이것은 오탁악세(五濁惡世)에 사는 중생을 비유한 것이다.

중생들은 견탁인 삿된 견해에 빠져 있는 것을 비유하시고, 탐욕과 번뇌가 치성한 번뇌탁을 비유하셨으며. 깨닫지도 못하고 알지도 못하면서 아는 척하면서 이러한 것이 얼마나 두려운 일인가를 생각하지 않고 빠져 있는 것에 비유한 중생탁으로 인해서 중생의 마음이 흐려지기 때문에 바른 수행에서 물러나 악의 마음을 일으킬 것을 염려하시어 부처님의 자비를 나타내신 비유인 것이다.

"불길이 몸에 닿아서 고통이 극심하여도" 이는 사람의 명이 짧아지는 것으로 명탁에 비유한 것이다. "마음에 싫어하지도 않고 찾아 나올 뜻도 없는지라." 이는 악한 시대에 살아가고 있으면서도 모르고 살아가고 있는 중생을 비유한 것으로 겁탁에 비유한 것이다. 부처님의 지혜의 힘과 신력은 일체중생을 불타는 삼계의 집에서 구원할 수 있기 때문에 비유하시고, 사견에서 벗어나게 하시고 일불승(一佛乘)인 묘법연화경에 들게 해서 구원하시고자 하신 것이다.

"문이 오직 하나 뿐이고 좁고 작온데 모든 이들들은 이려시 아직 아는 것이 없고 노는 데에 재미 붙여서 혹은 떨어지고 불에 타게 되느니라." 문이라는 것은 열반으로 통하는 문을 뜻한다. 중생들은 근기가 하열하기 때문에 중생의 지혜로는 스스로 이 이승법의 문에 들어오지 못하기 때문에 문이 좁고 작다고 하신 것이다.

일불인 묘법연화경을 설하셨지만 대승의 선근이 부족한 것을 어리다고 비유하시고, 욕계에서는 육경(六境), 즉 색(色)·성(聲)·향(香)·미(味)·촉(觸)·법(法)에 집착하고, 색계에서는 선미(禪味)에 집착하고, 무색계에서는 정(定)에 빠져있으면서, 오욕락(재물욕·성욕·명예욕·식욕·수면욕)에 집착해 있기 때문에 결국은 삼악도에 떨어지는 것에 비유하신 것이다. 모든 아이들이 노는 데만 정신을 팔고 있다는 것은 다섯 가지 경계(색·성·향·미·촉)에 빠져있으면서 싫어하지 않고 있는 것에 비유한 것이며 이것은 사견과 방편에 안주하고 있다는 것을 나타내신 것이다. 물질의 세계에서는 진정한 만족은 다른 곳에 있는 것이 아니라 우주법계의 진리를 나타내신 부처님의 가르침으로 오직 일불승에 있다. 그러나 이 법에 들지 않으면 네 가지의 고(苦)와 여덟 가지(八)의 고(苦)에서 벗어날 수가 없다. 이것을 사고팔고(四苦八苦)라고 한다. 중생은 사고(四苦)인 생·노·병·사를 안고 살아가고 있다. 이 네 가지 고와 애별이고·원증회고·구부득고·오음성고를 합해서 팔고라 한다.

애별이고(愛別離苦)는 좋아하고 헤어지는 고통이며, 원증회고(怨憎會苦)는 싫어하는 것과 사람을 만나는 고통이다. 구부득고(求不得苦)는 얻으려고 노력하지만 얻어지지 않는 고통이고, 오음성고(五陰盛苦)는 몸과 마음의 모든 작용인데, 몸과 마음은 왕성하지만, 그 왕성한 몸과 마음으로 인해서 생겨나는 욕망이 많아지므로 해서 괴로워하게 되고, 몸과 마음이 허약하면 그것대로 고통스러워하는 것이다. 이러한 네 가지의 고통을 받지 않기 위해서는 반드시 부처님의 가르침에 의지하여 믿음을 가지고 실천하는 행이 중요한 것이다.

믿음을 가지자면 근본이 되는 것을 반드시 알아야 한다. 버릴 것은 버리고 취할 것은 취하는 결단력이 있어야 한다. 그 근본이 되는 것을 오근(五根) 또는 오력(五力)이라고 한다. 신근(信根)·정진근(精進根)·염근(念根)·정근(定根)·혜근(慧根)이다.

불교를 배우는데 있어서 신근이 중요하다. 이치로만 아는 것도 안 된다. 이것은 학문적이기 때문에 깨닫지를 못한다. 학문적으로만 알게 되면 사견이 증장하게 되기 때문에 믿음이 먼저 근본이 되어야 한다. 바른 것을 바르지 않다고 한다든지, 바르지 않은 것을 바르다고 하지 말고, 바른 것이 무엇인지 부처님의 가르침을 바르게 보고 알아서 믿는 것이 중요하다. 정진근이란, 믿는다고 아무렇게나 믿는 것은 결코 안 되며, 다른 잡다한 것과 섞어서 믿지 말고, 오로지 부처님의 가장 진실한 가르침으로 일불승인 묘법연화경을 순일하고 바르게 믿어서 믿음을 증진시켜나가야 한다. 염근이란, 믿는다는 마음에서 벗어나지 말고, 믿음을 항상 자기의 것으로 만들어가지고 지키는 것이 중요하다. 그래서 묘법연화경과 부처님께 항상 고맙게 생각하는 마음이 변함이 없어야 한다. 정근이란, 믿는 마음이 확고해서 흔들리지 않아야 하고, 목적을 위해서는 아무리 큰 어려움이 있더라도 인내하고 흔들리지 않는 것이다. 혜근이란, 지혜로서 모든 사물의 진실된 상(相)을 바르게 아는 것이다. 이렇게 다섯 가지의 근본을 바르게 알고 바른 믿음을 증장시켜 나가야 한다.

32. 다섯 가지의 비유

대구신문 2011년 3월 15일자 23면에 실린 글

우리 인간들은 살아가면서 많은 경험을 한다. 경험을 쌓을수록 욕심이 앞서게 되어, 마음은 탐욕이 강하게 일어나 더욱더 욕심을 채우려고 하다보니까, 미혹한 마음에서 벗어날 수가 없고, 오히려 집착하고 살아가고 있는 것을, 부처님께서는 마음이 점점 더러워진다고 하시고, 그러한 것은 부정할 수 없는 것이, 현세에서 살아가고 있는 사람들이다. 그래서 우리 인간들은 어릴 때부터 부처님의 가르침을 생활화하여 우리 마음속에 있는 여러 가지 번뇌를 없이 하고, 점점 부처님의 마음이 되도록 노력함으로써, 반드시 좋은 삶을 살아갈 수 있다는 것을 확실하게 믿고 실천해야 할 것이다. 현세에 살아가고 있는 중생들이 어떠한 마음과 생활 속에서 살아가고 있는가를, 조류와 벌레 또는 축생들에 비유해서 설하신 것이다.

경문에 "올빼미, 독수리, 까막까치, 비둘기, 뱀, 살무사, 전갈, 지네, 까치독사, 그리마, 도마뱀, 노래기, 족제비, 살쾡이, 생쥐"는 교만과 성내는 것과 어리석은 마음을 비유로서 나타내신 것이다. 새 중에서 사나운 새와 사납지 않은 새를 (올빼미, 독수리, 까막까치, 비둘기) 들어 네 종류로 나타내신 것이다. 하늘을 나는 새는 높은 곳을 향해서 날지만, 그 이상 높이 올라가지 못하면서 무조건 높이 날아보려고 하는 것은 인간의 거만하고 교만한 것을 비유하신 것이다.

다시 말해서 다른 사람은 인정하거나, 알아주지도 않는데 자기 혼자 잘난 척 하는 마음에 비유하신 것이다. 자기 자신이 진실한 사람이 되려고 노력은 하지 않고 새가 날기 위해서 파닥거리는 것과 같이 남보다 앞서거나 남의 위에 올라서기 위해서 온갖 잔꾀를 부리는 사람을 들어서 비유하신 것이다. 능력은 없고 그렇다고 실천하는 노력도 하지 않으면서, 다른 사람보다 더 얻고자 하는 사람이 되어, 욕심만 부리다가 결국은 자기 자신에게 속아서, 인간관계 뿐 아니라 실패하는 경우가 비일비재하다.

"뱀, 살무사, 전갈, 지네, 까치독사"는 진에(瞋恚)하는 마음으로, 성내는 마음에 비유한 것이다. 이러한 무리들은 모두가 독을 지니고 있다. 독을 지니고 있는 것들은 반드시 다른 사람들에게 해를 끼치면서 살아가고 있다. 이것은 성을 내는 것에 비유한 것으로, 성을 내는 것은 미혹한 마음 중에서 가장 나쁜 마음이다. 예를 들어 탐욕의 마음은 나쁘지만, 내 욕망을 채우기 위해서 일시적으로나마, 다른 사람과 좋아질 수는 있다. 그러나 성을 낸다는 것은 주위 사람들이 모두 나를 외면하게 되고 적이 될 수도 있다. 그래서 성을 낸다는 것은 좋은 관계도 깨어버릴 수 있는 파괴성을 가지고 있기 때문에, 삼독(탐욕·성냄·어리석음) 중에서 제일 나쁜 미혹한 마음이다.

사람들은 혼자가 아닌 '우리'라는 개념으로 같이 살아가고 있기 때문에, 같이 살아가고 있다는 본래의 성품인 불성을 깨어 버리는 것을 성내는 것에 비유하신 것이다. 독사나 독이 있는 독충에게 물리면, 그 독이 점차로 온몸에 퍼져서 심하게 되면 생명도 위협받는다. 그래서 성을 내는 것은 주위의 모든 사람들과 사이가 좋지 않게 되는 것과 같이, 독이 있는 것에게 물리면 그 독이 몸 안으로 점점 퍼지게 되는 것에 비유하신 것이다.

"그리마, 도마뱀, 노래기, 족제비, 살쾡이, 생쥐"는 우치(愚癡)의 마음이다. 이런 것들은 본래의 성품이 어두운 곳으로 파고 들어가는 습성을 가지고 있기 때문에, 사람의 마음에서 삼독 중에 어리석은 마음에 비유한 것이다. 어리석은 마음이라고 하는 것은, 전체를 보지 못하고 작은 일부분만을 보고, 그것이 전부인 것으로 잘못 분별하는 마음이다. 다시 말해서 중요한 부분은 생각도 하지 않고, 작은 것에만 집착해서 전체의 뜻을 모르는 것과 같이, 그리마는 낮고 어두운 곳으로만 파고드는 것에 비유한 것이다.

"모든 악한 벌레들이 이리저리 기고 뛰며 똥, 오줌, 냄새나는 곳에 부정한 것이 흘러넘치며, 말똥구리와 모든 벌레가 그 위에 우글거리고"는 의심하는 마음을 비유한 것이다. 의심은 큰 죄가 되는 것인데, 우리가 법화경을 믿고 있는 것을, 다른 사람들이 법화경을 믿고 받아서 제목을 받드는 사람을 보고, 정법이 아니라고 한다든지 이상한 종교라고 하는 말은 의심하는 마음이다. 이것은 더러운 곳에서만 있으려 하고, 깨끗한 곳으로 나오려고 하지 않는 악한 벌레와 같이, 부처님의 가르침을 분별하지 못하는, 어리석은 마음이 되어 의심하는 사람들을 비유하시고 이러한 사람들이 우글거린다고 하신 것이다. 현실이 그렇다.

산승은 몇 년 전만 해도 사이비라는 말을 너무나 많이 들어왔다. 불교를 바르게 알지도 못하면서 자기 자신이 작은 것에 집착하고 있어서 부처님의 진실한 가르침이요 불교인 묘법연화경(妙法蓮華經)의 제목을 받드는 산승을 보고 사이비라고 하면서 유인물을 만들어 많은 불자들에게, 자기 자신만이 정법을 행하고 있다고 하면서, 법력이 높다고 불자들을 속이고 있는 것을 보노라면 가슴이 아팠던 시절이 있었다. 말법오탁악세에는 이러한 자들이 바닷가 모래알같이 많다고, 대집경(大集經), 인왕경(仁王經), 열반경(涅槃經) 등에서 설하신 부처님의 가르침이 있다.

"여우, 늑대, 야간이들이 짓밟고 씹으며, 죽은 송장을 뜯어먹어 골육이 낭자하니, 이로 말미암아 뭇 개는 달려와서 잡아뜯으나 주림으로 딩황하며 여러 곳으로 먹을 것을 찾되, 다투고 서로 밀어젖히며 으르렁대고 시끄럽게 짖는지라"는 탐욕하는 마음에 비유하신 것이다. 말하자면 사람들이 사는 세상을 그대로 표현하신 것인데, 내가 살기 위해서 남에게 해를 끼치고,

돈을 벌기 위해서는 온갖 악행을 서슴치 않는 이러한 인간들의 모습을 동물에 비유하신 것이다.

이렇게 교만한 마음, 성내는 마음, 어리석은 마음, 의심하는 마음, 탐욕하는 마음을 다섯 가지 비유로서 나타내신 것은 현실적으로 사람이 살아가고 있는 실재하는 현상들이다. 이러한 다섯 가지의 미혹한 마음을 사혹(思惑)이라고 한다. 이러한 마음에서 벗어나려고 하자면 반드시 부처님의 가르침을 믿고 실천하고자 노력하는 길 밖에 없다는 것이다.

33. 묘법연화경 비유품

대구신문 2011년 3월 29일자 23면에 실린 글

묘법연화경(妙法蓮華經) 비유품(譬喻品) 제3에서 "곳곳마다 도깨비, 허깨비, 야차, 악귀들이 있어 사람의 고기를 씹어 먹으며, 독한 벌레들과 모든 악한 짐승은 새끼를 쳐서 젖을 먹이되 제각기 감추어 두호하건만, 야차가 달려와서 다투어 잡아먹으며, 먹은 뒤에 배가 부르면 악한 마음이 점점 더하여 다투는 소리가 심히 두렵고,"

사견의 미혹한 마음을 다섯 가지 오견(五見)인 단견(短見), 계취견(戒取見), 신견(身見), 견취견(見取見), 변견(邊見)에 비유하신 것이다. 이 말씀은 중생들의 헛된 견해(邪見)가 인과(因果)를 부정하는 것으로 오견 중에 단견(短見)을 비유한 말씀이다.

용수보살(龍樹菩薩) 대지도론(大智度論)에서 중생들은 "바른 인과를 뒤집고, 벽신으로서 복을 구한다."라고 하셨다. 이 뜻은 종교를 믿는다고 하는 사람들을 경계하신 말씀이다. "벽신"이라 하는 것은 좋은 인과를 지었을 때 반드시 그 갚음이 온다는 것인데. 갚음이 온다는 것을 기다리지 못하고, 불교를 믿고 좋은 일을 했다고 해서 금방 좋은 일을 한 것에 대한 복이 빨리 오기를 바라는 것은 잘못된 생각이다.

이렇게 잘못된 믿음으로 복을 구하는 사람을 벽사라고 한다. 그래서 부처님께서 설하신 가르침에 대해서 진리의 이치를 무시하고, 자기 멋대로 생각해서 부처님의 가르침을 바르게 설하지 않고, 사견을 부처님의 지혜인양 설해서, 부처님의 바른 가르침을 혼돈하게 만든다는 것은 결국 모든 사람들을 벽사로 만드는 것과 같은 것이 되는 것이다. 사람들을 벽사로 만드는 것은 지옥으로 끌고 들어가는 것임을 알아야 하는데, 그 자체를 알지 못하고 함부로 사견으로 중생을 인도하는 것은 부처님의 가르침을 베푸는 바른 선지식이 아니라 외도인 것이다.

"짐승들이 새끼를 쳐서 젖을 먹이되"라고 한 것은 자기 마음대로 이익을 구하고자 하는 것으로 단견의 마음에 비유한 것이다. 다른 사람은 생각하지 않고 오직 자기 자신의 이익만을 생각하고 있는 것의 비유다.

"구반다 귀신은 흙 위에 걸터앉아 혹 어느 때는 땅에서 한 자나 두 자씩 뛰며, 오고 가고 방종하게 놀고 장난하며 개의 두 다리를 잡아 태질쳐 소리 내지 못하게 하며, 두 발로 목을 눌러 개를 무섭게 하고는 스스로 즐거워하며," 요즈음 세상은 법을 악용하는 무리들이 참으로 많다. 법을 악용해서 약하고 모르는 사람을 억압해서 이익을 구하고 즐거워하는 사람들의 비유다. 이 부분은 다섯 가지의 잘못된 견해 중 계취견(戒取見)의 비유다. 자기 마음대로 생각해서 남에게 괴로움을 주고, 남이 괴로워하는 것을 보고 겉으로는 생각해 주는 것과 같이 말하지만, 속으로 스스로 즐거워하고 있는 것을 나타낸 것이다.

"또 모든 귀신이 있어, 그 몸은 길고 큰데 벌거숭이에다 검고 여윈 것들이 항상 그 가운데서 살며, 크고 못된 소리로 먹을 것을 구하며," 이 부분은 인간의 몸을 나타낸 것으로 신견에 비유한 것이다. 복잡한 사회 구조 속에서 살아가고 있는 우리들이 일상생활을 하는데 있어서, 모든 것을 자기 위주로 생각하고 행동하는 것을 비유한 것이다. 그렇다. 사람들은 대부분 자기중심적이다. 한 마디로 표현하면 너무 이기적인 사고방식을 가지고 살아가고 있다. 때로는 화합하고 돕기도 하지만 자신에게 문제가 생기면 양보를 하지 않으려고 하는 것이 대부분의 사람인 것 같다.

"또 모든 귀신이 있어, 그 목구멍이 바늘구멍과 같으며," 이 뜻은 견취견(見取見)의 미혹한 마음을 비유한 것이다. 자기가 생각한 것에 대해서 긍정적으로 생각하거나, 부정적으로 생각하고 있는 것에 집착하고 있는 것이다. 자신의 판단만이 정확하다고 생각해서, 다른 사람의 의사와는 관계없이 자기주장을 강하게 하는 것은 옳지 않다. 이것은 목구멍이 작아서 아무것도 들어갈 수 없는 것으로 견취견에 비유한 것이다.

"또 모든 귀신이 있어 머리는 쇠대가리와 같으며, 혹은 사람의 고기를 먹고, 혹은 개고기를 먹으며 머리는 봉두난발이고 잔인 흉악하며, 기갈이 핍박하여 부르짖으며, 이리 저리 달리고, 야차 아귀와 모든 악한 새와 짐승들이, 배고프고 굶주려서 사방으로 흩어져서 틈새로 엿봄이라."

이 뜻은 변견이라는 미혹한 마음에 비유한 것이다. 각자 제멋대로 행동한다는 뜻인데, 모든 사물을 한쪽 면만 보지 말고, 여러 방면으로 보고 해석해야 되는데, 어느 한 단면만 보고 단정해 버리는 것을 변견의 미혹한 마음이라 한다. 예를 들어 내가 잘못 생각한 것이 있으면 잘못한 부분을 시인하고, 잘못에 대해서 반성하고 고쳐 나가야겠다고 마음먹고 실천하는데 노력해야 하지만, 알량한 자존심 때문에, 남의 눈치만 살펴서 아무도 모르고 있을 것이라 생각하고 있다든지 알더라도 잘못된 것에 대한 변명을 하고자 하는 것은 결코 바람직하지 못하기 때문에, 중생들에게 이러한 변견이라는 미혹한 마음을 짐승들의 흉악하고 배고파하고 남을 엿보는 것에 비유하신 것이다.

이렇게 묘법연화경 비유품에서 중생들이 살아가고 있는 현상을 비유로써 설하신 것이다. 불교를 바르게 배우고 알아서 믿고 실천하는 행을 함으로써, 스스로 이익을 만들어 가는 것이지, 남이 아무 이유 없이 이익을 주지 않는다는 간단한 이치를 깨달아가고자 하는 마음이 중요한 것이다.

34. 깨닫고자 하는 마음

대구신문 2011년 4월 12일자 23면에 실린 글

깨닫고자 하는 마음을 너무 크게 생각할 필요는 없다. 작은 것부터 깨달아서 점점 큰 것을 깨닫게 된다고 생각하면 일상생활에서도 깨닫는 것이 많을 것이다. 비유품의 설법은 사람이 살아가고 있는 현실을 비유로써 설하신 가르침이다.

묘법연화경 비유품(譬喩品) 제3에서 "머리는 쇠대가리와 같으며"라고 하신 뜻은, 번뇌를 일으키는 것은 자기 자신의 생각에서부터 시작되기 때문에 자기 자신이 스스로 있다 없다고 하는 분별심 때문에 번뇌가 생겨나는 것으로, 쇠대가리와 두 개의 뿔에 비유한 것이다.

"이 같은 모든 환란이 한량없어 두렵고 겁이 남이라. 이 썩고 낡아빠진 집은 한 사람에게 속해 있느니라." 삼계(三界), 즉 욕계(欲界)·색계(色界)·무색계(無色界)인 물질세계와 정신세계를 두고 환란이 많다고 하시고, 이곳은 끊임없이 고통과 집착과 번뇌로 인해서 스스로 두려운 일을 만들어 가고 있으니, 겁나

는 곳으로 썩고 낡아빠진 집이라고 비유하신 것이다. 이 세상
은 참으로 고통스러운 곳이다. 그러나 이곳을 떠날 수만 있다
면 얼마나 좋을까. 죽는다는 것이 떠나는 것이 아니라, 번뇌와
집착으로부터 속박 당하고 있는 자신에서 벗어나 대자유를 얻
는 것이 고통스러운 세상을 떠난다고 하는 것이다.

"기갈이 핍박하여 부르짖으며 이리저리 달리고…." 모든 중생
은 지혜와 선정을 먹고 살아야 함에도 불구하고 분별심 때문에
작은 것에 집착하고 있으니까, 자신이 살아가는데 도움이 되지
않는다는 뜻으로, 기갈이 핍박해서 부르짖으며 이리저리 달린
다고 비유하신 것이다. 모든 중생은 부처님의 지혜로서 번뇌를
끊어버리는 것만이 완전한 번뇌에서 벗어날 수가 있는 것이다.

"야차 아귀와 모든 악한 새와 짐승들이 배고프고 굶주려서
사방으로 흩어져서 틈새로 엿봄이라." 욕계에 사는 모든 중생
들이 번뇌하는 모습을 비유로 나타낸 것이다. 중생들은 번뇌로
인해서 본래부터 갖추어져 있는 불성인 부처의 성품을 깨닫지
못하고 있기 때문에 굶주리고 배가 고프다고 비유하신 것이다.

또 중생들은 번뇌로 인해서 잘못된 공(空)에만 집착하고 있어
서 불도라는 맛을 모르기 때문에, 그 맛을 보면 어떨까 하고
기웃거린다는 뜻으로 "틈새를 엿본다."고 비유하신 것이다. 공
(空)에만 집착하고 있다는 것은 사리불존자가 부처님께 말씀 드
리기를 스스로 공에 집착하고 있었기 때문에 부처님의 법화경
설법을 듣고는 혹시 악한 귀신이 부처님의 형상을 하고 사견을

설하는 것으로 잘못 알고 있었다고 한 것을 생각하면 공의 도리에 집착하고 있는 수행자들이 많다는 것을 알 수 있다.

"이 같은 모든 환란이… 두렵고 겁이 남이라." 욕계에 사는 중생들이 번뇌에서 벗어나지 못하고 있는 것은 실로 두려운 일이라는 뜻이다. 번뇌로 인해서 갖가지 일을 스스로 만들어서 업을 짓는 것이 환란으로 고통을 받게 되는 근본이 되기 때문에 두렵고 겁이 난다고 하신 것이다.

"이 썩고 낡아 빠진 집은 한 사람에게 속해 있느니라." 삼계가 편하지 못한 것을 비유한 것이다. 욕계(欲界)는 먹는 것에 대한 탐욕하는 마음과 성욕에 대한 욕망으로 인해서 갖가지 업을 만들어내는 세계로 사악취(四惡趣, 지옥세계·아귀세계·축생세계·수라세계)가 있고, 중생이 사는 세상의 사주(四州)인 동서남북에 동승신주(東勝身州), 남섬부주(南贍浮州), 서우화주(西牛貨州), 북구로주(北俱盧州)가 있으며, 하늘의 사왕천(四王天), 즉 야마천(夜摩天), 도리천(忉利天), 도솔천(兜率天), 화락천(化樂天), 타화자재천(他化自在天)이 있다. 색계(色界)는 물질만능의 세계로, 물질적인 욕구에서 벗어나고자 노력하지만, 벗어나지 못하고 있는 경계를 색계라고 한다. 무색계(無色界)는 욕계와 색계의 경계를 초월한 순수한 정신세계다.

일반적으로 무소유의 마음이라는 것이 무색계의 경계로 이 경계에 집착하게 되면 불도에 들기가 어렵다. 중생들이 살아가고 있는 것은 전세에 지어진 일들과 주위환경으로 인해서 갖가지의 번뇌가 생겨나기 때문에 편안하지 못하고 항상 불안이 연속적이라는 뜻으로 썩고 낡아 빠진 집에 비유한 것이다.

"한 사람에게 속해 있느니라." 한 사람은 부처님이며, 오직 부처님만이 중생을 구원할 수 있기 때문에 속해 있다고 하신 것이다. 다른 말로 하자면 중생이 없으면, 부처님이 있을 수가 없기 때문에 누구라도 자기 자신이 중요한 사람이 되는 것이고 그 한 사람인 부처님이 될 수 있다는 것이다. 그러므로 이 사바세계에서 중생들이, 고통에 빠져있는 것을 구원할 수 있는 분은, 오직 부처님 한 분 뿐이라는 뜻이며, 한 분 뿐인 부처님은 중생을 구원하고자 서원을 세우신 것이다. 열반경(涅槃經)에서 말법세상에 네 군데 의지처를 설하신 것은 한 분 뿐인 부처님이, 곧 묘법연화경의 본불이신 석가모니불이 되시며, 모든 부처님이 이 묘법연화경에서 출현하신다는 것은 바로 본불의 힘에서 나오시는 것이다.

부처님은 항상 우리와 같이 계시지만 그것을 알지 못하기 때문에 나쁜 짓도 생각 없이 하면서도 나쁜 짓인 줄 모르고 행하고 있다. 생각으로는 옳고 잘못된 것을 잘 알지만 어리석음 때문에 욕심에 집착하고 있으므로 분별하지 못하는 데서 문제가 문제를 낳게 하는 것이다.

35. 환란은 스스로 만든다

대구신문 2011년 4월 26일자 23면에 실린 글

부처님께서는 이 시대를 살아가는 중생들에게 바른 가르침을 주시어 구원되어지기를 간절하게 바라시지만 중생들은 스스로의 고통에 빠져 헤어 나오려고 하지도 않으므로 삼계화택((三界火宅)의 비유를 설하시어 불타는 집에서 나오도록 설하고 계신 것이다. "그 불길이 걷잡을 수 없는 지경이라" 말법세상에 사는 중생들의 번뇌와 고통이 점점 많아져서 어찌할 바를 모른다는 뜻이다. 번뇌가 치성한 것을 비유하신 것이다.

"들보는 기울어지고 터의 섬돌은 무너지며, 장벽은 터져 벌어지고, 진흙 바른 것은 갈라져 떨어지며, 지붕은 여기저기 떨어져버리고, 서까래는 어긋나 두루두루 꾸부러졌으며, 더러운 것이 가득 차 있는데 오백 인이 그 가운데 살고 있음이라." 중생들은 번뇌로 인한 고통을 받는 것이 불이 붙어 온 몸이 타는 것과 같은 모습을 비유한 것이다.

다시 말하면 지수화풍(地水火風)이라는 네 가지 물질인 사대(四大)로 인해서 만들어진 몸이지만 궁극에는 병들어 죽는 것을 허망하게 무너진다는 것에 비유한 것이다. 이러한 틈새를 비집고 사견을 정법인양 설하는 자들이 이 시대에는 바닷가 모래알 같이 많다고 부처님께서는 여타의 경전에서 사견을 설하는 자를 경계하라고 하셨으며, 법화경 비유품에서는 "모든 귀신이 큰 소리로 부르짖으며"라고 비유하신 것이다. 즉 바르지 못한 사견 때문에 생사윤회가 있다 또는 없다고 서로 주장한다는 뜻이다. 예를 들어서 윤회(輪廻)가 있다고 하는 사람들은 "있다"고 하는 그 자체에만 집착하고 있으면서 벗어나고자 하지 않는다는 뜻이고, "없다"고 주장하는 사람은 윤회 자체를 부정한다는 뜻이다. 집착을 해서도 부정을 해서도 안 된다는 뜻이다.

"독수리 같은 모든 새와 구반다 귀신들은 두루두루 겁을 내어 능히 나오지 못하며" 독수리와 같은 교만한 마음과 사람의 정기를 빨아먹고 살며 자유자재로 변하는 것이 민첩한 악한 귀신인 구반다 귀신과 같은 마음의 번뇌로 인해서 일불승(一佛乘)을 듣고서도 작은 것에 만족하고 있으면서 벗어나고자 하는 마음이 없다는 뜻이다.

"악한 짐승과 독한 벌레는 구멍을 찾아 숨으며 비사귀신도 또한 그 속에서 살더니" 사선정(四禪定)으로 오둔사(五鈍使)인 무딘 번뇌를 없이하는 것을 구멍에 비유한 것이고, 또 비사귀신의 예리한 번뇌와 같이 중생들도 선정을 얻을 수 있다는 뜻이다. 불을 피해서 구멍 속과 같이 좁은 곳으로 들어가서 임시로 불은 피했기 때문에 욕계를 벗어났다는 뜻이며, 방편법(方便法)인 작은 것에 집착하고 있기 때문에 임시로 고(苦)를 면한다는 것을 비유한 것이다.

"복덕이 엷은 고로 불의 핍박을 받고 서로 잔인하게 해쳐 피를 마시며 고기를 씹고 야간이들은 그 자리에서 함께 죽으니 모든 악한 큰 짐승들이 떠어와 뜯어 먹으며 송장 타는 연기기

펄펄 일어나 사면에 가득 차며" 지어놓은 선업의 복덕이 적기 때문에 자연스럽게 악한 마음이 생기므로 인해서 고통을 스스로 일으킨다는 뜻이다.

복덕은 여러 가지로 분류할 수 있다. 재물의 복을 짓는 방법도 있고, 일을 해서 복을 짓는 방법도 있고, 법을 전하는 복을 짓는 방법도 있다. 이러한 복을 짓는 것과 자신이 할 수 있는 것을 찾아서 복을 지어야 한다. 또 이 몸과 마음으로서 하지 못할 것이 없으니 무엇이던지 하고자 하는 마음을 가지고 덕을 쌓아야 한다. 큰 고통은 없지만 바른 수행이 없어 삼독을 뿌리까지 제거하지 못해서 번뇌의 고통을 받고 있는 색계에 사는 중생들의 모습을 비유한 것이다. 물질적 욕망에서 벗어나고자 하지만 완전히 벗어나지 못하고 있는 중생계의 모습을 비유로써 나타내신 것이다.

"지네 그리마 독사들이 불에 타 구멍에서 뛰쳐나오면" 색계에서 나와 무색계로 들어서 법을 보는 것을 비유한 것으로 마음이 편안하고 육체가 편안한 경계에 들고자 하면 반드시 부처님의 가르침만이 가능한 일이다.

"구반다 귀신은 이를 집어 먹으며 또는 모든 아귀들은 머리 위에 불이 붙어 목은 타고 굶주리며 뜨거워 겁결에 도망질치니 그 집이 이와 같이 심히 두렵고 두려움이라. 독하고 해로운 화재와 여러 가지 환란이 하나가 아님이라" 사바세계의 중생들이 살아가고 있는 현상은 환란 그 자체다. 자신이 살기 위해서 다른 사람에게 피해를 주고 나보다 나으면 끌어 내리고 짓밟고 하는 것이 곧 환란인 것이다. 약한 사람은 강한 사람에게 항상 비굴하게 되고 강한 사람은 군림하게 되는 것이 현실이다.

그러나 부처님의 가르침은 악한 자들의 마음도 녹여서 착한 사람이 되게 하시는 특징을 갖고 있다. 사람의 마음이 악해짐으로 해서 세상이 어지럽다는 것은 요즈음 일어나는 일들을 보면 알 수 있다. 물이나 바람이나 불의 삼재(三災)로 인한 피해는 날이 갈수록 더 심화되고 이러한 사람의 마음으로 인해서 자연재앙을 불러오고 있다. 사람의 마음이 악하면 악해질수록 이러한 환란이 거세게 나타나게 되는 것이다. 그래서 부처님께서 이러한 환란 속에서 살아가고 있는 중생들을 구원하시고자 일불승(一佛乘)인 묘법연화경(妙法蓮華經)을 설하셔서 중생을 구원하시고자 하신 것이다.

36. 불기 2555년 '부처님 오신 날' 봉축사

대구신문 2011년 5월 10일자 23면에 실린 글

"부처님의 마음으로 충만한 불국토가 되게 합시다."

오늘은 삼계(三界), 즉 욕계(欲界)·색계(色界)·무색계(無色界)의 대도사(大導師)며 사생(四生)의 자부(慈父)이신 석가모니부처님께서 우리가 살고 있는 이 사바세계에 오신 날입니다. 진리시며 지혜와 자비의 광명이신 부처님 오신 날을 맞이하여 그 거룩한 뜻을 우리 생활 속에 구현할 것을 다짐하면서 다 함께 기쁜 마음으로 부처님 오신 날을 봉축합시다.

경에 이르기를 "부처님께서 탄생할 때 두루 일곱 걸음을 걷고 사방을 둘러보며 한 손으로는 하늘을 가르치고 한 손으로는 땅을 가르치며 "하늘 위나 하늘 아래 '나' 홀로 존귀하다(天上天下 唯我獨尊)"고 하였으니, 이것은 존재의 실상과 생명의 존귀함을 설하신 대선언이었습니다.

그런데 인간들은 부처님의 이 가르침을 어기고 생명을 경시하고 자연을 파괴하여 왔습니다. 그로 인해 이웃 일본에 일어난 것과 같은 대재앙이 일어나는 것입니다. 오늘은 영원하고 무한한 생명의 실상을 일깨워주신 그런 부처님이 오신 날입니다!

무지와 사견의 미몽에서 해탈의 길을 열어주었던 진리의 등불이신 부처님! 부처님께서는 법화경에서 "여래(如來)의 지견(知見)을 열어 보이고 여래의 지견을 깨닫게 해서" 사람마다 스스로 자기답게 살고 인간답게 사는 바른 길을 가르쳐 주기 위해 이 사바세계에 오셨다고 하셨습니다. 따라서 부처님께서 오신 거룩한 날을 맞이하여 어떻게 사는 것이 참다운 인간답게 사는 '길'인가를 생각해 보아야 하겠습니다.

우리의 현실은 어떻습니까? 개인은 개인들끼리, 단체는 단체

들끼리, 국가는 국가들끼리, 서로 반목하고 투쟁하며 불신(不信)과 불화음(不和音)이 난무하는 세상으로 변해가고 있습니다. 자유와 평화와 행복을 위해 인간이 만든 사상과 문화와 물질문명 앞에 오히려 스스로 구속되고 노예가 되어 불안과 공포를 느끼고 사는 세상이 되어가고 있습니다.

사람이 사람답게 살고 인간이 인간답게 사는 올바른 길은 바로 부처님의 가르침 속에 있습니다. 서로 사랑하고 화목하며 자애롭고 덕스럽게 살아가도록 마음속의 지혜(智慧)와 자비(慈悲)의 등불을 밝혀 이 세상을 불국정토(佛國淨土)로 만들어야 할 것입니다.

본래 청정한 부처(本來淸淨佛)이기에 부처다운 마음과 부처다운 말과 부처다운 행동으로 부처답게 살아가는 참다운 불자가 되어야 할 것입니다. 우리들 모두가 부처님 오신 날을 이러한 마음으로 맞이하고, 이렇게 봉축할 때 부처님은 2천 6백여 년 전에 오신 것이 아니라 지금 이 순간순간 우리들의 본래 청정한 심성(心性) 속에 와 계시며 또 우리들의 일상생활 속에 늘 함께하시는 부처님이라는 것을 깨닫게 될 것입니다.

오늘은 석가모니부처님이 이 세상에 몸을 가지고 탄생하신 뜻깊은 날입니다. 부처님의 소중한 가르침은 곧 모든 이들에게 생명수인 것입니다. 이 생명수를 받아먹고 다 같이 구원되어지기를 기원합니다.

오늘을 기점으로 우리 모두 마음속에 부처님의 자비로운 마음을 가득 채워서 이 세상이 부처님의 마음으로 충만한 불국토가 되게 합시다. 불자 여러분! 다 같이 성불합시다.

37. 사람의 몸으로 태어나기 어려워

대구신문 2011년 5월 24일자 23면에 실린 글

부처님께서는 여러 가지 번뇌로 고통 받는 중생들을 위해 그들에게 알맞는 가르침을 주셨지만, 탐욕과 어리석고 성내고 의심하고 교만한 마음으로 인해 작은 것에만 집착하고 있는 것을 보시고 중생들을 구원하시고자 서원을 일으킨다는 뜻으로 "더욱 근심하고 괴로워하노라."고 비유하신다.

중생들이 살아가고 있는 이 삼계(三界), 즉 욕계(欲界)·색계(色界)·무색계(無色界)에서는 모든 것이 고통으로 시작해서 고통으로 명을 다하기 때문에 즐거운 것이 없다고 하셨다. 돈이 있으면 탐욕하는 마음과 돈의 힘으로 쾌락에 빠져 있거나, 아니면 힘없는 사람을 무시하거나 그 위에 군림하고자 하고 결국에는 돈의 노예가 돼서 고통으로 변한다는 사실을 모르고 있는 것이 중생이다. 돈이 없는 사람은 돈을 갖기 위해서 좋은 것과 나쁜 것을 가리지 않고, 온갖 수단과 방법을 동원하게 되고, 마음대로 되지 않으면 자살하거나 아니면 다른 사람에게 상해를 입히게 된다.

그래서 이 세상에서 살아간다는 것 자체가 괴로운 것이라고 하신 것이다. 재물의 여유가 있는 사람이 고통인 줄 모른다는 것은 돈의 힘으로 당장 아쉬운 것이 없고 돈만 있으면 모든 것을 다 해결할 수 있다고 생각하니까 고통인 줄 모른다는 것이다. 이러한 것은 일시적인 현상으로써 억지로 즐거운 마음을 갖고자 하는 것과 같은 것이 되는 것이다.

모든 중생들이 오욕락(재물욕·성욕·명예욕·식욕·수면욕)에 빠져서 부처님의 가르침을 받지도 않고 믿지도 않고 들으려고 하지도 않고 오직 현실에만 집착해서 진실한 가르침이요 일불승(一佛乘)인 묘법연화경(妙法蓮華經)에 들어오려고 하지 않는다는 뜻으로 "모든 아들이 장차 불에 타게 되리라."고 하신 것이다. 부처님의 가르침을 믿고 받아가지려고 하지 않기 때문에 궁극에는 자기 자신이 만든 번뇌로 인해서 윤회고(輪廻苦)에 빠져 지옥고와 축생고와 인간계를 벗어나지 못하고 몸을 파괴시킨다고 하신 것이다.

"다시 생각하여 아들들에게 이르되," 그러므로 부처님께서는 먼저 방편의 가르침으로 중생을 구원하시고자 세 가지 수레인 성문승과 연각승 그리고 보살승을 수행하기를 권하시게 된다. 다시 말해서 부처님께서 깨달음을 얻으신 직후 삼칠일 동안 화엄경(華嚴經)을 대보살들에게 설하시지만 대보살을 제외한 모든 대중은 화엄경(華嚴經)의 이치를 이해하지 못하므로 귀먹은 벙어리와 같았던 것이다. 그리고 성문대중들과 수행을 하고자 하는 이들에게 소승경인 아함부(阿含經)를 설하시고 다음에 대승의 초입의 경인 방등십이부(方等十二部經)를 설하시고 다음에 대반야부(大般若經)를 방편으로 설하시면서 이 가르침을 받아 가지기를 권하신 것이다.

"내게 가지가지 진기한 …… 좋은 수레가 있으니" 수행을 바르게 하면 수행의 결과가 훌륭하다는 것을 밝히시고자 세 가지 수행의 경계인 삼승법(三乘法), 성문법(聲聞法)·연각법(緣覺法)·보살법(菩薩法)을 훌륭한 장난감에 비유하시고 보여 주시면서 중생들에게 수행할 것을 권하신 것이다. 삼승이라는 수행의 경계는 서로 다르지만 삼승법을 바르게 수행하여 증득하면 적멸법을 얻을 수 있는데 이것이 바로 묘한 보배가 되고 삼계(三界), 즉 욕계(欲界)·색계(色界)·무색계(無色界)를 벗어나 적멸함을 얻으므로 일불승인 묘법연화경에 들 수 있게 되기 때문에 방편의 가르침도 또한 묘하다고 하신 것이다.

"양의 수레와 사슴의 수레와 큰 소의 수레를 너희들에게 줄 터이니 속히 뛰어나오너라." 양의 수레를 받는 것은 성문승의 경계를 증득한다는 뜻이고, 사슴의 수레를 받는 것은 연각승의 경계를 증득한다는 뜻이다. 큰 소의 수레를 받는 것은 보살승을 증득한다는 뜻이다. 삼계(三界), 즉 욕계(欲界)·색계(色界)·무색계(無色界)를 벗어나지 못하면 윤회고를 받는데 이 경계를 벗어나야만 윤회고를 받지 않게 된다. 부처님께서는 중생들에게 고통을 스스로 받지 말고, 부처님의 가르침대로 수행을 바르게 하면, 반드시 적멸함을 얻어서 일불승인 묘법연화경에 들 수가 있어 완전한 열반을 증득할 수 있다는 뜻이다.

"모든 아들은 모든 환란을 여의었느니라." 모든 생명의 아버지이신 부처님의 가르침을 공경하고 받들어 가져서 믿고 행하니까, 고통에서 벗어나게 되고 열반이라는 공적한 경계를 얻었다는 뜻이다. 열반을 얻으면 번뇌의 고통에서 벗어나게 되고 업을 짓는 고통에서 벗어나 삼계에 태어나는 고통의 업보에서 벗어난다는 뜻이다. 이렇게 부처님께서는 수행자들을 일불승인 묘법연화경으로 이끌었으므로 그들이 환란을 벗어났기 때문에 기뻐하신 것이다.

"이 모든 아들은 낳아 기르기가 심히 어려움이라." 사람이 한 번 죽으면 다시 사람의 몸을 받기가 어렵다는 뜻이다. 사람이 한 번 나서 죽으면 지은 죄에 대하여 지옥계에서 수많은 여러 가지의 고통을 받고 난 다음 다시 축생계에 떨어져 수많은 세월을 축생으로 태어나서 죽고 다시 태어나기를 반복한 후에 빈천한 사람의 몸을 받는다고 하신 것이다.

"어리석고 아는 것이 없어 오욕을 탐내어 즐겨 노는지라, 내가 이를 구하여 환란에서 벗어나게 함이라. 모든 사람들아, 이런고로 나는 지금 쾌락하도다." 바른 인업이 없어서 몸을 받으면 곧바로 삼계의 불타는 집인 고통 속으로 들어가 몸으로 인해서 받게 되는 색성향미촉(色聲香味觸)의 오감(五感)에 빠져서 고통 받고 있는 중생들에게 가르침을 설하신 것이다. 부처님의 가르침을 중생들이 믿고 받아 가지는 것을 보시고 부처님께서 즐겁게 생각하신다는 뜻이다.

38. 큰 창고에 들어있는 보배

대구신문 2011년 6월 7일자 23면에 실린 글

"그 때 모든 아들은 허락하신대로 세 가지 수레를 주시옵소서. 장자는 큰 부자라 창고에 여러 가지 보배가 많음이라." 부처님께서 방편의 가르침인 삼승법(三乘法)을 설하신 뜻은 삼승법인 방편의 가르침에 집착하라는 뜻이 아닌데 방편인 삼승법이 진실한 법인 줄 알고 집착하고 있기 때문에 진실한 부처님의 가르침은 곧 큰 창고에 들어있는 보배라고 비유하시고 이 보배창고인 묘법연화경(妙法蓮華經)에 들어서 보배를 희유(戱遊)하라고 하시는 것이다.

부처님의 가르침을 바르게 믿고 받아 가져서 바른 수행으로 노력하면 불타는 집인 번뇌 망상에서 완전히 벗어날 수 있다는 비유로 세 가지의 수레인 방편의 가르침을 주신 것이다. 과거의 부처님이나 미래에 오실 미륵 부처님도 삼승법을 보이신 다음에 이 세상에 하나밖에 없는 진리요 일불승(一佛乘)인 묘법연화경의 오묘하고도 진실한 법을 설하시게 된다.

묘법연화경으로써 바른 수행을 하면 반드시 좋은 과보와 갖가지의 복과 덕이 갖추어져서 성불을 이룰 수 있는 것이다. 그러므로 하나밖에 없는 진리의 가르침인 묘법연화경을 바르게 수행하면 반드시 부처님의 지견에 들 수 있고 모든 중생들을 이익되게 한다고 하셨다. 작은 것에 집착해 있는 작은 그릇의 사람은 이 묘법연화경을 바르게 수행할 수 없고 큰 그릇의 사람만이 이 법을 바르게 수행해서 중생들을 교화하여 이익되게 할 수 있다고 하셨다.

"금줄을 늘여 매고 진주로 된 차일을 그 위에 펴고," 모든 불자들은 사홍서원(四弘誓願)을 굳게 세워서 일불승을 바르게 수행하면 사홍서원이 이루어지고 사무량심(四無量心)인 자비희사 (慈悲喜捨)로 중생을 구원할 수 있기 때문에 법신이 장엄하게 되는 것에 비유로 가르침을 주신 것이다.

부처님은 중생들을 가르쳐서 불교에 귀의하게 하는 사섭법을 갖추시고 중생들을 구원하신다. 반야경(般若經) 권18 몽서품(夢誓品) 제61에서 설하신 것을 보면 첫 번째가 '보시(報施)'요, 두 번째가 '애어(愛語)'라고 해서 따뜻한 말로 대하는 것이고, 세 번째가 중생들을 이익되게 하는 행위로 '이행(利行)'이라 하고, 네 번째는 고통과 즐거움을 중생과 같이 하는 '동사(同事)'라고 한다. 부처님은 이러한 네 가지 힘을 갖추고서 중생을 불도에 귀의하게 하시어 제도하시는 것이다. 또 부처님은 갖가지 수행으로 인해서 법신의 장엄으로 자비심을 갖추시어 중생을 제도하신다.

"여러 가지 비단으로 두루두루 둘러 꾸미고 부드러운 비단으로 자리를 하고," 부처님의 자비심은 인욕바라밀을 성취하셨기 때문에 부드러움이 비단과 같아서 묘하다는 뜻이다.
"섬세하고 묘한 것으로 방석을 해 놓았으니 값이 천억이라," 방석이라는 것은 제법실상(諸法實相)의 도리를 나타낸 비유다.

다시 말해서, 법화삼매(法華三昧)와 모든 삼매에 들고 나는 것이 자유롭다는 뜻이다. 수행으로 인해서 얻은 것은 진실로 귀한 것이기 때문에, 진귀한 것을 얻는다는 것은 돈의 가치로는 감히 정할 수 없는 것이다.

"희고도 정결한 것으로 덮었으며 많은 시종이 따름이라." 수행을 하는데 있어서 기본적인 사념처라고 하는 수행으로 신수심법(身受心法)을 닦게 되면 무루지혜(無漏智慧)를 증득하게 된다. 다시 말해서, 사제법(四諦法)과 십이인연법(十二因緣法) 육바라밀(六波羅蜜)을 일체의 모든 바른 행으로 실천하게 되면 방편의 힘과 지혜의 힘이 생겨나게 되는데 이것을 많은 시종이 따르는 것과 같다고 비유하신 것이다.

"이 같은 묘한 수레를 모든 아들에게 똑같이 주니 이때 모든 아들은 환희하여 기뻐 뛰며 이 보배수레를 타고 사방에서 희희낙락 노니 걸림이 없이 자재함이라." 일불승인 묘한 진리의 법을 닦으면 가로세로 일체의 모든 것을 다 알게 된다. 그것을 중도지혜(中道智慧)라고 한다. 이 중도지혜를 타고 가로로는 장통별원(藏通別圓)과 사종사문(四種四門), 사종사제(四種四諦)에서 놀고 세로로는 사십일위인 상락아정의 덕을 갖추고 모든 법을 모두 배워서 성인의 위를 거치게 되는데 걸림이 없다는 뜻이다.

사종사문(四種四門)은 무엇인가? 부처님의 가르침인 진리에 들기 위한 문을 네 가지로 구분한 것으로 사문(四門)은 유문(有門), 공문(空門), 역유역공문(亦有亦空門), 비유비공문(非有非空門)

인 네 가지로 구분된다. 유문은 일체의 모든 법을 고정되어 있는 체가 존재하고 있다고 보는 것인데 이것은 중생을 깨닫게 하고자 이끌기 위한 가르침으로 방편의 문이다. 다시 말해서 일체의 모든 법을 본다는 가르침의 문이다. 공문은 모든 존재에 있어서 고정된 것은 없고 모든 것을 공으로 보는 견해다. 역유역공문은 모든 법이 있다고 보는 측면도 있고 공이라는 측면도 있다고 보는 견해다. 비유비공문은 유와 공이 있다 없다는 것에 집착해서는 안 된다는 견해다.

천태대사(天台大師)의 마하지관(摩訶止觀) 권6 상에서 천태대사는 부처님의 50년 설법을 네 가지의 가르침으로 분류한 화법사교(化法四教)인 장교(藏教), 통교(通教), 별교(別教), 원교(圓教)라는 각각 네 가지의 문을 세운 것으로 16가지 문이 된다. 불자들은 이러한 부처님의 가르침의 문을 바르게 배워서 부처님의 뜻에 반하는 믿음이 되어서는 안될 것이다.

39. 석가모니불은 성인 중 대성존이시라

대구신문 2011년 6월 20일자 23면에 실린 글

여기서 소승(小乘)인 '장교(藏教)'의 네 가지 문은 보는 법이 있다고 하는 유문(有門)이 있고, 모든 법을 공이라고 하는 공문(空門)이 있고, 또 모든 법은 있다고 하면서 공이라고 하는 역유역공문(亦有亦空門)이 있고, 또 유와 공을 떠남으로써 깨달음을 얻을 수 있다고 하는 비유비공문(非有非空門)이 있다고 밝히신 것이다.

통교(通敎)에 있어서 유문은 모든 법이 생기지 않는데도 불구하고 지혜가 생긴다는 문이고, 공문은 모든 법도 그 법을 관하는 지혜도 모든 것이 공이라고 하는 문이며, 역유역공문은 모든 법은 거울속의 형상과 같이 볼 수 있지만 그 본체는 볼 수 없다고 하는 문이고, 비유비공문은 모든 법은 환상과 같은 것이며 유도 공(무)도 아니라고 하는 문이라고 구분하신 것이다.

별교(別敎)에서의 유문은 허망한 몸은 없지만 불성이라는 묘한 것이 있다고 하는 문이며, 공문은 불성이라는 것도 공이라고 보고 대열반도 공이라고 보는 문이고, 역유역공문은 불성을 공이라고 보거나 불공이라고 보는 문이며, 비유비공문은 중도의 이치는 말로서 나타낼 수가 없다고 보는 문이라고 하셨다.

원교(圓敎)에서는 모든 법을 삼제개가(芟除皆假)라고 보는 것을 유문이라고 하고 삼제개가는 모든 법이 임시로 나타난 것으로 보는 것을 유문이라고 하며, 모든 법을 삼제개공이라고 보는 것을 공문이라고 하고 모든 법은 가(假)이면서 공(空)이라고 보는 역유역공문이라 하며, 중도법성은 가(假)라는 차별이 아니기 때문에 비유라 하고 공이 아니기 때문에 비공이라고 보는 것을 비유비공문이라 한다. 다시 말하면 일색일향도 중도 아닌 것이 없고 일중즉(一中卽) 일체즉(一切卽)이지만 불가사의라고 하는 문이 원교에서 비유비공문이라는 것이다. 이렇게 네 가지 문은 불교의 진리에 들고자 하는 관문인 것이다.

이 네 가지 문을 밀교(密敎)의 만다라에서는 (일본에 전래된 금강(金剛)과 태장(胎藏) 양부의 만다라) 동서남북을 말하고 있다. 동방은 발심문이라고 하고, 남방은 수행문이라고 하고, 서방은 보리문이라고 하고, 북방은 열반문이라고 한다. 부처님은 이 사종사문으로 중생들을 불도에 귀의케 하고 제도하셨다고 천태대사께서 밝히신 것이다.

두 번째로 사종사제(四種四諦), 즉 생멸사제(生滅四諦)·무생사제(無生四諦)·무량사제(無量四諦)·무작사제(無作四諦)를 설명하겠다. 생멸사제는 나고 멸하는 법을 설한 소승의 가르침이고, 무생사제는 고제, 집제, 도제가 곧 환으로 공과 같아서 실지로 나고 멸하는 것도 없다고 보는 것이고, 인연하는 당체가 공하기 때문에 생멸을 보지 못하니까 무생사제라고 하는 통교의 가르침이 된다. 무량사제는 고제(인생)라는 고통의 경계에 처해있는 무량한 상을 가지게 되고 도제에 가서는 무진한 차별이 있는 것인데 보살이 닦는 것으로 별교의 가르침이라고 밝히셨다. 무작사제는 번뇌, 즉 보리이기 때문에 집착과 수행과 도라는 것을 마음대로 조작할 수 없으며, 생사가 곧 열반이기 때문에 조작을 기다리지 않는다는 것으로써 원교의 가르침이라고 천태대사(天台大師)께서 밝혀 두신 것이다.

"모든 성인 가운데 성존이며 세간의 아버지라. 일체중생은 다 나의 아들이건만 세속 낙에 깊이 착하여 지혜의 마음이 없으니 삼계가 편안치 않음이 마치 불타는 집과 같아 여러 가지 괴로움이 충만하여 심히 겁나고 두려움이라."

일반적으로 성인이라고 하면 세계 4대 성인을 말하고 있다. 4대 성인 중에 석가모니부처님을 나머지 세 분과 같은 반열에 놓고 성인이라고 하고 있는데 그것은 큰 잘못이다. 석가모니불을 인본존(人本尊)이라 하여 사람으로써 깨달은 분이라고만 생각하는데서 큰 오류를 범하고 있는 것이다.

설사 인본존으로만 보더라도 다른 성인과는 다르다. 먼저 석가모니불은 완전한 깨달음을 얻으신 것이 다르다는 것이다. 부처님이 깨달으신 바는 학문이나 지식이 아니라 우주 삼라만상의 이치인 진리를 티 없이 완벽하게 밝히신 분으로 과거 현재 미래를 완벽하게 내다보시며, 중생들이 어두움에서 벗어나 영원한 생명을 얻을 수 있는 길을 가르쳐 주신 분이다. 석가모니부처님은 사람의 모습으로 처음으로 부처가 된 것이 아니라, 이미 오백진점겁 이전에 성불한 몸으로 일체중생을 구원하시고자 이 세상에 사람의 형상으로 나와서, 성장하는 모습과 출가하는 것과 스승을 만나는 것과 수행하는 것 그리고 마구니를 물리치고 정각을 이루시어 중생을 구원하시고자 법을 설하신 다음에 입멸에 드시는 전 과정을 보여줌으로써 모든 중생도 바른 수행을 통해서 부처가 될 수 있다는 가르침을 주신 것이다.
사람으로 나면 반드시 죽음이라는 것이 기다리고 있으며 죽으면 다시 업보에 따라 수없는 윤회를 벗어날 수 있다는 것으로 끝나는 것이 아니라 윤회에서 벗어날 수 있는 지혜로운 가르침을 주신 것이다. 진실한 지혜가 없고 번뇌 망상으로 인해서 괴로움과 고통이 끊이지 않으므로 정신적 육체적 고통이 날로 심해지는 것을 불타는 집에 비유하신 것이다.

이러한 중생을 구원하시기 위해서 묘법연화경(妙法蓮華經)을 설하시어 중생을 구원하시고자 하신 것은 실로 부처님의 대자비심인 것이다. 이것이 곧 묘법연화경이라고 밝히시고 모두가 다 이 법에 들어서 구원되어 궁극에는 부처가 되기를 부처님께서는 간절하게 서원하신 것이다.

40. 상락아정

대구신문 2011년 7월 4일자 23면에 실린 글

부처님이 갖추고 있는 네 가지 덕(德)이 상락아정(常樂我淨)이다. 중생도 본래부터 불성이 갖추어져 있기 때문에 중생들도 갖추고 있는 덕이라고 할 수 있지만 깨달음이 없기 때문에 이 네 가지의 덕행이 나오지 않는 것이다.

열반사덕(涅槃四德), 법신사덕(法身四德)이라고도 하며, 줄여서 사덕(四德)이라고도 하는 상락아정(常樂我淨)의 첫째 상덕(常德)은 부처님의 경지로써 변함이 없는 덕이며, 락덕(樂德)은 이 위에 없는 깨달음으로 인해서 더 이상의 편안한 것이 없다는 덕이고, 아덕(我德)은 외부의 모든 환경으로부터 구속받지 않는 덕이며, 정덕(淨德)은 부처님은 지혜와 방편력으로 번뇌의 미혹함을 완전하게 제거하고 청정함을 성취하신 덕이다. 누구라도 이 네 가지 덕은 바른 수행을 통해서 불성이 개발되므로 갖출 수 있는 것이다.

"세속낙에 깊이 착하여 지혜의 마음이 없으니 삼계가 편안치 않음이 마치 불타는 집과 같아, 여러 가지 괴로움이 충만하여 심히 겁나고 두려움이라" 오욕락(재물욕·성욕·명예욕·식욕·수면욕)에 집착하고 있기 때문에 벗어나고자 하는 지혜로운 마음이 없고, 마음은 항상 집착과 번뇌가 불길이 치솟는 것과 같아 마치 각종 짐승과 귀신의 악한 마음이 생겨나서 스스로 어찌할 바를 몰라 항상 불안한 마음으로 살아가고 있다는 뜻이다. 그러나 부처님은 거센 불길과 같이 타오르는 일체의 모든 번뇌를 끊고 생노병사(生老病死) 우비고뇌(憂悲苦惱)에서 벗어나 공(空)함에 편안하게 머물러 있기 때문에 중생들이 오탁에 빠져있는 것을 보시고, 고통에서 벗어나게 해 주고자 하신 것이다.

"지금 이 삼계는 다 내가 둔 바이니 그 가운데 중생이 다 나의 아들이라. 지금 이곳에 환란이 많으나 오직 나 한 사람만이 능히 구호하리라." 삼계(三界), 즉 욕계(欲界)·색계(色界)·무색계(無色界)를 부처님이 두었다는 뜻은 두 가지로 볼 수 있다. 그 하나는 지·수·화·풍·공(地水火風空)의 오대 물질세계인 이 세상을 만드신 것임을 밝히신 것이고, 또 하나는 부처님께서 삼계의 일체중생들에게 법을 설해서 중생을 구원하겠다는 서원을 세우시고 가르쳐 오신 세상이라는 뜻으로 볼 수 있다.

중생과 세상을 구원하시고자 하시는 석가모니부처님은 시성정각(始成正覺)으로써 인본존이지만, 말법세상에 있어서는 구원실성이신 묘법연화경(妙法蓮華經)만이 모든 중생을 구원할 수 있다는 뜻이다. 그러므로 불교신앙의 대상은 묘법연화경이 되는 것이다.

"비록 거듭 가르치고 타이름이나 믿지도 않고 받지도 않고 모든 욕망에 물들어 깊이 탐착하여 있는고로 이에 방편으로 삼승을 설하여, 모든 중생으로 하여금 삼계의 괴로움을 알리며 출세간의 도를 열어보이고 연설함이라." 부처님은 중생들에게 일불승(一佛乘)인 묘법연화경을 설하시지만, 생사고뇌와 우비고뇌에 집착해 있으며, 또한 그릇이 작아서 부처님의 진실한 가르침을 믿고 받으려고 하지 않기 때문에 삼승법(三乘法)인 성문법(聲聞法)·연각법(緣覺法)·보살법(菩薩法)을 설하시어 물질의 세계와 정신세계의 고통을 밝히신 것이다.

출세간의 도로서 삼계(三界), 즉 욕계(欲界)·색계(色界)·무색계(無色界)의 고통은 면할지라도 부처님의 지혜를 열어보이지는 못하기 때문에, 부처님의 지혜의 하나인 방편의 가르침을 설해서 그 힘으로 고통 받는 중생을 구원하시고자 하신 것이다. 부처님의 가르침을 받아가져 믿고 행하면 십이인연법(十二因緣法)을 얻어 나고 없어지는 생멸법을 깨달아 연각승을 이루게 되고, 부처님의 가르침에서 물러나고자 하는 마음이 없이 되는 불퇴의 보살이 되어야 한다.

"사리불아 내가 중생을 위해 이러한 비유로써 일불승을 설함이니, 너희들이 만일 능히 믿고 받아가지면 모두 다 마땅히 불도를 이룩하리라." 이 부분을 잘못 이해하게 되면 일불승을 방편으로 보기 쉽다. 그래서 경문의 가르침을 바르게 이해해야 한다는 것이다. 부처님께서는 모든 중생들을 위해서 비유로서 삼승법을 설하신 뜻은 오직 일불승인 묘법연화경에 있다는 것을 밝히시고자 한 뜻이다. 그러므로 일불승인 묘법연화경을 받아가지고 행하면 반드시 부처님의 도를 성취하게 된다는 뜻이다. 그것은 모든 중생이 평등하기 때문에 이 법을 믿고 행하면 반드시 불도를 이룰 수 있다고 하신 것이다.

"이 일불승은 미묘하고 청정함이 제일이니 모든 세간에서 가장 위가 됨이라" 부처님의 모습도 하나고 종류도 한 종류라고 하신 것과 같이 부처님의 가르침도 하나로 일불승인 묘법연화경에 있다는 뜻으로 이 일불승이 일체의 세간에서 가장 밝고 높다는 뜻이다. 일반적으로 모든 경전은 다 똑같다고 알고 있지만 그것은 잘못된 생각으로 사견인 것이다. 하나의 법에서 일체의 만법이 나온 것이며, 이 하나인 묘법연화경에서 삼승법이 나온 것을 분명하게 밝히신 것이다.

이외에 또 다른 법은 없다는 뜻과 같은 것이며, 그러므로 세간에서 가장 위가 된다고 하신 것으로, 성인(聖人) 중 대성인(大聖人)이신 석가모니부처님의 진실한 설법은, 오직 이 하나인 묘법연화경으로써 말법세상에서는 이 경만이 일체중생을 구원할 수 있으며, 모든 세상에서 하나밖에 없는 일불승을 찬탄하고, 모든 중생들이 믿고 받아서 찬탄하고 예배하며 공양할 곳은, 일체의 모든 법을 다 갖추고 있는 일불승인 묘법연화경이 되는 것이다.

다시 말해서 부처님이 갖추고 있는 힘과 해탈과 선정과 지혜와 일체의 다른 모든 법이 이 묘법연화경에 갖추어져 있기 때문에 이 경에 찬탄하고 예배 공양 한다는 뜻이다.

41. 부처님의 지혜

대구신문 2011년 8월 2일자 23면에 실린 글

"이와 같이 일불승(一佛乘)을 얻어야만 모든 아들로 하여금 오랜 겁수를 두고 주야로 항상 즐거이 놀게 하며, 모든 보살 성문들과 이 보배의 수레를 타고 곧 도량에 이르게 함이라. 이와 같은 인연으로 시방세계를 두루 찾아 구할지라도 다시 다른 법은 없으니 부처님의 방편은 제하노라." 모든 생명의 활력소인 부처님의 지혜는 일승법(一乘法)인 묘법연화경(妙法蓮華經)으로, 이 묘법연화경을 받아가지고 바른 마음으로 닦으면, 부처님의 지견인 중도지혜(中道智慧)를 얻게 되는데, 이것을 주야라고 비유하신 것이다.

부처님께서는 오랜 겁수를 두고 수행을 바르게 해서 스스로 중도 지혜를 얻는 것은 자행으로서 밝은 주간을 비유한 것이고, 중생들에게 남아있는 번뇌는 중생을 제도하기 위한 것이며, 자비심으로 세간에 태어나서 중생들과 같이 보배수레를 타신 것이기 때문에 타행으로 밤을 비유한 것이다. 중생이 없으면 부처도 없다는 뜻이기도 하며, 부처님께서는 자행과 타행인 이 두 가지를 다 행하시는 분이기 때문에, 중생들을 가르쳐서 항상 즐겁게 해 주신다는 뜻이다.

그러므로 일체의 모든 번뇌와 장애가 없어졌기 때문에, 부처님의 본래 목적인 일불승인 묘법연화경을 설하시는 것이며 또다시 다른 법은 없다는 뜻이다. '방편은 제한다'고 하신 것은 일체의 방편법이 이 일불승인 묘법연화경에 들어있기 때문에 다시 다른 방편을 쓸 필요가 없다는 뜻이다.

"사리불에게 너희들 모든 사람은 다 나의 아들이요 나는 곧 아버지라. 너희들이 여러 겁을 두고 가지가지 괴로움에 불타거늘 내가 다 제도하여 삼계에서 나오게 함이라." 다른 모든 종교에서 사용하고 있는 말씀이다. 부처님은 세상 모든 사람의 아버지이시며 중생은 모두가 다 자식이라고 하신 것이다. 중생이 아들이기 때문에 부처님은 중생을 구원하시고자 처음에는 방편의 가르침으로 가르쳐서 점차로 일불승인 묘법연화경에 들어 모두 구원하시고자 하신 것은 부처님의 대자비심이 아니고서는 할 수 없는 일이다.

"내가 비록 너희들에게 멸도를 하였다고 먼저 설하였으나, 다만 생사를 다 함이요, 그 실은 멸도가 아니니라. 이제 마땅히 할 바는 오직 부처님의 지혜를 구하는 일이니라." 성문들은 나고 죽는다는 고통과 탐욕하는 마음 때문에 스스로 속박당하고 있는 것으로부터 벗어나는 것이 해탈을 이룬 것이라고 생각하고 있기 때문에 부처님께서는 너희들이 깨달았다고 하여 얻은 것은, 방편의 멸도인 생사에서 벗어난 것이지 진실한 멸도가 아니기 때문에 이제 진실의 멸도에 들 수 있는 부처님의 하나밖에 없는 지혜로써 대승법인 묘법연화경을 펴고자 하는 취지로서 이를 밝힌 것이다.

부처님께서는 방편의 가르침으로 모든 중생들을 가르치시지만 이것은 모두가 다 일불승으로 인도하시고자 하신 부처님의 대자비심의 뜻이다. 부처님의 가르침을 듣고 제도되는 중생은 이미 전세에 연을 맺은 불자라는 것이다. 그리고 이러한 연이 있는 불자는 이미 불성을 갖추고 있기 때문에 보살이 되는 것이다.

"만일 사람이 지혜가 적어서 깊이 애욕에 착하면 이들을 위해 고성제를 설하느니라." 작은 지혜를 가진 자는 마장 장애하는 마음으로 인해 먼저 소승(小乘)인 사제법(四諦法)으로 가르쳐서 애욕의 집착에서 벗어날 수 있는 가르침을 설하신 것이다. 고성제(苦聖諦)인 소승법(小乘法)을 먼저 설하신 것도 일불승에 들게 하기 위한 가르침으로써 거짓된 가르침이 아니라 진실한 것이라고 하신 것이다.

이 말씀을 잘못 이해하게 되면 아함(阿含)이 법화(法華)요 법화(法華)가 아함(阿含)이라고 하는 잘못된 해설을 하게 되는 것이다.

모든 성문들은 지혜가 없기 때문에 고제를 처음으로 설하시는 것이다. 고(苦)라는 것으로 인해서 집착을 하게 되는 것을 보게 하고, 고(苦)를 싫어하는 마음을 가지게 해서 고(苦)에 집착하지 않게 해시 고(苦)를 씻어비리도록 하신 깃이다. 성문(聲聞)들이 잠시라도 고(苦)에 집착하고 있으면 그들을 위해서 고(苦)를 여의게 하는 방편의 가르침을 설하신 것이다.

이러한 부처님의 가르침을 믿고 행하면 반드시 고(苦)를 끊어서 즐거움만 있다고 하신 것이다. 모든 중생은 부처님의 지혜인 일불승을 부처님이 설하시지만 중생들은 받아서 믿으려고 하지 않으니까 삼승을 먼저 설하신 것을 이해하는 것이 가장 중요한 일이다. 모든 사람들이 이 세상을 살아가면서 생기는 고통의 원인이 모두가 다 탐욕의 마음이 고통을 받는 근본 원인이 되는 것이다.

사성제 중에서 멸제를 얻기 위해서는 불도를 바르게 수행하고자 하는 사람은 반드시 배워야 하는 삼학(三學)인 계(戒)와 정(定)과 혜(慧)를 닦아야 한다. 계(戒)는 신구의(身口意) 삼업(三業)으로 인해서 짓는 악(惡)한 마음을 없애고 선(善)한 마음이 나오도록 수행하는 것이 계다. 그러자면 부처님이 주신 계율을 바르게 지키려고 노력하고 실천해서 얻어질 수 있도록 닦아야 한다. 정(定)은 마음을 하나로 집중해서 일체의 잡된 생각을 없애고 편안한 경계에 드는 것이며, 혜(慧)는 일체의 잡된 생각인 번뇌를 끊고 진리를 비추어 나타내는 것이다. 삼학은 계(戒)를 가짐으로서 정(定)이 나오도록 도와주고, 정(定)으로 인해서 고요한 마음이 되어 혜(慧)가 나오도록 해서 부처님의 도를 얻을 수 있게 하는 것이다.

42. 고통의 원인은 탐욕

대구신문 2011년 8월 30일자 23면에 실린 글

"모든 고(苦)의 얽힘에서 떠남을 이름하여 해탈을 얻었다 하느니라." 중생들은 고통의 근본이 무엇인가에 대해서 생각하지 않고 현실적으로 눈앞에 닥쳐있는 현실만으로 판단해서 결정하고자 한다. 모든 고통의 원인은 탐욕이 근원이 되어 어리석은 마음으로 인해서 생겨나게 되는 것이다. 그러나 이러한 것을 생각하지 않는 것이 중생이다. 눈앞에 이익만을 쫓아 다니게 되어 바르고 바르지 못한 것을 분별하지 못하는 것이다. 그러므로 부처님은 도를 닦아서 탐욕하는 마음에서 벗어나기를 바라시는 것이다.

"이 사람이 아직도 무상도를 얻지 못한 고로 나의 뜻도 멸도에 이르렀다고 생각하지 않노라." 성문이 성취한 멸도는 바른 멸도가 아니기 때문에 부처님이 얻은 멸도에 대해서 이해하지 못한다고 밝히신 것이다. 성문들이 얻은 작은 것을 큰 것을 얻었다고 스스로 생각하고 있다는 뜻이다.

"나는 법왕이라 법에 자재하니 중생을 편안하게 하고자 이 세상에 나옴이라. 나의 이 법인은 세상을 이익되게 설함이니 아무데서나 망령되이 설하지 말라. 만약 듣는 사람이 따라 기뻐하고 받들어 가지면 마땅히 알라. 이 사람은 불퇴의 보살이니라." 부처님은 모든 중생들에게 진실한 법을 설해봤자 부처님의 뜻을 알지 못하고 감당하지 못하기 때문에, 부처님은 먼저 방편을 설해서 진실을 드러내는 것에도 자유자재 하시므로, 오직 중생을 위해서 진실한 가르침인 묘법연화경(妙法蓮華經)을 설하여 일체중생을 편안하게 해 주고자 이 세상에 나오셨다는 것을 밝히신 것이다. 부처님의 법은 오직 하나밖에 없는 이 묘법연화경에 있으며 이 법이 부처님의 법이요 부처님의 지혜이며 부처님의 뜻이요 부처님이 설하신 경 중에서 스스로 만족하신 요의경(了義經)임을 나타내신 것이다.

그러므로 부처님의 법인은 하나밖에 없는 일불승(一佛乘)인 묘법연화경임으로 불교에 있어서 신앙의 대상이 되며, 또한 실상(實相)의 상징인 법인이 되기 때문에, 모든 중생은 진실하게 믿어서 받들어 가지고 행하도록 권하시는 것이다. 다시 말해서, 이 법은 일체 만법이 이 묘법연화경 속에 들어 있다는 뜻이고 이 법인인 묘법연화경은 하나밖에 없는 진리로서 일체세간에 이익을 주는 법이라는 뜻이다.

그래서 이 묘법연화경은 근기가 수승한 사람인가를 잘 보고 설하라는 뜻으로 아무데서나 망령되게 설하지 말라고 하신 것이다. 게으르거나 나쁜 마음을 가진 자들이나 지혜가 작은 자들에게 설하게 되면 먼저 의심부터 하기 때문이다. '정말 그런 법이 있을 수 있는가' 또는 '일불승의 가르침은 거짓'이라고 한다든가 또는 '모든 경은 다 똑같은데 특별하게 묘법연화경만이 높다고 하는가'라고 하면서 말을 함부로 하기 때문에 아무데서나 설하지 말라고 하시고 설할 때를 알아서 설하라고 하신 뜻이다.

여기서 부처님의 깊은 뜻을 알 수가 있다. 이 묘법연화경을 설하신 것은 때가 되었기 때문에 설하신 것이며, 사십이년 동안 설하신 방편의 가르침은 묘법연화경을 설하시기 이전에 방편으로써 설하신 것이며, 묘법은 설하실 때가 되지 않았기 때문에 아무데서나 설하지 않았다고 하신 것이다.

방편품의 내용을 보면 교만하고 거만한 자들 오천 인이 물러가지 않았을 때는 설하지 않으시다가 그들이 물러나고 난 후에 비로소 설하신 것이다. 이것도 일불승을 설하실 때가 아니기 때문에 설하시지 않았다는 뜻이다. 그래서 이 묘법연화경을 받아가지고 행하는 사람을 불퇴의 보살이라고 하신 것이다.

"어떤 사람이 능히 네가 설하는 바를 믿으면 곧 나를 보게 되며, 또한 너와 비구승과 모든 보살을 봄이라. 이 묘법연화경은 깊은 지혜를 위해 설함이니, 천박한 지식을 가진 사람이 들으면 미혹해서 알지 못하느니라 …… 일체 성문과 벽지불은 이 경에는 힘이 미치지 못하는 바라. 사리불아 너도 오히려 이 경을 믿음으로써 얻었으니 하물며 다른 성문이랴. 그 다른 성문도 부처님 말씀을 믿는 고로 이 경에는 순종함이요, 자기가 아는 분수가 아니니라."

천박한 지식이라고 한 것은 세간법(世間法)이라는 뜻이다. 세간법에 집착하게 되면 탐욕과 어리석은 마음과 성내는 마음이 쉬지 않고 나오기 때문에 천박한 지식이라고 한 것이다. 그러나 부처님의 법은 이러한 독을 씻을 수 있으며, 세간법에 집착하게 되면 부처님의 가르침을 믿기 어렵다고 생각하고, 들으려고 하지도 않기 때문에 미혹한 마음이 생겨서 알지 못한다고 하신 것이다. 부처님의 지혜를 이해할 수 있는 것도 자기 스스로 수행으로 인해서 얻은 것이 아니라, 부처님의 가르침(佛法)을 믿고 따르고 행함으로 해서 깨달음에 들었다는 것을 밝히신 것이다.

43. 업보(業報)와 해법(解法)

대구신문 2011년 9월 27일자 23면에 실린 글

"입에서는 항상 독한 냄새가 나고 귀신이 붙어 다니며, 빈궁하거나 비천하여 남에게 부림을 받으며, 병이 많거나 몸이 여의고 의지할 바가 없으며, 비록 남에게 친근하려 해도 그 사람은 모른 체하며 혹은 재물을 얻을지라도 곧 잃어버리게 되며 혹은 의원이 되어 병을 다스릴지라도 다시 다른 병이 생기고 혹은 죽기도 하며, 혹은 스스로 병이 나도 치료하고 간호할 사람이 없으며, 설사 좋은 약을 먹을지라도 병이 더해지며 또는 모든 반역이나 도둑질하는 이같은 죄에 횡액으로 걸리느니라."

다른 사람의 말을 듣지 않고 자기주장만 하고 일불승(一佛乘)을 믿지 않으면서 복을 닦지 않고 법을 비방했기 때문에 사람으로 태어나더라도 빈천한 몸으로 태어나고 항상 귀신이 몸에 붙어다니는 업병에 걸리게 된다. 이러한 죄보로 인해서 받는 업병은 귀신이나 다른 사람의 부림을 받는 과보를 받게 된다. 다시 말해서 사람의 몸에 귀신이 빙의되어 괴롭힘을 당한다는 뜻이다. 사람이 살아 있을 때는 진리의 말씀인 묘법연화경(妙法蓮華經)을 받아가져서 믿지 않고 복을 짓지 않은 연고로 인해서, 빈천하고 자유로운 삶을 살지 못하고, 귀신으로부터 항상 부림을 받게 된다. 다른 사람의 말은 듣지 않고 자기주장만 하는 사람은 모든 사람이 인정하지 않을 뿐 아니라 그런 사람은 남이 믿어 주지를 않으며, 어떠한 말을 하더라도 믿음이 가지 않게 된다.

그러므로 자신이 금생에 짓고 있는 말이나 행동하고 있는 것이 곧 전생에 지은 인업으로 인해서 나오는 것이기 때문에, 현세에서 바른 말과 행동을 해야 한다는 가르침이다. 그래서 전생과 미래를 알고자 하면, 금생에 자신이 행하고 있는 것을 분별하게 되면 미래를 알 수 있다고 하는 것이다. 이 묘법연화경을 의심하고 비방하면 실로 많은 과보를 받게 되고, 부처님의 종자인 불성을 나오지 못하게 막아버리는 것과 같으며, 세세생생을 아비지옥을 돌게 되고, 축생으로 태어나 수많은 과보를 받은 후에는 사람의 몸을 받아서 살아서 아비지옥의 고통을 받게 된다고 하신 것이다.

"병이 많거나 몸이 여이고 이지할 바가 없으며 재물을 언을지라도 곧 잃어버리게 되며, 혹은 의원이 되어 병을 다스릴지라도 다시 다른 병이 생기고 혹은 죽기도 하며, 혹은 스스로 병이 나도 치료하고 간호할 사람이 없으며, 좋은 약을 먹을지라도 병이 더해지며, 반역이나 도둑질하는 횡액에 걸리느니라. 이와 같은 죄를 받는 사람은 오랫동안 부처님을 만나지 못하느니라."

진리의 음식인 묘법연화경을 먹지 않았기 때문에 여러 가지 병이 생겨서 의지할 곳이 없고 다른 사람과 친하게 지내려고 해도 상대가 가깝게 생각하지 않고 오히려 모른 체 한다는 뜻이다. 다시 말해서 우주 삼라만상의 진리는 일불승인 묘법연화경 하나밖에 또 다른 진리가 없는데 이 법을 믿지도 않고 듣지도 않고 따르지도 않고 복덕을 행하지도 않기 때문에 마땅히 의지할 곳이 없다는 뜻이다. 이런 사람은 다른 사람에게 믿음을 주지 못한다. 그래서 부처님께서는 부처의 형상에도 의지하지 말고 오직 부처님의 진실한 가르침이요 진리인 일불승인 묘법연화경에만 의지하라고 열반경(涅槃經)에서 가르침을 주신 것이다.

예를 들어서 작은 법을 믿고 열심히 기도를 해서 작은 소득이 생겼다 하더라도 마음이 밝지 못하기 때문에 생겨난 이익이 얼마가지 않아서 없어진다는 뜻이다. 그리고 병이 생겨 좋은 의사를 만나서 병은 치유했더라도, 또 다른 병이 생겨서 치료를 해줄 사람이 없어지고, 설사 좋은 의사와 약이 있어서 먹더라도, 병은 더욱더 악화되는 고통을 받다가 결국은 죽고 만다는 뜻이다. 설사 의사로부터 치료를 받았다 하더라도 불법을 비방한 죄보로 인해서 치료가 잘 되지 않고 치료가 되었더라도 또 다른 병으로 인해서 죽는다.

즉, 의사가 바른 처방을 해도 불법을 비방한 과보로 전세로 부터 가지고 나온 인업의 습속으로 인해서 다른 병이 생기고 병이 잘 낫지 않는다는 뜻이다. 또 병이 나도 간호해 줄 사람도 없고 아무리 좋은 약을 먹어도 병은 낫지 않고 더 심해지게 된다는 뜻이다. 이런 당사자는 괴로운 일이지만 그 이유를 모르고 세상만 원망하면서 살아가고 있다는 것은 다시 한 번 생각해봐야 할 일이다.

불법인 묘법연화경을 의심하고 비방한 과보로 인해서 다른 죄를 짓게 되고 설사 죄를 짓지 않았더라도 누명을 쓰게 되고 그로 인해서 횡액에 걸려 중상을 입거나 사망한다는 뜻이며, 부처님께서 설하신 진리의 가르침인 불법을 의심하고 비방한 연고로 인해서, 이러한 과보를 받고 부처님과 묘법연화경을 그 업이 다 소멸되기 전에는 친근하지 못하며, 세상이치도 모르고 이치에 어긋나는 것이 무엇인지도 모르고 진리의 가르침인 불법을 비방하고 의심한 죄보로 인해서 반역죄나 도둑질하는 것에 가담하게 되어 누명을 쓰게 된다. 다시 말해서 불법을 비방한 사람은 선근을 훼손했기 때문에 영원히 부처님을 친근하지 못하고 묘법연화경의 가르침을 듣지 못한다는 뜻이다. 설사 들어도 믿지도 알려고 하지도 않는다는 뜻이다.

44. 과보(果報)

대구신문 2011년 10월 11일자 23면에 실린 글

"사리불아, 또는 교만하고 게으르거나 아견을 세우는 자에게는 이 경을 설하지 말라. 범부는 식견이 얕고 깊이 오욕에 착하여 들어도 능히 알지 못하리니 또한 설하지 말라." 부처님의 가르침을 알려고 하지도 않고 조사 선사 논사의 말을 부처님의 가르침으로 잘못 알고 있으면서 아는 척하는 교만한 자에게는 설하지 말라고 하신 것이다. 또 부처님의 뜻에 따라 법을 설하지 않고 자기 스스로 상을 세우는 자는 부처님의 일불승(一佛乘)인 묘법연화경(妙法蓮華經)을 믿지 않고 들어도 알지 못하기 때문에 그런 자들에게는 설하지 말라고 하신 것이다.

"만약 사람이 믿지 아니하고 이 경을 헐어 비방하면, 곧 일체 세간의 부처님 종자를 끊는 것이 되느니라." 이 법을 믿지 않고 이 경을 의심하거나 설하는 것을 듣고 비방을 하는 자는 부처님의 종자를 끊는 것이 된다는 뜻이다. 이 법을 믿지 않는다는 것은 실로 무서운 일이다. 개신교의 성경에 보면 하나님을 믿지 않는 자는 모두가 다 지옥을 면하지 못한다고 한 것은 이 경의 가르침이 인용된 것이라고 본다. 성불할 수 있는 종자는 항상 진실한 마음속에 상주하고 있는데 자신이 스스로 성불의 씨앗을 태워버리는 것이 되는 것이다. 그러니 얼마나 큰 죄가 되겠는가. 스스로 지옥고와 축생(畜生)의 고(苦)를 선택하는 것이 되어서는 안될 것이다.

"이 경을 읽고 외우고 써서 가지는 사람을 보고 가벼이 하고 천대하며 미워하여 질투하거나 원한을 품으면 이 사람의 죄의 업보를 너는 지금 들으라. 그 사람은 명을 마치고 아비지옥에 떨어져 일겁을 마치고 겁이 다하여 다시 나되, 이와 같이 되풀이하기를 수없는 겁에 이를지니라. 지옥으로부터 나오면 마땅히 축생에 떨어지되, 혹은 개나 야간이로서 그 모양이 여위고 검고 진디 먹어 사람에게 다치며 또는 사람에게 미움과 천대를 받고 항상 기갈에 못 견디어 뼈와 살이 바짝 마르며 살아서는 매를 많이 맞고 죽어서는 돌무더기를 면하지 못하느니라."

이 경을 비방하거나 설법하는 사람 또는 쓰고 읽고 외우는 사람을 비방하면 무간지옥은 물론이며 다시 이 세상에 나오더라도 축생의 고에 떨어진다는 뜻이다. 개는 바르지 못한 믿음이나 법을 비방한 과보로 야간이(승냥이)는 의심하는 마음으로 믿지 않는다는 것에 비유한 것이다. 그리고 묘법연화경은 곧 훌륭한 법신으로 이 법신을 무시하고 의심하며 불법승 삼보를 공경하지 않고 미워하며 비방한 연고로 모습은 피폐하며 마르고 험상궂으며 빈천하여 천대받는다고 하신 것이다. 다시 말해서 부처님의 가르침인 법의 양식을 맛보지 못한다는 것은 굶주린 것을 비유한 뜻이며, 선근(善根)을 훼손했기 때문에 받는 고통을 비유한 뜻이다.

"혹은 낙타가 되거나 혹은 나귀로 태어나서 항상 몸에 무거운 짐을 싣고 회초리나 채찍으로 맞으며 다만 물과 풀만을 생각하고 다른 것은 아는 것이 없나니, 이 경을 비방한 고로 죄를 이와 같이 받느니라." 몸이 큰 짐승들은 짐이 무거워도 무겁다는 말도 못하고 그것이 고통인지를 모르기 때문에 오직 먹는 것에만 집착하고 있으며, 고통스러워도 고통인 줄 모른다는 뜻이다. 다시 말해서 번뇌와 미혹한 마음과 집착하는 마음이 두텁다는 비유인 것이며, 업장이 두텁다는 뜻이다. 이렇게 부처님이 설하신 일불승인 묘법연화경을 비방한 죄보는 끝이 없다.

　매를 많이 맞는다는 것은 전생에 자신이 지은 행업으로 인해서 자기 스스로가 매를 자초한 일이 된다는 뜻이며, 이것은 자업자득으로 스스로 지은 과보를 받는다는 뜻이고, 돌무더기를 못 면한다는 뜻은 옛날에는 어린 아이가 죽으면 애장골이라는 돌이 많은 곳에 돌로 무덤을 만들었다. 그것은 부모를 두고 먼저 갔기 때문에 형벌의 하나로 생각하고 무거운 돌무더기 밑에 육신을 묻어버리는 것이다. 이것은 선업을 짓지 않고 선업을 오히려 훼손했기 때문에 받는 과보인 것이다. 부처님의 가르침을 바르게 듣고 바르게 알지 못하고 잘못된 편견과 사견으로 인해서 받는 과보를 비유하시고, 또 자신이 지은 과보로 인해서 다른 사람으로부터 매를 맞는 것에 비유한 것이며, 일불승을 공경할 줄 모르기 때문에 과보를 받으며, 성을 내거나 어리석은 마음으로 부처님의 가르침을 비방한 과보를 반드시 받는다고 하신 것이다. 사람이 일불승인 묘법연화경을 바르게 믿지 않기 때문에 불법과의 거리가 오백유순이나 되는 먼 거리에 있기 때문에 불법을 믿기가 어렵다는 것이며, 불법을 비방한 입으로 짓는 구업(口業) 과보로 인해서 받는 업보를 나타내신 것이다.

"만일 사람이 된다 할지라도 모든 근기가 둔하고 어두우며 무슨 말을 할지라도 믿어주지 않는다." 일불승인 묘법연화경을 비방한고로 삼악도인 지옥 아귀 축생의 고를 받고 난 다음에 사람의 몸을 받게 되면 육근이 청정하지 못하고 어둡고 둔해서 지혜가 없이 태어나게 된다. 다른 사람을 무시하고 경멸하면 여러 가지 육체적 고통을 받게 되며, 보고 들은 것이 없다 보면 어리석어진다. 어리석은 마음으로 인해서 받는 고통은 실로 말을 할 수 없는 것이다. 그리고 아상이 높은 자는 일불승인 묘법연화경의 진리의 가르침을 비방하게 되기 때문에 고통을 받는 것이며, 다른 사람이 믿어주지 않는 것은 항상 거짓말을 많이 했기 때문에 다른 사람이 믿어 주지 않는 과보를 받는 것이다.

45. 선한 사람의 모습

대구신문 2011년 10월 25일자 23면에 실린 글

"만일 불자가 계행(戒行)을 가지되 맑고 깨끗함이 밝은 구슬과 같이하여 대승경을 구하거든, 이 같은 사람에게 가히 설할지니라. 다른 경전의 한 게송이라도 받지 아니하거든, 이 같은 사람에게 가히 설할지니라. 궁겁을 두고 설할지라도 다 하지 못하리라. 이 같은 사람들은 곧 능히 믿고 알지니 너는 마땅히 묘법연화경(妙法蓮華經)을 설하라."

자신을 지킬 줄 아는 사람은 밖으로 나타내지 않고 마음속으로 자신이 행해야 할 것을 바르게 알고 있는 사람이기 때문에 자신을 지킬 줄 아는 사람과 불법을 가지고 자기 스스로 수행을 바르게 하면서 다른 사람을 구원하고자 하는 사람은 불자로서 보살의 근기인 것이다.

　일반적으로 대보살이라 하면 절에 시주를 많이 하거나, 아니면 오랫동안 절에 다니며 기도를 많이 하는 사람을 두고 대보살이라는 호칭을 쓰는데 진실한 대보살은 부처님의 가르침 중에서 하나밖에 없는 일불승(一佛乘)인 묘법연화경의 가르침을 이해하고 받아가지기를 좋아하는 사람이다.

　설사 비구승일지라도 부처님의 가르침을 바르게 이해하고, 청정한 몸과 마음으로 가지가지의 인연과 비유의 말로써 중생을 교화하되 걸리는 것이 없고 일불승인 묘법연화경을 받아가지는 것을 기쁘게 생각하는 비구승에게 설하라고 하신 것이다. 그리고 부처님께서 오십 년 동안 법을 설하셨지만 42년 동안에 설하신 것은 이 묘법연화경을 위해서 설하신 방편의 가르침이기 때문에, 이 경을 듣고자 하면 일체의 모든 방편의 경전을 받아가지지 않는 사람에게 설하라고 하신 것이다.

　부처님께서 설하신 42년 동안의 가르침인 방편의 가르침을 구하고자 하는 마음이 없거나 방편에 있더라도 방편의 가르침에서 벗어나고자 하는 사람에게 이 법을 설하라고 하시고 반드시 이 법을 듣고 기뻐하고 깊은 신심으로 실천 수행하고자 하는 사람은 선한 사람으로서 이러한 선한 사람의 모습이 되기를 부처님께서는 바라시는 것이다.

열반경(涅槃經) 사상품(四相品)에서, "가섭아, 여래가 스승으로 하는 것은 법이니라. 그러므로 여래가 공경 공양하느니라."이 가르침을 바르게 이해하는 것이 중요하다. 여기서 법이라고 하는 것은 부처님의 지혜이며 부처님의 뜻이며 부처님이 설하신 요의경(了義經)이 곧 법이다. 말법세상에 이 네 군데 의지처를 정해주신 바 있다고 전자에도 밝힌 바 있다. 요의(了義)라 함은 만족함에 있다고 하신 것으로 만족하신다는 뜻은 부처님께서 이 세상에 사람의 몸을 받아 부처님이 되셔서 수없이 많은 설법을 하셨지만 이 묘법연화경을 위해서 설하셨다고 밝히셨으며 이 경을 설하심으로 이제야 만족하신다고 하신 것으로 이 묘법연화경이 곧 법이요 부처님의 지혜이며 부처님의 뜻으로 오직 이 하나에만 의지하라고 마지막 유언의 가르침을 주신 것이다. 부처님께서 공경 공양하고, 부처님이 스승으로 하는 것이 바로 묘법연화경인데, 하물며 중생이랴.

열반경(涅槃經) 사의품(四依品)에, "구사라경에서 부처님께서 구사라에게 일러 말씀하시되, 하늘사람이나 마군이나 범천들이 바른 법을 파괴하려고 부처님의 모양으로 변화하면 32상과 80종호를 두루 깃추었고 둥근 광명이 한 길이며, 얼굴은 보름달과 같이 원만하고, 양미간의 백호상은 옥보다 또는 눈보다도 더 희며, 이렇게 장엄하게 하여 너에게 올 것이니 너는 잘 살펴서 참인지 거짓인지를 분별해야 하며, 이를 이미 알고는 항복을 받으라 하셨나이다. 세존이시여, 마군들이 부처님의 형상으로 변화하는데 하물며, 아라한들이 네 가지 몸으로 변화하지 못하오리까. 허공에서 눕고 앉으며, 왼쪽으로 물을 뿜고, 오른쪽으로 불을 뿜으며, 몸에서 불꽃과 연기 내기를 불더미같이 하리니, 이런 인연으로 그 속에서 신심을 두루 낼 수 없사오며, 혹 말을 하더라도 그대로 받을 수 없으며, 공경하는 마음으로 의지할 수 없나이다. 성문들은 천안이 있다 하더라도 육안이라 말하고, 이 대승을 배우는 자는 육안이 있더라도 불안이라 말하느니라. 어찌해서 그런가 하면, 이 대승경전은 불승이라 하나니 불승이 가장 높고 훌륭하느니라." 이것은 신통력이 상상할 수 없는 사람이 있다하더라도 이런 사람에게 의지하지 않고 오직 불승인 묘법연화경에 의지하겠다는 뜻이다.

열반경(涅槃經)에서, "말세에 들면 인간으로 태어나는 자는 손톱위의 흙과 같고, 삼악도에 떨어지는 자는 시방세계의 미진과 같다."

이 시대를 잘 나타낸 가르침이라고 볼 수 있다. 부처님의 바른 가르침을 바르게 받아가져서 믿고 바른 행동으로 실천하고자 하지 않으면 지옥을 면하지 못하게 된다는 것을 나타내신 것이다. 사람의 몸 받기 어려울진대 서로 아웅다웅하지 말고 서로 믿고 아껴주면서 이해하고 도우면서 살아간다면 삼계화택의 고(苦)에서 반드시 벗어날 수 있으며 좋은 선연으로 인해서 행복을 만들어 갈 수 있는 길임을 인식하고 부처님을 나오게 하는 묘법연화경의 가르침을 믿기를 바라면서 비유품(譬喩品) 제3을 마친다.

46. 부자 아버지와 가난한 아들의 비유

대구신문 2011년 11월 8일자 23면에 실린 글

묘법연화경(妙法蓮華經) 비유품(譬喩品)에서 사리불이 부처님으로부터 수기 받는 것을 보았고, 또 부처님이 설하신 삼계화택의 비유를 들은 부처님의 4대 제자인 수보리, 마하가전련, 마하가섭, 마하목건련이 생각하기를 '지금까지 우리들은 소승의 열반을 얻어, 이 이상의 구경이 없다고 생각하고 아뇩다라삼먁삼보리를 구하려고 하지 않았으나, 부처님으로부터 삼계화택의 설법을 듣고 이승법(二乘法)과 삼승법(三乘法)은 부처님께서 방편(方便)으로 설하신 것이라는 것을 알게 되었다.'

신해품(信解品)은, 이들이 나이가 많은 승가의 상수제자로서 부처님의 설법에 관심을 가지지 않았으나 영산회상에서 삼계화택의 비유설법을 듣고 성문인 자신들도 성불할 수 있다는 것을 깨달아 환희해서 자신들이 깨달은 바를 궁자(窮子)의 비유로써 부처님께 말씀드리게 된다. 이들은 스스로 소승법인 작은 법에 집착해 깨닫지 못하였으나, 부처님께서 비유품에서 "너희들은 다 나의 자식이라."는 말씀을 굳게 믿게 되었기 때문에, 네 분의 제자들도 비로소 불자라는 마음을 갖게 된다.

아버지인 부처님의 내자비심으로 인해서 마음의 문을 열어, 대반야경(大般若經)과 화엄경(華嚴經)에서까지 성문(聲聞)은 성불할 수 없다고 하신 말씀을 믿고 있었는데, 묘법연화경(妙法蓮華經) 비유품(譬喩品) 제3의 설법을 듣고 의심했던 바를 버리고 환희하게 된다. 이들 네 분의 제자인 수보리와 마하가전련과 마하가섭, 마하목건련은 부처님께서 중생을 가르치고 화도하는 방법을 깨닫고, 방편으로 설하시는 것을 다섯 단계의 비유를 들어서 부처님께 진술하게 되는데, 이것이 묘법연화경의 7가지 비유 중 하나로 장자궁자(長者窮子)의 비유다.

　장자(長者)인 아버지(부처님)는 궁자(窮子)인 아들(중생)을 알아보지만, 아들(중생)은 아버지(부처님)를 알아보지 못하고 '나의 아버지는 저렇게 거룩하고 훌륭한 분이 아니니, 붙잡히면 평생 일만 하고 죽을 것이다."라 용렬하게 생각하였다가 나중에 사실을 알고 놀라서 기절하게 된다고 비유한 것은 부처님이 부처가 되시어 제일 먼저 천상계를 향해서 대보살들에게 깨달으신 바를 그대로 설하신 화엄경 설법을 비유한 것이다.

　그래서 부처님께서는 작은 법인 소승법(小乘法)부터 차근차근 가르치고자 소승경인 아함경(阿含經)을 다섯 비구에게 찾아가시어 설하시게 된다는 것을 비유로 말씀드리는 것이다.

　이것을 비유로써 부처님께 말씀드리기를 장자는 아들과 같이 남루한 옷차림의 사람을 보내서 놀라지 않게 하고, 먼저 "똥거름 치는 일을 하면 품삯을 넉넉히 주겠다고 하고 데려와서 똥거름 치는 일부터 시키라." 점차로 알게 하여 관리자로 만들어 조숙시킨다는 것이다. 이것은 부처님께서 중생을 가르치는 방편으로서 먼저 중생의 근기를 보니 하열해서 큰 것을 받아들이지 못하므로 삼장인 소승경을 설하시게 된다는 뜻이다. 부처님은 소승경인 아함경을 설하시어 중생의 근기가 성숙된 것을 확인하신 다음에, 다시 대승초입(大乘初入)의 경인 방등십이부경(方等十二部經)의 가르침을 설하시고, 다시 반야의 공(空)의 지견을 설하신 것이다.

그러나 부처님의 본래의 뜻은 응신불로서 입멸에 드시기 전에 모든 부처님이 갖고 계시는 전 재산인 묘법연화경과 열반경(涅槃經)을 설하시어 일체 중생이 다 석가여래와 같이 되기를 바라시는 대자비심에 있다는 뜻을 알았다고 비유로 전 재산을 물려주시는 데 있다고 하신 것이다.

이 장자(長者)와 궁자(窮子)의 비유는 다섯 단계로 구분할 수 있다. 첫째, 아버지와 아들이 헤어진 것의 비유는, 방편품에서 삼승을 열어 일승을 나타내는 것의 비유이다. 둘째, 가난한 아들이 떠돌면서, 품팔이를 하던 중에 아버지와 만나는 비유는, 비유품에서 장자가 집에서 불이 난 것을 보는 것을 이해했다는 비유다. 셋째, 도망치는 아들을 데려오게 하는 비유는, 비유품(譬喻品)에서 큰 그릇과 책상을 버리고 수레를 쓰신 비유를 이해했다는 비유다. 넷째, 집안 살림을 맡기는 비유는, 방등경에서 소승수행을 나무라신 것과, 대반야경(大般若經)에서 수보리 등이 부처님을 대신해서 가르침을 편 뜻을 이해했다는 비유다. 다섯째, 상자가 아들에게 가업을 물려주도록 당부하는 비유는, 큰 수레를 아들들에게 준 것에 비유함을 이해하고, 방편의 가르침을 버려야 한다는 것을 비유한 것이다.

이렇듯 부처님께서는 중생들이 이해할 수 있도록 작은 법인 방편법으로 이끄시어 진실한 법이요 하나밖에 없는 일불승(一佛乘)인 묘법연화경을 설하시어 일체중생을 구원하시고자 하신 큰 뜻을 가지고 사람의 모습으로 태어나시어 성장하는 것과 출가하는 것, 수행하는 것, 도를 증득하여 법을 설하신 것과 열반을 보여 주신 것이다.

47. 여럿 가운데서 첫째가는 것 (第一)

대구신문 2011년 11월 22일자 23면에 실린 글

수보리는 부처님 제자 중에서 해공제일(解空第一)이라 한다. 공(空)의 도리를 가장 잘 이해한다고 해서 붙여진 이름이다. 공(空)이란 무엇인가를 바르게 알아야 한다. 일반적으로 이야기하는 공(空)은 허무한 것이고 텅 비어 있어 아무것도 없는 허공이라고 생각해서 떨어질까 두려워하는 사람들이 있는데 이것은 잘못 이해하고 있는 것이다.

공(空)이라고 하는 것은 차별이 없이 평등함에 있는 것이다. '색즉시공(色卽是空)'이라는 반야경의 말씀이 있다. 전자에서도 이야기했지만 색(色)은 모양으로서의 차별이고, 즉(卽)은 불리(不離)라 해서 떨어지지 않는 것인데, 가지가지로 변해가는 것을 떠나지 않는다는 뜻이다. 시공(是空)은 여러 가지로 변하고 있는 그 가운데 일관해 있는 평등(平等)한 이치를 구하는 것이 색즉시공(色卽是空)이다. 그러므로 공(空)이라는 것은 절대적인 평등으로서 변하지 않는 이치를 뜻하는 것이다. 이러한 공(空)의 이치를 바르게 이해하는 사람을 두고 혜명(慧明)이라 해서 지혜가 뛰어난 제자가 혜명(慧明) 수보리라고 한다. 이름 앞에 마하라고 붙여진 것은 부처님 십대 제자 외에 많은 제자들이 있지만, 그 중에서 뛰어난 제자에게 붙여진 것으로 마하라고 하는데 이 뜻은 크다는 뜻이다.

마하가전련은 논의(論議)제일이라고 하는데, 논(論)이라고 하는 것은 글자로 나타낸 것으로 잘못 이해하고 있다. 논이라고 하는 것은 어떤 사물에 대해서, 그것을 아주 세밀하게 분류해서 밝혀낸 것을 논의라고 한다. 이 논(論)은 누구라도 알 수 있도록 설명하는데 마하가전련이 제일이라고 하는 뜻이다.

마하가섭은 두타제일이라고 한다. 수행자들은 두타행(頭陀行)을 중요시하고 있다. 두타는 부처님의 계율을 철저하게 지키는 것을 두타행이라 한다. 불교의 교리를 아무리 잘 알아도 실행을 하지 않으면 아무런 의미가 없다. 두타행은 세속적인 욕망을 벗어나고자 하는 것이다. 세속적인 욕망은 오욕인 재물욕, 명예욕, 음식욕, 색욕, 수면욕에서 벗어나지 못하면 세속적이 될 수밖에 없는데, 가섭은 이 부분에서 가장 뛰어난 제자다.
제자 중에서 나이가 제일 많았고 두타행으로는 가상 존경을 받은 부처님의 제자는 가섭존자이다. 가섭존자의 두타행은 물질문명이 발달한 이 시대를 살아가는 우리들에게 무엇인가를 느끼게 해준다. 화려하고 사치스러운 생활을 추구하게 되면, 아무리 믿음을 굳게 가지려고 해도 실행되지 않는다. 욕망을 버리지 않고서는 남을 이해하지 못하게 된다. 설령 남을 위하는 것 같은 사람이 있을지라도, 또 남을 돕는 것 같이 보이더라도, 실은 자기 자신을 위해서 하는 것이 되기 때문에 이것은 두타행이 아니다.

마하목건련을 줄여서 목련존자라고도 한다. 목련존자는 바라문교의 대학자로서 사리불과 같이 많은 제자를 거느리고 있었는데, 이 두 사람은 아주 가까운 사이로 바라문교의 지식으로는 만족하지 못했기 때문에, 제자들을 데리고 부처님께 귀의한 분들이다. 목련존자는 신통이 제일이라고 하고 불교를 펴는데 있어서 공로가 컸다고 한다. 신통력 중에 누진통(漏盡通)이 가장 높은 경계인데, 이 누진통은 미혹한 마음이 없어진 경계로 눈에 보이는 신통술보다 더 높기 때문에, 불교에서는 누진통을 제일의 신통력이라고 한다. 목련존자는 불가사의한 일을 보이는 신통력에 제일이지만, 아직까지 미혹한 마음을 다 없애지 못했기 때문에 부처님의 제자가 된 것이다.

"편단우견(偏袒右肩) 우슬착지(右膝着地)" - 오른쪽 어깨를 올리고, 오른쪽 무릎을 땅에 꿇어 - 는 거짓 없이 부처님께 귀의하고 부처님을 공경한다는 뜻이다. 모든 사람의 마음속에 갖추어져 있는 것인데, 왼쪽은 이치(理致)를 뜻하고, 오른쪽은 이치를 실천하는 행(行)을 뜻하는 것이다. 네 사람의 제자들이 부처님의 가르침을 실행하고자 공경하는 마음을 나타낸 것이다.

"일심합장(一心合掌)" - 일심으로 합장하고 - 은 신(身)·구(口)·의(意) 삼업 중에 몸(身)으로서 나타낸 것인데, 글로서 나타내면 나무(南無)가 되는 것이다. 불교의 나무(南無)를 기독교에서는 사랑(愛)와 믿음(信)과 소망(望)이라는 세 가지로 나누어서 행할 것을 가르치고 있다. 이것은 로마시대 때 절대적인 신에 대한 예우를 갖추고자 만들어진 것이다.

"자위 이득열반 무소감입 불부진구 아뇩다라삼먁삼보리(阿縟多羅三藐三菩提)" - 이미 스스로 열반을 얻었다 하고 더할 바가 없다고 생각하여 다시 나아가 아뇩다라삼먁삼보리를 구하지 아니하였나이다 - 는 네 사람의 제자들은 스스로 깨달은 사람으로 생각하고 있어서 고통으로부터 벗어났다고 생각하고, 더 이상 배울 것도 없고 구할 것도 없다고 생각했으며, 사십여 년 동안의 부처님 설법을 듣고 왔는데 이제 더 이상 무슨 법이 있겠는가 라고 생각해왔으나 부처님께서 설하신 일불승(一佛乘)인 묘법연화경 비유품(譬喻品)의 설법을 듣고 보니, 자신들은 부처님의 가장 높은 묘법연화경인 일불승의 지혜를 구하려고 하지 않았다고 말씀드리고 있는 것이다.

네 사람의 제자들은 부처님께서 설하신 사십여 년 동안 방편법을 설하신 것에 집착해 있었다는 것을 나타낸 것이다. 오직 삼승의 가르침이 최고라고 생각하고, 삼승법(三乘法)에 머물리서 보살법과 신통력을 즐거워하고 있었을 뿐, 진실한 가르침인 일불승의 아뇩다라삼먁삼보리에 들려고 하지 않았었다고 말씀드린 것이다.

"무상무작(無相無作)" 무상(無相)은 공의 모든 평등한 것을 보고, 본 것에 대해서 차별하지 않는 것이 무상이다. 무작(無作)은 우리가 살아가는 실생활에서 사용하고 있는 말과 행동을 뜻하는데, 이 말과 행동을 평등하게 해서 실행하는 것이다. 소승의 가르침에서는 공(空)과 무상(無相)과 무작(無作)을 삼해탈(三解脫)이라고 하는데 삼해탈을 소승으로서는 수행의 극치라고 한다. 그래서 절에 절문을 드나드는 것을 삼문(三門)이라 하여, 공(空)과 무상(無相)과 무작(無作)인 삼해탈(三解脫)의 문을 드나든다고 해서 삼문이라고 하는 것이다.

48. 외도(外道)의 말을 믿지 말라

대구신문 2011년 12월 6일자 23면에 실린 글

　　"모든 성인의 왕이신 부처님이 법을 설하사 교화하실지라도 이와 같은 죄보를 받는 사람은 항상 환란이 있는 곳에 태어나 미치거나 듣지 못하거나 마음이 산란하여 오랫동안 법을 듣지 못하느니라." 부처님은 이 세상에서 성인이라고 하는 사람들 중 왕이라고 하시고, 모든 방편의 가르침을 설하더라도 묘법연화경(妙法蓮華經)을 의심하고 비방한 죄보로 인해서, 불도수행이 어려운 곳인 팔난처(八難處)에 떨어지기 때문에 법을 만나지 못하게 된다는 뜻이다.

　　팔난처가 무엇인가? 장아함경(長阿含經) 제9권과 유마경(維摩

經) 하권에 설해져 있는데, 깨달음을 얻고자 부처님의 도를 수행하게 되면 8가지 장애가 생기는 것이 팔란(八難)이다. 성인을 만나지도 못할 뿐 아니라 마음의 여유가 없는 삶의 고통으로 인해서 불법을 듣지 못하게 되는 난(難)인 재지옥난(在地獄難), 재축생난(在畜生難), 재아귀난(在餓鬼難)이 그것이다.

다음으로, 삼계(三界) 중에서 색계(色界)·무색계(無色界)의 제천과 수미산 북쪽에 있는 변지라는 곳이 있는데 항상 즐거운 것에만 집착해서 불법을 구하려고 하지 않으므로 불법을 듣지 못하는 장애인 재장수천난(在長壽天難)과 재변지난(在邊地難)이 있다. 농맹음아난(聾盲瘖瘂難)은 신체적인 장애로 인해서 불법을 완전하게 받을 수가 없는 장애다. 세지변총난(世智辯聰難)은 세상의 지혜는 뛰어나게 가졌더라도 사견에 빠져 있기 때문에 정법을 들을 수가 없는 장애다. 생불전불후난(生佛前佛後難)은 부처님이 이 세상에 출현하실 때나 부처님이 멸도하신 후에 태어나서도 불법을 만나지 못하는 장애다.

묘법연화경을 비방한 죄보가 이렇게 크다는 것을 모르고 아예 법을 구하려고도 들으려고도 믿으려고도 하지 않는다는 것이 현실이다. 특히 다른 종교를 믿는 사람들은 바로 이 경문의 말씀대로 전생에 법을 의심하고 비방한 죄보로 법을 부정하고 있기 때문일 것이다. 불교를 믿는 사람들도 마찬가지로 작은 가르침에 집착해서 벗어나려고도 하지 않는 것이다.

"항상 지옥에 있되 꽃피는 동산에서 놀듯 하며, 또는 악두에 있으되 자기 집에 있음과 같이 하며, 낙타 나귀 돼지 개들이 가는 곳에 가리라." 사람들은 어리석은 마음으로 묘법연화경을 의심하고 비방한 죄보로 인해 설사 삼악도를 벗어나서 사람의 몸을 받더라도 그 죄보로 인해 다시 삼악도에 떨어져 지옥고와 아귀고 그리고 낙타와 나귀, 돼지, 개들이 사는 축생의 고를 받게 되는데, 이러한 고통을 밥을 먹는 것과 같이 나고 죽기를 수없이 반복한다는 뜻이다.

지혜가 없는 사람은 묘법연화경을 알지 못하고 설사 안다고 해도 이해하지 못하기 때문에 지옥고와 축생의 고를 면할 수가 없고 세세생생 악도에서 벗어날 수가 없다고 하신 것이다. 설사 사람으로 태어난다 할지라도 갖가지의 병을 가지고 평생을 병마에 시달리게 되고 건강한 사람의 몸을 받을 수 없고 병이 옷을 입고 있는 것과 같이 살아가게 되며, 청결하지 못한 생활을 하게 되고, 또 자기의 잘못된 생각으로 인해서 남의 말을 듣지 않고 자기주장만 하며, 작은 일에도 성을 잘 내고 음탕한 마음이 불길같이 타올라서 하는 짓이 짐승과 조금도 다를 바가 없다고 하신 것이다.

이 묘법연화경을 비방한 죄보로 받는 고통에 대해서 궁겁을 두고 설할지라도 다 설하지 못한다고 하신 것이다. 이렇게 지혜가 없는 사람은 믿지 않고 들으려고 하지 않기 때문에 이러한 사람에게는 설하지 말라고 하시는데 이것은 부처님의 대자비심이 아니고서는 생각할 수 없는 것이다.

"만일 근기가 날카롭고 지혜가 명료하여 많이 들어서 잘 알고 불도를 구하는 이같은 사람에게 가히 설할 지니라." 방편품에서 불상 앞에서 합장을 하거나 아이들이 놀면서 장난으로라도 불상을 그리는 작은 선행의 인연이 되는 것이며, 이러한 작은 인연이 원인이 되어 점차로 불도에 들어서 성불할 수 있다고 하셨다.

전세에 지어진 인과가 훌륭한 사람에게 이 법을 설하게 되면 알고 받아 가져서 따를 것이므로 이런 사람에게 묘법연화경을 설하라고 하신 것은, 부처님의 마음을 닮아 가려고 노력하며, 자기 자신의 목숨보다 묘법연화경을 더 존귀하게 여기는 사람에게 이 법화경을 설하라고 하신 것이다. 그런 사람이 아니면 반드시 법화경을 의심하고 비방하기 때문이다.

열반경(涅槃經)에서 부처님께서 말씀하시기를 "무서운 코끼리를 만날지라도 악지식은 만나지 말라."고 당부하신 것이다. 다시 말해서 악한 지식으로 인해서 악도에 떨어지는 것을 경계하신 가르침으로 무서운 코끼리의 발 아래 밟혀 죽는 한이 있더라도 사도 외도의 말을 믿지 말라는 뜻으로, 악한 지식을 따르지 말고 착한 사람인 법화경을 믿고 받드는 사람에게 설하라고 하신 것이다. 이런 사람은 부처님의 지혜인 법을 듣고자 하는 사람이기 때문에 이 묘법연화경을 설하라고 하신 것이다.

49. 작은 것에 집착하지 말아야 한다

대구신문 2011년 12월 20일자 23면에 실린 글

모든 중생은 평등하기 때문에 부처가 될 수 있지만, 각자 처해진 환경이 다르고, 알고 있는 것도 다르고, 또한 성품과 성질이 각각 다르기 때문에 각자에 맞게 가르쳐 주어야 하므로 평등을 근본으로 해서 차별이라는 행이 나오게 하는 것이 대승의 가르침이다. 그러나 평등을 떠난 차별은 있을 수 없는 것이다. 네 사람의 제자는 지금까지 사람들을 가르쳐 왔지만 그들에게 알맞은 가르침을 주지 못했다. 또 진정한 자비심을 갖추고 있는 부처님의 뜻을 알지 못하고, 오직 소승으로서의 삼해탈(三解脫), 즉 공(空)과 무상(無相)과 무작(無作)에만 집착해 있기 때문에 부처님의 대자대비하신 마음을 몰랐다고 하는 것이다.

이렇게 부처님께서 설하신 미묘한 일불승(一佛乘)인 묘법연화경(妙法蓮華經)의 법을 듣고 이제야 보배를 구하지 않았으나, 구하게 되어 큰 이익을 얻게 되었다고 감사드리면서 어리석었던 마음을 비유로서 궁자의 비유를 말씀드리게 된다.

"아버지를 버리고 나이 어릴 때 버리고 도망하여" 아버지와 자식이 헤어져 있는 시기다. 헤어져 있었다는 것은 불법에서 멀어져 있었다는 뜻이다. 장자의 집에서 아들들이 살고 있다는 비유품의 비유를 이제야 이해했다는 뜻이다. 방편품에서는 방편으로써 삼승을 나타내시고, 비유품의 비유로서 다시 일불승의 설법을 설하신다는 것을 알게 되었다고 제자들이 부처님께 말씀드린 것이다.

모든 사람은 오도(五道)인 지옥(地獄), 아귀(餓鬼), 축생(畜生), 인(人), 천(天)에 떠돌아다니고 있는데도 그것을 알지 못하고 살아가고 있는 것이다. 오도를 떠돌아다니고 있다는 것을 알았기 때문에 부처님께 말씀드린 것이다. 부처님께서는 아들들의 근기가 본래는 수승하지만 부처님을 만나지 못하여, 근기가 하열하여 먼저 화엄(華嚴)과 방등(方等)과 반야(般若)에서는 대품(大品)의 보살(菩薩)에게 소승(小乘)의 성문(聲聞)은 결코 성불(成佛)할 수 없다고 설하시고 지금에 와서야 영산회상에서 일불승을 설하시게 된 것이다.

부처님께서 가지고 계시는 일체지혜인 일불승의 가르침으로 교화해야 할 근기가 되어야 이해할 수 있으며, 이 방편대승(方便大乘)의 근기로서는 부족하지만 과거에 인연이 있기 때문에 이 법으로 가르치시고자 하신 것이다.

이 일불승의 가르침은 부처님 입멸 전에 설하셔야 하지만, 이 가르침을 전할 사람이 없었기 때문에 일찍 설하시지 않은 것이다. 그러므로 부처님께서는 부모가 헤어져 있던 아들을 만나는 것과 같이, 제도할 근기가 되도록 성숙하도록 가르쳐서 부처님의 지혜인 재산을 지식에게 유산으로 남겨주듯이 부처님의 재물의 지혜를 일체중생에게 주시어 성불할 수 있도록 가르침을 주신 것이다.

일체지혜인 재물을 맡기는 것과 같이 이 묘법연화경의 가르침을 받아가져서 믿고 행하게 되면, 반드시 부처가 될 것임을 허락받게 되는 것이다. 중생이 이 법을 받아서 믿고 행하는 것을 부처님께서 보시게 되므로 비로소 본래의 부처성품에 이를 수 있기 때문에 본래의 마음과 같아진다고 하신 것이다.

고(苦)를 싫어하고 선(善)을 닦음으로써 공덕이 점점 쌓여지는 것은 부처님의 자비를 구하는 것이 된다. 부처님의 자비심을 나오게 하자면 먼저 소승법과 방편법인 작은 것에 집착하지 말아야 한다. 소승의 근기로서 공의 이치에만 치우치기 때문에 중도(中道)를 보지 못하고, 성문과 연각인 이승의 편협된 진리의 혜안으로서만 법신을 생각하고 있다는 것은 부처님의 깊은 뜻을 이해하지 못하기 때문에 경문에서는 아버지를 바라본다고 비유한 것이다.

"값이 천만금이나 되는 진주영락으로 그 몸을 장엄하고, 관리와 백성과 시종들이 흰 총채를 들고, 보배의 장막을 치고 모든 꽃 깃대를 늘였으며, 향수를 땅에 뿌리고 여러 가지의 이름난 꽃을 흩으며……."

값을 헤아릴 수 없는 보배영락은 계정혜(戒定慧) 삼학(三學)과 다라니의 네 가지를 영락(瓔珞, 아름다운 장엄)에 비유한 것인데 이것은 화엄 52위 중 사십지(四十地)인 10신(十信)·10주(十住)·10행(十行)·10회향(十廻向)의 공덕으로 법신을 장엄하고 있다는 뜻이다.

그리고 사십여 년 동안 설하신 권교인 방편의 가르침과, 방편바라밀(方便波羅密)로서 방편의 지혜가 작용해서 중생에게 가르침을 주시는 것이다. 그리고 부처님의 대자대비 하신 마음으로써, 사제법과 신통력으로 교화하신 것을 비유로 나타내신 것이다. 향수는 감로법우(甘露法雨)를 비유한 것으로 보살들에게 가르침을 주시어 번뇌를 없애 주신 것이며, 선정으로 산란한 마음을 없이 해서 중생들의 마음을 깨끗하게 씻어준다는 뜻이다.

50. 자기중심적인 사람이 되지 말라

대구신문 2012년 2월 28일자 23면에 실린 글

오늘날 인간들은 물질적으로만 살려고 하는 습성이 많다. 지금 이 순간이 중요하다. 왜냐하면 각자가 짓는 말과 행동 하나하나로 인해 사후가 결정되기 때문이다. 아무렇게나 되는 대로 자기 자신의 이익만 생각하고, 멋대로 행동한다면 미래에 대한 결과는, 현재의 인과로 인해서 과보를 받는 것이기 때문에, 지금 내가하고 있는 말과 행동 하나하나가 얼마나 중요한가를 알아야 한다는 뜻이다.

번뇌(煩惱)의 근본은 세 가지의 마음에서 나온다. 첫째, 탐심(貪心), 지나친 욕심은 반드시 화를 부르게 된다. 둘째, 진심(瞋心)은 화를 잘 내는 마음으로 자기 주장대로 되지 않으면 성이 나는 마음이다. 셋째, 치심(癡心)은 부처님의 가르침 중에는, 선(先)과 후(後) 그리고 방편설과 진실설이 있는데, 모든 경은 다 똑같다는 말을 하거나, 옳고 그름을 분별하지 못하고, 사견을 설하는 사람을 가장 어리석은 사람이라고 한다. 이렇게 탐욕과 성내는 마음은 어리석은 마음으로 인해서 생겨나, 번뇌는 끊어지지 않고, 스스로 그물을 만들어 그 속에 갇혀서, 고통을 고통인지 모르고 살아가고 있는 것이 중생이다. 이렇게 고통 받는 중생을 구원하기 위해서 이 세상에 출현하신 분이 부처님이다.

열반경(涅槃經)에서 "끝내 실경(實經)을 홍통하지 않으면 천마(天魔)로 알아야 하느니라." 실경은 묘법연화경(妙法蓮華經)으로, 이 경이 부처님의 법이며, 부처님의 지혜이며 부처님의 뜻이며 부처님이 설하신 가르침 중에서 요의경(了義經)이기 때문에, 부처님의 지혜를 증득하고 끝에 가서, 실경인 묘법연화경을 설하지 않고, 열반에 들게 되는 부처는 부처가 아니라, 하늘의 마구니라고 일갈하신 것이다.

무량의경(無量義經)에서 "일체제법 자본래금 성상공적(一切諸法 自本來今 性相空寂)", '일체의 모든 법은 본래부터 지금까지 성품과 형상이 공적하다', '모든 법은 절대적으로 평등하다'는 뜻이다. 이 구절을 잘못 이해하게 되면 모든 경전이 다 똑같다고 잘못 생각할 수 있다. 부처님께서 설하신 팔만법장은 중생의 근기에 따라 설하신 것으로, 경전의 뜻이 서로 다르며 우열이 있다.

"법(法)"이라는 것은 변하지 않고 항상 그 자리에 그대로 있다는 것이며, "성품과 형상이 공적하다"는 것은 서로 다른 것이 아니라는 뜻이다. 왜 그런가 하면 공(空)이라는 것은 차별을 초월한 것이고, 적(寂)이라고 하는 것은 변화를 초월한 것이기 때문에, 일체의 모든 법은 본래부터 가지고 있는 형상이 차별도 없고, 변하지도 않는 것이기 때문에 절대적으로 평등하다는 것이다.

"법(法)"이라는 것은 이 세상에 존재하는 모든 것은 시시때때로 변해 가는데 이 변화는 모든 것은 보이지 않는 거대한 힘의 작용으로 인해서 나타나는 것으로 자본래금(본래부터 지금까지)이라고 하신 것이다. 그러나 시대가 흘러가면서 모든 것이 변하는 모습을 볼 수 있다. 시시때때로 변하고 있는 것 중에서 변하지 않고, 세세생생 영원히 변하지 않으면서, 절대적으로 평등한 것을 진실한 불도, 또는 진리라고 하는 것이다.

무량의경을 설하시는 것은, 하나밖에 없는 진리로 일불승(一佛乘)인 묘법연화경의 문을 열어서 진실을 드러내시고자 하는데 그 목적이 있다. "이제중생 허망횡계(而諸衆生虛妄橫計)", "모든 중생은 허망하고 비뚤어지게 헤아린다." 중생들은 허망이라는 '망상'으로 인해서 자기중심적으로만 생각하고 다른 사람의 입장이나 마음은 헤아리지 않고 있다는 뜻이다.

사람의 본성은 혼자서 살아갈 수 없는 사회적 동물이다. 내가 있어야 다른 사람도 있다고 생각하는 것은, 이기적인 마음으로, 탐욕하는 마음만 증장하고, 마음대로 안 되면 성을 내게 되는 어리석음을 반복하게 되는 자기중심적 사고로 인해서 비뚤어진 마음으로 윤회를 반복하면서 살아가고 있는 것이다. 다른 사람이 없으면 '나'라는 존재도 있을 수 없으며, 자기중심적 사고에서 벗어나지 못하는 것은 축생과 다를 바가 없는 것이다. 부처님께서는 자기중심적인 사람을 보고 어리석음을 되풀이 하는 허망횡계(虛妄橫計)의 자라고 하시고, 여기서 벗어나라고 가르침을 주신 것이다.

51. "부처님 오신 뜻을 봉축하며"

대구신문 2016년 5월 13일자 23면에 실린 글

이 사바세계에 부처님이 오신 것은 종교를 초월해서 세상 사람들과 같이 모두 기뻐하고 받들어 축하하는 거룩한 날입니다. 밝은 곳이나 어두운 곳에 사는 모든 사람들은 오늘을 맞이하여 자신을 되돌아보고 스스로의 부족한 부분을 채우고자 한다면 마음은 물론 세상은 밝아지리라 생각합니다.

우리 모두는 '부처님 오신 날'을 기해서 은혜를 아는 사람이 되어야 할 것입니다. 첫째 부처님의 은혜를 알고, 둘째 부모님의 은혜를 알고, 셋째 국가의 은혜를 알고, 넷째 나 아닌 다른 사람의 은혜를 알아야 합니다. 종교가 다르면 부처님의 은혜는 생각하지 않더라도 부모님의 은혜를 알아야 할 것입니다. 이 세상에 나와서 힘들게 살다보면 부모를 원망하는 경우가 있지만, 낳아준 은덕만 생각하더라도 원망을 해서는 안될 것입니다.

사람 몸 받기 힘든데 자신이 전세에 지은 것이 없어서 힘들게 살아가고 있다고는 생각하지 않고 부모를 원망하기만 하는 것이 중생의 마음일 것입니다. 그리고 내가 태어난 나라의 은혜를 알고 보답하고자 하는 것은 당연한 것인데도 그렇지 않은 것도 현실입니다.

돈과 권력이 있는 자들은 그 힘을 약자에게 행사를 하는 것이 현실이며, 또한 자신의 잘못은 생각조차 하지 않고 서로 반목하면서 남의 잘못으로만 돌려버리는 것이 사람들의 마음일 것이며, 이렇게 은혜를 모르고 살아가고 있는 것이 이 시대를 살아가고 있는 우리들의 현실인 것 같습니다.

우리가 사는 세상은 '우리'라는 개념으로 산다는 것보다 자기 위주로 살아가고 있는 것도 이렇게 은혜를 모르는 각박한 세상이기 때문일 것입니다. 조금만 욕심을 부리지 않는다면 편안하게 살아갈 수 있는 사회가 될 수 있을 것인데, 작은 권력이라도 없으면 살아가기 힘든 사회에서 정직하게 사는 사람들은 모든 면에서 힘든 생활을 해야 하는 것도 부인할 수 없는 현실이라 생각이 듭니다.

그래서 말법세상에는 신앙생활로 스스로를 인내하고 힘을 길러 살아가는 방법을 터득하게 된다고 생각합니다. 팔만대장경 중 불교의 신앙의 대상인 『묘법연화경(妙法蓮華經)』 비유품(譬喻品) 제3에서 부처님께서는 "너희 모든 사람은 다 나의 아들이요, 나는 곧 모든 사람의 아버지이니라." 그리고 "오직 나 한 사람만이 능히 이들을 구호하느니라." 라고 하셨습니다. 우리들 사람들은 부모의 몸을 빌려 생노병사(生老病死)의 고뇌로 인하여 인생을 마감합니다. 부모님은 우리들의 몸을 만들어 주시지만, 부처님은 이 몸에 생명을 불어넣어 주셨기 때문에 "모든 사람은 다 아들이라"고 하신 것입니다.

석가모니부처님이 이 세상에 출현하심은 모든 사람인 일체중생을 구원하시기 위해서 나오시어, 부처님의 모든 재산인 일대사인연법(因緣法)인 『묘법연화경(妙法蓮華經)』을 남겨두시고 신행할 것을 유언하신 것으로, 부처님의 유언을 믿고 행하면 되는 것입니다. 사람으로 태어나기가 어렵다고 하셨고, 사람 몸 받기 어려운데 태어났으면 사람답게 살아야 한다는 것입니다. 사람답게 살아야 하는데 어떻게 해야 하는가가 문제가 되겠지만, 부처님의 가르침을 믿고 행하면 될 것입니다.

다시 말해서, 자식된 도리를 다 하는 것이 효자라는 뜻입니다. 열 명의 자식이 있다면 그 중에 부모에게 효도하는 자식, 효를 행하지 않는 자식, 하고 싶어도 하지 못하는 자식, 다양할 것입니다. 금전적으로 효를 행하려고 하는 사람이 많은 것도 사실이지만, 부모님은 바라는 것이 없는 것과 같이 부처님도 또한 아무 것도 바라시지 않고 다만 사람답게 살기를 바랄 뿐입니다.

사람답게 살고자 하면 부처님의 가르침을 따르는 것, 즉 우주법계의 진리를 저버리지 말고 순응하라는 뜻입니다. 다시 말해서, 순리대로 사는 방법을 가르쳐주셨고, 이 가르침을 따라 행할 것을 바라시는 것입니다.

이번 불기 2560년 사월초파일은 모든 사람의 현재와 미래를 위해서 이 세상에 나오신 부처님의 성탄을 모두가 한 마음으로 받들어 축하하기를 간절히 바라며, 모든 사람들은 부처님의 자식으로서 부처님의 가피력이 그 가정과 사회와 국가 그리고 세계의 평화가 오기를 긴절한 마음으로 앙원(仰願)하는 바입니다.

52. 부처님의 본 모습은 구원본불(久遠本佛)이다

대구신문 2016년 7월 1일자 23면에 실린 글

일반적으로 "불교를 왜 믿는가?"라고 질문을 하면, 대부분의 사람들은 마음을 닦기 위해서 불교를 믿고, 절에 다닌다고 대답들을 한다. 그런데 무엇으로 보이지도 알지도 못하는 마음을 닦을 것인가에 대해서는 얼버무리거나 아니면 앉아서 참구해야 한다고 한다.

우주의 5대 물질인 지수화풍공(地水火風空)은 모든 생명이 살아가는데 있어서 절대적 요소이며 생명을 유지하는데 없어서는 안 되는 대활력소인 깃이다. 5대 물질(지수화풍공)이 있기 때문에 모든 생명이 존재할 수 있으며, 5대 물질(지수화풍공)이 있기 때문에 '나'라는 것이 존재하고 있다는 것을 모르는 사람은 없을 것이다. 그러나 이것을 망각하고 살아가는 것이 사람이다.

순간순간 필요할 때만 고맙게 생각하고 풍족해지면 고마움을 모르고 살아가는 것 또한 사람이다. 그러다보니 불교를 단순한 종교로만 생각하고 있는 것이 현실이다.

사람들은 석가모니불(佛)을 사람으로서 부처가 된 인(人) 본존(本尊)으로만 알고, 구원본불(久遠本佛)이 싯달다 태자인 사람의 형상을 하고 중생을 구원하기 위하여 이 세상에 나오신 것을 잊어버리고 살아가고 있는 것이다. 싯달다 태자는 어머니에 의해 잉태되어 뱃속에서 나와 성장하고 출가하여 바른 수행으로 인해서 궁극에는 부처가 되시어 법을 설하시고 열반에 드시는 과정을 모든 사람에게 보여주신 것이다. 사람의 몸을 받아 세상에 나오면 반드시 늙고 병들어 죽고, 다시 윤회해서 태어나게 되어 세세생생 정신적 육체적 고통을 면하지 못하고 있지만, 불도(佛道)를 행하면 이 고통에서 벗어날 수 있다는 것을 부처님은 제시해 주신 것이다.

이것은 모든 사람들도 부처가 될 수 있다는 것을 보여 주신 것이지만, 석가모니불(佛)은 사람의 모습으로 나오시기 백천만 억겁이라는 수를 헤아릴 수 없는 해 이전에 본래부터 이미 절대적인 유일신으로써 구원본불(久遠本佛)의 부처임을 밝히신 가르침을 모든 사람들은 외면하고, 눈으로 본 인본존(석가모니불)만이 전부인 것으로 착각하고 있는 것이 현실이다.

부처님은 말법세상에 모든 사람들이 의지해야할 곳으로 정해 주신 네 가지가 있는데, 그것은 첫째 부처님의 법, 둘째 부처님의 지혜, 셋째 부처님의 뜻, 마지막으로 부처님이다. 스스로 50년 동안 설법하신 가르침 중 만족하신 요의경(了義經)에 의지할 것을 열반경(涅槃經)에 밝혀 두신 것을 알고도 모른 척 하는 것이 안타까울 뿐이다.

그리고 항간에 불교를 믿는 사람들조차 윤회설(輪迴說)을 부정하고 있는 것도 현실이다. 이것은 부처님의 가르침뿐 아니라 진리를 정면으로 부정하는 것이 아닐 수 없을 것이다. 윤회가 없다면 죽은 귀신이 사람에게 빙의되는 일이 없어야 할 것이다. 이 시대는 귀신이 사람에게 빙의되어 많은 사람들이 시달리고 있는 것 또한 현실이다.

화엄경(華嚴經)에서 '일체유심조(一切唯心造)'라는 말씀이 있다. 이 가르침의 궁극은 내가 어떤 마음을 가질 것인가에 따라서 변화를 가져올 수 있다는 뜻이다. 중생으로 남아 있을 것인가 아니면 부처가 될 것인가는 자기 자신이 선택해서 어떤 마음으로 행할 것인가, 즉 마음먹기에 달려있다는 뜻이라 산승은 생각한다.

상법결의경(像法決疑經)에서 부처님께서 "문자에 의하는 고로 중생을 제도하고 깨달음을 얻느니라"고 하신 가르침을 다시 한 번 상기할 것을 간곡히 바랄 뿐이다.

53. 말법에는 오직 하나밖에 없는 일불승인 묘법 연화경에 의지하라

대구신문 2016년 7월 15일자 23면에 실린 글

문자가 없이는 깨달음도 부처도 될 수 없을 뿐 아니라 중생도 구제할 수 없다는 상법결의경(像法決疑經)의 가르침을 세상 사람들이 외면하고 있다는 것은 실로 안타까운 일이다.

열반경(涅槃經)의 결경(結經)인 상법결의경에서, "문자에 의하는 고로 중생을 제도하고, 깨달음을 얻느니라." "혹 선을 닦는 일이 있어도, 경론에 의지하지 아니하고 스스로 자기의 견해를 좇아서 어떤 것을 바른 것이라 한다면, 이것은 바로 삿된 것이라 하느니라." 이것은 아무리 훌륭한 수행법으로 오랫동안 철저한 정진을 했다 하더라도 궁극에는 묘법연화경에 들어오지 않고서는 불도를 성취할 수 없다는 것을 밝히신 것이다.

불교(佛敎)에서의 원적(怨敵)은 부처님의 가르침이 아닌 다른 것을 부처님의 가르침인양 사견을 설하는 것이며 이것을 듣고 믿고 따르는 것을 경계하신 것이다. 부처님이 공양 공경하는 가르침이 불교에 있어서 신앙의 대상이 되는 것이다.

열반경(涅槃經) 사상품(四相品)에서, 부처님께서 가섭존자에게 이르시기를 "가섭아 모든 부처님이 스승으로 삼는 것은 이른바 법(法)이니라. 그러므로 모든 부처님이 이 법(法)에 공양 공경하느니라." 법이라 함은 부처님이 이 세상에 나오신 뜻이며 부처

님께서 50년 동안 설법하신 일대사인연법(因緣法)으로 이 법을
설하심으로써 부처님 스스로 만족하신 경으로 하나밖에 없는
일불승(一佛乘)인 묘법연화경(妙法蓮華經)이다.

묘법연화경 방편품(方便品)에서 "금자이만족(今者已滿足)"이라
하셨으니 부처님께서 법을 설하심으로써 스스로 만족하신 가르
침이며, 이 법을 믿으면 "무일불성불(無一不成佛)"이라 하셨으니
한 사람도 성불하지 못하는 사람이 없다고 하신 것이다. 이 묘
법연화경이 곧 불교로써 신앙의 대상임은 물론이요, 수행하는
방법 중 이 경을 수지하는 것이 가장 최고의 방법이라고 부처
님은 제시하신 것이다.
그러므로 열반경 제15의 가르침 중에서 "원컨대 모든 중생이
하나같이 모두 여래출세의 문자를 수지하라."고 하신 것이다.
이것이 불교가 아니고 무엇인가?

말법세상(末法世上)에서는 사견을 설하는 자가 바닷가 모래알
과 같이 많다고 하시고, 그들을 따르는 자 또한 바닷가 모래알
과 같이 많다고 열반경 등 여타의 경전에서 설하신 것이다. 바
른 것이 아니면 과감하게 버릴 줄 알아야 하고, 잘못된 생각이
나, 또는 내 생각이 최고라고 생각하는 그 자체가 잘못이라는
것을 깨닫고, 잘못된 것은 버릴 줄 아는 것이 자기를 발전시키
는 계기가 될 것이다.

아무리 좋은 것이라 할지라도 부처님의 가르침이 아닌 것은
버릴 줄 아는 사람이 곧 잘못된 자신에게 이길 수 있는 사람이

되는 것이다. 자신을 이기는 것은 백만 대군과 싸워서 이기는 것보다 더 값진 것이 된다고 하는 것이다.

우리 인간들은 살아가면서 많은 경험을 하면서 살아가고 있다. 경험을 쌓을수록 욕심이 앞서게 되고 마음은 점점 탐욕이 강하게 일어나서 더 큰 욕심을 채우려고 하다보니까, 미혹한 마음에서 벗어날 수 없어 마음은 더욱더 더러워지는 것이다.

부처님은 불타는 삼계(三界), 즉 욕계(欲界)·색계(色界)·무색계(無色界)로 인해서 탐욕과 어리석고 성내는 독한 기운을 뽑아서 안락한 생활을 할 수 있도록 가르침을 주셨지만 사람들은 이것을 믿지 않고 작은 것에 집착해서 살아가면서 바르지 못한 것을 바른 것이라 착각하고 받들면서 믿고 있기 때문에 사회는 더욱더 어지러워지는 것이다.

이러한 세상을 비유로 설하신 가르침이 바로 묘법연화경 비유품(譬喻品) 제3에서 삼계화택(三界火宅)의 비유(중생계인 욕계·색계·무색계의 삼계를 불타는 집에 비유)를 설하신 것이다. 우리 인간들은 어릴 때부터 부처님의 가르침으로 생활화해서, 우리 마음속에 있는 여러 가지 번뇌를 없애려고 노력하고, 점점 부처님의 마음이 되도록 노력함으로써 반드시 좋은 삶을 살아갈 수 있다는 것을 확실하게 믿고 실천하는 것이 중요하다.

54. 연꽃과 같은 진실한 가르침

대구신문 2016년 7월 29일자 23면에 실린 글

『묘법연화경(妙法蓮華經)』은 "연꽃(lotus)과 같은 진실한 가르침"이라는 뜻, 또는 "부처님의 최고(lotus)의 가르침"이란 뜻이며, 산스크리트어로 Saddharma-Pundarika-Sūtra, 일명 법화경(法華經)이라고도 한다.

대승경전(大乘經傳)으로 삼승(三乘, 성문승(聲聞乘)·연각승(緣覺乘)·보살승(菩薩乘)을 한 데 모아 일승(一乘)의 큰 수레로 일체중생을 구제한다는 뜻에서 부처님이 큰 인연으로 세상에 나와 모든 중생으로 하여금 부처의 경지에 들어가게 하는 데 이 가르침의 근본목적이 있다. 28품으로 이루어진 이 경전은 『화엄경』과 함께 한국불교사상의 확립에 가장 큰 영향을 끼쳤으며, 우리나라에서 가장 많이 애독하는 경전이다. 인간은 누구나 불성을 가지고 있다는 인간에 대한 신뢰를 말하고, 부처님의 가르침을 인간 각자가 실천하여 성불하도록 하고 있다.

이 묘법연화경 비유품(譬喩品) 제3 삼계화택(三界火宅)의 비유는 부처님께서 중생들을 피안으로 이끌기 위한 방편으로 말씀하시는 일곱 가지 비유 가운데 제일 처음으로 하신 말씀이다. 사람의 심성을 각종 조류나 짐승, 벌레들을 들어서 비유하신 가르침이다. 이 세상을 살아가는 사람들의 심성도 각양각색이겠지만, 그 중에서 교만하고 거만한 마음을 비유로 들어서 "올빼미, 독수리, 까막까치, 비둘기"와 같은 날짐승으로 비유하였으니, 이것은 교만한 마음에서 벗어나라는 가르침이다.

사람도 순한 사람도 있고 선하지 못한 사람도 있듯이, 새 중에서도 사나운 새도 있고 순한 새도 있는데 이러한 새를 네 종류로 나타내신 것이다. 하늘을 나는 새들은 주로 높은 곳을 향해서 날지만, 그 이상 높이 올라가지 못하는데도 무조건 높이 날아 보려고 하는 것을 중생들의 거만한 마음에 비유하신 것으로, 다른 사람은 알아주지도 않는데 자기 혼자 잘난 척 한다는 뜻이다.

자기 자신이 올바른 사람이 되려고 노력하는 사람도 있지만, 노력도 하지도 않으면서 새가 날기 위해서 파닥거리는 것과 같이 다른 사람보다 앞서거나 다른 사람의 위에 올라서서 군림하고자 하면서 갖가지 잔꾀를 부리는 것으로 거만하고 교만한 마음을 비유한 것이다. 거만하고 교만한 마음으로 인해서 자신을 점차로 파멸의 길로 들어가게 한다는 뜻으로 날아다니는 새를 비유한 것이다. 특히 권력욕과 재력욕이 있는 사람이 권력과 재력을 가지기 전에는 남에게 모든 것을 다 줄 것처럼 하다가 막상 권력과 재력을 가지게 되면 달라진다. 이런 사람은 교만과 거만한 마음으로 인해서 자기 뜻대로 되지 않으면 성을 내게 되고 보복을 하겠다는 독한 생각까지도 가지고 다른 사람에게 피해를 주는 행위를 실행하게 된다.

성을 낸다는 것은 진에(瞋)하는 마음의 비유로 "뱀, 살무사, 전갈, 지네, 까치독사"와 같은 종류의 성질로 독한 사람의 마음에 비유한 것이다. 이러한 것들은 모두가 독을 지니고 있으며, 독을 지니고 있는 것들은 그 독으로 인해서 반드시 다른 사람들에게 해를 끼치는 것과 같이, 성질을 부리는 것을 이러한 것에 비유한 것이다. 성을 내는 것은 사람의 미혹한 마음 중에서 가장 나쁜 마음이라 할 수 있다. 예를 들어 탐욕의 마음도 나쁘지만, 내 욕망을 채우기 위해서 다른 사람과 일시적이나마 좋은 사이가 될 수도 있다. 그러나 성질을 자주 부리게 되면 주위 사람들이 서서히 나를 외면하게 되고 적이 될 수도 있다. 그래서 성을 낸다는 것은 처음에는 좋은 관계지만 이것을 깨어 버릴 수 있는 파괴성을 가지고 있기 때문에 사회생활을 하는데 있어서는 삼독(탐욕·분노·어리석음) 중에서 제일 나쁜 미혹한 마음이라고도 할 수 있는 것이다.

사람들은 혼자가 아닌 우리라는 개념으로 같이 살아가고 있기 때문에, 같이 살아가고 있다는 본성을 깨어 버리는 것이 성을 내는 것으로, 모든 사람들과 사이가 좋지 않게 되는 것과 같이, 독사나 독이 있는 독충에게 물리면 그 독이 점차로 온몸에 퍼져서 심한 고통을 받거나 아니면 죽게 되는 것을 비유한 것으로 우리들이 살아가는 현실과 다르지 않다는 것을 부처님의 가르침으로 알 수 있는 것이다.

인간은 누구나 불성(佛性)을 가지고 있다. 삼독(三毒), 탐욕(貪慾)·진에(瞋恚)·우치(愚癡)를 멀리하고 부처님의 가르침을 늘 실천하면 성불할 수 있다. 이것이 바로 묘법연화경 비유품 세3의 삼계화택의 가르침이다.

55. 현각 스님이 이것을 알았더라면

대구신문 2016년 8월 12일자 23면에 실린 글

참으로 안타까운 일이다. 미국인으로써 불가에 귀의하여 스님이 된, 하버드대학(비교종교학 석사)에서 화계사(국제선원장) 까지 부처님의 가르침을 찾아 묵묵히 걸어온 조계종 현각 스님이 한국 불교와 인연을 끊겠다고 말했다. 참으로 안타까운 마음과 동시에 불자님들께 미안한 마음으로 고개를 들 수가 없다.

조계종(曹溪宗) 스님들이 기복적 신앙과 탐욕하는 마음이 싫어서 한국불교를 떠난다고 한 것은 실로 실망스러운 일이 아닐 수 없다. 스님이라면 부처님의 가르침을 근본으로 삼고 바르게 행하면 기복에서 벗어날 수 있을진대, 그렇지 못한 것이 현실이다.

먼저 이번 일을 계기로 스님이라면 누구라도 자숙해야 할 것이다. 그러나 부처님의 제자로서 과연 그 방법밖에 없었을까? 반문하고 싶다.

이런 문제는 한국불교를 떠난다고 기자회견을 할 것이 아니라 조계종 내에서 자기의 뜻을 주장하면서 싸워서라도 안에서 해결해야 할 문제를 밖으로 표출하는 것은 바람직하지 못하며, 현각 스님 자신이 부처님의 가르침을 근본으로 삼고 수행해 왔는가? 반문하고 싶다. 분명, 그런 문제로 한국불교를 떠난다고 하는 것은 명분이 될 수 없다.

만약 부처님의 가르침대로 행하지 않기 때문에 조계종을 떠난다고 한다면 이해가 되고 명분이 서겠지만, 불자를 기복으로 이끈다는 것은 분명 잘못된 것이고 공감하지만, 잘못된 부분에 대해서 해결책을 제시해야 할 것이다. 다시 말해서, 불자가 신앙해야 할 부처님의 가르침과 기복에 물들지 않도록 하는 방법 그리고 부처님의 가르침으로만이 자신의 마음을 닦아내어 업장 소멸할 수 있다는 것을 제시했어야 한다고 생각한다.

그리고 스님들의 탐욕한 마음 때문에 한국불교를 떠난다고 하면서 한국불교와 전체 스님들을 매도하는 것은 부처님의 제자로서 해야 할 일이 아니라 생각한다. 이러한 행태는 자기만이 바르고 다른 사람은 바르지 못하다고 주장하는 것과 다를 바가 없을 것이다. 자신이 소중한 만큼 다른 사람도 자신만큼 소중함을 알아야 하며 남의 생각도 존중해야 하는데 잘못 이해하게 되면 자기만 소중하다고 알고 이기적인 사고로 변하기 쉽다.

모든 사람이 소중한 이유는 개개인 모두가 다 부처의 종자를 가지고 있기 때문이다. 사람은 누구나 작용하지 않는 법신 보신 응신(화신)을 갖추고 있으며(無作三身), 스스로 닦아 깨달음을 얻음으로 하여 작용할 수 있도록 하는 부처의 종자(自修用身)가 있기 때문이다. 다시 말하면, 부처님 법의 가르침으로 바른 수행을 하면 깨달아서 부처의 지혜를 증득할 수 있다는 뜻이다. 그러므로 자신만 소중한 것이 아니라 모든 사람 누구나가 다 소중하다고 하는 것이다.

석가모니부처님은 이것을 증명하신 분이다. 석가모니불은 소생(小生)인 신(身)으로 깨달음을 증득하신 인본존(人本尊)이시며, 부처님이 설하신 묘법연화경은 모든 부처를 나오게 하는 신령스럽고도 절대적인 유일한 신(神)이라는 사실이다.

이 증문은 법화삼부경(法華三部經) 중 결경인 불설관보현보살행법경(佛說 觀普賢菩薩行法經)에서 "부처님의 세 가지 종류의 몸은 이 법에서 나옴이라" 그리고 "이 대승경전은 모든 부처님의 보장이며, 시방삼세 모든 부처님의 안목이며, 삼세(과거·현재·미래)의 모든 여래가 출생하시는 종자이니, 이 경을 가지는 자는 곧 부처님의 몸을 가짐이라" 여기서 대승경전이라 함은 법화삼부경 중 본경인 묘법연화경(妙法蓮華經)이다.

석가모니불은 본래부터 부처임을 "묘법연화경 여래수량품(如來壽量品) 제16"에서 중생을 구원하기 위해 이 세상에 사람의 모습으로 나타난 것임을 밝히시고, 본래는 구원으로부터 이미 성불한 본불임을 드러내어 본래부터 삼신(三身)이 갖추어져 있기 때문에 수행하여 깨달음을 증득한 것임을 밝히신 것이다. '세 가지 몸'이라 함은 '법신(法身, 비로자나불)', '보신(報身, 노사나불)', '응신(應身, 석가모니불)'으로 이 세 가지의 몸은 서로 다른 것이 아니라 하나로(三身 卽 一身) 모든 사람은 본래부터 갖추어져 있다고 하신 것이다.

현각 스님이 열반경(涅槃經) 제 6권 사의품(四依品)에서 말법에 "네 군데 의지처"를 정해주신 부처님의 가르침을 알았더라면 하는 아쉬움이 있다. 이러한 부처님의 가르침을 바르게 이해했다면, 스님들의 기복적 사고와 탐욕하는 마음 때문에 한국불교를 떠난다고 하지 않고, 조계종단 안에서 길을 모색했을 것이라 생각한다. 참으로 안타까운 일이다.

56. 어리석은 마음에서 벗어나는 가르침

대구신문 2016년 8월 26일자 23면에 실린 글

부처님 입멸(入滅) 후 일천 년 동안은 부처님의 경전의 가르침과 바른 행과 이로 인해 깨달음을 얻는 시대로 정법시대(正法時代)라 하며, 그 다음 일천년은 부처님의 경전의 가르침과 행만이 있을 뿐 깨달음이 없는 시대로 상법시대(像法時代)라 하고, 그 후 만년은 말법시대(末法時代)로 깨달음이 없고 경전은 있지만 부처님의 바른 가르침을 믿지 않고 사견이 충만한 시대라고 한다. 바르지 못한 것을 바르다고 큰 소리 치면 바른 것으로 착각하고 동조하기 쉬운 시대다. 그저 조용하고 순리대로 살아가는 착한 사람이 많지만 그렇지 않은 사람도 많다.

부처님의 팔만법장 중 신앙의 대상이 묘법연화경인데, 이 경에서는 중생들이 사는 세상이 어떻다는 것을 나타내시고 하루 속히 이 어두운 세상에서 벗어날 수 있는 길을 제시해 주신 가르침이다.

묘법연화경(妙法蓮華經) 여래신력품(如來神力品) 제21에서 "여래 일체 소유지법(如來一切 所有之法), 여래일체 자재신력(如來一切 自在神力), 여래일체 비요지장(如來一切 秘要之藏), 여래일체 심심 지사(如來一切 甚深之事), 개어차경 선시현설(皆於此經 宣示顯說)" 이라. '여래에게 있는 일체의 법과, 여래에게 있는 일체의 자재 한 신력과, 여래에게 있는 비밀되고 요긴한 것과, 여래에게 있 는 일체의 심히 깊고 깊은 일을 모두 이 경에서 펴보이고 나타 내고 설함이니라.'

부처님께서 설하신 팔만법장의 가르침은 모두 이 묘법연화 경에서 나온 것임을 명확하게 밝히신 것이다. 성문이나 보살이 설한 것은 그들의 경계에서 설한 것이지 결코 부처님의 지혜 가 아니라고 묘법연화경에서 밝히시고 열반경에서도 설하신 것 이다.

이 시대는 자기가 알고 있는 것을 최고라고 생각하고 주장하 는 시대라고 부처님은 여타의 경전에서도 밝히신 바 있다. 이 사회를 살아가고 있는 사람은 누구나 자기 것을 남에게 주는 것을 싫어하고 내가 아는 것은 큰 비밀이라 생각하고 내놓기를 꺼린다. 특히 자신이 열심히 노력해서 얻은 재산을 남에게 주 지 않고 자기만이 많은 것을 가지고 다른 사람 위에 군림하고 자 하는 것과 같은 것이다. 이러한 재물로 인해서 생긴 권력도 행사하려고 하는데, 부처님은 대자비심으로 모든 재산 일체를 모두 중생들에게 나누어 주신 것이다.

중생을 구원하기 위해서 이 세상에 출현하신 위대한 부처님은 이미 구원겁 이전에 성불하신 절대적 유일신(有一神)으로 사람의 형상으로 나오시어 스스로 깨달은 진리를 일체중생에게 먹게 하시고자 문자로 남기신 것이다. 이것을 먹으면 치유되지 않는 병이 없으며 보배창고를 가지는 것이라고 묘법연화경 여래수량품(如來壽量品) 제16에서 밝히신 것이다.

그러므로 불교는 부처님의 가르침으로 부처님의 마음이 곧 대자비라고 하는 것이다. 그래서 '비유품(譬喻品)'에서 중생들의 마음이 어떤가를 밝히시고 이러한 어두운 마음에서 벗어나면 행복이 온다는 가르침을 주신 것이다.

비유품 제3에서, 불타는 집의 비유 중 "그리마, 도마뱀, 노래기, 족제비, 살쾡이, 생쥐 등이 우글거린다"라 하셨으니, 어리석은 마음인 우치(愚癡)에 비유한 것이다. 이런 짐승들은 어두운 곳인 굴속으로 파고 들어가는 습성을 가지고 있기 때문에, 사람의 마음에서 삼독(三毒) 즉, 탐욕(貪慾)·진에(瞋恚)·우치(愚癡) 중에 어리석음을 비유한 것이다.

어리석은 마음, 우치(愚癡)라고 하는 것은, 전체를 보지 못하고 작은 일부분만을 보고 판단하는 것이다. 중요한 부분은 생각도 하시 않고, 작은 것에만 집착해서 전체의 뜻을 모르는 것과 같이, 그리마 등의 종류들은 낮고 어두운 곳으로만 파고드는 습성을 비유한 것이다.

다른 사람을 이용
해서 이익을 보고자
하는 사람은 일시적
으로는 이익이 있는
것처럼 보이겠지만
반드시 인과의 덫에
서 벗어날 수가 없
는 것이다. 의심이

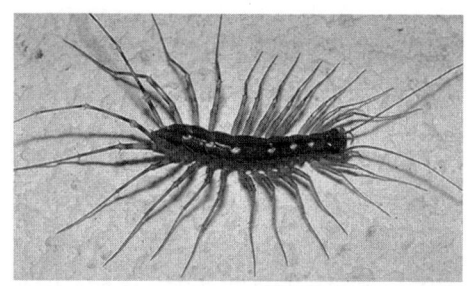

그리마는 그리마과에 속하는 절지동물의 총칭이다. 지네와
비슷하게 생겼다. (출처 : 나무위키)

많은 사람은 반드시 다른 사람을 의심하게 된다. 그러나 자신
이 진실하면 다른 사람을 의심하지 않는다. 개(犬) 눈에는 똥만
보이고, 부처(佛)의 마음을 가지고 있으면 다른 사람도 부처로
보이는 것이다.

그래서 비유품(譬喩品)에서 "모든 악한 벌레들이 이리저리 기
고 뛰며 똥, 오줌, 냄새나는 곳에 부정한 것이 흘러넘치며, 말
똥구리와 모든 벌레가 그 위에 우글거린다"는 의심을 비유한
것으로 의심하는 마음이 큰 죄가 된다는 것을 중생들은 모르고
살아가고 있다는 뜻이다. 더러운 곳에만 있으려 하고, 깨끗한
곳으로 나오려고 하지 않는 벌레와 같이 부처님의 가르침을 바
르게 분별하지 못하는 어리석은 사람들과 불법을 의심을 하는
사람들을 비유하신 것이다.

이러한 어두운 마음에서 하루속히 벗어나 진실한 자아(自我)
를 찾아 심신을 파멸의 길에서 벗어나게 하고자 하신 부처님의
대자비심의 가르침으로 모든 사람이 구원받아지기를 간절히 기
원해본다.

57. 작은 것에 집착하고 있으면서 작다는 것을 알지 못하고

대구신문 2016년 9월 9일자 23면에 실린 글

불교에서 사람 사는 세상을 비유로 밝힌 가르침이 묘법연화경(妙法蓮華經) 비유품(譬喩品) 제3이다. 조용하게 사물을 보거나 생각할 때 일어나는 어두운 마음으로 인해서, 이기적으로 마음이 혼란하게 되어 사회가 어지러워지는 현 시대상을 실재하는 현상으로 부처님은 비유로써 밝히신 것이다.

비유품 제3에서 "여우, 늑대, 야간이들이 짓밟고, 씹으며, 죽은 송장을 뜯어 먹어 골육이 낭자하니, …… 먹을 것을 찾되 다투고 …… 시끄럽게 짖는지라, 곳곳마다 도깨비, 헛깨비, 야차, 악귀들이 있어 사람의 고기를 씹어 먹으며, 독한 벌레들과 모든 악한 짐승들은 새끼를 쳐서 젖을 먹이되 제각기 감추어 두호하건만, 야차가 달려와서 다투어 잡아먹으며, 먹은 뒤에 배가 부르면 악한 마음이 점점 더하여 다투는 소리가 심히 두렵고 ……." 하셨는데, 이 뜻은 악한 짐승들을 탐욕의 마음에 비유한 것이며, 중생을 바른 인과에서 멀어지게 만든다는 뜻으로 비유한 것이다.

용수보살(龍樹菩薩)의 대지도론(大智度論)에 보면 "바른 인과를 뒤집고, 벽신으로서 복을 구한다"라고 하셨다. 이것은 신앙을 갖고 있는 사람들을 경계하신 말씀이다. "벽신(辟神)"이라고 한 것은 좋은 인과를 지었을 때 반드시 그 갚음이 온다는 뜻으로,

불법을 믿으면 반드시 때가 되면 좋은 인과가 나타날 것인데도 기다리지 못하고 불법을 믿는 마음만으로 금방 좋은 일이 생겨서 빨리 복이 오기를 바라는 마음은 잘못된 생각이다. 이렇게 잘못된 믿음으로 복을 구하는 것(祈福信仰)을 용수보살은 벽사 (辟邪)라고 한 것이다.

부처님께서 설하신 가르침을 무시하고, 자기 멋대로 생각해서 사견을 말하고, 다른 사람들에게 부처님의 바른 가르침을 혼돈하게 만든다는 것은 결코 모든 사람들을 벽사로 만드는 것이 되는 것이다. 세상이 어지러울수록 기복적인 신앙심은 깊어지게 마련이다. 작은 것을 구하고자 하는 마음으로 기복신앙이 깊어지면 깊어질수록 큰 것을 잃게 마련이다.

이렇듯 모든 사람들이 인과를 부정하는 것은 성급한 마음 때문이다. 예를 들어 씨를 뿌리면 싹이 나오고, 이것이 잘 자라서 꽃과 열매가 열릴 때까지 기다렸다가 수확을 하는 것과 같은 순리를 생각하지 않고, 씨를 뿌리면 바로 수확을 하고자 하는 마음과 같은 것이다.

비유품(譬喩品)에서 "구반다 귀신은 흙 위에 걸터앉아 혹 어느 때는 땅에서 한 자나 두 자씩 뛰며, 오고 가고 방종하게 놀고 장난하며 개의 두 다리를 잡아 태질쳐 소리 내지 못하게 하며, 두 발로 목을 눌러 개를 무섭게 하고는 스스로 즐거워 하느니라." 이 뜻은, 자기 마음대로 생각해서 남에게 괴로움을 주거나, 남이 괴로워하는 것을 보고 겉으로는 생각해 주는 것처럼 말하지만, 속으로는 다른 사람이 괴로워하는 것을 보고 스스로 즐거워하고 있다는 것을 나타낸 것이다.

이 사회는 이기적 사고가 만연해서 남이 잘 되는 것은 자신의 것을 빼앗긴 것으로 생각하고 있는 것 같다. 왜 그럴까? 그것은 시기질투가 자신도 모르게 마음에 크게 작용해서일 것이다. 그렇지 않으면 자신 스스로 못났다고 한탄하거나 자학하는 데서 생

구반다 (鳩槃多)
(출처 : 경남 양산 신흥사의 벽화)

구반다(鳩槃多)는 사람을 가위 눌리게 하는 귀신 또는 사람의 정기(精氣)를 빨아 먹는다는 귀신으로 사람의 몸에 머리는 말(馬)의 모양을 하고 있다.

기는 마음이다. 지신을 학대하는 것은 모든 것을 잃게 할 수도 있는 것이며 자신의 소중함을 전혀 알지 못하는 어리석은 나쁜 마음이다.

"모든 귀신이 있어, 그 몸은 길고 큰데 벌거숭이에다 검고 여윈 것들이 항상 그 가운데서 살며, …… 그 목구멍이 바늘구멍과 같으며", "또 모든 귀신이 있어, …… 혹은 사람의 고기를 먹고, 혹은 개고기를 먹으며 …… 잔인 흉악하며, 기갈이 핍박

하여 부르짖으며, …… 짐승들이, 배고프고 굶주려서 사방으로 흩어져서 틈새로 엿봄이라." 이 뜻은 각자의 몸을 가지고 복잡한 사회 구조 속에서 살아가고 있으면서 남을 생각하지 않고 오직 자기만 생각하고 행동하며 살아가고 있고, 자기가 생각한 것에 대해서 바른 것이거나 잘못되었거나 간에 그것에 스스로 집착하고 있으며, 또한 자신이 지어온 그릇의 크기는 생각하지 않고, 큰 것을 가지고자 탐하는 것이 아귀와 같다는 뜻이다.

목구멍이 가늘면 물도 삼키기 어렵기 때문에 목구멍으로 아무것도 들어갈 수 없는 아귀가 더 많은 것을 먹기 위해서 탐욕하는 마음이 증장해서 각자 제멋대로 행동한다는 뜻이다. 다시 말해서, 모든 사물을 한쪽 면만 보지 말고 전체를 보고 해석해야 함에도 불구하고, 한쪽 면만을 보고 단정해 버리는 마음을 비유한 가르침이기도 하다.

예를 들어 작은 것에 집착하고 있으면서 작다는 것을 알지 못하고 있는 것이 중생인데, 잘못 생각하고 행동한 것이 있으면 스스로 인정하고, 잘못에 대해서 반성하고 고쳐 나가야겠다고 마음먹고 이것을 실천하는데 노력해야 하지만, 다른 사람은 모른다고 생각하면서 남의 눈치만 살피고, 알더라도 변명을 하는 것은 결코 바람직하지 못하기 때문에 중생들의 이러한 미혹한 견해는 짐승들의 흉악하고 배고파하고 남을 엿보는 것과 같은 것이다.

58. 번뇌망상

대구신문 2016년 9월 23일자 23면에 실린 글

번뇌망상(煩惱妄想)을 일으키는 것은 생각에서부터 시작된다. 소의 머리에 보면 두 개의 뿔이 나 있는 것을 볼 수 있다. 이것은 자기 자신이 스스로 '있다 없다' 또는 '맞다 틀리다' 또는 '사실이다 거짓이다'라고 하는 분별심 때문에 번뇌를 일으키게 하는데 소의 머리에 난 두 개의 뿔의 비유다.

묘법연화경(妙法蓮華經) 비유품(譬喻品) 제3에서, "기갈이 핍박하여 부르짖으며 이리저리 달리고 야차 아귀와 모든 악한 새와 짐승들이 배고프고 굶주려서 사방으로 흩어져서 틈새로 엿봄이라."

여기서 모든 중생들은 부처님 지혜의 가르침을 받아가지고 바른 깨달음을 얻어 선정을 먹고 살아야 하는데, 분별심 때문에 작은 것에 집착하다 보면 자신이 살아가는데 도움이 되지 않는다는 뜻으로 "기갈이 핍박해서 부르짖으며 이리저리 달린다"고 한 것이다.

중생들은 부처님의 지혜의 가르침으로서만이 번뇌를 끊어버리고 완전한 자유를 누릴 수가 있는 것이다. 그러나 탐욕과 성내고 어리석은 마음인 세 가지 독으로 인해서 생겨나는 것에서 벗어나려고 하지 않고 스스로 빠져서 누에가 자신이 처놓은 거미줄에 갇혀 결국에는 죽고 마는 것과 같이 사람도 스스로 만든 덫에 걸려 궁극에는 죽고 마는 것과 같은 것이다. 그것은 세 가지 독이 자신을 지배하려고 한다는 사실을 잊어버리고 벗

224   지금이 그 때라

어나려고 하지 않는 것이 문제다. 자신의 욕심으로 인해서 자신이 스스로 힘든 상황을 만들어 가면서도 그것을 알아차리지 못하고 좌절하고 더욱더 악한 마음으로 살아가고 있는 것이다.

중생들은 번뇌로 인해서 본래부터 갖추어져 있는 불성을 깨닫지 못하고 있기 때문에 "굶주리고 배가 고프다"고 비유한 것이다. 또 중생들은 번뇌로 인해서 잘못된 공(空)에만 집착하고 있어서 부처님의 지혜의 맛을 모르기 때문에 그 맛이 단것인지 쓴것인지 어떤 맛일까 하고 기웃거린다는 뜻으로 "틈새를 엿본다"고 한 비유다.

불장경(佛藏經) 정계품(淨戒品)에서 "사리불아 깨닫지 못하고서 깨달았다고 자만하는 자는 모두가 악마의 무리로써 악마의 일을 도와서 생멸(生滅)이 없는 법을 비방하느니라."

생멸(生滅)이 없는 단 하나밖에 없는 원융한 법은 묘법연화경으로써 이 법을 비방하는 죄는 무간지옥을 벗어나지 못한다고 열반경(涅槃經)과 묘법연화경 처처에서 설하신 것이며, 사람은 작은 것에 집착하고 큰 것을 보지 못하고 있다는 것은 자신의 소중함을 잊고 있는 것과 같은 것이다.

열반경(涅槃經)에서는 "만일 선(善)비구가 있어 법을 무너뜨리는 자를 보고서도 하책하지 않는다면 마땅히 알라. 이 사람은 불법 가운데서 원수라. 만일 능히 쫓아내고 하책하면 이는 나의 제자요 참된 성문이라." 이렇게 열반경의 가르침을 잘 살펴서 자신이 바른 믿음으로 신앙하고 이해하려고 하고 있는지를 잘 살펴보아야 할 것이다.

비유품(譬喩品) 제3에서 "이 같은 모든 환란이 한량없어 두렵고 겁이 남이라. 이 썩고 낡아 빠진 집은 한 사람에게 속해 있느니라." 이 세상에 사는 사람들이 탐욕하고 성내고 어리석은 마음의 번뇌에서 벗어나지 못하고 있는 것은 실로 두려운 일로 벗어나고자 한다면 반드시 부처님의 가르침으로 실천하는 길 뿐임으로 나 한 사람만이 구원할 수 있다고 한 것이다.

물질세계와 정신세계 그리고 무소유 의식인 욕계(欲界)·색계(色界)·무색계(無色界)의 삼계(三界)가 편하지 못한 것의 비유로, 중생들이 살아가고 있는 것은 전세에 지어진 일들과 주위환경으로 인해서 갖가지의 번뇌가 생겨나기 때문에 편안하지 못하고 항상 불안한 마음이 연속적이 된다.

첫 번째 식욕과 탐욕하는 마음 그리고 성욕에 대한 욕망으로 인해서 갖가지 업을 스스로 만들어 내면서 살아가고, 두 번째 물질적인 욕망에서 벗어나고자 노력은 하지만 벗어나지 못하고 있다. 앞의 두 가지 경계를 초월한 순수한 정신세계인 무소유의 마음이 되고자 노력해야 함에도 오직 자신의 욕망 때문에 이런 자신을 지옥으로 이끌어 가는 것이다.

이렇게 사람의 마음은 변화무쌍 하다고 할 수 있다. 사람은 스스로 이곳저곳을 수없이 왕래하면서 살아가고 있다는 것을 알지도 못하고, 알려고 하지도 않는 것은 안타까운 일이다. 한 치 앞도 보지 못하는 사람이야 말로 오직 자신의 탐욕과 어리석음과 성내는 마음으로 인해서 스스로를 파멸의 길로 가고 있다는 것을 알았으면 한다.

누구라도 하나밖에 없는 진리의 가르침인 묘법연화경에 들어 바르게 믿고 이해하고자 하면 궁극에는 그 한 사람인 부처가 될 수 있는 것이다. 그래서 이 사바세계에서 고통에 빠져 있는 사람을 구원할 수 있는 분은 절대적 유일신으로 사람의 형상을 하고 이 세상에 나오신 석가모니부처님 한 분 뿐이라는 뜻이다. 한 분 뿐인 부처님은 중생을 구원하고자 이 세상에 사람의 형상으로 나오신 것이다.

59. 복은 스스로 짓는 것이다

대구신문 2016년 10월 7일자 23면에 실린 글

과거나 지금이나 깨닫지도 못한 사람이 깨달아서 아는 것처럼 말을 하는 자들을 많이 볼 수 있다. 열반경(涅槃經)에서 부처님께서 말씀하시기를, "혹시 꿈에라도 부처의 형상이나 보살의 형상으로 나타나면 마군의 소행으로 모두가 다 환(幻, 미혹하고 어지럽힘)임을 알아야 하며, 이런 것들은 부처님의 가르침으로 물리쳐야 하고, 악비구들이 부처님께서 설하신 제호미의 아름다운 맛을 더러운 냄새 나는 것과 섞어서 무엇이 일미인지를 분별하지 못하게 하고, 부처님의 법을 멸진하게 하여, 중생을 악도로 이끈다는 것을 깊이 새겨야 할 것이다."

특히 선(禪)을 수행할 때, 부처나 보살의 형상을 하고 내 눈앞에 나타나면 일도에 목을 치라는 옛 조사스님들의 말씀이 있다고 하나, 이 말은 조사의 말씀이 아니라 바로 이 경문을 인용해서 한 말이다.

묘법연화경(妙法蓮華經) 비유품(譬喩品)에서, "들보와 서까래와 기둥 튀는 소리가 벼락치듯하며, 떨어져 부러지고 장벽이 무너짐이라. 모든 귀신은 큰 소리로 부르짖으며"는 중생들의 번뇌망상(煩惱妄想)으로 인한 고통은 온 몸에 불이 붙어 타는 것과 같은 모습의 비유다. 다시 말해서, 지수화풍(地水火風)이라는 네 가지 물질인 사대로 인해서 만들어진 몸이 허망하게 무너지는 것으로 업장을 소멸하지 못하고 죽는다는 뜻이다.

작은 것에 집착해서 큰 것을 보지 못하거나 알려고도 하지 않는 어리석음에 빠져서 고통이 무엇인지조차도 알지 못하고 당연한 것으로 받아들이고 있는 것이다. 바르지 못한 것인지 아닌지를 분별하지 못하면서 스스로 사견을 내어 생사윤회가 있다 또는 없다고 서로가 주장하고 있다는 뜻이다. 윤회가 있다고 하는 사람들은 있다고 하는 그 자체에만 집착하고 있으면서 벗어나고자 하지 않는다는 뜻이고, 없다고 하는 사람은 윤회 자체를 부정하고 있는 것이다. 말법세상인 이 시대에는 이런 자들이 항사와 같이 많다고 곳곳에서 설하신 것이다.

"독수리 같은 새와 구반다 귀신은 두루두루 겁을 내어 능히 나오지 못하며"는 독수리와 같은 교만한 마음이나 구반다 귀신과 같은 마음의 번뇌로 인해서 우주 진리인 하나밖에 없는 절대적 유일신이요 부처님의 지혜이며 일불승인 묘법연화경을 듣고서도 작은 방편에 집착해서 만족하다 보니까 큰 것을 받아들이지 못하고 작은 것에서 벗어나고자 하는 마음이 없다는 뜻이다.

"악한 짐승과 독한 벌레는 구멍을 찾아 숨으며 비사귀신도 또한 그 속에 살더니"라 하셨는데, 부처님은 묘법연화경을 설하시기 이전에 42년 동안 방편의 가르침을 설하시어 중생들도 선정에 들 수 있도록 유인하신 가르침이다. 그러므로 중생도 번뇌망상을 없애고 선정을 얻을 수 있다고 비유로 설하신 것이다. 다시 말해서, 그 속에 산다는 것은 구멍인데 그 구멍에서 숨어 살고자 하는 마음과 같은 것으로, 뜨거운 불을 피해서 구멍 속과 같이 좁은 공간으로 숨어들어가 임시로 뜨거운 불을 피해서 안심했다는 것으로 이것은 성욕(性慾)과 식욕(食慾)에서 벗어난 것으로 색계(色界)의 경계에서 벗어났다는 뜻이다. 다시 말해서, 지금의 시대에는 중생들이 작은 것에 집착하고 있으므로 고를 면하는 방법을 방편의 가르침으로 42년간 설하신 것을 비유한 것이다.

"복덕이 엷은 고로"라, 지어놓은 복과 덕이 적으면 자연스럽게 악한 마음으로 인해서 고통이 생긴다는 뜻이다. 사람은 재물이 있거나 없거나 간에 고통을 받을 수밖에 없다. 재물이 많다고 해서 행복하다고 할 수 없을 것이며, 재물이 풍족하지 않다고 불행하다고 생각한다는 것은 어리석은 생각이다.

지어놓은 복이 없더라도 스스로가 찾아서 내 것으로 만들어 가면 된다. 이 세상에는 사람만이 유일하게 갖고 싶은 것을 가질 수가 있고, 남에게 주고자 하면 줄 수가 있고, 봉사도 할 수가 있다. 이런 사람의 몸을 받았으면 바른 삶을 살아가야 할 것이나 그렇지 못한 사람도 많다. 그것은 스스로 고통을 만들고 있기 때문이다. 일을 하지 않고 재물이 들어오기를 바라서는 안될 것이다.

만약 원하는 것이 이루어지지 않으면 세상을 원망하거나 부모를 원망하게 된다. 자식은 부모가 낳아준 것만으로도 부모의 은혜를 알고 효를 행해야 하거늘 어찌 부모의 그늘에서 살아가면서 자기 뜻대로 되지 않으면 부모를 원망하면서 세상을 원망하는가? 참으로 안타까운 일이 아닐 수 없다. 부모들은 자식을 두려워하는 경향이 많다. 안타까운 일이 아닐 수 없다. 누구라도 부모의 자식이 안 되어 본 사람은 없다. 다시 한 번 자신을 돌아보고 부모님께 소홀한 것이 없었는지 생각해보기 바란다. 복은 스스로 짓는 것이다. 누가 나에게 복을 지어줄 수는 없다. 내가 지은 죄를 그 누구도 대신 닦아줄 수 없다. 이것은 진리다.

60. 인연과보(因緣果報)

대구신문 2016년 10월 21일자 23면에 실린 글

석가모니부처님은 일체중생 모두를 구원하시기 위해서 사람의 형상으로 이 세상에 나오신 것임을 묘법연화경(妙法蓮華經) 여래수량품(如來壽量品) 제16에서 "내가 보리수나무 아래서 처음으로 성불한 것이 아니라 백천만억 아승기겁 이전에 이미 부처였느니라."라고 밝히시고 모든 사람과 생명 있는 것은 부처의 성품을 갖추고 있기 때문에 부처가 될 수 있음을 보여주신 것이다.

모두가 다 부처가 될 수 있는데도 불구하고 어리석은 중생들은 바른 부처님의 가르침으로 깨달음을 얻어 대자유를 얻으려고 하지 않고 오히려 자신의 업보를 다른 사람이 대신 소멸시켜 줄 것이라 생각하고 있다고 생각해서 다른 힘에 기대고자 한다. 자기수행(自力)의 결과로 과보(果報)가 나타나는 것이지 타력(他力)으로 과보(果報)가 생기지 않는다는 것이 이 세상의 이치요 진리다. 이것은 자기 자신이 지은 모든 업보는 자기 자신의 책임이 된다는 뜻이며, 설사 신(神)이라 할지라도 내가 지은 죄를 대신 가져갈 수 없는 것이다. 그러나 중생은 심약한 마음으로 인해서 그 무엇인가에 의지하고자 하는 마음이 강하게 생겨나기 때문에 타력에 의존하고자 한다.

묘법연화경 방편품(方便品) 제2에서 인연과보(因緣果報)를 밝히신 것을 보면 알 수 있다. 모든 것은 자기 자신이 스스로 지은 것이기 때문에 그에 대한 과보는 자신이 받는 것이며 다른 그 누구도 대신 받아지는 것이 아니라는 것이다.

그러므로 묘법연화경 비유품(譬喩品)에서 중생들이 어떠한 성품으로 살아가고 있는가를 설하시고 하루속히 어두운 마음에서 벗어날 수 있는 길을 제시해 주신 것이다. 비유품에서 "불의 핍박을 받고 서로 잔인하게 해쳐 피를 마시며 고기를 씹고, 야간이들은 그 자리에서 함께 죽으니 모든 악한 큰 짐승들이 뛰어와 뜯어먹으며, 송장 타는 연기가 펄펄 일어나 사면에 가득참이라."

이것은 큰 고통은 없지만 탐진치(貪瞋癡), 즉 탐욕(貪欲)과 진에(瞋恚)와 우치(愚癡), 곧 탐내어 그칠 줄 모르는 욕심과 노여움과 어리석음의 삼독을 뿌리까지 제거하지 못해서 번뇌의 고통을 받고 있는 중생들의 모습을 비유한 것이다. 부처님의 설법을 듣고 소승수행으로 인해서 욕망으로부터 벗어나고는 있지만 물질적인 것으로 인해서 지배받고 있는 마음의 세계에서 벗어나지 못하고 있다는 비유다. 물질이 풍족해지면 권력을 가지기도 하고 성적욕구도 충족시킬 수 있다고 생각하고 멋대로 행동하는 자들을 매스컴을 통해서 보도되고 있다. 이 사바세계에서 사람들이 살아가고 있는 실재하는 현상을 그대로 비유로 설하신 것이지만, 중생들은 옳고 그름을 분별하지 않고, 일러고 하지도 않고, 욕망에만 집착해서 자신의 이익만을 생각하고 서로 뺏고 뺏기고, 기회만 있으면 자신의 이익을 위해서 돈과 권력을 쟁취하기 위해서 상대방을 물어뜯고 하는 것이다.

비유품(譬喩品)에서 "지네 그리마 독사들이 불에 타 구멍에서 뛰어나오면 구반다 귀신은 이를 집어먹으며"는 색계에서 나와 무색계로 들어서 법을 보는 것을 비유한 것이다. 다시 말해서, 마음이 편안하고 육체가 편안한 정신적인 경계에 들고자 하면 반드시 부처님의 가르침만이 가능한 일이다. 그러므로 열반경 (涅槃經)에서 말법에 네 군데 의지하라고 의지처를 정해 놓으신 것이다.

명상을 하거나 하면 일시적으로는 편안한 마음이 되겠지만 부처님의 가르침으로 수행하지 않으면 분별심이 나날이 늘어나서 논쟁만을 일삼게 된다. 사바세계의 중생들이 살아가고 있는 현상은 환란 그 자체다. 자신이 살기 위해서 다른 사람에게 피해를 주고 나보다 월등하다고 생각되면 끌어 내리고 짓밟고 하는 것이 곧 환란이다. 약한 사람은 강한 사람에게 항상 비굴하게 되고 강한 사람은 약한 사람 위에 군림하려고 하는 것이 현실이다.

그러나 부처님의 가르침은 악한 자들의 마음도 순화시켜서 착한 사람이 되게 하는 묘한 특징을 갖고 있다. 사람의 마음이 악해짐으로 해서 세상이 어지럽다는 것은 요즈음 일어나는 일들을 보면 잘 알 수 있다. 물이나 바람이나 불로 인한 피해는 날이 갈수록 더욱더 심화되고 있다. 사람의 마음이 악하면 악해질수록 이러한 환란이 거세게 나타나게 된다. 그래서 부처님께서 이러한 환란 속에서 살아가고 있는 중생들을 구원하시고자 일불승(一佛乘)인 묘법연화경을 설해서 중생을 구원하시고자 하신 것이다. 부처님께서는 항상 제일의 공과 적정열반(寂靜涅槃)에 계시어 대자비심으로 중생들을 구원하시기 위해서 굽어보시고 계신다.

경문에서 "어떤 사람이 말하기를 그대의 모든 아들이 노는데 정신없어 이 집에 들어옴이라. 작고 어리며 지혜가 없어 노는 데만 재미 붙임이라." 이 뜻은 사람들은 스스로 지은 인업(因業)과 행업(行業)으로 인해서 미혹한 마음이 생겨 사견을 내고 있다는 뜻이며, 사람들은 사바세계에 태어나서 우주진리를 밝히신 부처님의 가르침을 믿고 행하지 않고 작은 것에 집착해서 미혹한 마음을 내고 잘못된 말을 듣고 그것을 바른 것으로 착각해서 사견에 집착하여 자기중심에서 벗어나지 못하고 멋대로 말을 하고 있다는 뜻이다.

61. 양의 수레, 사슴의 수레, 소의 수레

대구신문 2016년 11월 4일자 23면에 실린 글

부처님은 항상 중생을 위해서 우주진리의 가르침을 주셨지만, 믿고 따르지 않기 때문에 직접 사바세계에 몸을 나타내어 중생들과 고통을 함께 나누면서 구원하겠다는 대자비심을 일으키신 것을 묘법연화경(妙法蓮華經) 비유품(譬喩品)에서는 "장자가 듣고 놀래어 타지 않게 하리라. 모든 아들을 달래어 환란을 설함이라"고 비유하신 것이다.

부처님은 불타는 집이라고 비유하신 사바세계에서 생겨나는 삼재팔난(三災八難), 즉 천재(天災)·지재(地災)·인재(人災)의 삼재와 여덟 가지의 재난, 곧 배고픔·목마름·추위·더위·물·불·칼·병란과 또 사람들이 경계해야 할 것과 모든 고통에서 벗어나게 하고자 바른 가르침을 설해서 구원하시겠다는 뜻이다.

경문에서, "악한 귀신과 독한 벌레와 재앙과 화재가 만연해서 여러 가지 고통이 끊이지 아니하며, 괴롭고 환난 있는 곳에 큰 불이 일어나건마는 모든 아들은 지혜가 없어 아버지의 타이름이 비록 들릴지라도 오히려 오욕락(재물욕·성욕·명예욕·식욕·수면욕)에 착해서 즐기며 노는 일을 그만두지 않음이라." 즉, 이 세상에서 살아가고 있는 모든 사람들은 각종 번뇌가 쉬지 않고 생겨난다는 뜻인데 번뇌도 예리한 번뇌와 무딘 번뇌가 있다.

악한 귀신이라는 것은 예리한 번뇌인 신(神)·통(通)·지(智)라 해서 귀신들의 신통을 비유한 것이고, 무딘 번뇌는 다섯 가지 어두운 마음으로 오둔사(五鈍使)인 탐(貪)·진(瞋)·치(癡)·만(慢, 교만)·의(疑, 의심)로 벌레와 짐승에 비유한 것이다. 다시 말해서 악(惡)한 귀신이라는 사람의 몸을 이용해서 세상을 어지럽히고 있으며 자신밖에 모르고 다른 사람위에 군림하고자 온갖 방법을 동원하게 되며, 탐욕하는 마음과 성내는 마음 그리고 어리석은 마음으로 인해서 교만한 마음이 나와 내 것을 빼앗기지 않으려고 다른 사람을 의심하게 된다는 뜻이다.

이러한 마음은 악한 귀신과 벌레 등 짐승들을 비유하신 것으로, 여러 가지 번뇌로 인해서 고통 받는 중생들을 위해 알맞은 가르침을 주시지만 탐욕과 어리석고 성내고 의심하고 교만한 마음으로 인해서 작은 것에 집착하고 있는 것을 부처님께서 보시고 구원하시고자 서원을 일으키신 것이다.

중생들은 돈이 있으면 탐욕하는 마음과 돈의 힘으로 쾌락에 빠져 있거나 아니면 힘없는 사람을 무시하거나 그 위에 군림하고자 하고 결국에는 오둔사인 자신의 탐(貪)·진(瞋)·치(癡)·만(慢)·의(疑) 때문에 돈과 권력의 노예가 되어 그것이 고통으로 변한다는 사실을 모르고 있다는 뜻이다. 돈이 없는 사람은 돈을 갖기 위해서 좋고 나쁜 것을 가리지 않고 온갖 수단 방법을 동원하게 되고 마음대로 되지 않으면 자살하거나 아니면 다른 사람에게 해를 입히게 된다. 재물의 여유가 있는 사람이 고통인 줄 모른다는 것은 돈의 힘으로 당장 아쉬운 것이 없으니까 고통인 줄 모른다는 것이며, 이것은 일시적인 현상으로써 억지로 즐거운 마음을 갖고자 하는 것과 같은 것이다.

중생들이 오욕락(물욕·색욕·음식욕·명예욕·수면욕)에 빠져서 부처님의 가르침을 받지도 않고 믿지도 않고 들으려고 하지도 않고 오직 현실에만 집착해서 진실한 가르침인 일불승(一佛乘)인 묘법연화경에 들어오려고 하지 않으므로, 궁극에는 지속적인 윤회고에 빠져서 지옥고와 축생고와 인간계를 벗어나지 못하고 몸과 마음을 파괴시키고 있는 것이다.

비유품(譬喩品)에서 "다시 생각하여 아들들에게 이르되 내게 가지가지 진기한 좋은 수레가 있으니 양의 수레, 사슴의 수레, 소의 수레를 각각 주리라" 하셨는데 이 뜻은 방편의 가르침으로 중생을 구원하고자 하시는 것이며, 세 가지 수레인 성문승과 연각승 그리고 보살승을 수행하라는 뜻으로, 부처님께서 화엄경(華嚴經)과 아함부(阿含部), 방등부(方等部), 반야부(般若部)인 방편(方便)의 가르침을 수행하게 되면 그에 따라 이익을 얻게 된다는 것이지만, 부처님의 근본목적은 일불승인 묘법연화경에 있으므로, 먼저 방편인 양의 수레와 사슴의 수레와 소의 수레라는 장난감으로 수행을 바르게 하면 수행의 결과가 훌륭하다는 것을 밝히시고 이러한 훌륭한 장난감인 수행의 경계를 삼승법(三乘法)으로 보이시고 받아가지라는 뜻이다.

삼승(三僧)이라는 수행의 결과가 서로 다르지만, 삼승법(三僧法)을 바르게 수행해서 증득(增得)하면 적멸법(寂滅法)을 얻게 되는데 이것이 바로 묘한 보배가 되고 삼계(三界), 즉 욕계(欲界)·색계(色界)·무색계(無色界)를 벗어나서 적멸함을 얻는다는 것이다. 적멸(寂滅)은 열반이라고도 하고 깨달아서 생사의 괴로움을 초월한 열반의 경지라는 뜻이다. 적(寂)은 죽는다는 뜻이고, 멸(滅)은 '소멸된다' 또는 '없어진다'는 뜻이다. 적멸함을 얻게 되면 일불승인 묘법연화경에 들 수 있기 때문에 묘하다고 하신 것이다.

부처님께서는 자심(慈心)인 일체중생을 행복하게 해 주겠다는 마음이시며, 비심(悲心)인 다른 사람의 고통을 덜어주겠다는 마

음과 희심(喜心)인 다른 사람의 행복한 것을 같이 기뻐해 주는
마음과 다른 사람에게 베푼 일에 대해서 작은 보답도 바라지
않고 다른 사람으로부터 받은 고통도 모두 다 용서하는 마음인
사심(捨心) 등 부처님의 가르침은 한 점도 헛됨이 없는 완전무
결한 말씀인 가르침은 절대적 유일한 신(神)인 본래의 부처님이
사람의 모습으로 이 세상에 출현하시어 일불승의 가르침인 묘
법연화경 여래수량품(如來壽量品) 제16에서 "내가 보리수나무 아
래서 처음으로 성불한 것이 아니라, 백천만억 아승기겁 이전에
이미 부처였느니라."라고 밝히신 것이다.

62. 묘법(妙法)으로 자신의 주인공을 찾자

대구신문 2016년 11월 18일자 23면에 실린 글

부처님께서는 수행(修行)의 경계를 크게 나누어서 삼승(三乘)
이라고 하시고 이것을 수레에 비유하신 것이다. 양의 수레는
방편의 가르침으로 수행하면 성문승인 수다원(須陀洹)·사다함(斯
陀含)·아나함(阿那含)·아라한(阿羅漢)의 과위(果位)의 경계로 이것
은 방편법으로써 네 가지 과위 중 최고의 경계이며 성인의 경
계인 아라한과를 증득하게 되며, 청정하고 걸림이 없는 마음을
얻는다는 뜻이다. 사슴의 수레는 부처님의 가르침 없이 홀로
수행해서 얻어지는 경계로 독각(獨覺)이라고도 하며, 이는 자리
(自利) 즉 자기 자신의 이익을 위해서 수행하는 자(者)로, 이타
(利他) 즉 남을 위하는 마음이 전혀 없이 오로지 자신만을 위한

성자(聖者)의 경계이며, 소의 수레는 보살승으로 부처님의 가장 바른 법인 일불승(一佛乘)을 홍통하여 중생을 법으로 인도하고 법의 가르침으로 구제하고자 하는 경계를 증득한다는 뜻이다.

부처님께서는 중생들에게 고통을 스스로 받지 말고 부처님의 가르침대로 수행을 바르게 해서 반드시 적멸함을 얻고, 일불승인 묘법연화경에 들게 되면, 윤회고를 받지 않게 되며 모두가 다 성불할 수 있기 때문에 오로지 중생을 위해서 서원하신 것이다.

비유품(譬喩品) 제3에서, "모든 아들은 이 같은 여러 가지 수레가 있다는 말을 듣고 뛰어나와 빈 땅에 이르러 모든 환란을 여의었느니라"는 부처님의 가르침을 받들어 받아 가져서 믿고 실천하다 보니까 고통에서 점차로 벗어나게 되고 나아가서 열반이라는 공적한 경계를 얻었다는 뜻이다. 여기서 '빈 터'라는 것은 열반적정(涅槃寂靜)이라는 뜻인데, 열반을 얻으면 번뇌의 고통에서 벗어나게 되고 업을 짓는 고통에서 벗어나 삼계(三界), 즉 욕계(欲界)·색계(色界)·무색계(無色界)에 태어나는 고통의 업보에서도 벗어난다는 뜻이다.

"장자는 아들들이 뛰어나와 사거리에 머무름을 보고"는 중생들이 부처님의 가르침대로 방편의 가르침인 삼승법을 먼저 믿고 받아가지게 되면 번뇌 망상으로 인해서 몸과 마음이 불타는 곳인 삼계화택의 큰 난인 탐·진·치·만·의인 오둔사(五鈍使)로 인한 번뇌 망상에서 벗어난다는 뜻이다.

삼계의 불타는 집에서 벗어나게 되면 일불승에 들기가 쉽지만, 작은 것에 집착하게 되면 작은 것을 큰 것으로 착각하고 궁극적인 목적인 성불의 대도에 들고자 하지 않고 의심부터 하게 되며, 어리석은 중생들은 기복신앙에 빠지기 쉬우며 특히 타력(他力)에만 의지하고자 하면 어두운 마음에서 벗어날 수 없다.

이어서 "사자좌에 앉아 스스로 경하의 말을 하되 나는 지금 쾌락하도다. 이 모든 아들을 낳아 기르기가 어려움이라." "사자좌에 앉아"는 보배의 양약으로 일승법인 묘법연화경으로 이끌어 들이겠다는 뜻이다. 부처님께서는 수행자들을 일불승인 묘법연화경으로 이끌어 들임으로 해서 환란을 벗어날 수 있었기 때문에 기쁘다고 하신 것이다.

중생은 바른 인업이 없어서 몸을 받으면 곧바로 삼계의 불타는 집인 고통 속으로 들어가 색·성·향·미·촉에 빠져서 고통 받고 있는 것이다. 다시 말해서, 삼계의 번뇌가 어떤 것이라는 것을 밝히시고, 부처님의 가르침을 중생들이 믿고 받아 가지는 것을 보시고 부처님께서는 즐겁게 생각하신다는 뜻이다.

"이 모든 아들은 낳아 기르기가 심히 어려움이라" 사람이 한 번 죽으면 부유하거나 빈천하게 태어나던 간에 다시 사람의 몸을 받아 이 세상에 나오기가 어렵다는 뜻으로 기르기가 어렵다고 비유한 것이다.

경문에서 "지금 이 삼계는 다 내가 둔 바이니 그 가운데 중생이 다 나의 아들이라 지금에 모든 환란이 많음이나 오직 나 한 사람만이 능히 구호하느니라." 부처님께서 모든 사람들의 아버지임을 증명하시는 구절이다. 모든 사람들은 석가모니불을 단순하게 사람의 모습으로 태어난 것으로만 알고, 오백진점겁(수를 헤아릴 수 없는 세월) 이전에 이미 본래부터 부처로서 일체중생을 구원하기 위해 사람의 모습으로 이 세상에 출현하신 것임을 묘법연화경 여래수량품 제16을 밝히신 것을 알려고 하지 않는 것이다. 인간들은 이러한 가르침을 부정하고 살아가고 있는 것이 현실이다.

부처님은 방편의 삼승의 가르침인 화엄부·아함부·방등십이부·대반야부를 설하신 것은 삼승에 집착하라는 뜻이 아닌데 방편인 삼승법(三乘法)이 진실한 법인 줄 알고 집착하고 있는 것이 중생이다. 지금의 석가모니불이나 미래에 오실 미륵부처님이거나 부처님은 중생에게 삼승법을 설하시고 보이시고 깨닫게 하신 후 이 세상에 하나밖에 없는 진리요 일불승인 묘법연화경의 오묘하고도 진실한 법을 설하신다고 하셨다. 일불승인 묘법연화경으로써 바른 수행을 하면 반드시 좋은 과보와 갖가지의 복과 덕이 갖추어져 자신의 주인공인 부처를 이루게 된다. 이 묘법(妙法)이 아니면 결코 자신의 주인공을 찾을 수 없는 것임을 알아야 할 것이다.

63. 스스로 행복을 찾을 수 있는 가르침

대구신문 2016년 12월 2일자 23면에 실린 글

수행자거나 아니거나, 일불승(一佛乘)인 묘법연화경(妙法蓮華經)을 바르게 수행하면 반드시 부처님의 지견(知見)에 들 수 있으며, 사람들을 이롭게 할 수 있지만, 불법을 바르게 이해하지 못하고 알려고도 하지 않으며 오직 자신이 알고 있는 것이 전부인 것으로 착각하고 자신만이 최고라고 생각하고 거기에 젖어서 이 세상의 사물을 바르게 보지 못하고 전부 아는 것처럼 언행(言行)을 일삼는 자들이 무수히 많다. 다시 말해서, 작은 것에 집착해 있는 작은 그릇의 사람은 이 법을 바르게 수행할 수 없고 큰 그릇의 사람만이 이 법을 바르게 수행해서 중생들을 교화할 수 있다는 뜻이다.

돈과 권력을 가졌다고 해서 이 세상의 모든 것을 가진 것으로 착각하면 큰 잘못을 저지르게 된다. 이러한 사람은 작은 그릇이 큰 그릇인 줄 알고 착각해서 안하무인격으로 다른 사람 위에 군림하고자 하는 오만방자한 언행을 하게 된다. 큰 그릇의 사람이란 모든 사물을 바르게 인지해서 모두가 다 평등함에도 바른 질서가 있다는 것을 아는 것이다. 이러한 것을 알고자 한다면 반드시 부처님의 가르침 속에서만이 스스로 얻을 수 있다는 것을 부처님께서는 경문에서 밝히신 것이다.

부처님께서는 모든 사람을 우주 삼라만상에서 오직 하나밖에 없는 일승법인 묘법연화경으로 인도되어 성불의 대도에 들 수 있는 길을 제시하신 것이지만, 사람들은 어리석어 알려고 하지 않고 작은 자신에게 집착하고 살아가고 있다는 것이다.

비유품(譬喩品)에서, "금줄을 늘여 매고 진주로 된 차일을 그 위에 펴고 금으로 된 꽃 영락을 군데군데 늘어트리고 여러 가지 비단으로 두루두루 둘러 꾸미고 부드러운 비단으로 자리를 하고 극히 섬세한 묘한 것으로 방석을 해놓았으니 값이 천억이라, 희고도 청정한 것으로 방석을 해 놓았으니 값이 천억이라, 희고도 정결한 것으로 그 위를 덮었으며 살찌고 힘이 세며 몸체가 좋은 큰 흰 소로 보배수레의 멍에를 매고 많은 시종이 따름이라."

누구라도 부처님의 사홍서원(四弘誓願)을 굳게 세워서 일불승을 바르게 수행하면 서원함이 이루어지고 사무량심(四無量心), 즉 불교의 보살이 가지는 네 가지의 자비심인 자(慈)·비(悲)·희(喜)·사(捨)로 중생을 구원하기 때문에 법신이 장엄하게 되는 것에 비유한 것이다. "금으로 된 꽃" 부처님은 사섭법을 갖추시고 중생들을 구원하신다는 뜻이다. 사섭법(四攝法)은 중생들을 가르쳐서 불교에 귀의하게 하는 네 가지 법으로, 반야경(般若經) 권18 몽서품(夢誓品) 제61에서 설하신 것을 보면, 첫 번째가 보시(布施)고, 둘째가 애어(愛語)라고 해서 따뜻한 말로 대하는 것이며, 세 번째는 이행(利行)으로 중생들을 이롭게 하는 것이고, 네 번째는 동사(同事)로 고통과 즐거움을 중생과 같이 하는 것이다.

"여러 가지 비단으로 두루두루 둘러 꾸미고 부드러운 비단으로 자리를 하고"는 부처님의 자비심은 인욕바라밀(忍辱波羅蜜)을 성취하셨기 때문에 부드러움이 비단과 같아서 묘하다는 뜻이다. 세상 사람들은 자신만을 위해서 남을 짓밟고 올라서려고 하며, 남이 하는 것은 불륜이고 자신이 하는 것은 로맨스라는 것에 갇혀서 방황하고 있으며, 다른 사람을 위하는 것처럼 말을 하고 있는 것이다. 그리고 자신의 잘못된 판단으로 인해서 많은 사람이 힘들어진다는 것도 모르는 어리석은 짓을 하게 되는 것이다. 이러한 어리석음에서 벗어나 많은 사람들이 행복할 수 있는 길로 인도하는 것이야말로 부처님의 뜻인 것이다.

"섬세하고 묘한 것으로 방석을 해 놓았으니 값이 천억이라" 방석이라는 것은 제법실상(諸法實相)의 도리를 나타낸 비유로, 법화삼매(法華三昧)와 모든 삼매에 들고 나는 것에 자유로워진다는 뜻인데, 부처님의 가르침으로 바른 수행으로 인해서 증득한 것은 아주 귀한 것이기 때문에 진귀한 것을 얻은 것은 돈의 가치로는 정할 수 없다는 뜻이다.

부처님은 삼계의 불타는 집인 중생들의 번뇌로 인해서 고통 속으로 들어가 색(色)·성(性)·향(香)·미(味)·촉(觸)에 빠져서 고통받고 있는 중생들을 위해서 스스로 행복을 찾을 수 있는 가르침을 설하신 것이다.

이것은 생명활동을 하는 5대 요소(五陰)로, 색음(色陰)은 유형의 물질인 신체의 물질적인 면이며, 수음(受陰)은 눈(眼)·코(鼻)·귀(耳)·혀(舌)·몸(身)의 육근(六根)을 통해서 내 몸 밖에 있는 것을 받아들이는 마음작용이다. 상음(相陰)은 외부로부터 받아들인 것을 인식하고 마음에 생각해내는 작용이다. 행음(行陰)은 상음을 기본으로 해서 일어나는 의지와 행동으로 인해서 선함과 악함으로 나타나는 여러 가지 마음이 작용하는 것이다. 식음(識陰)은 내 몸 밖의 세상에서 일어나는 일이나 현상인데, 수·상·행의 작용을 일으키는 근본 의식과 정신작용이다.

오음(五陰)이라는 것을 크게 두 가지 법으로 분별하면, 색음은 물질 즉 신체에 해당하고, 수음·상음· 행음·식음 네 가지는 심법(心法) 즉 마음법에 해당한다. 이 오음으로 인해서 육체와 정신의 양면으로 신체의 유위법(有爲法)을 나타내고 있는데, 이러한 생명활동을 하는 다섯 가지의 요소를 만드는 구성자를 오음세간(五陰世間)이라 한다.

64. 무서운 코끼리를 만날지언정 악지식은 만나지 말라

대구신문 2016년 12월 16일자 23면에 실린 글

이 시대는 알지 못하면서 아는 것처럼 중생을 혼란하게 만드는 자들이 많이 있는 것 같다. 어느 날 B방송을 보는데 너무 어처구니없는 말을 하는 것을 보게 되었다. 모 씨(승) 하는 말이 묘법연화경(법화경)은 일본종교니 믿지 말라는 것이었다. 실로 놀라운 말이며, TV를 보는 모르는 사람들은 그 말을 그대로 믿었을 것이다. 부처님의 가르침으로 바른 수행을 하면 논쟁을 해서는 안 된다는 것을 알기에 진심으로 참회하면서 이 글을 올린다.

중생을 불교에서 말하는 지옥 중 가장 고통이 심한 지옥인 무간지옥(無間地獄)으로 끌어가고자 하지 않는다면 어떻게 그런 말을 방송을 통해서 할 수 있단 말인가? 바르게 알아야 할 것인데, 측은한 마음이 들었다. 법화경(法華經)은 일본의 작은 마을 어느 스님이 설한 것이 아니라 부처님의 일대사인연법(因緣法)이다. 부처님은 이 법을 설하시고자 이 세상에 출현하셨다고 밝히신 것을 알지도 못하고 함부로 사견을 말하는 것을 보노라면 부처님께서 이 시대에는 그런 사람이 항사와 같이 많고 그를 따르는 자들 또한 바닷가 모래알같이 많다고 여타의 경전 곳곳에서 설하셨으니 크게 놀라운 말은 아니지만 안타까운 마음을 금할 길 없다.

묘법연화경(법화경) 방편품 제2에 "여래소이출 위설불혜고 금정시기시(如來所以出 爲說佛慧故 今正是其時)" 여래가 출현하심은 부처님의 지혜를 설하시고자 하는 까닭이니 지금이 바로 이 때라 하시고, "모든 부처님이 이 세상에 출현하셨을지라도, 이 법을 설하기가 어려우며 한량없는 겁에 이 법을 듣기도 이 법을 듣고자 하는 사람도 있기 어려우니라."라고 하신 부처님의 가르침을 부정한다면 어찌 부처님의 제자가 될 수 있겠는가? 이 묘법연화경에서 금자이만족(今者已滿足)이라 하셨으니 부처님 스스로 만족하신다고 하신 가르침이다.

항간에 묘법연화경(법화경)을 일본종교라고 하는 자들이 더러 있는 것으로 보인다. 묘법연화경은 일본종교가 아니고, '남묘호레엔게교'라 부르는 것이 일본종교인데 이를 분별하지 못하고 함부로 말하는 것은 부처님의 가르침을 정면으로 부정하는 것이 된다. 한국에 있는 일본의 SGI(창가학회)의 남묘호레엔게교는 분명 일본 종교다. 그것은 일본의 일연대사가 천태대사(天台大師) 이후 법화경을 구명한 분으로 일본에서 처음으로 법화경의 제목을 부르게 한 분이다. 일연대사도 자기가 태어난 나라의 은혜를 알고 그 나라의 역사와 문화 그리고 정서에 따라 묘법연화경을 유포해야 한다고 하셨다. 남묘호레엔게교는 일본말이지 세계 공통어가 아니다.

우리나라에 있는 SGI(창가학회)에서 일본말로 '남묘호레엔게교'를 급하게 부르다보면 '남녀호랑게'라고도 한다. 우리말로 하자면 '나무묘법연화경'이다. 우리말로 하면 될 텐데 왜 일본말로 하는가? 심히 유감이다. 우리나라 사람이 '남묘호레엔게교'를 불러서 안 되는 이유가 있다. SGI(창가학회)가 배포해서 주장하고 있는 판 만다라를 전면에서 보면 좌측중앙에 천조대신이 있으며, 우측중앙에 팔번대보살이라는 명호가 있다. 천조대신(天照大神, 아마테라스 오오미카미)은 일본천황의 시조신으로 일본민족의 국조신으로 신봉하고 있으며 일본인들은 모두가 다 천조대신의 자식들이라고 믿고 있다. 모든 일본인이라면 신궁 또는 신사에 참배하게 하고 있으며, 일본총리의 신사참배 문제가 바로 일연의 판 만다라에 있는 천조대신 그것이다. 특히 팔번대보살(八幡大菩薩)의 본명은 팔번대명신(八幡大明神)으로, 고대 일본 천황이 일본 국토의 수호신인 팔번대명신에게 내린 호가 창가학회의 판 만다라에 있는 팔번대보살이다.

남묘호레엔게교를 부르게 되면 저절로 일본의 천황과 일본 국신을 받들어 일본을 받드는 것으로 대한민국의 혼을 일본에 바치는 꼴이 된다는 사실을 알았으면 하는 마음 간절하다. 물론 종교에 각 국이 따로 없는 것은 맞지만 내가 태어난 나라가 있고 언어가 있는데 하필이면 일본국신을 받들고 일본천황을 받들어 우리의 혼마저 바쳐서야 되겠는가? 우리나라의 시조인 단군의 오천년 역사가 있는데 차라리 우리나라 국신과 단군에 의지함이 옳지 않겠는가? 반드시 자기가 태어난 나라의 은혜를 알아야 함에도 나라를 배신하는 말과 행위를 해서는 안될 것이다.

묘법연화경은 이 세상에 있는 모든 사람은 다 할 수 있는 법인데 각자가 태어난 나라의 역사와 문화 그리고 언어와 정서가 있다. 특히 우리나라는 오천 년이라는 유구한 역사와 문화를 간직하고 있으며 세상에서 가장 위대한 글자인 '한글'이 있다. 그렇다면 내가 태어난 나라에 대한 은혜를 아는 길은 그 나라의 말과 문자로서 묘법연화경의 제목을 부르고 믿음을 가져야 할 것이다. 그러므로 일본종교인 남묘호레엔게교를 불러서는 안 된다고 하는 것이 바른 가르침일진대, 잘 알지도 못하면서 법화경은 일본종교라고 하는 것은 불자가 아니라 악한 기신이 사람으로 태어나서 함부로 불법을 훼손하는 것이라고 밖에 이해할 수가 없을 것이다.

열반경(涅槃經)에서 부처님께서 사리불 존자에게 말씀하시기를 "사리불아 깨닫지도 못하고 깨달았다고 자만하는 자는 악마의 무리이니라. 일체세간(一切世間)은 모두가 공(空)하여 자아가 없고 자아에 속하는 것도 없으며 사람도 없고 중생도 없으며 항상한 것도 없고 정해진 것도 없으며 무너지지 않는 바도 없다." "모두가 같이 이 경을 독송하여 다른 사람을 위해서 이같이 설하면서도 자기의 잘못된 견해와 깨닫지 못한 사람의 견해에 탐착하는데 이 같은 자를 악인이라 하느니라." 그러므로 열반경(涅槃經)에서 "무서운 코끼리를 만날지언정 악지식은 만나지 말라" 하신 가르침을 분별해서 불교를 믿는 불자들을 혼란하게 만들어서야 어찌 진실한 불자라 할 수 있겠는가? 부처님 오십 년 설법 중 가장 위대하고 하나밖에 없는 진실한 가르침인 묘법연화경(妙法蓮華經)이 곧 불교(佛敎)임을 이해하기를 바라는 마음 간절하다.

65. 자심(慈心)·비심(悲心)·희심(喜心)·사심(捨心)

대구신문 2016년 12월 30일자 23면에 실린 글

금년은 그 어느 해보다 힘든 한 해로 현재까지 진행형이다. 한 여인이 국가수반을 이용해서 국정을 농단하고, 그를 추종하여 권력을 휘두르면서 경제적 사익을 취하고, 국정전반에 걸쳐 마음대로 주물렀으니 참으로 안타까운 일이다. 이러한 어처구니없는 행태를 외국인들이 보고 우리 국민을 우리 국가를 얼마나 우습게 볼 것인가? 그런데 이러한 짓거리를 보고 막아보고 자 생각조차도 하지 않은 주변의 권력자들은 무슨 생각으로 그 랬을까? 참으로 의문이 생긴다.

그것은 한 나라의 국가수반이 국민위에 군림하고자 만든 자리 가 아닐진대 국민을 얼마나 우습게 생각했으면 이런 사태가 발생 했을까? 정치하는 사람들도 이제는 모든 기득권을 내려놓고 당리 당략을 버리고 진심으로 국민을 위하는 정치인이 되어주기를 한 사람의 국민으로써 바라는 마음 간절하다.

이 나라에 태어난 것은 실로 자랑스러운 일이지만, 한 나라 의 국가수반이라는 분이 사교에 빠져서 혼마저 빼앗기고 국가 를 도탄에 빠뜨렸다고 생각하니 부처님께서 설하신 가르침이 생각난다. 물론 당사자 입장에서는 억울한 면도 있을 것이다. 그러나 책임자라면 아랫사람이나 지인이 잘못했더라도 그것은 모두가 다 책임자의 관리부족으로 인해서 생겨난 일임을 인정 하고 훌훌 털어버리고 자리를 떠나 국정이 흔들림 없이 운영되 게 해야 하는 책임이 있다고 생각한다. 그러나 자리에 연연해 서 국민의 마음을 아프게 하고 있다면 그것은 실로 실망스러운 일일 것이다.

그로 인해서 고통을 받는다면 누가 받겠는가? 권력자늘은 돈 이 많기 때문에 고통 받을 일이 없지만, 몇몇 사람의 잘못으로 인해서 온 국민이 힘들게 살고 있으나 권력자들은 자신의 잘못 으로 인한 것을 자각하지 못하고 이런 상황에서 벗어나고자 머리를 굴리고 있을 것이다. 그러나 국민들은 그렇지 못하다. 먹고 살기 위해서 몸과 마음이 힘든 나날을 보내고 있다. 그러므로 몇몇의 권력자들로 인해서 고통 받는 국민들을 생각한다면 두 번 다시 이런 일이 발생하지 않도록 정치인들이 자각하고 국민으로부터 부여받은 권력으로 국민이 힘들도록 해서는 결코 안될 것이니 이것을 바로잡아가는 국민의 심부름꾼인 정치인이 되어야 할 것이며 정치꾼이 되어서야 되겠는가? 그들이 잘못하게 되면 모든 고통은 국민이 받는다.

인왕경(仁王經)에서 부처님께서 설하신 가르침을 새길 수밖에 없는 것 같다. "그 나라의 왕이 사도 외도를 신봉(信奉)하면 국민이 삼재칠난(三災七難)을 받는다."라는 가르침이 있다. 우리나라가 대한민국(大韓民國) 국호(國號)를 가지고 난 이래를 살펴보니 이 가르침에 대한 이해가 간다.

이렇게 어지러운 세상에서 사람이 의지해야 할 곳은 오직 우주진리인 지·수·화·풍·공(地水火風空)인 5대 물질(지·수·화·풍·공)의 진리를 부처님의 가르침 속에서 배우고 익혀 나가야만 참나를 찾아 모든 사람이 편안하고 화합하여 사회도 평화로워질 것일진대 모든 것은 내가 아닌 다른 사람의 잘못으로 몰아가고 본인은 정작 아무 잘못이 없다고 생각한다면 이 사회가 더욱더 어지러워질 수밖에 없을 것이다.

지금의 시대는 사도(邪道) 외도(外道)가 성행하는 시대이며 그들을 믿고 따르는 자 또한 바닷가 모래알같이 많다고 대집경(大

集經), 인왕경, 열반경(涅槃經) 등에서 부처님은 설하신 것이다. 적어도 국가의 수반이나 정치인들은 부처님이 갖추신 사무량심 (四無量心)을 생각해서 조금이라도 국민을 위한 마음을 갖고자 노력해야 할 것이다.

모든 사람들을 지금보다 더욱더 행복하게 해 주겠다는 자심 (慈心)과 남의 고통을 덜어 주고자 하는 마음인 비심(悲心)과 남 의 행복을 함께 기뻐해 주는 마음인 희심(喜心), 그리고 남에게 배푼 일에 대해서 보답을 바라지 않고 남으로부터 받은 고통도 다 용서해주는 마음인 사심(捨心), 이 네 가지 마음을 가지고 살아야 한다는 부처님의 가르침이 단순히 불교의 가르침이 아 니라 이 세상에 살아가는 사람들에게 배워서 행하라는 진리로 인간관계의 덕이다. 국가수반이나 권력자 뿐 아니라 대기업을 하는 사람들도 같은 마음으로 행해야 할 것이다. 그리고 부처 님의 마음과 같지는 못하더라도 배워서 국민을 위하는 마음을 가져야 할 것이다.

이렇듯 부처님과 같은 마음이 되려고 노력하면서 국민을 가 족과 같이 생각한다면 어찌 이런 일이 생겼겠는가? 부처님은 자신을 위한 것이 아니라 일체중생을 위해서 설하신 가르침이 다. 이러한 마음을 갖추고자 노력한다면 국민의 고통이 무엇인 지 모두가 다 행복하게 할 수 있는 것이 무엇인가를 연구해서 소통하고 그것을 잘 파악해서 바르게 잡아가고자 하는 안을 제 시하고 다 같이 공감했을 때 그것을 실천하도록 하는 것이 진 정한 이 시대의 지도자라 할 수 있다고 일반 민초들은 생각하고 있을 것이라 본다. 그러므로 해서 사회가 어지러워지지 않고 남을 먼저 생각하는 아름다운 세상이 될 것이다. 지금 이 시대의 사람들은 부처님의 가르침을 일개 사람이 설한 것으로만 치부해 버리고 진리라는 것을 알려고 하지도 않는 것은 실로 가슴 아픈 일이 아닐 수 없다.

66. 물은 물이지만, 샘은 강이 아니고 강은 바다가 아니다

대구신문 2017년 1월 20일자 23면에 실린 글

정유년(丁酉年) 새해를 맞이하여 우리들은 모두가 마음을 하나로 모아야 할 때로 생각한다. 지난 한 해를 국가가 발전할 수 있는 가장 좋은 기회로 삼고 그로 인해 새로운 정치가 펼쳐지기를 기대하는 것이 성숙한 국민이 아닐까 생각해 본다. 우리 모두는 새로운 한 해를 시작하여 새로운 태양이 떠올라 구석구석 어두운 곳이 없는지를 살펴서 어둠이 조금이라도 있는 곳이라면 밝혀주는 정치를 또한 기대해 본다. 밝은 세상을 만드는 데는 너 나가 있을 수 없으며 모두가 다 행복한 한 해가 되기 위해서 각자 맡은 바 책무를 다함으로 행복한 사회가 되기를 기대하고픈 마음이다.

묘법연화경(妙法蓮華經) 비유품(譬喻品) 제3에서 "삼계화택(三界火宅)"의 비유는 이 세상을 살아가는 중생 사회와 그들이 갖고 살아가고 있는 모습을 그대로 나타내신 가르침이다. 이렇게 불타는 집인 내 마음의 어두운 것에 갇혀 있으면서도 어두움에서 벗어나려고 하지 않고 내 몸에 불이 붙어서 뜨거워야만 비로소 깨닫고 불을 끄려고 한다면 불이 쉽게 꺼지지 않고 죽음에 이르게 된다는 것이다. 이러므로 자기 자신이 무엇을 생각하고 있는지를 돌이켜 보는 것이 자신을 어둠에서 벗어나게 할 수 있을 것이다.

하루아침에 집을 열두 채나 짓고 허물어버리는 것으로 인해서 허황된 꿈만을 꾸면서 단번에 모든 것을 얻을 수 있을 것이라 생각하고 말과 행동을 쉽게 한다면 대박을 노리는 한탕주의가 될 것이다. 이것은 스스로 자신을 헤어날 수 없는 구렁텅이로 이끌어가는 것이나 다를 바 없는 것이다. 다시 말해서 번뇌망상(煩惱妄想)으로 인해서 스스로 몸을 불태우는 것과 같은 것이다. 내 몸이 불에 타서 죽기 전에 불이 타는 집에서 벗어나는 방법을 부처님께서는 제시해 주셨지만 믿지 않고 믿으려고도 하지도 않고 다만 눈 앞의 작은 이익만을 쫓다보면 자신을 죽음으로 몰아가게 된다는 것을 알아야 하겠다.

무량의경(無量義經) 설법품(說法品)에서 "초중후설 문사수일 이의각이(初中後說 文辭雖一 而義各異)", 즉 '처음이나 중간이나 끝에 설한이 말은 비록 같을지라도 뜻은 각각 다름이 있느니라'라 하셨는데 처음에 설한 가르침은 화엄경(華嚴經)이며, 중간에 설한 가르침은 무량의경이고, 끝에 설한 가르침은 열반경(涅槃經)이라는 뜻이다.

부처님께서 설하신 50년 설법 중 40여 년 동안 설하신 화엄경(華嚴經, 21일) 아함경(阿含經, 12년) 방등십이부경(方等十二部經, 8년) 대반야경(大般若經, 21년) 등으로 중생들의 번뇌를 씻어 주시는 것은 다 같지만, 처음에 설하신 가르침인 화엄경은 중간에 설하신 무량의경과 같을 수가 없고, 중간에 설하신 무량의경은 끝에 설하신 열반경과 같을 수 없다는 뜻이다. 비록 처음이나 중간이나 끝에 설하실 때 말은 똑같이 아뇩다라삼보리(阿耨多羅三菩提), 즉 완전하게 증득한다는 무상정등정각(無上正等正覺)을 얻는다고 하셨지만, 그 뜻이 같은 것이 아니라 각각 다르다고 하신 것임을 알아야 한다.

　부처님은 중생을 구원하시고자 법만을 설하시면 되지만, 처음부터 묘법연화경을 설하시게 되면 중생들이 알아듣지 못하기 때문에 가까운데 있는 쉬운 것부터 먼저 설하신 후에, 중생의 마음을 성숙시켜 점차로 먼 것을 나타내서 완전한 가르침을 설하면 중생들이 받아들이기 쉬울 것이라고 생각하신 것이다. 그래서 처음에 설한 것과 중간에 설한 것과 끝에 설하신 가르침이 비록 말은 같을지라도 그 가운데 부처님의 마음과 뜻이 다르다고 하신 것이다.

　이 경문은 팔만대장경(八萬大藏經) 중에 우리가 무엇을 믿고 신앙해야 할 것인가에 대해서 가르침을 주신 것이다. 무량의경(無量義經) 설법품(說法品)에서 "선남자 수성시일 강하정지 계거대해 각각별이 기법성자 역부여시 세제진로 등무차별 삽법사과 이도불일(善男子 水性是一 江河井池 溪渠大海 各各別異 其法性者 亦

復如是 洗除塵勞 等無差別 三法四果 二道不一)", 즉 '선남자야 물의 성품은 하나이건만 강과 내와 샘과 못과 시내와 큰 바다는 각각 다름이니라. 그 법의 성품도 또한 이와 같아서 진로를 씻어 제함에는 같아서 차별이 없을지라도 세 가지 법과 네 가지 얼음과 두 가지의 도는 하나가 아니니라.'

물은 없어서는 안 되는 물질이다. 샘물이나 강물이나 바닷물이나 다 같이 씻을 수 있는 물이지만, 샘은 강이 아니고 강은 바다가 아니라는 뜻이다. 샘은 샘이고 강은 강이고, 바다는 바다라는 뜻이며, 부처님께서 설하신 법도 마찬가지로, 소승경의 가르침이 대승경의 가르침이 될 수 없다는 뜻이며 삼승법(三乘法), 즉 성문법(聲聞法)·연각법(緣覺法)·보살법(菩薩法)이 일불승(一佛乘)이 될 수 없다는 뜻이다.

다시 말해서, 성문의 4果인 수다원(須陀洹)·사다함(斯陀含)·아나함(阿那含)·아라한(阿羅漢)인 네 가지의 경계도 서로 다르지만 이러한 성문의 경계가 보살의 경계가 될 수 없으며, 보살의 경계 또한 부처님의 경계가 아니라는 뜻이다. 부처님의 지혜는 이러한 모든 법을 설하심에도 자재하시며, 설하신 법도 높고 깊은 법이 있고 낮은 법이 있기 때문에 다 다르다고 하신 것이다. 또 두 가지의 도(道)는 소승법(小乘法)과 대승법(大乘法)이다.

이렇듯 수행을 해서 얻어진 경계도 다 다르고 부처님의 설법도 낮은 가르침부터 다시 깊은 가르침을 설하시는데, 낮은 가르침을 배우고 나면 그것에 만족해서는 안 되고 궁극적인 부처님의 가르침이 있을 것이라는 마음이 생겨나야만 비로소 바른 불자라고 할 수 있다.

불교를 잘못 이해하게 되면 성문의 경계를 부처님의 경계로 잘못 이해하게 된다. 가장 경계해야 할 부분이며, 그러므로 부처님은 "방편의 문을 열어서 진실의 길로 이끌어 들인다"라고 하신 것이다. 이 묘법연화경을 받아가져서 믿고 수지(守持)하면 이전의 가르침은 소승법과 권대승(權大乘)으로써 모두 방편의 가르침이다. 이것은 실대승법인 묘법연화경에 끌어들이기 위해서 방편으로 설하신 것임을 바르게 알아야 하겠다.

67. 섭수절복을 바르게 해야 할 때

대구신문 2017년 2월 10일자 23면에 실린 글

설 명절에 많은 국민들이 이동하여 고향을 찾아서 새로운 대한민국과 정치와 경제를 걱정했으리라고 생각한다. 이제는 정치도 경제도 진정한 섭수절복을 바르게 해야 할 때라고 생각한다. 불교에서는 섭수(攝受)란 바른 법을 구하는 것으로 상대방이 잘못된 행동을 하더라도 수용해서 정법(正法)에 들어 수행하도록 인도하는 화도법(化導法)이다. 반면에 절복(折伏)이란 잘못된 것을 꺾어서 굴복시킨다는 뜻이지만 섭수절복은 서로 다르게 보는 것 보다는 잘못된 것을 인식시켜서 받아들이게 하여 같이 동반하는 것으로 보는 것이라 생각한다.

이와 같이 지금은 불교의 수행도 부처님의 가르침이 곧 신앙의 대상임을 인식하고 수행하는 것이 가장 빠르게 성불의 길에 들 수 있다는 것을 직시해야 할 것이다. 그러나 수행 방법에 대해서 자신이 수행하는 방법만을 주장하여 논쟁하고 있다면 부처님의 뜻을 잘 이해하지 못하는 사람들로 불교를 혼란스럽게 하여 기복적 신앙으로 끌려갈 수밖에 없을 것이다. 그러므로 이제는 변해야 한다. 종교인들도 정치인들도 모두 국가와 나 아닌 다른 사람의 은혜를 알아야 한다고 생각한다.

그러자면 특히 불교인들은 부처님의 가르침을 바르게 알아서 수행해야 할 것이며, 정치인들은 직업정치인이 아닌 국가와 국민을 위하는 진정한 봉사정신으로 여법한 길이 무엇인가를 깊이 고뇌해야 할 때라고 생각한다. 그러므로 이제는 섭수절복을 불교의 용어에서 보듯이 다른 사람의 잘못을 용서하는 아량을 베풀 때 나도 용서받을 수 있다는 것을 모르지 않을 것이며, 남의 허물을 들추어내는 것보다 자신이 하고자 하는 것을 드러내는 것이 더 현명하다고 생각한다.

무량의경(無量義經) 설법품(說法品)에서, "선남자 자아도량 보리수하 단좌육년 득성 아뇩다라삼보리 이불안관 일체제법 불가선설 소이자하 지제중생 성욕부동 성욕부동 종종설법 종종설법 이방편력 사십여년 미현진신 시고중생 득도차별 부득질성 무상보리(善男者 自我道場 菩提樹下 端坐六年 得成 阿縟多羅三菩提 以佛眼觀 一切諸法 不可宣說 所以者何 知諸衆生 性欲不同 性欲不同 種種說法 種種說法 以方便力 四十餘年 未顯眞實 是故衆生 得道差別 不得

疾成 無上菩提)"

　"선남자야 내가 일찍이 도량 보리수 아래에 앉아서 육년만에 아뇩다라삼먁삼보리를 이룩하여 얻었느니라. 부처님의 눈으로 일체의 모든 법을 관하였으되 선설하지 않았노라. 그것은 모든 중생의 성품과 욕망이 같지 아니함을 알았음이며, 성품과 욕망이 같지 아니함으로 가지가지로 법을 설함이니라. 가지가지의 법을 설하되 방편력으로써 설하였으니 사십여 년에 아직 진실을 나타내지 아니하였노라. 이런 고로 중생이 도를 얻음에도 차별이 있어 속히 아뇩다라삼먁삼보리를 이룩하지 못함이니라."

　아야구린 등 다섯 비구는 소승수행자들이기 때문에 이들을 위하여 처음에는 아함경(阿含經)에서 사제법문을 설하신 것이다. 사제법문(四諦法門)은 고제(苦諦)·집제(集諦)·멸제(滅諦)·도제(道諦)다. 고제는 이 세상을 살아가는 것이 괴로운 일이며, 집제는 마음이 미혹해서 생겨나는 괴로운 것에 집착하고 있는 것이고, 하나에 집착해 있으면 결코 편안하지 못하니까 이렇게 집착하고 있는 마음의 고통을 없애는 것이 멸제이며, 마음의 미혹을 없애게 하는 수단과 방법이 도제라는 것을 가르쳐 주신 것이다. 아함경(阿含經)에서 사제법(四諦法)을 설하실 때도 모든 법은 본래부터 공적하지만 순간순간에 나고 멸한다고 설하시고 있다.

　"공적(空寂)하다"는 이 세상에 있는 사물은 제 각기 다른 성품과 욕망을 가지고 있지만 그 근본 되는 것은 변하지 않는다는 뜻이다. 그것은 하나의 큰 힘이 점차로 나타나서 갖가지의 사물이 생성되기 때문이며, 생명이 있는 모든 것은 순간순간마다 생기고 없어지기 때문에 나고 없어지는 것이 지속된다는 뜻이다.

예를 들어 지위가 높다고 해서 언제나 그 자리에 있는 것이 아니라, 때가 되면 물러나야 하고 새로운 사람이 그 자리에 앉게 되는 것과 같은 뜻이다. 부처님께서는 비구들을 위해서 사제법(四諦法)과 십이인연법(十二因緣法)을 설하시고 보살을 위해서는 육바라밀을 설하시면서도 모든 법은 공적하지만 그 모습 그대로 있는 것이 아니라 쉼 없이 변하고 없어진다고 설하신 것이다.

모든 생명 있는 것은 과거의 인과로 지은 업으로 인해서 현재의 괴로움을 받게 되고, 또 현재 지어지는 업으로 인해서 미래의 고통을 초래하게 되는데 이것을 윤회(輪廻)라 한다. 예를 들어 봄에는 새싹이 올라오고 가을부터 점점 시들고 죽게 되는데 다시 봄이 오면 싹이 나오는 것과 같이 모든 사람도 이와 같이 나서 죽으면 다시 살아생전에 지은 인연과보로 인해서 새싹과 같이 다시 나고 죽기를 반복하는 윤회고를 벗어나지 못하는 것이다.

모든 중생은 윤회라는 굴레에서 벗어나지 못하고 있기 때문에 윤회의 굴레를 벗어나서 영원한 생명을 얻어서 안온락(安穩樂)을 얻기를 부처님께서는 간절하게 바라시는 것이다. 부처님으로부터 중생들이 사제법(四諦法)을 듣고 자신만을 위해서 수행하는 성문의 경계에 그대로 머물러 있으므로 더 깊은 십이인 연법(十二因緣法)과 육바라밀(六波羅蜜), 즉 보시(布施)·지계(持戒)·인욕(忍辱)·정진(精進)·선정(禪定)·반야(般若) 바라밀을 설하신 것이다.

　모든 사물은 순간순간마다 변하지만 그러나 영원히 변하지 않는 것이 있다. 그것은 바로 부처님의 지혜인 일불승(一佛乘)으로 절대적 유일신인 묘법연화경(妙法蓮華經)이다. 그 외의 경전은 이 법을 설하시고자 방편으로 설하신 것임으로 방편으로 분별해 놓으신 것이다.

2
은혜와 삶

Ⅰ. 국가의 은혜를 알고 벽신에서 벗어나야

Ⅱ. SGI의 판 만다라인 남묘호레엔게교는 일본종교다

Ⅲ. 울산제일일보 칼럼

Ⅰ. 국가의 은혜를 알고 벽신에서 벗어나야

　신문지상이나 매스컴에서 역사를 세우고자 하는 국가기관이 생겨난 것을 알고 있다. 한 가지 아쉬움이 있다면 국기에 대한 맹세가 일부 수정된 것이다.

　산승이 생각할 때는 가장 중요한 부분이 수정되었다고 보고 있으며 실로 안타까운 일이 아닐 수 없다고 생각한다.

　역사를 바로잡고자 하는 것은 당연한 일이지만 정부는 국민들에게 이 땅에 자신의 혼을 묻을 수 있는 마음을 가질 수 있도록 바탕을 마련해 주어야 한다.

　국민이라면 당연히 지켜야 할 국가와 민족에 대한 충성심을 가져야 하는 문구를 삭제시킨 것은 이해하기 어려운 부분이다.

　여러 사람들에게 국기에 대한 맹세가 수정된 것을 아는지 물어 보았더니 그 분들도 모른다고 했다.

　대부분의 국민들은 국기에 대한 맹세가 수정되었다는 사실을 모르고 있으며 수정되었다고 해도 자신과 무관한 것으로 알고 관심조차 가지지 않는다고 보는 것이 옳을 것이다.

　국가와 민족을 위하여 충성을 다해야 함은 당연한 국민의 도리인 것이다.

　외국의 종교 세력은 종교를 앞세워 대한민국 국민의 혼마저도 빼앗아 가고자 보이지 않게 국민들의 마음에 이미 파고들어 분별심을 잃어버려가고 있는지 오래다.

나라의 혼을 다른 나라에 다 바치는 것이 되는데도 모르고 자신에게 작은 이익이 생겼다고 해서 그것이 전부인 것처럼 빠져들고 있는 것이 안타까울 뿐이다.

마음이 허약하면 어디든지 의지하려고 하는 것이 사람의 마음인 것 같다.

이러한 마음을 이용해서 생겨나는 것이 종교의 탈을 쓰고 사람들에게 가까이 하여 정법을 멀리하게 하고 마음을 혼란스럽게 하고 있는 것이다.

입으로만 국가를 위하고 있는 것이 아닌지, 아니면 자신이 행하고 있는 것이 자신의 혼을 남의 나라에 바치고 있는 것이 아닌지 한 번쯤 자신이 믿고 있는 것에 대해서 주관적이 아닌 객관적인 입장에서 깊이 관조해 보아야 할 것이다.

자신의 건강한 육신을 위한 웰빙도 좋지만 사람이라면 자신이 태어난 국가에 대한 은혜를 알고 최소한의 양심을 가지고 보답하면서 살아가야 된다고 생각한다.

자연보호 운동가들이 국가와 민족의 백년대계를 위해서 노력하는 것도 국가에 대한 은혜를 알기 때문에 이 나라에 혼을 묻고자 하는 뜻일 것이다.

특히 신앙생활을 하는 사람들은 신앙으로써 국가에 대한 은혜에 보답을 해야 힌다.

누구라도 이 나라 사람이라면 자기 자신의 혼은 물론 자신의 이익을 위해서 민족의 혼을 남의 나라에 바치는 일을 해서는 안될 것이다.

그러자면 먼저 내가 살고 있는 주변과 사회와 나아가서 이 나라에 살고 있는 국민들의 아픔을 먼저 치유하고 외국으로 눈을 돌려야 할 것이다.

이 세계가 하나 되기를 바라는 마음은 누구나 공통된 마음일 것이다. 세계만국 만민들이 한 나라의 백성이라면 얼마나 좋겠는가. 그러나 그렇지 못한 것이 안타까울 뿐이다.

모두가 다 평등한 삶을 누릴 수만 있다면 얼마나 행복할 것이며 그 이상 바랄 것이 있겠는가. 그러면 모든 사람의 고통도 없을 것이다.

그러나 평등함이 있으면 차별도 있다는 것이다.

사람은 누구나 겉으로 나타나는 모습은 비슷한 것 같지만 제각각 다른 모습과 성품을 갖고 있다.

그러나 차별이 있는 모습과 성품이지만 모든 사람이 공통된 것이 하나가 있는데 바로 모든 사람이 평등하게 갖추고 있는 불성이라는 부처님의 성품이다.

기독교인이든 이슬람교도든 제각각 다른 모습을 하고 있지만 그 마음속 깊은 곳은 불성이다.

이 불성만은 평등하게 다 갖고 있기 때문에 하나라는 뜻이다.

불성은 하나로써 유일한 것이다.

이러한 이치는 부처님의 절대적 유일한 법화의 가르침으로 생명이 있는 것이라면 다 믿음을 가지고 불성을 개발해나가야 한다.

자기 자신만의 이익을 위해서 신앙하는 사람들을 향해서 용수보살은 대지도론에서 말씀하시기를 "바른 인과를 뒤집고, 벽신으로서 복을 구한다"라고 하신 것이다.

이 뜻은 신앙생활을 하는 사람들을 위해서 바르지 못한 사견을 설하는 벽사 즉 바르지 못한 도리를 설하는 사람을 경계해야 한다는 말씀이다.

부처님의 가르침으로 좋은 인과를 행했을 때 반드시 그에 대한 갚음이 온다는 것을 저버리고 다른 사람의 마음을 혼란하게 만드는 것에 현혹되어서는 안 된다는 뜻이다.

보통사람들은 때를 기다리지 못하고 금방 좋은 일을 했으니까 금방 복이 오기를 바라지만 그것은 바른 마음이 아니다.

이렇게 잘못된 믿음으로 복을 구하는 것을 벽사라고 한다. 또한 아버지가 앉아계셔야 할 자리에 자식이 앉아서 이 자리는 나의 자리라 하고 아버지를 내친다면 과연 그 자식이 바른 자식인가를 한 번쯤은 생각해서 분별해야 할 것이다.

우주법계의 진실한 가르침에 대한 이치를 무시하고, 자기 멋대로 사견을 말하고, 다른 사람들에게 진리의 바른 가르침을 혼돈하게 만드는 것은 모든 사람들을 벽신으로 만드는 것이 된다.

이 시대에는 이러한 사실을 모르고 신앙생활을 하는 사람이 항하사와 같이 많다고 부처님께서 경문에서 수없이 밝히신 바 있다. 누구라도 마음이 허약하면 어디든 의지 하고 싶어 하는 것이 사람의 마음인 것을 이러한 약한 마음을 이용하는 자들이 항사와 같이 많다고 하신 부처님의 말씀 또한 잊어서는 안될 것이다.

Ⅱ. SGI의 판 만다라인 남묘호레 엔게교는 일본종교다

창가학회가 주장하고 있는 판 만다라의 천조대신은 일본천황의 시조신으로 일본민족의 국조신이며 일본인들은 천조대신의 자식이라고 믿고 있다.

그리고 신궁 또는 신사에 모든 일본인을 예배하게 하고 있으며, 일본총리의 신사참배 문제가 바로 이면에 일연의 판 만다라에 있는 천조대신 그것이다.

천조대신은 창가학회의 판 만다라 전면의 좌측에 있고 팔번대보살은 우측에 있다.

판 만다라의 우측에 있는 팔번대보살이라고 하는 명호는, 팔만대장경전에서 찾아볼 수 없는 명호이며 팔번대보살의 본명은 팔번대명신으로, 고대 일본 천황이 일본 국토의 수호신인 팔번대명신에게 내린 호가 창가학회의 판 만다라에 있는 팔번대보살이다.

일연대사의 삼대비법초에 보면 천황을 중심으로 하는 본문의 계단론을 세웠으며, 곳곳에 일본적이며 일본을 받들고 일본천황과 일본민족을 중심으로 한 내용이 주다.

일본의 학자들은 일연을 보고 조국의 수호신 또는 나라에 충성하는 성인 일연이라고 칭송하고 나라를 지킨 구국승이라고 찬탄하고 있으며 이것은 일본인 전체의 밑바닥에 깔려 있는 감정이다.

일본은 판 만다라를 앞세워 우리나라를 침범하고 청일전쟁. 로일전쟁. 한일합방과 2차 세계대전을 일으켰고 침략적 군사행동을 서슴치 않고 자행해 왔지만 일본인들은 반성하거나 사과하려고 하지 않고 있는 것이 현실이다.

과거 일본이 조선을 침략할 때 남묘호레엔게교의 깃대를 앞세워 우리나라를 침략한 사실을 왜 모르시는가. 안다면 어찌 우리민족과 국가를 짓밟은 일본을 위해서 기도를 하는 것인지 참으로 안타까운 일이 아닐 수 없는 일이다.

일본인이 2차 세계대전을 일으킨 것도 세계에서 그 당시 은(銀)의 생산량이 3분의 1이나 되었으며, 은을 팔아서 일본경제를 일으켰고, 우리나라를 침략하는 군자금으로 썼으며, 또한 군비를 증대하여 2차대전(二次大戰)이라는 전쟁을 일으켜 세계의 국토를 파괴하고 인명을 살상하여 피바다를 만든 것이다.

그리고 또 중요한 것은 광석에서 은을 추출하는 첨단 기술을 서기 1500여 년경에 우리나라 사람에게 배워서 경제부흥을 하여 침략행위를 하였으니 키워준 개에게 물린 것과 다를 것이 무엇인가.

이것은 은혜를 베푼 것에 대한 배신을 당한 꼴이 된 것이다.

이러한 역사가 있음에도 불구하고 남묘호레엔게교를 믿고 작은 이익이 생겼다고 해서 대한민국 국민이 일본의 종교를 믿어서야 되겠는가.

일연대사는 일본적인 승려라는 것을 누구도 부인할 수 없으니 그것을 뒷받침하는 일연대사의 삼대서원이 있다. ① 나는 일본의 기둥(柱)이 되겠다 ② 나는 일본의 안목(光明)이 되겠다 ③ 나는 일본의 밑받침(大船)이 되겠다.

이러한 내용을 일본사람이라면 무조건 찬양하고 있다.

일연대사 논문 중 개목초의 삼대서원은 일본의 여타 종파를 막론하고 금과옥조로 여기고 있으며 일연의 인품과 사상이 개목초에 명확하게 나타나 있다.

일연대사는 오직 일본을 위해서 이 세상에 나온 사람이며 일연대사의 삼대서원을 보더라도 그렇고 일연대사 어록이라고 하는 논문의 내용을 보더라도 무조건 일본적이다.

어떤 사람들은 일본국 일본민족이라는 문구를 세계적으로 또는 만국만민으로 해석하지만 잘못된 견해다.

법화경의 가르침으로 비약해서 보기 때문에 일연대사의 삼대서원의 문저에 뜻이 있을 것이라고 판단한 것이 아닌가 싶다.

우리나라에 나와 있는 일본의 창가학회 뿐 아니라 일연종이든 일본의 어느 종파라도 일연대사의 삼대서원을 찬양하지 않는 종파가 없다.

우리나라 사람들은 어떠한가, 얄팍한 일본인의 속임수에 넘어가서 소위 지식인층과 권력층에서 이들의 말에 속아 믿고 있으니 참으로 비탄을 금치 못하는 바이다.

이러한 일본인의 뜻을 아는지 모르는지 다만 작은 선심에 넘어가서 나라와 민족의 혼마저도 팔아먹는 일을 자행하고 있으니 이것이야말로 일본의 침략기에 나라를 팔아먹은 자들보다 나을 것이 무엇인가.

남묘호레엔게교는 일본말이지 세계 공통어가 아님에도 세계 공통어라고 하면서 반드시 남묘호레엔게교라고 불러야 공덕이 된다는 거짓말을 믿고 따라하고 있으니 참으로 안타까운 현실이다.

나모 삿다르마 푼다리카 수트라(Namo-Saddharma-Pundarika-Sūtra)는 범어이고 나무묘법연화경(南無妙法蓮華經)은 한문으로 우리말이다.

석가모니부처님께서는 육근이 청정하실 뿐 아니라 항상 공한 자리에 계시므로 그 어떤 생명체의 소리도 다 듣고 아시는 천상천하에서 절대적이고 유일한 한 분 밖에 안 계시는 인본존으로 영원한 진리요 생명이신 구원본불이신 것이다.

그런데 남묘호레엔게교라고 해야만 된다는 것은 팔만대장경 그 어디에도 찾아볼 수 없는 말로써 이것이 소위 천마(天魔)들의 말이 아니고 무엇인가.

특히 이들은 일연대사의 일본과 일본인을 위한 구국정신인 삼대서원을 앞세워 한국의 문화와 불교를 말살하려고 한 역사적 사실을 한국 국민들은 어찌 잊을 수 있단 말인가.

이들의 목적인 일본국만을 받들게 하기 위한 종교인 남묘호레엔게교를 부른다는 것은 일연의 삼대서원을 보더라도 대한민국의 혼과 민족의 혼마저도 일본에 바치는 꼴이 된다는 것을 결코 잊어서는 안될 것이다.

이들은 석가모니부처님을 버리고 일연대사가 석가모니부처님보다 더 수승하다고 하는 어리석음을 드러내고 있는 것이다.

창가학회에서도 법화경을 믿는 것은 부인할 수 없는 사실
이다.

법화경을 믿는다는 것은 부처님의 뜻에 어긋나지 않게 믿어
야 하며, 그러나 그 내용이 부처님의 뜻이 아니면 믿어서는 결
코 안 된다.

특히 사람을 우상시해서는 더더욱 안될 일이다.

그들의 대표를 초청하여 시민증을 준다면 그들은 시민증을
받고도 우리나라의 권력층을 얼마나 우습게 볼 것인가 생각하
면 기가 막힌 일이다.

우리 민족과 국가의 은혜를 조금이라도 갚고자 한다면 생각
해야 할 문제다.

Ⅲ. 울산제일일보 칼럼

1. '설' 유감

울산제일일보 2010년 2월 7일자에 실린 글

내 어렸을 적에는 설이 기다려졌다. 설이 다가오면 강정이며, 유가, 엿 등을 먹을 수 있어 즐거웠고, 설날에는 설빔 차려입고 집안 어른들이 함께 모여 차례를 지내는 것도 재미였다. 차례 음식을 어르신과 같이 먹고나면, 형들과 동네를 돌며 어른들에게 세배 다니는 것도 신나는 일이었다. 방문하는 집마다 덕담 듣는 것도 좋았으며, 얼은 논바닥에서 팽이치기, 제기차기, 연날리기, 썰매타기 하느라 설빔 옷이 더러워지는 것도, 손발이 꽁꽁 어는 것도 잊고 열중했었다.

우리나라는 음력 1월 1일을 설이라 하여 예부터 연중 제일의 명절로 쇠어 왔다.

설을 원단(元旦), 세수(歲首), 연수(年首)라고도 하고, 신일(愼日)이라고도 하는데 신일은 "근신하여 경거망동을 삼간다."는 뜻이며, 설날 아침에는 일찍 일어나서 새해 아침에 입는 새 옷 즉 '설빔'을 입고, 돌아가신 조상들께 치례를 지낸 디음 웃이른께 세배를 한다. 세배를 할 때에는 새해 첫날을 맞아서 서로의 행복을 빌고 축복해 주는 덕담을 주고받는다. 세배가 끝나면 떡국으로 아침을 먹고, 조상들의 묘를 찾아가 성묘를 한다.

이러한 설의 의미가 그때는 원형대로 잘 지켜지고 있었던 것 같다. 지금도 고향을 찾는 사람들로 인해 고속도로는 정체 되고 열차, 고속버스들은 만원이다. 평소보다 두 배 이상 걸리는 귀성길에도 모두 얼굴빛이 밝다.

그럼에도 불구하고 어느덧 반세기가 흘러가고 설 풍속도 많이 변한 것 같다. 사철 시장에 가면 새 옷이 널려 있고, 살림살이도 넉넉해져서 딱히 명절이 아니라도, 아무 때나 좋은 옷을 사 입을 수 있고 음식도 그렇다. 그러니 굳이 설을 기다릴 필요가 없다.

조상 섬기는 것도 지금은 예전만 못한 것 같다. 어떤 종교는 설날에 부모에게 세배도 안 한다고 들었다. 설에는 특히 3일간 휴가를 주니 기회다 하고 해외로 가거나, 아니면 국내 관광지로 여행 떠나는 사람이 많아 비행기표는 일찍이 예약 완료된다고 한다.

이 때 쯤 명절만 돌아오면 머리가 지끈거리는 증상을 일컫는 말로 매스컴에 오르내리는 단어가 있는데 '명절증후군'이라는 신종 단어다. 시댁에 가서 음식이야 뭐야 할 일을 미리 걱정하는 것부터 뒷설거지까지 정리하는 데서 오는 스트레스 때문이라고 한다.

그래서 이제는 제사상도 전문업체에 맡겨서 한 상에 얼마의 돈으로 사다가 지내는 가정도 적지 않은 것 같다. 그렇다 보니, 집을 떠나 객지에서 지내기도 한단다. 그것도 전혀 안 지내는 것보다 나은 것 같다. 그렇게나마 조상을 잊지 않고 있다는 것을. 또 아는가, 조상님도 생전에 못 해보신 여행이라 즐거워하실지.

세월에 따라 모든 것은 변한다. 부처님께서 그것을 무상(無常)이라고 말씀해 놓으셨다. 고정불변하는 것은 아무것도 없다. 우주의 별들도 변해서 없어지는 때가 있는데 하물며 인간사(人間事)일까 보냐. 하지만 그 변하는 것도 우리 사람들의 삶이 풍요롭고 화기애애한 쪽으로 가야 이 세상이 평화롭고 살기 좋은 곳이 되지 않을까 싶다.

그러나 변하는 속에 변하지 않는 것이 있으니 그것이 절대 평등한 진리인 것이다.

원래 설의 의미는 일 년 동안 각자 흩어져 살아야 하는 집안 권속들을 한 자리에 모이게 해서 서로의 안부를 점검하고, 서로 덕담으로 용기와 힘을 나누고, 자라나는 자손들에게도 유대감을 심어 혼자가 아니라는 소속감을 주기 위한 것이었다. 그 귀한 날마저 모이지 않아 얼굴을 보지 못하고 형제자매 사촌 육촌도 모르고 독불장군 모양 따로따로 노니 어찌 이 사회가 화합하기를 바라겠는가. 사랑하는 사람을 위한 음식 장만이라 생각하면 얼마나 보람된 일인가. 그것을 단순히 번거로운 노동으로만 생각하니 오늘날 온갖 질병이 생기는 것이 아닌가.

부처님께서는 극락과 지옥이 내 마음에 있다고 하시고, 남을 위한 보시가 나 자신을 위한 것이라고도 하셨다.

오는 설날에는 내 한 몸의 안일만을 추구할 것이 아니라, 조상님을 생각하고, 이웃을 생각하고, 나라를 생각하고, 인류를 생각하는 마음을 잠시나마 내어보는 하루로 삼았으면 한다.

2. 행복지수

울산제일일보 2010년 3월 7일자에 실린 글

산사에 있어도 요즈음은 예전과 달리 관공서 나들이 할 때가 종종 있다. 그럴 때면 여러 사람들을 접하게 된다.

처음 대하는데도 오랜 지기같이 마음을 열게 하는 사람들이 있는가 하면 오히려 문빗장을 잠그게 하는 자도 있다. 그것은 그 사람의 지위도 아니고, 생김새도 아니고, 차림새도 아니다. 오직 그의 사람을 대하는 태도에 있지 않나 싶다.

겸손한 자세로 친절하게 나오면 항의하러 갔다가도 고개를 숙이고 나오게 되지만 뻣뻣한 자세나 고압적인 언동을 보면 주러갔다가도 그냥 나오게 되는 것 같다.

부처님도 하심(下心)을 말씀하셨다. 마음을 낮추라는 뜻이다. 어디서든 나를 낮추면 갈등이 생기지 않고 평화가 공존한다. 그러나 '내노라'하고 안하무인으로 나를 앞세우면 그 곳은 분란으로 어지럽다.

우리가 흔히 듣는 말로 '독불장군(獨不將軍)은 없다.'라는 말이 있다. 이 말도 알고 보면 부처님 말씀에서 나온 것이다. 이 세상은 인연(因緣)으로 모든 것이 생기고 없어지고 하는 마당이기 때문에 나 혼자로서는 존재할 수 없는 곳이다.

생각해 보라. 장군은 부하가 있어 장군노릇 할 수 있다. 한 명의 병사도 없는 장군을 상상할 수 있겠는가. 병사도 없이 자기가 장군이라고 나서면 모두 미쳤다고 하지 그를 장군으로 모실 사람은 한 사람도 없을 것이다.

우리의 삶도 그렇다. 가족이 있고, 친구가 있고, 이웃이 있어 더불어 살아갈 수 있는 것이다. 로빈슨 크루소처럼 무인도에 떨어진다면 과연 행복할 수 있을까. 그도 그 무인도에서 탈출하려고 자나 깨나 노력하지 않았는가. 사회적으로도 우리는 격리 되는 것을 제일 무서워한다. 범법자들이 가장 싫어하는 것도 독방에 처하는 형벌이 아니던가.

그런데도 나 혼자만 잘 살면 된다는 어리석은 생각을 가지고, 남보다 조금 나은 것을 가졌다고 으스대고, 남보다 더 갖겠다고 무리하게 행동을 하고, 남을 눈 아래로 보고 무시하는 태도 때문에 지금 우리 사회는 도처에서 갈등으로 어지럽다.

언론에서 들은 것인데 우리나라는 작년에 불어 닥친 세계적인 금융 위기에 OECD 30개 회원국 가운데 가장 성과가 좋았다고 하고, 경제력도 상위권에 들었다는데 행복지수는 그렇지 못하다는 것이다. 행복지수는 OECD 30개 회원국 가운데 23위로 나왔다. 또, 몇 년 전에는 세계 170여 개국을 상대로 행복지수를 조사했는데 그때는 가장 빈국인 방글라데시가 1위를 차지했다. 부자 나라보다 가난한 나라 국민들이 오히려 행복하다는 응답률이 높다는 것이다. 왜일까? 행복은 물질과 연관이 없다는 것일까. 생각해 볼 일이다.

우리나라는 어디를 가나 넉넉한 나라임을 알 수 있다. 산간 마을까지 도로는 넓고 포장되어 있고, 어디를 가나 화장실이 깨끗해서 그곳에서 밥을 먹어도 지장이 없을 정도다. 도로가 좋아서인지 가는 곳마다 차들이 넘쳐난다. 그럼에도 고속도로를 건설한다고 산이고 들이고 파헤쳐진 곳이 한두 군데가 아닌 것 같다. 그것은 아마 차들이 자꾸 불어나기 때문일 것이다.

그럼에도 학교에 가보면 매년 점심을 못 먹는 결식아동의 수가 늘어간다니 어찌된 일인가? 이러다가는 대한민국이 '속 빈 강정'이 될까 우려스럽다.

법화경에 보면 부처님께서 말씀하시기를 "모든 중생은 나의 아들"이라고 하셨다. 우리 모두는 부처님의 아들로서 잘나고 못난 차별은 있을 수 없는 것이다. 그 능력에 따라, 제도적 환경 때문에 자기가 처한 위치가 같을 수는 없지만 그것도 불멸의 입장에서 보면 일시적인 것일 뿐인 것이다. 그럼에도 불구하고 욕심을 앞세워 혼자 독차지를 고집해서 옆 사람을 불편하게 해서는 안될 것이다.

절에 가면 신발 벗어놓는 댓돌 위에 조고각하(照顧脚下)라고 쓰인 주련이 걸린 것을 볼 수 있다. 글자의 뜻은 '발 밑을 살펴라'는 뜻이다.

신발을 잘 벗어 놓으라는 뜻도 되겠지만 보다 근본적으로는 지금, 자기의 존재를 살펴보라는 의미이다. 현재 처해 있는 상황을 스스로 살펴보라는 법문이다.

순간순간 내가 어떻게 처신하고 있는지 돌아보라는 가르침인 것이다.

자기가 얼마나 겸손한 마음으로 살고 있는지, 얼마나 이웃을 배려하는지, 얼마나 내 욕심을 억누르는지를 매시간 아니 하루에 한 번이라도 살피면 우리 사회는 더욱 발전하고, 행복한 삶을 누릴 수 있는 곳이 될 것이다.

3. 한 송이 할미꽃의 생명

울산제일일보 2010년 5월 6일자에 실린 글

봄은 생명의 계절인데 특히 5월은 생명의 힘이 분수처럼 폭발적으로 드러나는 달이다. 이 계절에 생명에 대하여 생각해 보자.

인터넷을 열다가 우연히 사진 한 장이 눈에 들어왔다. 꽃대가 뽑히어 바위 위에 널브러져 있는 할미꽃 다발이었다. 사연이 적혀 있었다. 험한 바위 절벽에 할미꽃이 무더기로 곱게 피어 솜털이 석양빛에 뽀얗게 빛나고 있었다. 그 모습이 너무 고혹적이어서 그곳을 떠났다가 다시 한 번 더 보려고 돌아와 보니 그렇게 무참히 죽음을 당하여 늘어져 있어서 안타까운 마음에 그것을 찍어 인터넷에 올린다는 것이었다. 그 분의 말에 의하면 그런 소행을 저지르는 자는 소위 야생화를 찍고 다니는 사진작가라는 것이다. 물론 대다수 작가들이야 그런 행위를 하지 않겠지만 몇몇은 아름답거나 희귀한 것을 만나면 자기 혼자 독점하기 위해서 그런 행동을 한다는 것이다. 그 현장을 고발한 분은 진작 그런 소문을 들었지만 눈으로 목격하기는 처음이란다.

이럴 수가… 그 기사를 읽고 나는 한동안 멍했다. 인간의 이기심 내지 탐욕이 이렇게까지 극에 달했나 싶었다.

좋은 사진을 찍어 자기만이 명예와 부를 누리려고 험준한 바위틈에서 추위와 눈을 견디고 이제 막 봄 햇살을 받고 간신히 세상에 나온 꽃봉오리를 만개하기도 전에 무참히 꺾어 죽게 만들다니, 인간의 잔인성이 그대로 표출되는 현장이었다.

사람들은 벌레나 동물 등 움직이는 것만을 살아있는 생명으로 보는 경향이 있다. 그래서 바퀴벌레는 내버려 두면서 꽃이나 나뭇가지, 풀은 예사로 꺾고 뽑는다. 식물도 엄연히 살아있는 생명체다. 함부로 이유 없이 그 명을 끊어서는 안 된다.

불가에서는 인간 뿐만 아니라 동물 식물 벌레, 눈에 보이지 않는 것들까지 일체 생명을 존중한다. 그래서 절집에서는 수채에 뜨거운 물을 버리지 않는 전통이 있다.

석가모니부처님께서 어느 날 제자들과 산을 오르다가 목이 말라 우물물을 마시게 되었다.

"비구들이여, 이 물 한 방울에도 팔만사천의 생명이 가득하니 마실 때 그들에게 미안하고 감사한 마음을 가져야 하느니."

오늘날 현미경으로 '한 방울 물에' 수많은 생명체가 있음이 증명 되었지만, 아직 부처님의 혜안은 따라잡지 못하고 있다.

부처님께서는 이처럼 생명의 존귀함과 영원함을 드러내고, 살리고, 희망을 주고 서로 사랑하도록 가르쳐 주시기 위해서 봄에 이 세상에 오신 것이다.

따라서 부처님이 우리가 지켜야 할 계율을 설하셨는데, 그 첫 번째가 함부로 살생하지 말라는 것이다. 그래서 불가에서는 일체 생명을 존중하여 이에 관한 아름다운 일화가 많이 전해지고 있다.

옛날 초개비구라고 하는 스님이 계셨다. 도둑떼가 이 스님의 소지품은 물론 입고 있는 옷까지 빼앗고는 풀에다 묶어 놓고 떠났다. 그 도둑들이 퍽 유식했던지 스님들은 풀 한 포기까지도 함부로 해치지 않는다는 것을 알고 있었던 것이다.

내리쬐는 뙤약볕에 몇 시간 동안 묶인 채로 땀을 뻘뻘 흘리며 그대로 있었다. 마침 임금님이 사냥을 나왔다가 스님 곁을 지나가게 되었다. 풀잎에 묶인 스님을 풀어주고 임금이 묻는다. "스님이시여, 당신은 풀잎을 끊고 자유로울 수 있는데 왜 땀을 흘리며 고통스럽게 그렇게 있었습니까?"

스님이 대답하시기를 "임금이시여, 저와 저 풀을 구해주시어 감사합니다. 제가 만약 일어났다면 저 풀은 뿌리가 뽑혀 죽었을 것입니다. 이것이 제가 묶인 채로 그냥 있었던 이유입니다."

임금은 그 말을 듣고 사냥행위를 끊고, 그 스님을 모셔다 국사로 모셨다는 이야기가 있다.

초목은 사람이나 동물들 먹거리의 기본으로 하루라도 그들을 먹지 않으면 살 수 없다. 우리 생명은 남의 생명을 먹고 유지되는 것이다. 그것이 존재의 원리이니 어쩔 수 없지만 부처님 가르침대로 매사에 겸손하고 감사하는 마음가짐으로 살아가야 하리라

이런 생명존중의 마음이 바탕이 될 때 진정한 자연보호 운동이 일어날 것이고, 다양한 생명들이 번성하여 이 땅은 영원한 생명들의 낙원이 될 것이다.

3
불제자의 도리

2004년 4월 7일 ~ 8월 25일
대한불교신문 지상법문에 대해서

1. 불제자의 도리
2. 깨달음
3. 안팎의 마장을 막아주고 지옥 아귀 축생의
   과보를 끊어줄 수 있다는 말에 대해서
4. 정법의 몸통만을 사자후 하겠다 했는데
5. 나 아니면 부모조상 천도는 안된다고 했는데
6. 적정삼매에서 부처님으로부터 직접 들은 법문
7. 삼신설(三身說)
8. 일대성교대의
9. 묘법연화경은 성경(聖經) 중의 대왕이다
10. 여래출세(來自覺此)의 문자를 수지하라
11. 법화경(묘법연화경)은 일본종교인가?
12. 유명인의 법문은 모두 정법인가
13. 일대사인연

2004년 4월 7일 ~ 8월 25일
대한불교신문 지상법문에 대해서

현광사 묘일 석 동광

1. 불제자의 도리

먼저 이 지면을 통해서 부처님의 은혜에 만 분의 일이라도 보은 하고자 하는 진솔한 마음으로 오직 부처님께서 이 세상에 나오신 큰 뜻이 어디에 있는가를 밝혀 두고자 합니다.

산승은 먼저 이 글을 쓰면서 나의 사견이 들어서는 결코 나 자신이 무간지옥을 면할 수 없다는 것을 전제로 하고, 다른 사람의 글을 보고 "맞다 안 맞다"라고 하게 된 것을 참회하며, 또한 부처님의 가르침에 만약 부처님의 법을 허물어뜨리는 것을 보고 가책하지 않으면 참된 제자가 아니며, 참된 성문이 아니라고 하신 석존의 가르침을 믿는 고로 안타까운 심정으로 부디 부처님의 가르침으로써 모든 선지식들께서는 사람들을 구원하고자 하는 노력을 해 주기를 바라는 마음에서 쓰게 된 것임을 이해해 주시기 바랍니다.

불교를 알지도 못하면서 누구보다도 더 불교를 잘 알고 있는 것처럼, 지면을 통해서 또는 방송을 통해서 삿된 자기의 견해로 거침없이 불교를 비방하는 자도 있다는 것을 보고 듣노라면 나 자신이 부처님께 죄인이 된 기분입니다.

짧은 식견으로 함부로 뱉어내는 황당무계한 말들을 하는 사람도 있고, 석가모니부처님을 친구를 부르듯이 석가가 또는 석가노장이 또는 황노인 이라든지 하는 말을 서슴없이 하는 것을 보면 실로 마음이 아플 뿐입니다.

또 나름대로 유명세를 가지고 있는 불교인이 아닌 학문을 하는 사람이 스스로 모든 종교 위에 있는 것처럼 함부로 말을 하는가 하면, 이렇게 스스로 인격자라고 자칭하는 사람이 뒷골목에서 멋대로 살아가는 건달들보다도 못한 언사로, 많은 사람들로부터 어리석은 언사를 가지고 인기를 누리기 위해서 진리의 가르침과 그 가르침을 설하신 부처님을 비방하고 있으니, 이러고도 남들로부터 존경을 받는다는 것은 참으로 어처구니없는 현실입니다.

도○ 김○○이라는 사람이 쓴 책을 보니, 석가모니부처님을 강원도 감자 캐는 촌놈에 비유했고, 불교에는 성경이 없다고까지 비하했고, 승가를 뒷간에 냄새나는 곳에 사는 구더기에 비유한 것을 보고 부처님께서는 웃고 계실 것입니다. 산승도 어이가 없어 헛웃음이 나왔으니 말입니다.

그 입으로 많은 중생들에게 말하는 것을 보니, 주인도 분별하지 못하고 덤벼드는 광견병 걸린 미친개가 짖는 것과 조금도 다를 바가 없다는 생각이 들었습니다.

미친개가 물려고 한다고 피하기만 하면 언젠가는 그 개로 인해 많은 사람들이 무간지옥에 들어가는 피해를 입을 수 있기 때문에 이러한 피해를 입지 않도록 하고자 애초에 잘못 된 식견에서 나온 말이라는 것을 밝히고, 더 이상 이러한 사람으로 인해서 불자들이 혼란에 빠져 삼업(구업·행업·의업)을 짓지 않도록 해야 불제자의 도리라 생각합니다.

금강경만을 가지고도 성경을 능가하는 것일진대, 어찌 불교 전체의 가르침을 비하하고 성경다운 성경이 없다고 하는지 그 자의 무식이 도저히 이해가 가지 않습니다.

더욱 안타까운 것은 불교를 믿는 불자들이 기독교의 맹신자가 하는 말을 믿고 그런 사람을 따르는 작금의 현실입니다.

종교가 다르다는데 문제가 있다는 것이 아니라, 자기가 믿는 종교가 아니라고 해서 함부로 거짓된 말을 해도 된다는 말입니까.

불경과 성경의 경문을 가지고도 얼마든지 비교할 수 있으며, 어떤 가르침이 수승한 것인지, 아니면 어느 경에서 어느 경으로 누가 도취했다는 것까지도 알 수 있을 텐데, 감히 짧은 식견을 가지고, 자기 마음대로 해석해서, 부처님과 부처님의 가르침을 능멸한다는 것은 무간지옥과 축생의 고를, 수억 겁에 걸쳐 끊임없이 받는다는 사실을 알아야 할 텐데 참으로 민망스럽습니다.

이것은 묘법연화경을 보지 못하고, 부처의 심심(深心)과 묘법의 심심(深心)을 알지 못하는 데서 나오는 어리석음이며, 설사 안다고 해도 오히려 자기가 법 위에 있다고 스스로 생각하는데서 오는 아만일 따름입니다.

이러한 사람이 있는가 하면, 부처님의 지혜에 도취해서 자기 스스로 깨달아 아는 것처럼 행세를 하는 사람도 있습니다.

이런 사람을 믿고 추종하는 것은 누구의 책임인가 물론 자기의 근기에 해당하는 일이겠지만 꼭 그렇다고는 할 수 없습니다.

이 시대를 사는 중생들은 미혹해서 외도 사도의 말을 분별하지 못하고 그대로 믿고 따르기 때문에, 외도 사도가 대성황을 이룬다고 부처님께서 인왕경, 대집경, 열반경 등 여타의 경에서 이미 밝히신 바 있습니다.

그러나 선지식들이 경문을 본으로 삼고 불자들에게 불교에 대한 바른 이해를 할 수 있도록 설하였다면, 사견이 충만한 자가 감히 불교를 비하하지는 못했을 것이고, 얻지 못하고서 얻었다고 하면서 사람들을 악도로 이끄는 외도가 나오지 않았을 것입니다.

더욱더 아이러니한 것은 방송을 통해서 또는 지면을 통해서, 불교를 짓밟고 있는 자를 큰 사찰에 청해서, 명사가 참석했다는 것을 부각시켜 큰 행사를 치루는 일입니다.

불자들이시여, 모든 사람들이여, 단 한 번만이라도 부처님의 위대한 가르침을 생각한다면, 사도의 말이 참인지 거짓인지 알 수가 있을 것이며, 또한 외도가 정법을 행하는 것처럼 드러내는 자가 없을 것입니다.

산승은 근자에 불교신문에 게재된 지상법문이라는 것을 우연히 보게 되었는데, 처음에는 이 시대에 대선지식이 나오셨는가 하고 크게 기뻐하였습니다.

내용을 읽어보고는 크게 기뻐한 만큼 크게 실망스러움을 금할 길이 없어 부득이 필을 들게 된 것을 먼저 밝혀둡니다.

지상법문을 하시는 것에 대해서 대단한 용기 있는 일로서 감탄을 하는 바입니다.

자신이 깨달아서 안다는 것은 당사자로서는 얼마나 환희할 일이겠지마는, 깨달았다고 하는 그것이 바른 깨달음인지, 아닌지는 본인과 부처님만이 아실 것입니다.

그러므로 얻지 못하고 얻었다고 하고, 작은 것을 얻고서는 큰 것을 얻은 것처럼 함부로 발설하지 말 것을 부처님께서는 경문에서 당부하고 계십니다.

아니나 다를까 지상법문을 하시는 분도 부처님께서 우려하시는 언설을 했는데 깨달아서 안다는 내용이 부처님을 찬탄하면서도 석가모니부처님을 대망어의 자로 만들고 있습니다.

모든 불자와 출가자들은 부처님께서 설하신 일대 오십년 설법을 본으로 삼고 수행을 해야 합니다.

그런데 부처님의 가르침인 경문의 말씀도 긍정적으로 생각하는 것 같지만 부정하는 의미의 법문을 한다는 것은 실로 위험한 일이 아닐 수 없습니다.

산승이 지금 하고자 하는 말은 논쟁을 하고자 하는 것이 결코 아니며, 또한 허물을 삼고자 하는 것은 더더구나 아님을 밝혀 둡니다.

2. 깨달음

지상법문에 "경의 말씀은 일리 있는 말씀이다"라고 했는데, 이 말은 일리 없는 말씀도 있다는 뜻이 내포되어 있다.

또 "법화경의 본문팔품의 말씀은 거의 맞는 말씀이다"라고 했는데, 구원본불을 나타낸 부분은 이미 경문에 있는 말씀이지만, 거의 맞는 말씀이라면 부처님께서 설하신 말씀 중에는 잘못된 말씀도 있다는 말이며, 또는 중생에게 본래부터 갖추어져 있는 삼신설(법신·보신·응신)을 이설이라고 한 것은 묘법연화경의 가르침을 바르게 보지 못하고, 분별하지도 못한 것이라고 볼 수밖에 없다.

그리고 타력으로서만이 구원받을 수 있다는 말은 대망어다.

만약 그렇다면 부처님께서 설하신 일대성교가 모두 허망함이 될 것이다.

불교는 석가모니부처님의 금구로부터 나온 가르침이지만, 육신이 한 가르침이 아니라 법으로써 설하신 것이기 때문에 절대로 허망한 가르침이 있을 수 없다.

묘법연화경 견보탑품 제11에서 부처님의 말씀은 절대 진실임을 다보여래께서 증명하신 바 있다.

종지용출품 제15에서도, 불무불실어(佛無不實許), 여래신력품 제21에서도 불어실불허(佛語實不虛)라 하신 바 있다.

묘법연화경 여래수량품 제16에서 "일체세간의 하늘과 사람과 아수라는 다 지금의 석가모니불은 석씨의 궁전을 나와 가야성에서 멀지 않는 도량에 앉아 아뇩다라삼먁삼보리를 얻었다고 생각함이라. 그러나 선남자야 나는 실로 성불해 옴이 한량없고 가이없는 백천만억 나유타 겁이니라."

시성정각의 석가여래께서 수행하신 과정만을 보고 생각하여 부처님을 생각해서는 결코 안 된다.

시성정각의 부처님만을 보게 되면 조사와 같은 소승의 경계로 착각할 수 있기 때문이다.

해탈과 열반도 모든 경에서 다 얻는다고 하셨지만, 그것은 경마다 얻는 열반의 뜻이 각기 다르다는 것을 경문을 보면 알 수 있다.

무량의경 설법품에서 부처님께서 말씀하시기를 "문사수일 이의각이(文辭雖一 而義各異)"라 "말은 비록 같을 지라도 그 뜻은 각각 다름이 있다"고 말씀해놓으신 바 있다.

부처님께서 거듭 말씀하시기를 "비유하면 법은 물이 능히 더러운 때를 씻음과 같으며, 샘과 연못과 시내 물과 개울물과 강물과 바다의 물이 다 더러운 때를 씻는 것과 같이 법의 물도 이와 같아 능히 중생의 때를 씻음이니라. 물의 성품은 하나이지만 모든 물이 있는 곳은 각각 다름이니라."

그러므로 "처음이나 중간이나 끝에 설함이 말은 같을 지라도 그 얻어지는 것은 각각 다르다"고 하신 것이다.

이처럼 부처님께서 수많은 법을 설하신 까닭이 무엇이겠는가.

그것은 "중생들의 성품과 욕망이 같지 않기 때문에 종종으로 설하시고 방편력으로써 사십여 년에 아직 진실을 설하지 않았다고 하시고, 그러므로 중생이 도를 얻음에도 차별이 있어 속히 무상보리를 얻지 못한다"고 하셨다.

열반경에서는 "끝내 실경(實經)을 홍통하지 않으면 천마(天魔)로 알아야 하느니라."

법화경의 가르침을 믿는 것 같이 하면서 이 법의 가르침을 악용해서는 결코 대무간지옥을 면할 길이 없을 것이다.

3. 안팎의 마장을 막아주고 지옥 아귀 축생의 과보를 끊어줄 수 있다는 말에 대해서

지상법문 하신 스님의 말씀 중에 더욱 놀라운 말은 "정법에 귀의한 불자가 진짜 큰스님을 만난다면 자기구제는 보장이 된다"라고 한 말은 교만 중에 대교만이라고 볼 수 있다.

"큰 선지식을 스승으로 삼는 것"은 당연한 말이지만 경문에 말씀을 보면 경계해야 하는 말이다.

또 이어서 "진짜 바른 선지식은 안팎의 마장을 막아주고 지옥 아귀 축생의 과보를 끊어줄 수 있고 전생의 악연도 끊어 준다"고 한 말은 실로 부처님의 가르침과는 거리가 먼 말로써 교만함의 극치를 드러내는 말이다.

석가여래께서 재세 시에 한 여인은 사랑하는 아들이 죽었는데 부처님께서는 살려주실 깃이라 믿고 부처님께 찾아와서 아들을 살려달라고 하였다.

부처님께서는 살려주겠노라 하시면서, 다만 마을에 내려가서 사람이 죽지 않은 집의 겨자씨를 얻어 오라고 하셨다.

여인은 기뻐서 급히 집집마다 가서 겨자씨를 얻고자 하니 모두 주는데, 사람이 죽지 않았느냐는 물음에 부모 형제 자식이 집집마다 죽은 사람이 없는 집은 한 집도 없었다.

　그제서야 여인은 부처님의 의중과 진리의 말씀을 깨닫고 부처님께 나아가 아들의 죽음을 인정하고 자기의 어리석음을 참회했을 뿐만 아니라 부처님의 참된 가르침을 고맙게 생각하고 부처님께 귀의하게 된다.

　부처님께서는 철저하게 진리에 입각한 가르침과 방법으로 깨닫게 해 주셨거늘 이 말법에 어찌 수행자가 중생의 업장을 씻어주고 지옥 아귀 축생의 과보를 끊어 준다는 것이며, 전생 악연까지도 끊어 준다고 하는 것인지 실로 대교만이 아닐 수 없다.

　법의 소식만을 전하겠다고 한다면 반드시 부처님의 가르침을 밝히고 부처님 뜻에 맞게 펴야 할 것이다.

　석존께서는 자기가 지은 업은 자기가 스스로 소멸할 수 있는 방법과 길을 다 열어 주셨는데, 아무 노력하지 않는 중생을 부처님 위신력으로 결코 해결해 주신다고 하시지 않으셨다.

　묘법연화경 비유품에서 삼계화택의 가르침에 잘 나타나 있다.

　자칭 선지식이라고 하면 부처님께서 설해 놓으신 그 길을 가르쳐 주어야 하는데, 사견을 내세워 자기를 따르라고 하는 것은 참으로 안타까운 일이 아닐 수 없다.

　묘법연화경 여래수량품 제16에서 "중생들이 안주하고 즐겁게 노닐 곳이 묘법연화경"임을 밝혀 놓으셨고, 또 부처님의 형상에도 의지하지 말고 법에 의지하라고 하신 가르침이 있거늘 어찌 사람에게 의지하라고 하는 것인가.

열반경에 말법에 사는 중생들에게 네 군데 의지할 의지처를 정해 두셨으니,

"첫째, 법에 의지하고 사람에 의지하지 말며.

둘째, 지혜에 의지하고 식에 의지하지 말며.

셋째, 뜻에 의지하고 말에 의지하지 말며.

넷째, 요의경에 의지하고 불요의경에 의지하지 말라."

말법오탁악세에 사는 중생들에게 가장 큰 교훈으로 부처님의 간곡한 유언의 말씀이다.

첫째, 법이라고 하신 것은 여래가 출현하는 법이다.

관보현보살행법경에서 "이 방등대승경전(묘법연화경)은 제불의 보장이며 시방삼세제불의 안목이며, 삼세제불이 출생하는 종이니라."

제불의 안목이요 출생하는 묘법연화경을 본존으로 삼으신 경문으로 일체제불 또한 이 경에서 출현하시기 때문에 부처가 나오는 묘법연화경이 곧 법으로 의지해야 할 곳이라고 명백하게 밝혀 놓으신 것이다.

열반경에서, "여래는 항상한 법이며, 변하거나 바뀌지 않는 법이라는 것을 마땅히 알아야 하느니라. 세간의 범부는 어리석어서 알 수 없는 바이니, 항상한 법이라는 소리는 곧 여래는 법이라는 말이니라."

열반경에서도 항상한 법이 곧 여래임을 밝히시고, 묘법연화경에서 모든 여래가 출생하시는 법이기 때문에 이 법에 의지하라는 뜻이다.

그러므로 석존은 부모소생의 몸(身)인 시성정각(始成正覺)의 능인(能人)이고, 이 묘법연화경은 능생(能生)으로서 신(神)이며 신령한 영(靈)으로 구원실성(久遠實成)의 본불(本佛)로써 그야말로 대우주 내외에 하나밖에 없는 신령스러운 자수용신의 부처님의 존재가 되는 것이다.

열반경에서, "가섭아 모든 부처님이 스승으로 하는 바는 이른바 법이니라. 내지 그러므로 모든 여래가 공경하고 공양하느니라."

여래의 스승은 법이라고 하시고 이 법은 앞에서도 말했거니와, 부처님의 일대사인연이 이 묘법에 있기 때문에 여래가 출생하는 법이라고 하시고, 여래는 이 묘법연화경에 공경 공양한다고 하신 것이다.

이제 방편의 가르침을 버릴 때가 되었다고 방편품에서 말씀하신 것이다.

묘법연화경 방편품 제2, "정직사방편 단설무상도"라 하셨으니 "정직하게 방편을 버리고 다만 무상도를 설하노라."

'정직하게 방편을 버리고' 라는 뜻은, 42년 동안 설하신 일체의 가르침이 모두 이 법에 있기 때문에, 또다시 다른 법을 굳이 가질 필요가 없으므로 모두 버리라는 뜻이며, 오직 일불승이요 여래가 출세하는 문자이며, 모든 여래가 스승으로 하는 이 묘법연화경만이 일체중생을 구원할 수 있는 법이기 때문에, 이 법에 의지하라고 의지처를 정해 주신 것이다.

이 말씀을 부정하는 자는 불자가 아니며, 부처님의 몸에 상처를 내는 자인 것이다.

둘째, 지혜라는 것은 오직 부처님의 지혜이지 보살의 지혜가 아니다.

이 묘법연화경의 지혜는 일체중생으로 하여금 부처님의 지혜를 열어 주시고, 지혜를 보여 주시고, 지혜를 깨닫게 하시고, 지혜에 들게 하시고자 이 세상에 출현하신다고 방편품에서 밝히신 것이다.

지혜를 얻었다고 하더라도 나를 믿으라고 한다고만 해서는 되는 것이 아니다.

반드시 경문을 들어서 부처님의 가르침인 법에 의지하도록 인도해서 구원될 수 있도록 해야 바른 대선지식(大善智識)인 것이다.

부처님의 가르침을 바르게 알고, 아는 것을 바르게 가르쳐서 인도하는 사람을 두고 하는 말이다.

"방편품 제2, 여래소이 출위설 불혜고 금정시기시(如來所以 出 爲說 佛慧故 今正是其時)"

"여래가 출현함은 부처님의 지혜를 설하고자 하는 까닭이니 지금이 바로 그 때라."

이 묘법연화경은 아무 때나 부처님께서 설하신 가르침이 아니다.

설사 부처님이 나오시더라도 이 경은 설하기가 어렵다고 하신 것이다.

반드시 때가 되어야만 설하신다고 하신 경문이다.

부처님이 이 세상에 나오시는 근본목적은 부처님의 지혜를 설하고자 하심이지, 방편만을 설하시려고 나오신 것이 아님을 밝히신 경문으로, 지금이 이 묘법연화경을 설할 때라고 하신 것이다.

이 묘법연화경만이 부처님의 지혜이기 때문에, 말법에는 이 지혜에 의지하라고 의지처로 정해 주신 것이다.

그렇다면 모든 사람들은 어디에 마음을 둘 것인가.

부처님의 지혜가 아닌 것은 사견이라고 하시고, 오직 말법에 있어서는 이 묘법연화경만이 중생이 즐겁게 놀 곳이며, 또한 보배처소이며 대양약이라고 하시고, 이곳이 곧 중생이 주할 처소가 되므로 이곳에 마음을 두어야 하며 받아 가져 일심으로 믿으라고 하신 것이다.

셋째, 뜻이란 팔만법장의 뜻을 다 여읜 묘법연화경의 뜻에 의지하라고 하신 것이며, 묘법연화경의 뜻이 아닌 것은 말에 불과한 것이라고 하신 것이다.

방편의 가르침은 곧 말(言)이 되기 때문에 방편은 버리라고 하시고, 묘법연화경의 뜻에 의지하라고 하신 것이다.

부처님의 뜻은 오직 묘법연화경에 있기 때문에, 부처의 형상에도 의지하지 말라고 하신 것이다.

넷째, 요의경이란 열반경에 말씀하시기를 "요의란 만족함에 있느니라"라고 하신 가르침이 있다.

묘법연화경 방편품 제2 "여아석소원 금지이만족 화일체중생 개령입불도(如我昔所願今者已滿足化一切衆生皆令入佛道) '내가 옛적에 소원한 바와 같이 이제는 만족함이니 일체중생을 교화하여 다 불도에 들게 함이라."라고 하셨으니 묘법연화경을 설하심으로 해서, 부처님이 이 세상에 나오신 목적은 반드시 이 경에 있기 때문에 만족한다는 뜻이다.

이렇게 부처님께서는 말법악세에 있어서 일체중생 모두가 다이 묘법연화경에 의지해서 세상을 구하고 자신도 구원받도록 하라고 하신 것이다.

그러므로 중생들을 인도하는 성직자들이 부처님의 가르침에 따라 수행과 더불어 중생들을 바르게 인도하고 있는지를 되돌아 볼 때라고 생각한다.

그리고 불자들은 그것이 부처님의 뜻(意)인지, 아니면 말(言)인지를 사량(思量)해야 할 것이다.

그런데 불교를 믿는 불자들은 자기가 하고 있는 경전에 집착하거나 수행방법에서 벗어나지 못하고 있으니 안타까울 뿐이다.

지혜가 없는 중생들은 착란하고 미혹해서 어리석음에서 벗어나지 못하고 있기 때문에 삼악도를 윤회하면서 가지가지의 고통을 받는다고 부처님의 가르침이 있다.

불자들이 부처님의 가르침을 바르게 알지 못하고 믿지 않는데, 어찌 이시대의 제바달다의 역할을 담당하는 사도 외도가나와서 부처님을 비방하며 불교를 훼방하지 않겠는가.

한편으로는 사도와 외도들에게 고마운 마음까지 드는데, 그것은 불자들에게 부처님의 가르침을 말법에 사는 우리들에게 어떤 가르침을 본으로 삼아야 한다는 부처님의 뜻을 전할 수 있게 된 것에 대한 고마움인 것 같다.

열반경에 "부처입멸 후 700년이 지나면, 여래의 교법이 점점 쇠멸하고, 마의 군사가 비구가 되어 정법을 허물어뜨릴 것이니라."

이 경문은 석가여래입멸 후 700년이 지나면 석존의 설법은 점차로 없어지고 악한 귀신들이 보살이나 비구의 형상으로 나타나서 불도를 설하되 거짓으로 설함으로 부처님의 바른 법을 파한다는 뜻이다.

여래멸후 800년에 용수보살이 출세하시어 십주비바사등을 지어서 화엄, 방등, 반야경등의 의(意)를 밝히고, 대론을 만들어 반야경과 법화경의 차별을 나타내시고, 천친보살은 여래멸후 900년이 되어서 출세하시어 구사론을 만들어서 소승의 의(意)와, 유식론을 만들어서 방등부의 의(意)를 나타내시고, 마지막으로 불성론을 지어서 법화경과 열반경의 의(意)를 나타내었으나, 요의의 가르침과 불요의의 가르침을 석가여래의 유언대로 하지 않았음이다.

과연 경문의 말씀대로 용수보살이 나오시고, 수많은 선지식(186인, 일연대사의 저서에서)이 나오셔서 불법을 전하게 되지만, 그 중에서 부처님의 뜻을 바르게 전하신 분도 있지만, 조사 선사 논사들은 자기의 사견을 가지고 부처님의 지혜인양 설해서, 불도를 허물어뜨린 결과를 가져온 것은 부정할 수 없을 것이다.

첫째는 각 종파가 그것이요, 둘째는 지금도 소승경은 석가여래의 직설이고, 대승경은 구전이라고 하며, 모든 경은 다 똑같다고 하고, 부처님의 계율에는 술과 고기를 먹지 말라는 말씀이 없다고 하며, 불자들에게 '너희들은 근기가 하열하기 때문에 보살의 명호를 본행으로 삼아라' 라고 하고, 또는 성불과는 거리가 멀기 때문에 방편의 가르침으로 수행을 하라고 하고, 또는 알아듣지도 못하는 말과 결론도 없는 말만을 가지고 불자들에게 앞을 보지 못하도록 눈과 귀를 막아버리는 일을 하는 자들이 말법에는 무수히 많다는 가르침이 있으니 가슴 아픈 일이 아닐 수 없다.

지상법문에서 '부처님은 일대사인연을 위해 이 땅에 오셨다'고 하는데 일대사가 무엇인가에 대해서 언급이 없는 것은 묘법연화경이 진리요 구원본불을 밝히게 되면 지상법문을 한 스님의 말이 망어라는 것이 드러나기 때문이리라.

또 하나는 "법화경의 말씀은 일리 있는 말씀이다"라는 말과, "법화경의 말씀은 거의 맞는 말씀이다"라고 한다는 것은 도저히 이해할 수가 없는 말이다.

열반경에서 "자등명 법등명(自燈冥法燈明) 자기 자신의 어두움을 밝히고자 하면 법으로써 등불로 삼을지니라."고 가르침을 남겨두셨으니 이 등불은 부처님이 나오시는 경으로 묘법연화경인 것이다.

또한 법구경에도 "자귀의 법귀의(自歸依法歸依) 자기로써 주인을 삼고 법으로서 의지처를 삼는다."

어디까지나 법(法)을 근거로 해서 의지처로 삼으라는 가르침을 불자들은 명심해야 할 것이다.

이처럼 법에 의지해야 함에도 불구하고 사람에게 의지하라고 하는 것은 실로 대사견임을 경문에서 밝혀 두신 바와 같다.

그러면서도 지상법문을 한 스님은 '법의 소식만을 전하고 있다'고 하니, 그렇다면 사견을 설하지 말고 부처님의 가르침을 본으로 삼고 설해야 할 것이다.

부언하건대 부처님께서는 중생의 업장을 대신해서 닦아주신 다는 가르침이 없다.

4. 정법의 몸통만을 사자후 하겠다 했는데

그리고 "정법의 몸통만은 당당히 사자후 하겠다고 했지만 무엇이 정법의 몸통인가를 먼저 밝혀야 할 것이다.

부처님께서 말법세상에서는 일체중생들이 의지해야 할 정법인 몸통을 이미 설해 놓으셨는데 무슨 몸통이 따로 있다고 하는 것인지 부처님의 가르침은 삿된 가르침이란 말인가, 한 마디 말씀마다 그 방법(법을 배반하는)의 죄보를 어이 감당할 것인지 참으로 아득하다.

열반경에 석존께서 가섭존자에게 말씀하시기를 "모든 여래가 공경 공양하는 바는 법이며, 모든 여래가 스승으로 하는 바는 곧 법이니 그러므로 여래는 항상한 법이니라."

모든 부처님께서 공경 공양하는 곳은 법이며, 부처님이 스승으로 삼는 것 또한 법이라고 하시고, 여래는 항상한 법이라고 하셨는데, 어찌 사람에게 의지하라고 하는 것인지 실로 안타까운 마음 금할 길이 없다.

그리고 이 묘법연화경을 바르게 수지해서 독송 서사하고 바르게 해설하면 반드시 불도를 성취한다고 부처님께서 명백하게 밝혀 놓으셨는데 어찌 법이 아닌 사람을 따르라고 하는 것인가.

본래 부처님의 신상은 황금산과 같은 무량한 빛으로 삼천대천세계를 비추시고 계시며, 모든 세계에서의 보살들과 성문 연각들의 불도 닦는 모습도 빛의 힘으로 보여 주시고, 중생의 생사의 업보처도 빛의 힘으로 보여 주시는 신통력을 내시는데(서품) 이 이상 무슨 말이 필요하겠는가.

여래신력품에서 "여래일체소유지법(如來一切 所有之法)"이라고 하셨으니 부처님의 모든 지혜와 법이 이 묘법연화경 다섯 자에 있다고 밝히셨으며, "여래일체자재신력(如來一切 自在神力)"이라고 하셨으니 부처님의 모든 신통력이 이 묘법연화경 다섯 자에 있다고 밝히시고, "여래일체비요지장(如來一切 秘要之藏)"이라고 하셨으니 여래에게 있는 일체의 비밀되고 요긴한 것이 이 묘법연화경 다섯 자에 있다고 하시고, "여래일체심심지사(如來一切 甚深之事)"라고 하셨으니 여래에게 있는 일체의 깊고 깊은 일은 이 묘법연화경 다섯 자에 모두 나타내어 설하였노라고 부처님께서는 스스로 밝혀 놓으신 것이다.

이렇게 명백하게 밝혀 놓으셨는데 적정삼매에 들어서 무량광을 보았다고 하면서 부처님께서 바라시는 바대로 법으로 인도하지 않고 "자기의 견해를 부처님의 지혜인양 설하는 것은 실로 대사견이 아닐 수 없다.

인왕경에서, "말법오탁악세에 있어서 파순이 비구가 되어 자기의 견해를 부처님의 지혜인양 설하노라" 이 경문을 보건대 실로 대사견인 자임에 틀림이 없으리라.

여래신력품에서 석존께서는 "여래 멸도하신 후에 능히 이 경을 가지게 하는 까닭으로 모든 부처님이 환희하사 한량없는 신력을 나타내심이라."

이 뜻을 보면 말법에는 이 경을 받아가져 실천하면 모든 부처님께서 환희하시고 반드시 신력이 나타날 것이기 때문에 반드시 묘법연화경을 찬탄하고 펴라는 뜻이다.

이렇게 부처님께서는 경문으로써 말법에 사는 중생들에게 개시오입케 하시기 위해서 이 세상에 나오신 것이라고 밝히신 가르침이 있는데 또 다른 가르침이 있다면 이것은 대사견이요, 대망어일 뿐이다.

방편품에서 석존께서는 "나의 법은 묘하여 생각하기 어려우리니 모든 거만한 자들이 들으면 반드시 공경하지 않고 믿지 않으리라"라고 하셨고 말법에 사는 중생들이 묘법연화경을 받아가지면 구원받을 수 있다고 명백하게 밝히셨다.

묘법연화경 방편품에 석존께서는 "약유문법자 무일불성불(若有聞法者 無一不成佛)"이라 "만일 이 묘법연화경의 법문을 듣는 자는 한 사람도 성불 못하는 사람이 없느니라"하신 가르침이다.

이 가르침에 분말가루만큼도 의심이 있어서는 안될 것이다.

사람에게 의지하게 한다는 것은 부처님의 가르침을 믿고 있는 것 같이 보이지만 믿는 사람이 아니다.

그리고 부처님이 이 세상에 출현하신 "일대사인연"은 이 묘법연화경에 있다,

방편품에 석존께서 밝히시기를 "시위제불 이 일대사인연고 출현어세(是爲諸佛 以 一大事 因緣故 出現於世)"라 "모든 부처님께서 오직 일대사인연으로 하여 세상에 출현하시느니라."

지상법문에 부처님은 일대사인연으로 나오셨다고 하면서 "묘법연화경의 말씀은 맞는 것 같다"라고 한 말은 실로 법을 배반하는 말이다.

석존께서는 이 묘법연화경을 설하시기 위해서 이 세상에 나오셨다고 하신 가르침 자체를 인정하지 않고, 일대사만을 말한다면 석존을 찬탄하면서도 석존을 내려뜨리고, 자기 자신이 일대사인연으로 해서 이 세상에 나온 부처라고 스스로 말하는 것이 된다.

부처님께서는 이미 말법악세에는 방법의 사람과 외도 사도가 성행을 한다고 타 경에서 이미 밝히신 바 있다.

상법결의경에 가로되, "모든 악비구가 혹은 선(禪)을 수(修)하여 경론에 의(依)하지 않고 스스로 자기의 사견을 내세워서 비(非)로써 시(是)라 하며 이는 사(邪) 이는 정(正)이라고 능히 분별하지 못하리라. 두루 도속을 향해서 이와 같이 말하기를 나는 능히 이를 본다고 마땅히 알라. 이 사람이 속히 나의 법(法)을 멸(滅)하리라."

불자들은 이 경문의 말씀을 잘 음미해보시기 바란다.

열반경에서 석존께서 말씀하시기를 "부처님의 가르침을 따르지 않는 자는 마땅히 알라. 이 사람은 마의 권속이니라"라고 하셨다.

석존께서 "부처님의 지혜를 자기가 얻은양 말하고 또는 지기의 사견을 부처님의 지혜인양 설한다"고 하신 경문이 있으니 바르게 분별해야 할 것이다.

불교는 모름지기 부처님의 가르침이며, 부처님은 일체중생을 구원하시고자 이 세상에 나오신 것이니, 일대사인연법의 경문으로써 본을 삼아야 할 것이로되, 사람의 말을 믿어서는 안 된다고 명백하게 말씀하신 것이다.

더 이상 불자들을 혼란에 빠뜨리지 않기를 바라는 마음 간절할 뿐이다.

사람으로써 부처님의 가르침을 "맞는 말이다"라고 논평을 한다는 것은 실로 대 교만이 아니고 무엇이겠는가.

등각의 보살도 부처님의 가르침을 본으로 삼아 믿고 따랐는데, 어리석다 할지라도 경의 말씀을 믿지 않고 자기를 내세워서 중생을 악도로 이끄는 것인가 실로 안타까운 일이로다.

천태지관에 가로되 "법멸의 요괴이며 시대의 요괴임이 분명하도다"라는 말씀이 생각난다.

열반경에 부처님께서는 "끝내 실경(實經)을 홍통하지 않으면 천마(天魔)로 알아야 하느니라."

묘법연화경의 말씀을 믿는 것같이 하면서 이 법의 가르침을 악용해서는 결코 대무간지옥을 면할 길이 없다.

그리고 '부처님만이 중생의 업장을 소멸하신다고 한 말은 일리 있다'고 한 논평은 대망어이다.

부처님의 가르침이 일리가 있다 또는 없다고 말을 하는 것은 감히 부처님의 옷을 입은 자로서 할 수 없는 말일 것이다.

부언하건대 부처님께서는 중생 스스로 업장을 닦는 방법과 길을 가르쳐 주셨지 부처님께서 중생의 업장을 대신해서 닦아 주겠다는 가르침은 경의 한 구절도 없다.

지상법문에서 정법의 몸통만을 사자후하겠다고 해놓고 몸통인 묘법연화경의 가르침이 일리가 있다 없다라고 하는 것은 부처님을 대망어의 자로 만드는 것이다.

5. 나 아니면 부모조상 천도는 안 된다고 했는데

또는 진짜 큰 스님을 만나 죽은 조상을 천도해 주어야 한다든지, 부처님은 일대사인연으로 오셨는데, 일대사를 밝히지 않고 자신을 내세운다든지, 내가 아니면 중생의 업장을 소멸시키지 못하니 무조건 사람을 따르라고 하는 것은 부처님의 가르침에 정면으로 반하는 일이다.

경문을 가지고 설하지 않는다면 무엇을 가지고 중생들에게 가르쳐 이익을 줄 수 있겠는가.

법으로 인도하지 않고 무조건 나를 믿고 따르라, 나만이 구원할 수 있다고 하는 것은 새로운 종교를 만들고자 하는 것이 아니고서는 할 수 없는 말로 그렇다면 부처님을 팔지 말고 스스로 교를 만들어야 할 것이다.

사람들은 방법의 죄과가 얼마나 큰 죄악인지를 잘 모르는 것 같다.

알고는 방법을 저지르는 언사를 함부로 사용하지 못하기 때문이다.

부처님께서 오직 "법에 의지하라"고 하신 가르침을 부정하는 것은 자기 자신도 부정하는 것이 된다는 사실을 알아야 할 것이다.

산승은 분명하게 말하건대 부처님의 가르침대로 행하면 반드시 사람은 스스로 지은 업을 소멸할 수 있으며, 부처님의 가르침으로 조상의 천도를 시킬 수 있으며, 다만 청정한 몸과 마음으로 부처님의 대법문으로써만이 가능하다는 것이다.

조상천도는 반드시 법력과 부처님의 가르침이 합일되어야 해탈 시킬 수가 있는 것이다.

부처님의 가르침을 보면 열반경에서 "부모가 죽어 천도 추선 회향이 되고자 하면 반드시 이 묘법에 한함이라"라고 하신 경문이 있으니 어찌 나 아니면 부모조상의 천도는 안 된다고 하는지 그렇다면 부처님께서는 대망어의 사람이 아닐 수 없을 것이다.

물론 청정한 계율을 가지고 천도재를 올리는 것과, 청정하지 못한 비구가 행하는 것과는 하늘과 땅의 차이가 난다.

견보탑품 제11에서 "이 묘법연화경을 바르게 가지면 부처님께서 칭찬하시는 바이니, 이것이 곧 용맹이며, 정진이며, 이 이름이 지계며, 두타를 행하는 자이니 곧 빨리 아뇩다라삼먁삼보리를 얻음이라."

부처님의 가르침을 바르고 지극한 마음으로 받아 가져서 실천하게 되면 반드시 부처님의 대지혜를 얻을 수 있다고 하신 석존의 말씀을 소홀하게 듣고 보아서는 안될 것이다.

6. 적정삼매에서 부처님으로부터 직접 들은 법문

작금의 말법의 악한세상에서 적정삼매에서 부처님으로부터 직접 들은 법문이라면 반드시 부처님께서 설하신 일대 오십 년 동안 설하신 가르침에 대해서 논평을 해서는 안 된다.

적정을 곧 열반이라고 하는데, 설사 적정삼매를 얻었다 할지라도 이것은 소승의 궁극적인 목적인 아라한과의 열반이지 진실의 열반이 아니다.

설사 열반을 얻었다 하더라도 진실의 열반에 이르게 하기 위해서 임시방편으로 얻어지는 열반에 불과한 것이라는 뜻이다.

견보탑품에서 "부처님은 이 묘법연화경을 부촉하고자 있느니라"는 가르침을 예사로 생각해서는 결코 안 된다.

부처님께서는 일대사인연인 이 묘법연화경을 설해서 일체중생이 모두 다 이 묘법에 귀의해서 부처님과 같이 성불하기를 원하시는 고로 묘법연화경을 부촉하고자 하신 것이니 이 말씀은 부처님의 대자비심인 것이다.

그리고 말씀하시기를 "만일 이 묘법연화경을 설하면 곧 나와 다보여래와 모든 화불을 친견함이 되느니라."

이 경을 받아 가져서 바르게 수행하면 석존을 친견하고 모든 화신불을 친견함과 같다고 하신 부처님의 가르침이 대망어란 말인가. 묻지 않을 수가 없다.

어찌 적정삼매에 들어야 부처님을 친견하여 법문을 직접 듣는다고 하시는지 의심스럽기 그지없는 일이다.

부처님께서는 "만일 이 경을 받아 가져 외우면 다 나의 몸을 얻어 보리라."

석가여래께서도 이 경에서 나오시고 일체의 모든 부처님도 마찬가지로 이 묘법에서 나오신다고 여래수량품과 여래신력품 그리고 상불경품에서 그리고 불설관보현보살행법경과 열반경에서 명백하게 밝히신 바 있다.

"내가 과거 한량없는 겁 중에서 묘법연화경을 구하여 게으른 마음이 없었느니라."

다시 한 번 말하지만 산승은 남의 허물을 말하고자 하는 것이 아니라 바르지 못한 사견에 불자들이 속지 말아야 한다는 간절한 마음으로 다만 부처님의 은혜에 십만 분의 일이라도 보은하고자 하는 것임을 재삼 밝히는 바이다.

열반경에서 모든 여래가 공경 공양하는 법이 곧 묘법연화경이라고 하신 것을 다시 한 번 더 밝히며, 묘법연화경이 곧 항상한 법으로써 여래이며 광명신인 것이다.

열반경여래성품 권9에서 "모든 악한 비구들이 이 경에서 간략하게 초(抄)를 만들어서 부분으로 마땅히 갈라놓을 것이니라. 그리하여 정법의 빛과 향기와 아름다운 맛을 소멸시킬 것이니라. 악인들은 그러한 경전을 읽고 외우더라도 여래의 깊고 비밀스러우며 중요한 뜻을 멸진시킬 뿐이며. 또 세간의 장식과 앞뒤가 맞지 않는 무의미한 말을 태연하게 사용할 것이니라."

이 말씀은 작금에 있어서 드러나고 있는 말씀이다.

"적정삼매에서만이 부처님을 직접 친견한다"는 말씀에 대해서.

묘법연화경 여래신력품 제21에서 "능지시경자 즉위이견아 역견다보불 급제분신자 우견아금일 교화제보살(能持是經者 則爲已

見我 亦見多寶佛 及諸分身者 又見我今日 教化諸菩薩)"

"능히 이 경을 지니는 자는 곧 이미 나를 친견하는 것이며, 또한 다보불과 모든 분신불을 친견하는 것이며, 또 내가 오늘 교화하는 모든 보살을 봄이니라."

부처님께서는 일대사인연법인 묘법연화경을 바르게 받아 가져서 가르침에 따라 지극한 마음으로 믿고 실행하면 부처님을 직접 뵙는 것이 되고 부처님께서 머리를 쓰다듬어 주심과 같은 것일진대 이러한 바른 가르침을 두고 사람에게 의지하라는 것은 있을 수 없는 일이다.

여자의 불성불(不成佛, 부처가 되지 못함)에 대해서 설하신 경문이 있으니, 화엄경에서는 "여인은 지옥의 사자이며 능히 부처의 종자를 단절함이라. 외면은 보살과 흡사하고 내면은 야차와 같음이라."

또 "한 번 여인을 범하는 자는 능히 눈의 공덕을 잃으니 설사 큰 뱀은 볼지라도 여인은 범하지 말라."

또 "다른 경에서는 삼세제불의 눈이 대지에 떨어질지라도 여인은 부처가 되지 못하느니라." 라는 경문이 있는데, 여자는 악성으로 인해서 성불하지 못한다고 부처님께서 말씀하신 가르침이다.

그러나 여인의 성불을 허락하신 경전이 있으니 바로 묘법연화경이며, 이 경의 제바달다품에서는 여인성불은 물론이거니와 악한 지의 축생의 성불도 허락하신 것이다.

그러므로 이 경은 일체중생과 성문 연각 보살들에게 있어서 평등한 대지혜인 것이다.

이렇게 경문으로서 모든 것을 얻을 수 있거늘 어찌 사람에게 의지하라고 하는지 참으로 의심스러울 뿐이다.

부처님께서 이 묘법연화경을 얻어 듣기가 얼마나 어려운 일인가를 설해 놓으신 가르침이 있다.

"부처님 멸도 후 '팔만사천의 법장과 십이부경'을 가지고 사람을 위해 연설하고 천만 억의 한량없고 수가 없는 항하사 중생으로 하여금 아라한을 얻어 육신통을 갖추게 하여 큰 이익이 있을지라도 이 '묘법연화경을 듣고 받아 가지는 것' 이것이 더 어렵다 하느니라."

설사 수없는 겁 중에서 수행을 하여 여섯 가지의 신통력을 얻는 것보다도, 이 묘법연화경을 받아 가지기가 더 어렵다는 말씀이다.

묘법연화경을 받아 가지기가 얼마나 어려운 일인가를 나타내신 가르침이다.

7. 삼신설(三身說)

중생이 본래부터 갖추어져 있다는 삼신설은 이설로서 학승들의 주장이라고 했는데 이 부분에 대해서도 밝히고자 한다.

부모로부터 받은 이 몸에 이미 삼신(법신·보신·응신)이 본래부터 갖추어져 있다는 설은 학문이 아니라 부처님께서 설해 놓으신 가르침이다.

우리들의 이 몸은 하천한 몸이라고 생각하지만 삼신즉일(三身卽一)의 본각(本覺)의 여래로 되어 있다는 부처님의 가르침이 있다.

묘법연화경 방편품에 "유불여불 내능구진 제법실상 소위제법 여시상 여시성 여시체 여시역 여시작 여시인 여시연 여시과 여시보 여시본말구경등(唯佛與佛 乃能究盡 諸法實相 所謂諸法 如是相 如是性 如是體 如是力 如是作 如是因 如是緣 如是果 如是報 如是本末 究竟等)"

오직 부처님과 부처님만이 모든 법의 실상묘법의 참 모습을 능히 연구하여 다 알기 때문이니라. 이른바 법이 이와 같은 형상이며, 이와 같은 성품이며, 이와 같은 바탕이며, 이와 같은 힘이며, 이와 같은 작용이며, 이와 같은 원인이며, 이와 같은 연이며, 이와 같은 결과며, 이와 같은 갚음이며, 이와 같은 처음과 끝이 궁극에는 같음이니라.

부처님과 부처님만이 아시는 제법실상으로 십여시(十如是)라고 한다.

그 중에서 삼신이 중생의 몸에 갖추어져 있다는 증문이 있는데 십여시 중 삼여시다.

여시상(如是相, 이와 같은 형상)은 나의 몸의 색형(色形)에 나타난 상(相)으로, 해탈이며 삼신불 중 응신여래라고 한다.

여시성(如是性, 이와 같은 성품)은 나의 심성으로 반야라고 하며, 보신여래라고 한다.

여시체(如是體, 이와 같은 바탕)는 나의 몸(身)으로써 중도, 또는 법성, 또는 적멸이라 하며 법신여래라고 한다.

십여시 중에 이 삼여시가 따로따로 떨어져 있는 것으로 지금까지 알았지만 부처님께서 묘법연화경 방편품 제2에서 밝히시기를 "삼신은 내 이 몸에 갖추고 있다"고 하신 가르침이다.

삼신이 내 몸에 갖추어져 있지 않고 각각 다른 곳에 있다고 하는 사람은 결코 묘법연화경을 모르는 소치이며, 이런 사람을 두고 범부중생이라고 하며 미혹이라고 한다.

삼신이 나의 신상에 갖추어져 있음을 믿고 부처가 될 수 있다는 것을 깨달아 확신을 가지고 분명하게 관(觀)하게 되면, 이 몸 그대로가 일생 중에 본각의 여래를 나타내어 즉신성불하게 되는 것이다.

다시 말해서 봄과 여름에 씨앗을 뿌리게 되면, 가을과 겨울에는 반드시 수확을 하게 된다는 뜻이다.

그런데 씨앗을 뿌리고 수확하는 동안의 기다리는 시간이 긴 것 같지만 일 년 내에 곡식을 얻게 되는 것과 같이, 부모에게 받은 이 몸에 삼신이 갖추어져 있음을 깨달아 들어가서 부처님을 나타내는 기간은 긴 것 같지만, 일생내(一生內)에 나타나서 부모로부터 받은 몸이지만 삼신즉일의 부처님이 되어지는 것이다.

묘법연화경 여래수량품 자아게 게송에서 삼신이 본래부터 중생들에게 갖추어져 있음을 밝히신 것이다.

자아게의 첫 게송인 자아득불래(自我得佛來) 중에 아불래(我佛來)가 바로 삼신을 나타내신 것인데 아(我)는 법신(法身). 불(佛)은 보신(報身), 래(來)는 응신(應身)을 나타내신 것이다.

"내가 부처를 득한 이래" 또는 "내가 성불로부터 지내온"

아(我)라고 한 것은 이미 오래전에 본래부터 갖추어져 있는 것이 지속적으로 이어지는 부처의 생명 그 자체이기 때문에 법신이라고 하는 것이다.

불(佛)은 깨달은 자는 각자(覺者)고, 또는 불타(佛陀)로써 보신(報身)이 되며, 삼세를 다 아는 대지혜의 자(者)인 것이다.

래(來)는 과거 현재 미래에 있어서 시시 때때로 움직이는 색법이 활동하기 때문에 응신이라고 하는 것이다.

삼신은 본래부터 갖추어져 있는 무시무종의 고불인 구원태초의 자수용신의 당체로서 얻어지는 것이기 때문에 타인으로부터 구원을 받는 것이 아니라 이 묘법에 들어오면 스스로 구원받아 성불한다는 것이다.

그러므로 자득(自得)이라고 하신 것이다.

스스로 얻어졌기 때문에 "무상보취 불구자득(無上寶聚 不求自得)" "무상의 보물을 구하지 않았지만 스스로 득했느니라"라고 하신 것이다.

이 말씀으로 보아도 타력으로 인해서 성불하거나 구원받는 것이 아니라 부처님의 일대사인연법인 묘법연화경의 가르침을 받아 가져 바르게 실행하면 스스로의 노력에 의해서 부처님이 될 수 있다는 것을 부처님께서는 말씀하신 것이다.

불자들이여, 바른 가르침을 받아 가져서 바르게 듣고 믿어 부처님의 가르침대로 실천하면 일생에 성불한다는 가르침을 믿어야 할 것이다.

그러므로 "묘법연화경을 빌어 가지면 한 사람도 성불하시 못하는 사람이 없느니라"라고 방편품에서 부처님께서는 명백하게 밝혀 놓으신 것이다.

그리고 여래수량품 제16 자아게 게송의 자아득불래(自我得佛

來)로부터 시작해서 속성취불신(速成取佛身)으로 게송이 끝나는데, 자(自)는 시(始)초이며, 신(身)은 종(終)인데 이 시종(始終)은 자신(自身)을 뜻하고 중간의 말씀은 수용한 것이다.

그러므로 처음과 끝의 글자가 자신이 되어 중간에 있는 말씀을 수용한 것으로써 자수용신이 되는 것이다.

다시말해서 자아게 전체의 뜻은 자수용신이 되는 것으로 일념삼천이며 무작삼신이라고도 하는 것이다.

묘법연화경 본문에 입각해 보건데, 중생이 부모 소생으로부터 받은 몸 그대로가 무작삼신의 부처님이 되는 것이다.

무시이래의 진리와 지혜 그리고 육신을 지니고 지금까지 현실로 드러난 구체적인 본각(本覺)으로써, 삼신이 본래 갖추어진 무작의 부처를 본불이라고 하는 것이다.

그러나 본래 중생이 갖추고 있는 삼신을 드러내고자 하면, 자신이 스스로 지극한 신심을 가지고 노력하지 않으면, 본불의 무작삼신을 갖추었다 할지라도 경문에 따르지 아니하면 불에 탄 보리씨와 같이 되고 만다.

"삼신설에 대해서 다시 한 번 되새기고자 한다."

불교의 핵심 중 핵심은 삼신설이라고 했는데, 법신, 보신, 응신의 삼신은 부처님 지혜의 장으로써 당연히 불교의 핵심이 되는 것이다.

삼신설은 부처의 몸을 세 가지 측면에서 밝힌 것이며, 하나의 몸으로만 모든 것을 다 밝힐 수가 없기 때문에 세 가지의 몸으로 나타낸 것으로 일반적으로 알고 있다.

법신여래는 과거 현재 미래를 이어가는 부처의 불변진여(不變眞如)의 이치(理致)를 뜻하는 말이다.

보신여래는 수연진여(隨緣眞如)의 지혜, 즉 진리를 비추는 지혜의 작용이다.

응신(화신)여래는 중생과 외계(外界)에 따라서 변현(變現)하는 부처의 힘이 작용하는 것을 말한다.

이 삼신불의 관계는 법신을 소증(所證)의 이경(理境)으로 하고, 보신을 능증(能證)의 지혜로 하며, 이 경지(境智)가 영합해서 일으키는 작용을 하는 것이 응신이라고 한다.

부처님은 반드시 이 삼신을 갖추게 되며, 지혜에 의해서 청정한 불성을 발현(發現)하고 무한한 자비로써 중생구제 하는 활동을 해 가는 분이다.

그러나 삼신이 따로 있는 것으로 본다는 것은 경문의 뜻을 이해하지 못한 것이라고 본다.

이 묘법연화경에서만이 무시무종의 삼신설을 드러내신 것이며, 일체 제대승경에는 설하지 않으셨고, 설사 있다하더라도 하나의 측면으로 본 무시무종이지, 삼신이 다 갖추어진 무시무종이 아님을 밝혀 두고자 한다.

중생의 일신이 삼신즉일의 본각의 여래임을 밝히신 경문이 바로 제법실상 십여시인 것이다.

이 삼신은 부처님 뿐 아니라 모든 중생의 일신에 본래부터 갖추어져 있는 것으로, 십계호구(십계의 하나하나에 서로 십계가 갖추어져 있는 것)의 당체로서 묘법연화경을 신수하면(제목 5자를 바르게 믿고 받아 가시면) 삼신을 자기의 일신에 현현(顯現)할 수 있기 때문에 중생도 부처가 될 수 있다고 하신 것이다.

이것을 부정하는 것은 이 묘법연화경의 가르침을 거의 인용하면서 인용하는 것 자체를 부정함과 같은 것이며, 본래부터 중생이 갖추고 있는 자성 가운데 삼신설을 부정한다면 중생의 성불은 안 된다는 뜻이니, 부처님의 가르침은 허망한 것이 될 것이다.

또한 여래수량품 제16에서 구원본불을 밝히셨는데, 법신, 보신, 응신의 삼신즉일(三身卽一)인 구원원초의 자수용보신여래(自受用報身如來)를 부정하는 것이 될 것이다.

과거의 수행결과로 스스로 광대한 법락(法樂)을 수용하는 별교(別敎)의 타수용신(他受用佛身)이 아니라 중생에게 본래부터 갖추어져 실재하고 있었던 것으로 이치로서가 아닌 현실상의 존재로서 원교(圓敎)의 자수용보신(自受用報身)은 부정할 수 없는 것이다.

불교의 중심은 삼신을 원만하게 갖춘 부처님이 그 지혜를 가지고 모든 중생을 구원하여 부처님과 같이 되게 하고자 하는데 그 목적이 있는 것이다.

8. 일대성교대의

부처님께서 50년 동안 설하신 가르침이 모두 "묘법연화경 5자"의 "제목" 속에 있음을 밝히신 경문이다.

묘법연화경의 사구게송인 여래신력품에 "이요언지 여래일체소유지법 여래일체자재신력 여래일체비요지장 여래일체심심지사 개어차경 선시현설(以要言之 如來一切所有之法 如來一切自在神力 如來一切秘要之藏 如來一切甚深之事 皆於此經 宣示顯說)" "요약해서 말하건대 여래에게 있는 일체의 법과, 여래에게 있는 일체의 자재한 신력과, 여래에게 있는 일체의 비밀되고 요긴한 것과, 여래에게 있는 일체의 심히 깊은 일을 모두 이 경에서 펴보이고 나타내고 설함이니라."

이렇게 말씀하셨으니 이 묘법연화경에서 팔만법장이 나왔다는 뜻이며, 일체의 부처님의 지혜가 이 법에서 나온 것임을 밝히신 것이다.

모든 사람들은 부처님의 가르침을 본으로 삼고 가르침에 따라 바르게 실행하여 마음을 닦아 나아가야지 일체의 다른 어떤 것으로도 마음을 닦고 업장을 소멸할 수가 없다는 것을 바르게 알아야 할 것이다.

천태대사께서 말씀하시기를 "오직 묘법연화경 한 부질을 가장 높고 좋은 자리에 모시고 조석으로 예배공양 할 것이니라."

"사람이 죽어 임종시에 묘법연화경 제목을 불러주면 묘법삼력의 공덕과 힘으로 윤회신을 받지 않으리라."

무엇 때문에 묘법연화경을 모시라고 하셨는가를 알 수 있는 경문이다.

여래신력품에 "당지시처 즉시도장제불어차득아뇩 다라삼먁삼부 제제불어치전우빕륜세불어차이반열반(當知是處 卽是道場諸佛於此得阿뇩 多羅三먁 三菩提諸佛於此轉于法輪諸佛於此而般涅槃)"

"마땅히 알라 이곳이 도량이니 모든 부처님은 이곳에서 아뇩다라삼먁삼보리를 얻으시며, 모든 부처님이 이곳에서 법륜을 전하시며, 모든 부처님이 이곳에서 열반에 드심이니라."

부처님 멸도 후에는 이 묘법연화경이 바로 여래임을 밝히신 것이며 누구라도 이 경을 받들어 가지면 성불한다는 부처님의 가르침이다.

그리고 임종시에 묘법연화경의 제목을 지극한 마음으로 불러 주면 묘법연화경의 윤회신을 받지 않는다고 하신 것은 부처님의 뜻이다.

이 경문을 보고도 타력에 의지해야 된다고 한다면, 부처님께서 열반경에 말씀하신대로 분명 대마구니임을 스스로가 밝히는 것이 되는 것이다.

그러므로 타력에 의지해야 업장을 소멸하여 구원받을 수 있다는 것은 실로 대망어임을 알아야 한다.

금강경을 보고 성경과 비교를 하더라도 금강경을 잘못 본 것일진대, 일체경 중에서 감히 성경만한 성경이 없다면, 부처님께서는 이 세상에 나오신 것을 지금쯤 중생들에게 부끄럽게 생각하시고 쥐구멍이라도 찾고 싶은 심정이시리라.

모든 사람들 모를 리 없으시겠지만, 바른 안목으로 지금부터라도 부처님께서 설하신 일대 오십년사를 바르게 보시고, 참된 스승이 되시기를 간절히 바라는 바이며, 나는 그대의 뜻이 아니라 작금의 불교현실에 대한 바른 이해와, 불자들에게 불교를 바르게 이해할 수 있는 방법을 찾아 주기 위해서 행한 일이라고 생각하고 싶으며, 그대도 언젠가는 반드시 뉘우치고 불법에 귀의하여 성불할 수 있다고 확신한다.

9. 묘법연화경은 성경(聖經) 중의 대왕이다

이 묘법연화경은 삼천대천세계에 있어 일체 세간에 있는 모든 성경 중에 대왕임을 지금부터 밝히고자 하니 도ㅇ이시여 그리고 불자들이시여 눈을 크게 뜨고 보시기 바란다.

석가여래께서는 구원겁 이전에 이미 성불하신 부처님으로 중생을 불쌍하게 생각하시어, 마갈타국 정반왕의 아들로 태어나서 출가를 하신 후, 고행 끝에 성도를 하신 것이라고 묘법연화경(법화경) 여래수량품 제16에서도 "보리수하 성등정각(菩提樹下 成等正覺)"이라고 밝히신 것이다.

이러한 과정을 두고 시성정각이라고 하며, 방편품에서 말씀하시기를 석존께서는 정각을 이루신 후 그대로 열반에 들고자 생각했으나, 제석천을 비롯한 하늘의 모든 무리들이 법을 청하였지만, 불승만을 찬탄만 해도 중생들은 고(苦)에 빠져 있기 때문에 이 법을 믿지 못하여 법을 배반하고 모든 중생들이 삼악도에 빠질 것을 염려하시어, 과거의 부처님들께서 행하신 바대로 하리라 생각하고 50년 동안 법을 설하시게 된 것이라고 밝히시고 지금 무량의경을 설하기 전까지 42년 동안 설한 화엄, 아함, 방등, 대반야등 일체의 모든 경은 방편이라고 밝히신 경문이다.

무량의경에 설법품에 가로되, "성욕부동 성욕부동 종종설법 종종설법 이방편력 사십여년 미현진실 시고중생 득도차별(性欲 不同 性欲不同 種種說法 種種說法 以方便力 四十餘年 未顯眞實 是故 眾生 得道差別)"이라고 하신 말씀이나.

이 말씀은 "중생의 성품과 욕망이 제각기 다르기 때문에 가지가지로 법을 설하되, 방편력으로써 설함이니 사십여 년에 아직 진실을 나타내지 아니 하였노라.

이런고로 중생이 도를 얻음에도 차별이 있어 속히 무상보리를 이룩하지 못함이니라."

지금까지 부처님께서 스스로 밝히신 것을 부정한다면, 석가모니부처님을 정면으로 부정하는 것이 된다는 것을 어찌 모르시는가.

만약에 불자가 이를 의심하고 믿지 않는다면 어찌 불자라고 할 수 있겠는가.

타 종교의 사람들은 성경의 말씀을 무조건 믿고 아멘 한다.

우리 불자들도 부처님의 가르침을 무조건 아멘(무조건 믿습니다)의 마음으로 믿어야 할 것이다.

방편품에 "세존은 오래 동안 법을 설한 후에야 요긴한 진실을 설하시느니라."

42년 동안 설하신 후에 비로소 때가 되어 이 묘법연화경을 설하신다고 하신 것이다.

방편품에 "약유문법자 무일불성불"이 묘법연화경의 법문을 듣는 자는 한 사람도 성불하지 못하는 사람이 없느니라.

묘법화경 일체중생 실유불성 전미개오 즉신성불(妙法華經 一切衆生 悉有佛性 轉迷開悟 卽身成佛)

묘법연화경은 미혹한 중생을 깨닫게 하시어, 이 몸 그대로가 부처임을 깨닫게 하시고, 역겁수행을 거치지 않고 바로 성불시키고자 설하신 가르침이라는 뜻이다.

방편의 가르침에서는 반드시 역겁수행을 해야만 보살과위에 든다고 하시고, 설사 보살위에 들었다 하더라도 궁극에는 묘법연화경에 들어야만 불도(부처의 지혜)를 성취할 수 있다고 하신 것이다.

그러나 이 묘법연화경은 받아가짐으로 깨닫게 함으로 즉신성불한다고 석존께서 밝히신 것이다.

묘법연화경을 받들어 가져서 부르면 중생이 본래부터 갖추고 있는 묘한 이치를 관하게 되는 것이기 때문에, 특별히 다른 관법을 수행하지 않아도 부모로부터 받은 몸이지만 즉시에 성불한다는 부처님의 가르침을 믿어야 한다.

방편품 제2에서 "묘법연화경은 일체제불의 요긴한 비밀이니라. 내가 멸도한 후 이 경의 뜻을 해석하는 사람을 만나기 어려우며, 만일 다른 부처님을 만난다 할지라도 이 법에서 마침내 깨달음을 얻으리라."

묘법연화경은 일체제불께서 소유하고 있는 것 중에서 가장 비밀된 것이며, 설사 수행자가 다른 부처님을 친근하더라도, 끝에는 이 묘법연화경으로 인해서 깨달음을 얻어 성불하는 것이며, 궁극은 일심법계의 취지를 설해 나타낸 것을 묘법이라고 이름 하기 때문에, 묘법연화경을 제불의 지혜라고 하는 것이니, 이 경을 받들어 가지는 행은 묘법을 관하는 것이 되기 때문에, 묘법의 공덕과 힘으로 한 사람도 성불 못하는 사람이 없다고 하신 것이다.

누구라도 구원받고 성불코자 한다면 이 법을 믿고 받아가져서, 모든 사람들에게 바른 가르침을 주어야 된다고 생각하는데,

지금까지의 경문에 있는 가르침만으로도 그대가 알고 있는 어떤 종교보다 수승하다는 것을 알 수가 있을 것이다.

열반경에서,

"대승을 배우는 자는 육안이라 할지라도 이름하여 불안이라 하느니라. 귀, 코, 혀, 몸, 뜻, 이 다섯 뿌리도 이와 같느니라."

대승이라 함은 묘법을 지칭한 말씀으로 이 묘법을 받아 가져 진실한 마음으로 믿으면 설령 부모로부터 받은 몸일지라도, 부처의 눈과 같이 청정한 안근을 성취할 수 있으며, 나머지 다섯 가지 뿌리도 청정함을 얻는다는 것이다.

불자들이시여 어찌 부처님의 가르침을 멀리 하고 눈앞의 사견에 현혹되어 스스로를 아비지옥으로 들게 하려고 하시는가.

묘법연화경의 가르침을 바르게 이해하면, 지상이나 방송을 통해서 듣는 여러 가지의 법문을 분별하실 수 있을 것이다.

고려 충숙왕 때 운묵대사라는 일대 고승은 "묘법연화경을 모르고서야 어찌 불자라고 할 수 있겠는가"라고 일침을 가하신 것이다.

열반경에 "의법불의인(依法不依人)하라" "아무리 훌륭한 사람일지라도 경문에 의하지 않는 사람은 신용하지 말라"고 하셨으니 부처님을 믿는다면 경전의 말씀을 진실로 믿어야 할 것이다.

조사나 선사 또는 논사들의 깨달은 바는 감히 상상을 할 수가 없을 것이다.

그러나 부처님께서 깨달으신 지혜는 대보살들도 감히 알 수가 없는 것인데, 어찌 조사, 선사, 논사가 일불승인 묘법연화경의 지혜를 알 수가 있겠는가.

10. 여래출세(來自覺此)의 문자를 수지하라

열반경 제15에 "모든 중생은 하나같이 모두 여래 출세의 문자를 수지하라"고 유언을 하신 것이다.

상법결의경에 "문자에 의하는 고로 중생을 제도하고, 깨달음을 얻느니라. 혹 선을 닦는 일이 있어도, 경론에 의지하지 않고 스스로 자기의 견해를 쫓아서 어떤 것을 바른 것이라 한다면, 이것을 바로 삿된 것이라 하느니라."

문자가 없다면 중생을 구원할 수 없으며, 문자가 없이는 사람이 살아가기 조차 어렵고, 문자가 없다면 표현할 수 있는 방법이 없는 것이다.

우주법계에 있는 모든 생명체는 부처님의 대자비심으로 소생하는 것이며, 부처님의 대자비심으로 인해서 모든 사람이 부모의 몸으로부터 태어나고 성장하며 살아가고 있다는 것을 부처님께서는 이 묘법연화경에서 낱낱이 밝혀 놓으신 것을 바로 보신다면 감히 사견을 설하지는 못할 것이다.

이러한 모든 것이 문자로부터 시작하는 것일진대 문자를 버리고서야 어찌 깨달음을 이룰 수가 있을 것이며, 사람이 숨을 쉬는 것부터 움직이는 것 생각하는 것 모든 것이 다 문자로부터 시작하는 것인데 부처님의 가르침을 문자라고 생각하여, 오지 마음을 닦으라고 한다면 무엇을 가지고 마음을 닦을 것인가, 선한 마음을 가져야 한다고 해서 선한 마음이 나올 수만 있다면 굳이 부처님의 가르침이 무슨 소용이 있겠는가, 깊이 생각해야 할 것이다.

부처님께서 이렇듯 중생을 가엾게 생각하시어 구원하고자 형상에 의지하지 말고 오직 법에 의지하라고 가르쳐 주셨건만 중생은 어리석어 알지 못하고 믿지도 않는 것이다.

부처님께서는 중생들에게 형상에 따르지 말고, 오직 여래가 출세하는 문자를 받아 가져서 행하라고 하신 가르침이 있으니, 아무리 성직자라 할지라도 경문에 의하지 않는 방법으로 중생을 이끈다는 것은 바로 자기의 삿된 견해라고 하신 것이다.

아무리 오랫동안 철저한 수행을 해 왔다 하더라도 궁극에는 이 묘법연화경에 들어오지 않고서는 불도를 성취할 수가 없으며, 부처님 입멸 후에는 많은 증상만자들이 이 세상에 나와서 경전에 의하지 않고, 사견을 내세워서 부처님의 가르침을 부정하거나, 자신의 삿된 견해를 부처님의 지혜인 것처럼 설한다고, 부처님께서 이렇게도 명백하게 밝혀 놓으신 것이다.

반드시 여래출세의 문자만이 바른 것이라고 하신 것이다.

그리고 부처님께서는 "나는 아무 말도 하지 않았다"고 하신 이 가르침을 잘못 이해하게 되면, 부처님께서 설하신 일대 오십 년 동안의 가르침 자체를 모두 버리라는 것으로 착각할 수도 있지만, 이 중에서 묘법연화경만은 여래가 출세하는 경이기 때문에 결코 버리라는 것이 아니며, 오직 형상에 의지하지 말고 이 법에 의지하라는 뜻으로 하신 말씀인 것이다.

사람들은 법을 분별할 수 있는 지혜를 갖추어야 한다.

말에만 의지하고 명예와 이익에 따르다 보면, 바르게 볼 수 있는 지(知)를 막아 버리기 때문에 법을 분별할 수 있는 힘을, 경문의 가르침으로 스스로 갖추어야 한다.

열반경에서. "만약 부처님의 설한 바를 따르지 아니하는 자는 마땅히 알라, 이 사람은 마군의 권속이니라."

부처님께서는 이렇듯 말법에 대양약인 진실한 가르침에 의지하지 않는 자는 마구니라고 하신 것이다.

그래서 경문을 본으로 삼아야 하는 것이다.

특히 지금의 이 시대를 말법으로 정의하고 있는데, 이 시대는 말법의 대양약이요 보배처소인 묘법연화경 일경만을 신수봉행토록 하신 것이다.

모든 중생은 본래부터 묘한 이치를 갖추고 있지만, 무명에 가려져 있어 모르고 있기 때문에, 이것을 깨달아 들어가게 하기 위함인데, 이 묘한 이치가 진리의 말씀으로써 일불승이요 구원본불을 드러낸 묘법연화경인 것이다.

여래수량품에서 "중생소유락(衆生所遊樂)" "중생이 즐거이 놀 곳이니라."

말법에 있어서 모든 중생들이 수지해야 할 가르침은 오직 이 묘법연화경에 있다는 것을 밝히신 것이다.

말법오탁악세라는 용어는 경문에 보면 수없이 나오는데도 "말법"이라는 부처님의 가르침 자체도 부정하는 사람이 있다.

작은 것 하나 아는 것을 가지고 중생을 현혹시켜, 큰 신통력이라고 생각하게 해서 사람을 모으는가 하면, "경문의 가르침을 자기가 처음으로 깨달아서 아는 것처럼" 말을 만들어 불자들의 마음을 혼란하게 하는 경우도 많이 있는 현실이다.

자기 수행으로 인해서 자신의 근기 따라 경계를 경험했다면, 부처님의 바른 가르침에 의한 경계인지 아닌지는 부처님께서 설하신 일대 오십 년 설법의 가르침으로 분별해야 할 것이다.

부처님께서 설하신 가르침과 조사들께서 하신 말씀을 종합해서 자기가 증득한양 중생을 속이고 있는 현실을 부처님께서는 경문에서, 그런 자들이 말법악세에 바닷가 모래알같이 많다고 하셨다.

한편으로는 부처를 찬탄하는 것같이 보이지만, 오히려 조사를 더욱더 수승하게 보는가 하면, 또 한편으로는 부처를 극찬하면서 부처님의 가르침과는 무관한 것으로 스스로 깨달아서 아는 것처럼 중생의 마음을 혼란하게 해서 본래의 면목조차 잃어버리게 하는 행위를 해서는 결코 무간지옥을 면할 수 없을 것이다.

그러므로 부처님께서 남기신 가르침을 바르게 알아야 한다는 것이다.

무량의경 설법품에 "초중후설 개능세제 중생번뇌 이초비중 이중비후 초중후설 문사수일 이의각이(初中後說 皆能洗除 衆生煩惱 而初非中 而中非後 初中後說 文辭雖一 而義各異)"

"처음이나 중간이나 끝에 설한 것이 다 능히 중생의 번뇌를 씻어 없이 하지만, 처음은 중간이 아니요 중간은 끝이 아니다. 처음이나 중간이나 끝에 설한 것이 말은 비록 같을 지라도 그 뜻은 각각 다름이 있느니라."

부처님의 가르침에는 처음과 끝이 있으며, 높고 낮음이 있다는 것을 밝히신 경문이다.

무량의경에서 "처음에 사제법을 설해서 성문을 구하는 사람을 위하고, 중간에 벽지불을 구하는 사람을 위하여 한량없는 중생이 보리심을 일으키고 혹은 성문에 머물렀느니라."

"다음에 방등십이부경과 마하반야와 화엄해공을 설해서 한량없는 겁이 지나도록 닦고 행함을 선설 하였으나, 백천의 비구와 만억의 인간과 하늘의 한량없는 중생이 수다원. 사다함. 아나함. 아라한과와 벽지불을 인연법 가운데서 머물러 얻었느니라."

이렇게 말은 같을지라도 그 얻는 도가 다르다는 것을 분명하게 밝히신 것이다.

이러한 부처님의 가르침은 보지 않고, 무조건 부처님이 설하신 경전은 다 똑같다라고 하거나, 또는 근본불교(석존당시 좌선하시는 모습)를 내세워 수행하는 방법만을 주장하면서 조사들의 가르침을 부처님의 가르침보다 더 수승하다고 한다면 부처님을 믿는다고 할 수 없을 것이다.

또는 소승은 부처님의 직설이고, 대승은 구전으로 전해온 것이라고 한다는 것은 실로 부처님의 뜻이 아님을 밝혀 두는 바이다.

부처를 극찬하면서 자기의 존재를 더 부각시켜서는, 결코 부처님으로부터 용서받지 못할 것이고, 끝내는 자기 자신이 자신을 용서하지 않게 된다는 것을 명심해야 할 것이다.

각 종파에서 소의경으로 하고 있는 경들을 각자가 부처님의 설법 중 최고라고 한다면, 부처님께서는 중생들에게 거짓을 설하신 것이라고 밖에 할 수가 없을 것이다.

부처님이 설하신 가르침을 말법에 사는 중생들이, 이것이 최고니 저것이 최고니 하는 것은 부처님 금구를 짓밟는 것과 무엇이 다르겠는가.

중생의 어리석은 마음을 이용하여 혼란하게 해서 이익을 구하고자 하는 것 밖에 되지 않을 것이다.

물론 "근기따라 인연따라"라는 말이 있지만, 이것은 이미 말법이라는 시기가 500년이 흘러가고 있는 이 때에는 옳은 것이 아님을 분명히 밝혀 두고자 한다.

그렇기 때문에 불교가 무엇인가를 바르게 알아야 하는 것이다.

불교는 부처님의 가르침이지 조사나 선사, 논사의 가르침이 불교가 아니라는 것은 누구나 잘 알고 있는 사실이다.

부처님의 근본 가르침은 반드시 묘법연화경에 들어야 한다는 것을 명백하게 밝혀 놓으신 경문이 있다.

이 시대에 어떤 가르침을 본으로 삼아야 할 것인가를 분별해야 한다고 생각하며, 불자들을 이끄는 중대한 사명을 갖고 있는 승가의 사람이라면 반드시 부처님의 뜻에 따라야 할 것이다.

종파에 연연하다 보면 부처님의 바른 가르침을 왜곡되게 해설할 수도 있게 되고, 중생의 마음을 혼란하게 만들 수밖에 없다는 것을 인식해서, 오로지 부처님의 가르침을 본으로 삼고 마음을 닦아나갈 수 있도록 인도한다면 이것이 부처님의 뜻일 것이다.

묘법연화경 방편품에 "세존은 오래 동안 법을 설한 후에 반드시 진실을 설하시느니라."

이 경문을 보더라도 알 수 있듯이 부처님께서 이 세상에 나오신 근본 목적은 중생을 제도해서 성불시키기 위해서이며, 그

러기 위해서는 반드시 가르침을 설하시되 방편을 설하신 후에
야 진실한 가르침을 설하신다고 하신 것이다.

다시 말해서 부처님께서는 42년 동안 방편으로써 중생을 교
화하시고 난 후에, 비로소 일체중생을 구원할 수 있는 가르침
인 진실을 밝히신다고 하신 것이다.

11. 법화경(묘법연화경)은 일본종교인가?

지금까지 알고 있기로는 일반적으로 묘법연화경은 너무 높은
경이기 때문에 불자들과 불교에 처음 귀의한 사람들은 하지 않
는 것이 정설로 되어 있었는데, 이것은 부처님의 뜻과 부처님
이 이 세상에 나오신 근본 목적을 너무나 잘못 이해하고 있는
것이며, 또 법화경이라고 하면 얼마 전만 해도 일본종교라고
매도하는 사람들이 많았는데, 너무나 잘못 알고 있는 것임을
밝히는 바이다.

묘법연화경(법화경)은 석가모니부처님께서 설하신 진실의 가
르침으로 일체중생을 구원하고자 하신 것임을 경문에 분명하게
밝혀 놓으신 것이다.

일본종교라고 하는 것은 남묘호레엔게교(우리말로는 나무묘법
연화경)이지 법화경이 일본종교가 아니다.

그러나 묘법연화경은 석가여래의 가르침이고, 조사나 논사나
선사의 설이 아니며, 일본종교가 될 수가 없음을 밝혀 두고자
한다.

남묘호레엔게교를 부르는 것은, 법화경을 일본식으로 한 일본종교인 것이다.

법화경 자체가 일본종교가 아님을 다시 한 번 더 밝혀 두는 바이다.

묘법연화경의 제목을 부르라는 말씀은 경문에 없다고 하고, 제목을 부르는 것을 일본종교라고 하는데, 실로 어처구니없는 말이다.

묘법연화경에 대한 경문의 뜻을 모르면 함부로 말을 해서는 안 되며, 경문에서 제목을 드러내신 곳이 여러 곳에서 나타나 있음을 알아야 한다.

대부분 훌륭한 스님들이 법문을 하실 때도 이 묘법연화경의 경문을 인용하고 있다는 것은 자명한 사실일 것이다.

그러면서도 묘법연화경을 밝히지 않고 수행으로써 얻은 것으로 이름 짓고 만다.

또는 적정삼매에서 부처님의 법문을 듣는다는 분도 계시고, 부처님으로부터 직접 들은 법문을 중생들에게 지면을 통해서 설하시기도 하는 것이 현실이다.

12. 유명인의 법문은 모두 정법인가

부처님의 빛은 삼천대천세계를 두루 비추시고도 남음이 있으리라. 태양의 빛은 구름으로 가리워지지만 부처님의 빛은 아무리 두꺼운 철판도 뚫고 나가 비추는 힘이 있다.

여기서 빛이란 무엇인가?

빛이라 함은 우주를 창조한 힘이며, 일체중생을 구원하는 힘이며, 우주의 만물 만상에 존재하는 모든 생명을 소생케 하는 힘인 것이며, 이 보이지 않는 무한한 힘이 곧 부처님의 대자비심이며 빛으로서 부처님의 신력이요 대지혜인 것이다.

부처님의 지혜의 빛은 생멸(나고 죽음)이 없다.

이 빛은 어떻게 중생들에게 이익을 주는가 하면 사람이 가지고 있는 마음과 소리로서 이익을 주게 된다.

다시 말해서 심법과 색법이 하나로서 부처님의 뜻이 드러나게 되는 것이 문자로 변하는 것이다.

심법은 마음이고 색법은 소리이며, 마음에서 색(身)을 나타내고 소리(色)를 듣고 마음(心)을 알게 되기 때문에 소리가 마음을 나타내는 것으로 색심불이라 하는 것이다.

다시 말해서 색법과 심법이 하나로서 부처님의 뜻이 나타나게 되는 것이 문자가 되고, 문자가 변해서 부처님의 뜻이 되는 것이다.

부처님의 뜻은 일대성교 즉 일대사인연법인 묘법에 있는 것이기 때문에 묘법연화경은 문자로 보아서는 안 된다는 것이다.

부처님의 힘은 타력이 아니다.

부처님의 힘은 내가 바른 수행의 결과로서 스스로 얻어지는 것이지 결코 타력이라고 할 수 없을진데 히물며 사람이 타력으로서 중생의 업장과 지옥을 면하게 할 수 있다 하는 것은 실로 부처님의 말씀과는 어긋남이라.

그리고 중생이 마음을 닦고 업장을 소멸하는 방법은 부처님을 믿는 마음과 마음을 고요하게 한다고만 해서는 결코 닦아지지 않는다.

반드시 부처님께서 출세하시는 가르침인 묘법을 지극하게 믿고 스스로 바른 마음으로 믿어 받아 가져서 입과 마음이 하나가 되는 방법으로 열심히 노력하게 되면 반드시 구원받는 동시에 성불함은 조금도 의심이 없을 것이다.

묘법연화경 방편품 제2에 가로되, "숲처럼 빽빽한 외도 사견에 들어 의지하여 혹은 있다. 혹은 없다 하는데 빠져, 깊이 허망한 법에 착해서 이것을 지키며 버리지 않고 자기가 스스로 높다고 자랑하며, 마음이 삐뚤어져 진실하지 못하여 오히려 이러한 자는 제도하기 어려움이라."

이 경문은 현실적으로 보고 느낄 수 있는 가르침이다.

깨닫지도 못하고서 깨달았다고 하고, 부처님의 경문마저도 부정하는 것은 외도 사견에 빠져 있기 때문에, 자기가 가장 높다고 또 자기만이 깨달아서 안다고 하는 교만한 자에게 경고하시고, 이렇게 교만한 자는 부처님의 제자일지라도 스스로 구원받지 못한다고 하신 것이다.

앞에서 말한 바와 같이 설사 깨달았다고 하더라도 부처님의 일대사인연법인 묘법연화경의 가르침에 들지 않으면 진실한 도를 얻은 것이 아니라는 뜻이다.

대집경에서. "불멸후 이천 년이 지나면 불법이 모두 멸하여 교(教)만이 있으며 행(行)과 증(證)이 없느니라. 그러므로 불법을 행하는 자는 만 분의 일도 득도하는 자는 없으리라."

경문의 말씀이 거짓이 아니라면 분명 얻었다고 하는 사람은 마군의 권속이며, 또한 증상만자이리라.

열반경에서 "내가 열반 후 정법멸후 상법 중에 있어서 비구가 있으되, 모습은 지율과 같고, 약간의 경을 독송하며 음식을 탐기하여 그 몸을 장양하리라. 그가 비록 가사를 입었다고 하나 마치 엽사가 실눈을 뜨고 서행함과 같으며, 고양이가 쥐를 노리는 것과 같고, 그는 항상 이런 말을 하리라, 나는 나한을 얻었다고 밖으로는 현선(賢善)을 보이고 내면(內面)으로는 탐질을 품으며 아법(瘂法, 말 못하는 사람의 법)을 받은 바라문과 같느니라. 실은 사문이 아니면서 사문의 상을 나타내고 사견이 치성하여 정법을 비방하느니라."

열반경의 경문대로 우리 눈앞에 바로 이러한 사람들이 드러나고 있지만, 경문을 모르는 불자들은 분별하지 못하고 오히려 그를 대스승으로 알고 따르고자 하는 마음이 생길 것이라고 본다.

어떤 것이 정도 정법인지 어떤 것이 외도 사도인지를 분별하기가 어렵다.

그러나 유명세를 가지고 있는 사람의 말이라면 무조건 정법을 설하는 스승이라고 생각하고 있는 것이 더 큰 문제이며 현실이다.

깨달아 아는 것을 설하고자 한다면 반드시 부처님께서 설하신 가르침(경권)을 의심 없이 받아 가져서, 오직 경권을 본으로 삼고 사람들을 구원하겠다는 일념과 이 세상을 구원하겠다는 굳은 신념으로 바르게 설해야 할 것이다.

유명인의 법문을 무조건 믿는 불자들을 가엾게 생각해야 함에도, 명리를 위해서는 무슨 방법이던지 서슴없이 행한다면,

이것이 과연 부처님의 뜻인가를 위의 경문을 보고 분별하기 바란다.

또한 경문에 없는 말을 함부로 설해서 무간지옥을 가는 일이 없기를 간절히 바랄 뿐이다.

부처님의 빛은 실로 태양보다도 수백 배 아니 수천 수억 배나 더 밝다.

그 밝은 빛이 어디에서 나오는 것인가.

그 빛은 부처를 나오시게 하는 구원원초로부터 본래 갖추고 있는 그 빛은 바로 묘법연화경의 빛인 것이다.

이 묘법연화경에서 형상도 없이 무량한 광명이 나오며 모든 부처님도 이 법에서 나오신다고 하신 것이다.

방편품 제2에서 "벽지불의 날카로운 지혜와 번뇌가 없는 사람들이 시방세계에 가득차서 그 수가 대나무 숲과 같이 빽빽하여 모두 한 마음으로 한량없는 억겁을 두고 부처님의 참된 지혜를 알고자 할지라도 조금도 알지 못하느니라. 시방세계에 가득 찬 보살들이 일심묘지(一心妙智)로써 항하사 겁을 두고 다 함께 생각할 지라도 능히 부처님의 지혜는 조금도 알지 못하느니라."

부처님의 지혜는 보살들이 알고 있는 묘한 지혜로서 오래 동안 생각해도 조금도 알 수 없다고 하신 것이다.

부처님의 묘한 지혜는 보살들이 겁을 두고 수행을 한다 해도 알지 못하기 때문에, 부처님께서 갖추고 계신 비밀법장은 40여 년 동안 방편을 설하시고 난 후에야 비로소, 하나밖에 없는 신령스러운 진실의 가르침인 묘법연화경을 설하신 것이다.

부처님께서는 "내가 비록 열반을 설하였으나 이는 소승의 멸제일 뿐 참된 적멸이 아니니라."

지금까지 부처님께서 40여 년에 설하신 가르침은 방편의 열반이지 진실한 열반이 아니라고 하신 것이다.

오직 진실한 열반을 설하기 위해서 방편의 열반을 설하신 것이라고 명백하게 밝혀 놓으신 것이다.

이 묘법연화경은 과거, 현재, 미래의 부처님이 다 똑같이 설하신다고 경문에서 밝혀 놓은 것이다.

13. 일대사인연

근본적으로 불교는 일체중생을 구원하시고자 석존께서 이 세상에 출현하신 것인데, 부처가 갖추고 있는 삼신만을 드러내는 것이 일대사가 아니며, 오직 부처님의 진실한 지혜를 설해서 모든 중생을 이 묘법으로 인도해서 구원받도록 하신 일이 일대사인연인 것이다.

부처님께서 설하신 "묘법연화경(법화경)의 말씀은 거의 맞는 말씀이다"라는 말은 맞지 않는 말씀도 있다는 말과 같은 말로서, 실로 엄청난 교만함에 놀라지 않을 수 없다.

진실로 적정산매에서 서가여래의 법문을 직접 들으셨다면 이런 상상도 할 수 없는 엄청난 방법(법을 배반하는 행위)의 말을 해서는 안될 것이다.

ㄱ 말이 진실이라면 서가여래이 가르침은 모두가 다 거짓이

란 말인가?

석가여래의 출세는 일대사인연에 있는데, 이 일대사인연은 곧 묘법연화경임을 경문에 명백하게 밝혀 놓으신 것이 거짓이란 말인가.

부처님의 일대사인연법을 믿으라고 하는 것이 부처님의 뜻일진대, 오히려 "맞다 안 맞다"라고 하는 것은 곧 방법자가 되는 것이다. 법을 믿는 것처럼 보이지만 법을 배신하는 것이 되는 것이다.

묘법연화경 방편품 제2에서, "부처님께서는 오직 일대사인연으로 하여 세상에 출현하신다고 하느니라."

일대사인연이 다름 아닌 묘법연화경이요, 이 경을 설하시기 위해서 이 세상에 출현하셨다고 경문에 밝혀 놓으신 것이다.

경문에 있는 말씀을 도취하여 명예를 구하고자 하는 것 밖에는 안 되는 것이다.

부처님의 법문을 직접 들었으면 이 말법에 있어서, 반드시 묘법연화경으로써 중생을 교화하고 구원하도록 하시지 않았다면, 그것은 진실한 삼매에서 들어서 부처님의 법문을 직접 들었다고 할 수가 없는 것이다.

묘법연화경 방편품 제2에서 "이 법은 분별하기가 어려우니, 오직 모든 부처님과 부처님만이 능히 이를 알게 하시느니라. 어찌하여 그러한고, 모든 부처님께서는 오직 일대사인연으로 하여 세상에 출현하시느니라."

적정삼매에서 석존의 설법을 직접 들으셨다면, 어찌 부처님의 뜻을 밝히지 않는가가 심히 의심스러운 마음이 앞선다.

스스로 이 시대에 대선지식이라고 하시는 분께 감히 말씀드리나니, 부처님과 부처님만이 아신다고 하신 경문을 악용해서는 결코 아비지옥을 면할 길이 없음을 밝혀 두는 바이다.

석가모니부처님을 목이 마르도록 그 위대함을 찬탄하면서, 부처님 스스로 형상에 의지하지 말고 법에 의지하라고까지 설해 놓으신 가르침을 '맞다 안 맞다'라고 논평하는 것은 실로 무량한 중죄의 과보이며 이것이 곧 대방법이 되는 것이다.

방법은 법을 훼방한다는 말로써 방법자는 무간지옥을 면할 길이 없다고 하셨다.

중국 절강성 개원사의 가구(구법화)스님은 평생 법화경을 독송했는데, 송나라 철종8년에 아무 병도 없이 앉아서 숨을 거두었다가 3일 만에 다시 살아나서 하는 말이 "나는 육신을 버리고 정신만 편안하게 극락에 돌아다녔는데 극락의 땅은 십육관경(관무량수경)에 설해진대로 실로 아름다운 곳이다"라고 현응록에 기록되어 있는 것을 보더라도 부처님께서 설하신 가르침은 잘못된 것이 없거늘, 하물며 묘법연화경의 경문을 맞다 안 맞다고 하는 말을 어떻게 받아들여야 할지 실로 걱정이 앞설 뿐이다.

열반경(涅槃經)에 이런 가르침의 말씀이 있다. "만일 선(善)비구가 있어 법을 무너뜨리는 자를 보고서도 하책하지도 쫓아내지도 않는다면 마땅히 알라. 이 사람은 불법 가운데서 원수라. 만일 능히 쫓아내고 하책하면 이는 나의 제자요 참된 성문이라."

불자들을 부처님께서 설하신 법으로 인도하지 않고 사견을 정법인양 설하는 자를 두고 하신 말씀이다.

이러한 자는 부처님의 원수요 불법의 원수라고 하신 말씀을 깊이 생각해야 할 것이다.

열반경에서 "부처의 형상이나 보살의 형상으로 나타날 때는 '너는 그런 형상을 보이지 말라. 만일 일부러 보인다면, 다섯 가지 속박으로 너를 계박하리라'라고 하라."

적정삼매에서 잘못 보셨다면 이 경문으로 위로를 받아야 할 것이다.

상법결의경에서, "모든 악비구가 혹은 선(禪)을 수(修)하여 경론에 의하지 않으며, 스스로 자기의 견해를 세워서 비(非)로써 시(是)라 하며, 이는 사(邪) 이는 정(正)이라 하고 능히 분별하지 못하리라. 두루 도속을 향해서 이와같이 말하되, 나는 능히 이를 알고 나는 능히 이를 본다고, 마땅히 알라, 이 사람이 속히 나의 법을 멸진케 하리라."

불자들이시여 이 경문을 보고 바르게 보고, 바르게 듣고, 바르게 생각해서 경문에 있는 말은 믿되 경문까지도 시시비비를 세우는 자는 자기의 생각을 말하면서 나는 능히 보고 안다고 하는 말로써 중생을 현혹시키는 말에 속아서 악도에 들어서는 안될 것이다.

열반경(涅槃經)에서, "모든 악한 비구들이 이 경에서 간략하게 초(抄)를 만들어서 부분 부분으로 마땅히 갈라놓을 것이다. 그리하여 정법의 빛과 향기 그리고 아름다운 맛을 소멸시킬 것이니 악인들은 그러한 경전을 읽고 외우더라도 여래의 깊고 비밀스럽고 중요한 의미를 멸진시킬 뿐이다. 또 세간의 장식과 앞뒤가 맞지 않는 무의미한 말을 태연하게 인용할 것이다."

경문의 말씀을 모든 이들은 깊이깊이 새겨 보시기를 간절히 소망하는 바이다.

혹시 꿈에라도 부처의 형상이나 보살의 형상으로 나타나면 마군의 소행으로 모두가 다 환(幻)임을 알아야 하며, 이런 것들은 부처님의 가르침으로 물리쳐야 하고, 악비구들이 부처님께서 설하신 제호미의 아름다운 맛을 더러운 냄새나는 것과 섞어서 무엇이 일미인지를 분별하지 못하게 하고, 부처님의 법을 멸진하게 하여, 중생을 악도로 이끈다는 것을 깊이 새겨야 할 것이다.

그러므로 우리는 부처님의 비밀히 간직하고 계시던 위대한 가르침을 설해 주심으로 해서 중생들을 일불승으로 인도하여 구원해 주심을 항상 고마워해야 하며, 부처님의 마음을 내 마음으로 삼고, 부처님의 은혜를 갚으려고 실천해야 한다.

열반경(涅槃經)에서, "무서운 코끼리를 만날지언정 악지식은 만나지 말라."

악지식을 분별하지 못하고 악지식을 따르는 것은 실로 무서운 일이며, 경문에 없는 말을 삿된 자기의 견해로서 설하는 것은 분명 악지식임을 알아야 한다는 부처님의 경고이다.

그리고 법멸진경에서 부처님께서 중생들에게 경고하신 가르침이 있다.

"내가 입멸한 후 오역독세에는 마도가 성행하며, 마가 사문으로 되어 나의 도를 무너뜨리며 어지럽게 하고, 내지 악인이 점차로 많아지되 항하사와 같으며, 선인은 심히 적으리라."

　이 말씀은 부처님을 믿는 것 같이 보이지만 자기를 드러내고자 하는 것으로, 자기의 삿된 생각을 부처님의 지혜인양 설하는 이런 사람을 두고 외도라고 하며, 부처님의 법을 허물어뜨리는 마군이 사문이 되어 대성황을 이루는 자들이 바닷가에 있는 모래알과 같이 많다고 하시고, 부처님의 일대사인연으로써 불도를 닦고 있는 사람은 아주 적다고 하신 것이다.

　위의 경문에서 나의 도(道)라고 하신 말씀은 바로 부처님의 법이며, 지혜요, 부처님의 뜻이며, 부처님께서 이 법을 설하심으로 만족함에 있는 요의경으로써 일대사인연법인 묘법연화경을 두고 도(道)라 하신 것으로써 곧 불도라고 하는 것이다.

　우리 중생들은 불도를 성취하기 위해서 이 세상에 부모의 몸으로부터 나와서 구원받고자 불교에 입문하였으며, 불도에 들게 해주신 부처님에 대한 은혜를 항상 마음에 간직하고 가르침에 따라서 부처님의 마음을 내 마음으로 하여 부단한 노력을 아끼지 않아야 할 것이다.

　그러므로 우리 중생들이 이 세상에 살아가는 데 있어서, 부처님의 가르침을 본으로 삼고, 네 가지 은혜인 부처님의 은혜, 부모님의 은혜, 국가의 은혜, 나 아닌 다른 사람의 은혜를 잊어서는 안될 것이다.

4

부록 : 불교의 참 이해

부처님의 일대성교(一大聖敎) 대의(大義)

1. 부처님의 탄생 예언(漢王大記)
2. 동양의 삼교(三敎)
3. 법화경의 유래 (법화경의 한역)
4. 묘법연화경이란?
5. 법화경의 중심사상
6. 대승(大乘)의 성립
7. 본불과 적불이란?
8. 법화경과 중국의 천태대사
9. 석가여래와 묘법연화경
10. 묘법연화경과 우주와 인간과의 관계
11. 수지(受持)란?
12. 법화경의 중요성
13. 오시팔교(五時八敎)
14. 우리나라의 법화불교
15. 제목봉창의 시창자는?
16. 제목의 중요성
17. 묘법연화경 제목봉창에 대하여
18. 실상묘법연화경(實相妙法蓮華經) 제목 창제
19. 제목을 부르라고 하신 증문
20. 불보살의 명호와 묘법연화경의 승열
21. 인간의 무한한 가능성

묘법연화경 사구게송(妙法蓮華經 四句偈頌)

여래일체소유지법(如來一切所有之法)

여래일체자재신력(如來一切自在神力)

여래일체비요지장(如來一切秘要之藏)

여래일체심심지사(如來一切甚深之事)

부처님의 일대성교(一大聖敎) 대의(大義)

1. 부처님의 탄생 예언(漢王大記)

중국 주나라 4대 소왕 24년 갑인년에 태사 소유가 대지가 육종진동하고 오색 빛이 남북에 걸려 있는 것을 보고 천기(天氣)를 보니, 그 해 4월 8일에 부처가 탄생할 것이라고 예언했다.

이때가 BC 1029년이다.

현재 불기(부처님 탄생일)로 보면

3033년 = BC 1029 + 서기 2004

중국 주나라 5대 목왕 52년 임신년에 태사 호다가 천기(天氣)를 보니 2월 15일에 부처가 입멸할 것이라고 하였다.

이때가 BC 949년이다.

현재 불기(부처님 입멸시기)로 보면

불기 2953년 = BC 949 + 서기 2004

2. 동양의 삼교(三教)

유교(儒教). 도교(道教). 석교(釋教)

1) 유교(儒教)

공자의 가르침

공구(孔丘, BC 551-479) - 공자(孔子). 자는 중니(仲尼)로 광정보살(光淨菩薩)의 후신.

안회(顔回, BC 521-490년) - 약사여래의 협사이며, 월광보살의 후신으로 공자의 제자.

2) 도교(道教) - 선교(仙教)

노자의 가르침.

석가여래 멸후 346년 즉 BC 603년 중국 주나라 제22대 정왕(定王) 3년 9월 14일, 모태에서 80년만에 노자(老子)가 태어났으며, 공자의 스승으로서 가섭보살의 후신.

천태대사의 지관에, "나는(부처님) 삼성(三聖)을 보내서 저 진단(眞丹)을 화(化)하도다"라 하심이라.

삼성이란 광정보살(공자), 월광보살(안회), 가섭보살(노자)로 이들을 미리 중국에 태어나게 해서 정지작업을 히신디는 뜻.

홍결에, 청정범행경(淸淨梵行經)에서 말씀하시기를 "월광보살을 그곳에서 안회라 하며, 광정보살은 그곳에서 중니라 하고, 가섭보살은 그곳에서 노자라 하리라."

천축에서 이 진단(震丹·중국)을 가리켜 그곳이라 함이라.

3) 석교(釋敎)

석존께서 설하신 일대 50년 설법을 석교라 한다.

석가모니부처님은 19세에 출가하시어, 보리수나무 밑에서 30세에 정각을 이루신다.

21일 동안 화엄경을 설하시고, 다음 바라나의 녹야원으로 가셔서 다섯 비구에게 불법(佛法)으로 유인하기 위해서 소승경인 아함경을 12년간 설하심.

다음 8년 동안 방등십이부경을 설하시는데 대승의 초입의 경이다.

이 경들은 갖가지 욕망에 지배되어진 자기 스스로의 힘이 미치는 범위로서, 유정(有情)의 경계인 욕계(欲界)와 욕망(欲望)을 떠난 청정한 물질의 세계를 나타낸 가르침이다.

욕계의 위와 무색계(無色界)의 아래인 색계의 중간 대보방(大寶坊)에서 유마경, 관경, 대일경, 아미타경, 대일경, 금광명경 등을 설하시면서 소승의 가르침을 버리라고 하책하시는 가르침이다.

소승에 집착하고 있는 성문과 연각의 이승인자들을 하책하시고, 대승의 가르침을 따르게 하신 것이다.

(대보방에 사는 천인은 모든 욕망을 끊어버린 경계로 남녀의 구별이 없고, 광명을 먹고 산다고 함)

다음 22년간에 걸쳐 취봉산 백로지등의 장소에서 대반야경을 설하시는데, 개공(皆空)의 가르침이다.

중생의 근기에 불순하고 필요하지 않는 것은 제거하고, 깨달음에 적합한 것은 남기고 그렇지 않는 부분은 버린다는 가르침이다.

대반야경을 다 설하시고 난 다음 8년 동안에 중천국(中天國) 마갈타국의 영축산(靈鷲山)과 허공(虛空)의 두 곳에서, 삼회(三會)에 걸쳐 묘법연화경을 설하시고, 마지막으로 유언의 가르침인 열반경을 하루 낮밤 설하시고 입멸하신다.

이러한 석가여래의 일대 오십년 설법을 석교라 한다.

3. 법화경의 유래 (법화경의 한역)

묘법연화경을 법화경이라고도 하므로 전체내용에 있어 법화경이라고 한 부분은 묘법연화경과 같은 경전으로 두 가지 제목을 쓰도록 하겠다.

법화경이 인도에서 축법호삼장(206~286년)에 의해 정법화경이 한역된 후, 100년이 지나서 중앙아시아의 천산산맥 남쪽에 있는 작은 왕국인 구자라는(현재 신강성) 작은 마을에서 탄생하신 구마라습에 의해서 한역된 것이 묘법연화경이다(343~413년). 구마라습은 7살에 출가해서 9살 때 어머니를 따라 계빈국으로 가서 왕의 종제인 반두달다를 스승으로 아함경을 배우고, 12살 때 어머니와 같이 구자로 돌아와서 다시 월지국(인도)으로 유학을 가서 가장 훌륭한 수리야소마를 스승으로 모시고, 모든 대승경(諸大乘經)을 배우고 나서 다시 귀국하였고 갖은 고난과 역경을 딛고 수행하였으며, 귀국하여 스승으로부터 받은 법화경과 그 외 73종의 대승경을 한역하였으니, 무려 74부 384권을 한역하였다고 한다.

구자국은 인도에서는 동쪽에 위치하고 있으며 인도와 중국 간 물건을 사고팔고 하던 작은 나라였다고 한다.

구마라습의 부친인 '구마라염'이라는 사람은 인도에서 훌륭한 집안에서 태어나 구자(굴지)라는 작은 나라에 와서 구자의 국왕으로부터 총애를 받아 국빈과도 같은 대우를 받고 살았다고 한다.

이곳 구자에서 구마라습의 부친인 구마라염은 '불교'를 설하고 있어 더욱 왕의 신임을 받고 있었으므로 이 곳 국왕의 누이동생인 '기바'라는 공주와 결혼하여 생긴 아이가 구마라습이다.

구마라습은 훌륭한 가문에 태어나서 천성이 뛰어나 비상한 신동임을 그의 모친이 알고 사문에 출가를 시키게 되었다.

그때가 구마라습의 나이 7세 때이며 사문에 출가한 라습은 머리가 비상하여 한 번 보고 들으면 기억하며 뜻을 잘 이해하여 신동으로 불리웠고 훌륭한 승려로 키우기 위하여 그의 모친은 '계빈'이라는 이웃나라로 데리고 가서 13세까지 수행을 하게했으며 다시 구자로 돌아와 또다시 인도로 유학을 보내게 되었다.

인도에서 구마라습은 많은 불교학자와 선지식들의 조언을 듣고 수업을 하게 되었으며, 그들 많은 학자와 선지식 중에서 수리야소마라는 가장 훌륭한 분을 만나게 되어 스승으로 모시고 열심히 수행정진을 함으로써 스승으로부터 유망함을 인정받아 더 이상 가르칠 것이 없다고 판단한 스승 수리야소마는 구마라습에게 고향으로 떠나게 하였다.

구마라습은 귀국 전에 스승 수리야소마로부터 범어로 된 여러 가지의 원전인 법화경과 그 외 73종의 대승경을 받아서 한토인 중국으로 가게 된다.

수리야소마는 수제자인 라습에게 많은 경을 전하면서, "이 여러 경전 중에서 특히 이 묘법연화경은 가장 귀중한 경전이다. 부처님이라는 태양은 서쪽으로 가시고, 이 세상에 안 계시지만은 부처님이 남기신 빛은 이제부터 차츰 동쪽을 향해 퍼져 나갈 것이다. 이제 너에게 주는 이 경전 중 특히 묘법연화경은 천축에서 동북방에 인연이 있어서 그쪽에서 퍼질 것이니 너는 열심히 이 묘법연화경을 반드시 전하라." 라는 당부의 말씀을 듣고 중국으로 가서 갖은 고난과 역경을 딛고, 스승으로부터 받은 법화경과 그 외 73종의 대승경을 한역하였으니, 무려 74부 384권을 한역하였다고 한다.

특히 이중에서, 법화경은 그 당시 고승들과 학자들 800여명을 불러 모아 함께하면서, 구마라습이 직접 한 자 한 자 글자마다 정성을 들여 관하고 교정하여 번역을 마치게 된다.

구마라습 삼장은 번역을 하면서 항상 해온 말이 있는데,
"내가 한토의 일체 경을 보건대 모두 범어와 같지 않도다. 어떻게 하여 이 사실을 밝힐 것인가, 단 한 가지 대원이 있노라. 비록 몸은 부정하여 처를 거느렸으나 혀만은 청정하여 불법에 망어하지 않았으니, 내가 죽거든 화장을 하되 혀가 타거든 나의 역경인 묘법연화경을 버리라" 라고 법좌에서 항상 설하였다고 한다.

모든 사람들은 "구마라습 삼장보다 나중에 죽어 반드시 이 일을 보고 죽으리라" 하였다고 한다.

구마라습 삼장이 처를 거느리게 된 동기는, 전진 건원 18년 9월(前秦建元十八年九月), 서기 382년에 진왕인 부견은 여광이라는 장수를 시켜서 라습을 인질로 잡아오게 하는데 도중에 부견 왕은 죽게 된다. 부견이 죽어서 전진 나라가 망했다는 소식을 듣고 여광은 양주에 머물면서 양이라는 나라를 세운다. 양주에서 구마라습은 중국말을 통달했다고 한다. 강제로 왕의 딸과 혼인을 시킨다. 이유는 영특한 지혜를 가진 구마라습의 종자를 받기 위해서였다고 한다.

그 후에 요흥은 후진을 세워 여륭을 토벌하고 구마라습삼장을 장안으로 모셔 와서 국사로 모시게 되는데 이때가 후진(後秦)의 홍시(弘始) 3년 5월(서력 401년 5월)이다.

그곳 소요원(逍遙園)에서 처음 금강경을 번역해서 12월에 왕에게 올리고, 9년 동안 머물면서 법화경 외에 미타경, 대품반야경, 범망경, 유마경, 대지도론, 중론, 백론, 십이문론 등 대승경인 총 73종의 경으로 74부 384권 한역했다고 한다.

특히 금강경은 32절로 나누어져 있으며, 우리나라에서 읽고 있는 금강경은 구마라습이 번역한 경으로 양나라의 소명태자가 정리해서 32절로 분류한 것이다.

모든 경을 한역한 후 구마라습이 죽어 화장을 하였으나, 부정한 몸은 타고 재만 남았는데 혀는 타지 않고, 불 속 청련화 위에서 오색광명을 나타내고 있었다.

이로 인해 다른 인사가 역경한 경문은 경시 당하게 된다.

많은 경 중에서 구마라습 삼장이 한역한 묘법연화경 1부 8권 28품 69384자는 이러한 상서로 인해서 한토에 쉽게 유포되었다고 한다.

일연대사는 "월지(인도)에서 한토(중국)에 경론을 가져온 인사(人師)는 구역과 신역을 포함하여 186명이나 되지만 구마라습 삼장 한 사람을 제외하고 모두 잘못이 있노라."

남승전과 남산감통전의 기록에 보면, 위천인이 말하기를, 구마라습은 대승을 잘 해득하였으며, 과거칠불 이래로 법이 전해져 왔는데, 법왕이 끼쳐 놓으신 것을 가장 올바르게 증득했다고 찬탄하였다고 한다.

또한 세상에서 그를 모함하는 이가 있으나, 구마라습 삼장을 의심할 바가 못 된다고 했다.

과거칠불 : 비바시불, 시기불, 비사부불, 구류손불, 구나함모니불, 가섭불, 석가모니불

구마라습은 십주(十住) 십행(十行) 십회향(十回向)인 삼현(三賢)의 지위에 오른 분이다.

묘법연화경은 인도에서－중앙아시아(파키스탄, 아프가니스탄)를 거쳐서－중국대륙으로 진파된 성이며, 인도 8종파의 종조(宗組)로부터 추앙을 받던 용수보살은 대 지도론 중에 법화경을 인용했고, 천친보살도 불성론과 법화론을 지어 최초로 법화경을 주석하신 분이다.

유가론(俞伽論)에서 "월지(인도)에서 축인방(동북방) 쪽에 대승 법화경이 유포될 소국이 있음이라."(註 : 우리나라가 여기에 해당된다고 사료됨)

부처님 설법중 묘법연화경은 그야말로 가장 진실한 부처님의 '교'이며 진리인 것을 입증한 것이라 할 수 있으며 지금도 〈대승경전의 꽃〉이라고 한다.

묘법연화경은 석가여래의 무문자설(無問自說), 즉 질문에 의하지 않고 세존스스로 금구로 설하신 가르침이다.

묘법연화경은 수타의 설법, 즉 각자 질문과 근기에 따라 설하신 것이 아니라, 대기설법으로 세존 스스로의 뜻으로 설하시는 수자의(隨自意) 설법이다.

4. 묘법연화경이란?

석가모니부처님의 본회(本懷)가 묘법연화경이요, 또한 부처님 출세의 일대사인연이 묘법연화경이다.

일체중생실유불성(一切衆生悉有佛性, 모든 중생들에게 빠짐없이 불성이 있음)이 묘법연화경이다.

일체중생의 전미개오(轉迷皆悟) 즉신성불(卽身成佛)의 경이 묘법연화경이다.

과거의 일들을 알게 하시고, 미혹한 마음을 깨닫게 해서, 중생의 이 몸 그대로가 역겁수행을 행하지 않고 묘법의 공덕과 힘으로 바로 부처가 되는 경이다.

천태대사께서 금강명경에서 말씀하시기를 "일체세간소유의 선론(善論)은 모두 이 경에 인함이며, 만약 깊이 이 세상의 법을 알면 즉 이는 불법이니라." 라고 하셨다.

이 경이란 묘법연화경을 지칭하신 것이다.

이 세상의 법이란 지·수·화·풍·공(地水火風空)을 뜻한다.

지수화풍공은 묘법연화경을 뜻하는 것이다.

이 경이란 묘법연화경을 지칭한 것이며, 이 세상의 법이란 지·수·화·풍·공을 뜻하며, 5대 물질이 곧 묘법연화경이다.

1) "경"이란 뜻은 끈이라는 말로서 아름다운 꽃을 끈으로 묶은 것처럼 부처님의 높으신 가르침을 한데 묶어서 후세에 전하는 것이 곧 '경'인 것이다.

2) "묘법"이란 묘법은 높다고 할 수도 크다고 할 수도 깊다고 할 수도 또 그 무엇이다 라고 말할 수 없는 그야말로 최고의 묘한 법인 것이다.

묘(妙)란 온갖 것을 초월해서 글이나 말로서 의미를 표현 할수 없는 높고 깊은 뜻이 묘법이다.

부처님의 설법에 의해서 가장 훌륭하고 설법으로 인해 표현된 절대 진리(불법)가 묘법이다.

3) "연화"란 묘법의 묘함을 어떻게 표현해야 할 것인가.

연화란 눈에 나타나 보이는 것으로 비유를 한다면 연꽃과 같은 것이다.

인도에서는 연꽃이 가장 아름답고 묘한 꽃이라 한다.

분홍색, 흰색, 푸른색, 노란색, 표현할 수 없는 아름다움이 있는 꽃이며 바로 법의 묘함이 마치 연꽃과 같다고 한 것이다.

묘법연화란 '법'이라는 것이다.

그 법은 묘법이다, 묘하다는 것은 연꽃과 같은 것이다.

연꽃은 꽃과 열매가 그 밑에 이미 생겨 있다. 꽃과 열매가 함께 있어서 법의 묘함을 연꽃에 비유한 것이다.

묘법연화경이란 본래부터 그윽하고 흔들리지 않고 말로서 감히 미치지 못하며 마음으로도 감히 이를 수 없는 것이다.

이것을 굳이 말로 표현하자면 일체경의 골수요, 대우주의 근원이며 우주본체의 삼라만상과 우주법계를 포함한 대우주 본원의 에너지 즉 실상을 밝힌 것이라 하겠다.

석가여래 일대 50년 동안의 가르침인 팔만법장인 일체경과 사바세계의 모든 종교와 철학 등 수많은 경서는 모두 이 묘법연화경 1부 팔권 28품 69,384자, 즉 지·수·화·풍·공의 당체인 묘법연화경을 법본존으로 하고 있다.

교주 석가여래께서는 인본존으로서 인법일여(人法一如)의 본존이며, 이 묘법연화경 5자는 말법의 부처님으로 세우신 법본존이 된다.

묘법연화경의 유통분인 열반경에서 "원컨대 모든 중생은 하나같이 모두 여래출세(如來出世)의 문자를 수지(受持)하라"하신 가르침이 곧 말법의 부처님인 묘법연화경 다섯 자임을 나타내신 것이다.

묘법연화경과 불설관보현보살행법경에서도 "삼세제불이 이 경에서 나오심이라" 하시고 열반경 제13에서 "이 모든 대승방등경전(화엄부·방등부·반야부)이 또한 무량한 공덕을 성취한다 해도, 이 경(묘법연화경)에 비유할 수 없으며, 백 배, 천 배, 백천만억 배 내지 숫자의 비유로도 능히 미치지 못하는 바이니라. 선남자야 비유하건대 소에서 우유를 내고 소의 우유에서 낙미(酪味)를 내고, 낙미에서 생소미(生蘇味)를 내고, 생소미에서 숙소미(熟蘇味)를 내고, 숙소미에서 제호(醍醐)를 내니 제호최상(醍醐最上)이니라. 만약 복용하는 자는 중병이 모두 제거되어 가지고 있는 모든 약이 모두 그 가운데 들어 있는 것과 같음이니라. 선남자야 수다라에서 방등을 내고, 방등에서 반야바라밀을 내며, 반야에서 대열반을 내므로 마치 제호(醍醐)가 이것이니라."(불성이 묘법연화경이다)

묘법연화경을 눈이 먼 자들은 법본존으로 보지 못하고, 육언의 자는 글자로 보며, 성문과 연각은 허공으로 보며, 보살은 무량의 법문으로 보며, 부처님은 하나하나의 문자를 금색의 석가모니여래로 보신 것이다.

이 묘법연화경 28품 69384자 문자 하나하나가 곧 바로 삼십이상과 팔십종호를 갖추신 묘각과만(妙覺果滿)의 진실된 부처님이시고, 여기에 석가여래의 온 몸의 혼이 완전무결하게 스며들어 있다는 것을 알아야하겠다.

묘법연화경 법사품 제10에서 "이 가운데 여래의 전신이 있느니라" 하심이다.

5. 법화경의 중심사상

모든 중생에게 성불하는 것을 증명하는 인간평등의 정신에 있다.

평등이라고 하니까 여자와 남자가 처음부터 동등한 것으로 알고 있는데 그것이 아니다.

법화경 이전에는 여자가 성불하는 일을 허락하시지 않으셨다. 법화경에 들어와서야 여자의 성불이 성취되기 때문에 남녀가 평등하게 된다는 뜻이다.

법화경의 중심사상은 회삼귀일(會三歸一)에 있다.

셋이 하나로 귀결되는데 삼승이 일불승으로 통일된다는 뜻이다. 다시말해서 삼승을 열어서 일불승에 귀의한다는 뜻으로 삼승법은 일승법인 묘법연화경을 위해서 설하신 가르침이기 때문이다.

천태대사께서는 회삼귀일 사상을 법화경의 주된 뜻이라고 하신 것이다.

왜 회삼귀일의 사상이 주된 뜻인가 하면 법화경 적문과 본문은 방편 즉 진실의 논리로서 정립한 것이기 때문이다.

이것은 법화경 본문에서 나타내신 생명이 있는 모든 것은 절대적인 평등 조건을 실천하는 것이다. 그래서 모든 중생은 오직 구원실성 본불에 의해서만이 성불을 성취할 수 있기 때문이다.

천태대사는 소승과 대승이 대립되는 것을 부처님의 최고의 지혜라 하셨다. 대승과 소승이 대립된다는 것은 방편즉진실(方

便卽眞實)이 둘이 아니고 하나임을 나타내신 가르침이 묘법연화경이라는 뜻이다.

인류의 평화와 행복은 이 세상에서 오직 하나밖에 없는 일불승인 법화경의 실천에 의해서만이 성취되는 가르침이기 때문이다.

6. 대승(大乘)의 성립

석가여래께서 50년 동안 법을 설하시고 나서 입멸하신 후에 불교의 교단은 하나가 되는 것 같았지만, 세월이 흘러감에 따라서, 두 파로 나누어지게 된다.

전통을 중하게 여기는 전통보수파(傳統保守派)와 시대적 사명관과 정신적으로, 이념적으로 또는 대중적으로 각성(覺醒)한 혁신파(革新派) 간에는 점차 대립적인 관계로 발전하기 시작한다.

그 이후 일백 년이 지난 때부터 상좌부(上座部)와 대중부(大衆部)의 두 파로 분열이 되고 그 후에는 각부파의 세가 분열에 분열을 거듭하게 된다.

여기서 생겨난 각파는 소승의 20파를 비롯해서, 각파가 성립됨으로 해서 자파(自派)의 교리와 교학의 정비를 하게 된다.

소승불교는 교리와 행외도 정밀히였으며 교단도 강성하게 발전한다.

대승불교는, 소승의 행의(行儀)나 교리(教理)가 출가자에게는 이익이 있었지만, 재가자나 속세의 중생들에게는 아무런 이익이 없게 되자 융성하였다.

즉 소승으로서는 부처님께서 출세하신 목적에서 멀어지는 결과만 가져오게 된 것이다.

그러나 석존의 대자비와 이념으로 모든 사람을 구제하고자 하는 계층(대승)들은 자기 자신만의 해탈과 열반을 구하고자 출가한 수행의 승단을 소승이기 때문에 방등십이부인 유마경에서 "소승은 패종의 이승"이라고 탄가(彈呵)하게 된다.

7. 본불과 적불이란?

묘법연화경은 28품으로 나뉘어 있는데 앞의 1품에서 14품까지는 적불(적문)이라 하며 후반 15품에서 28품까지를 본불(본문)이라 한다.

1) 본불이란?

달은 하나지만 바닷물에도 비치고 시냇물에도 비치며 시궁창 물에도 비치며 그릇에 물을 부어 달빛이 보이는 밖에서 보면 그릇에도 달이 비친다.

즉 하나의 달이 여러 곳에 나타나는 현상으로, 근본 되는 달은 하나로 본불인 것이다.

또는 길을 걸으면 걷는 사람은 한 사람이지만 자꾸 걸으면 발자국이 많이 생긴다.

이럴 때 길을 걷는 사람이 본불로 비유한 것이다.

즉 근본 되는 것은 죽지도 않고 나지도 않는 영원한 것으로 본불이며 이것은 불생불멸로서 한 분밖에 안 계시는 석가모니 부처님이시며 "묘법연화경"인 것이다.

2) 적불이란?

근본 되는 달은 본불이고 그 달에 비친 것으로, 바닷물, 시냇물, 시궁창물에 나타나 보이는 달, 이것이 적불인 것이다.

사람의 발자국 또한 적불로 비유한 것이다.

이것은 한때 상을 나타내시어 인간을 구원하기 위하여 나타나신 응신으로 석가모니부처님이시며 적불이신 것이다.

8. 법화경과 중국의 천태대사

중국에서 그 당시 불교를 믿고 있었으나 발전하지 못하고 있을 때 천태지자대사로 인하여 불교가 대성을 이루게 된다.

천태지자대사는 석가여래의 참되고 진실한 뜻이 어디 있는지도 모르고 불교를 그냥 의미 없이 믿는다는 것은 어리석은 일이라 생각하고 참된 뜻이 어디에 있는가를 알아내지 않으면 불교를 전하는데 보람이 없다고 판단해서 불교와 묘법연화경의 진정한 참뜻을 알아내기 위하여 자신이 편하게 살 수 있는 그 당시 중국의 서울인 금능을 버리고 천태산으로 들어가 갖은 고

난과 고통을 겪으면서 수행정진을 하면서 묘법연화경을 연구한 끝에 비로소 묘법연화경이 제일이며 석가여래께서 입멸하시기 전에 8년 동안이나 말법세상의 중생들을 위하여 설하신 진실한 마음이 남김없이 나타나는 경전은 오로지 법화경 이외는 없다는 사실을 구명해낸 것이다.

그 이후 천태산을 나와 묘법연화경을 중심으로 불교를 전하게 되었으며 이것이 중국에서 불교가 유포된 시초였다.

그러므로 불교가 곧 묘법연화경임을 증명한 것이며 묘법연화경과 석가여래는 영원한 생명을 가지신 본래의 부처님이신 것을 구명해낸 것이다.

천태대사는 서기 538년 세수 59세의 세납으로 열반하신 분으로 중국 진나라를 거친 수나라 사람이다. 절강성 태주부 천태현에 있는 천태산에 들어가 수행을 하면서 수선사를 창건하고, 천태산 서쪽 석정사에서 열반하신 분이다.

16세에 출가해서 20세때 구족계를 받고, 23세 때 당시 대학자로서 세칭 관세음보살의 후신이라 칭송을 받던 대소산의 남악혜사대사 밑에서 묘법연화경을 수학하였다.

당시 대현산으로 가서 법화삼부경인 무량의경과 불설관보현보살행법경과 묘법연화경을 20일 동안 독송하고, 또 21일 동안 대방등다라니경의 방등참법으로 참회정진을 마친 후에 꿈을 꾸게 된다.

꿈에 큰 사찰이 나타나서 법당 안으로 들어가보니 법당 안은 아름다웠지만, 불상은 비뚤어지게 놓여 있고, 많은 경전들은 어지럽게 흩어져 있었다.

천태대사는 꿈에서도 묘법연화경을 외우면서 흩어져 있는 많은 경전을 정리하고 불상을 바른 위치에 안좌시켜 놓고 꿈을 깼다.

이 꿈의 뜻은 묘법연화경을 번역해서 알려지기 이전의 불교계의 여러 정황과 천태대사 자신이 해야 할 일이 무엇인가를 시현한 것으로, 중생들에게 있어서 묘법연화경이 대양약이며 보배처소임을 알게 된 것이다.

꿈에서 흩어진 경전을 정리하게 된 것은 모든 경전이 저마다 스스로 최고임을 강조하고 있는데, 모든 경이 다 최고라고 한다면 불교계는 악순환을 반복하게 될 것이기 때문에, 천태대사께서 불법을 부처님의 뜻에 따라 바르게 전하는 것이 부처님의 뜻임을 알고 묘법연화경의 진실한 뜻을 구명하게 된 것을 뜻한다.

어떤 것이 진실한 불법인가를 밝힌 경문이 묘법연화경의 적문이다.

모든 중생에게 부처님의 지혜를 깨닫게 하기 위한 가르침은 오직 일대사인연법(一大事因緣法)에 있다는 것을 밝히고, 또 이 일대사인연법을 바르게 알아야 하기 때문에 천태대사께서는 묘법연화경의 적문을 부처님의 뜻에 따라 바르게 해석해서 세우는데 책임이 있다는 것을 깨닫게 된다.

그리하여 묘법연화경 방편품 제2에서 방편과 진실의 두 가지의 뜻을 나타내게 된다.

그 이후 내관명상(內觀瞑想)으로 수행중 약왕보살본사품 제23에 시진정진 시명 진법공양여래(是眞精進是名眞法供養如來, 이는 참된 정진이라. 이는 진실로 법으로서 여래를 공양한다 하느니라)라는 일구에서 활연개오(豁然開悟)한다.

그리하여 당시 약왕보살 후신이라 또는 소석가라 하여 추앙을 받게 된다.

> 내관명상 : 마음이라는 것은 실로 불가사의한 경계인데 이 마음이라는 것이 삼천 가지가 갖추어져 있는 당체라는 것을 깨달아서 아는 관법

양나라 양무제는 법운법사에게 광택사를 보시하였는데, 법운법사는 부처님의 일대 경전의 승열을 화엄경 제1, 열반경 제2, 묘법연화경을 제3이라 정하였다.

법운법사는 당시에 화엄경의 대강백으로 묘법연화경을 가끔 설할 때는 하늘에서 꽃비가 내렸다고 한다.

천태대사는 과연 법운법사가 정한 승열을 확인하기 위해서 더욱더 화엄경을 보고 참구했으나, 잘못이 있어 한탄하기를, "여래의 일대성교가 한토(중국)에 건너왔으나 오히려 중생을 악도로 인도하니 이 책임은 인사(人師)들의 잘못이라" 하였다.

그 나라의 어른이 동(東)을 서(西)라 하여도 믿기 때문이라.

천태대사께서는 광택사의 법운은 방법(謗法)으로 인해서 지옥에 떨어졌다고 일갈하셨다.

중국 수나라 남북조시대의 기록에서, 그 당시 남쪽에 소승을 하던 3인의 제사와 북쪽에 대승을 하던 7인의 가장 존경받던 제사가 있었는데 이들을 가리켜 남3북7이라 하였다.

천태대사가 국민들로부터 추앙받고 있으니까 남삼북칠의 제

사들은 천태대사를 제거하려고 모의하여, 당시 황제인 진왕에
건의하여 남북의 제사들과 법운법사의 제자들과 승정, 승도의
직위를 가진 100여 명이 모였다 한다.

---

* 남방의 세 분의 제사(諸師)

  1. 호구의 급법사(虎丘岌法師) 2. 애법사(愛法師) 3. 법운법사
  (法雲法師)

* 북방의 일곱 분의 제사(諸師)

  1. 북지사(北地師) 2. 보리류지사(菩提流支師) 3. 광통법사(光統
  法師) 4. 호신의 법사(護身法師) 5. 기사의 법사(耆闍法師) 6.
  북지의 선사(北地禪師) 7. 북지의 선사(北地禪師)

이들은 모임의 자리에서 천태대사를 악하게 비방하고 모함했
지만 천태대사는 맨 말석에 앉아서 조용하고 차분하게 대처하
였다.

천태대사는 그들에게 질문하되, 화엄제1, 열반제2, 법화제3이
라는 경문의 증거를 요구하였으나, 모두가 다 말을 하지 못하
고, 고개를 숙이고 말았다고 한다.

천태대사는 이어서 법화제1, 열반제2, 화엄제3이라는 증거를
제시하신 것이다.

열반경 제9권에서 "이 경의 출세는 내지 법화중에 팔천의 성
문이 수기를 받았으니, 대과실을 이룩함과 같다"라는 증문을 제
시하고, 모든 경은 춘하요, 법화경과 열반경은 과실의 위로서,
묘법연화경은 추수동장(秋收冬臟)의 대과실(大果實)이요, 열반경은
추말동초(秋末冬初)의 규섭(捃拾)과 같다고 정하신 것이다.

모든 경은 봄에 씨를 뿌려 여름에 자라는 것과 같고, 묘법연화경은 가을에 곡식을 거두어 겨울에 창고에 가득히 쌓아 놓은 것과 같고, 열반경은 가을에 추수를 하고 난 후에 이삭을 줍는 것과 같다는 뜻이다.

무량의경 설법품에, "선남자 자아도량 보리수하 단좌육년 득성 아뇩다라삼먁삼보리 이불안관 일체제법 불가선설 소이자하 지제중생 성욕부동 성욕부동 종종설법 종종설법 이방편력 사십여년 미현진실 시고중생 득도차별 부득질성 무상보리(善男子 自我道場 菩提樹下 端坐六年 得成 阿뇩多羅三먁三菩提 以佛眼觀 一切諸法 不可宣說 所以者何 知諸衆生 性欲不同 性欲不同 種種說法 種種說法 以方便力 四十餘年 未顯眞實 是故衆生 得道差別 不得疾成 無上菩提)." "선남자야, 내가 일찍이 도량 보리수 아래에 앉아서 육년만에 아뇩다라삼먁삼보리를 이룩하여 얻었느니라. 부처님의 눈으로 일체의 모든 법을 관하였으되, 선설하지 아니하였노라. 어찌하여 그러한고, 모든 중생의 성품과 욕망이 같지 아니함을 알았음이며, 성품과 욕망이 같지 아니함으로 가지가지로 법을 설함이니라. 가지가지의 법을 설하되 방편력으로써 설하였으니, 사십 여 년에 아직 진실을 나타내지 아니하였노라."

"초중후설 문사수일 이의각이(初中後說文辭雖一而義各異)" 처음이나 중간이나 끝에 설함이 말은 비록 같을지라도 뜻은 각각 다름이라.

또한 "여래께서 득도하신 지 이미 40여년에 항상 중생을 위하여"라 하시고, 또한 "처음에 사제법을 설하시고 다음에 방등십이부경과 마하반야와 화엄해공을 설해서 보살이 한량없는 겁이 지나도록 닦고 행함을 선설하였음이라"라 하셨다.

묘법연화경 방편품에서, "금정시기시(今正是其時), 금자이만족(今者已滿足)" 지금이 이 묘법연화경을 설할 때라 하시고, 이제 만족함이라 하셨으니, 묘법연화경을 설하실 때가 지금이며, 또한 묘법연화경을 설하시게 됨으로 만족한다고 하신 것이다.

묘법연화경 법사품에서, "이설(已說), 금설(今說), 당설(當說)"이라 하시고, 법화경이 제1이라 정하신 것이다. 이설(40여 년간 설하신 일체경), 금설(무량의경), 당설(열반경).

견보탑품 제11에 "다보여래께서 대지에 솟아 나와 석가여래의 법화경 설법은 진실이라 증명하시고, 시방분신의 일체 제불은 설상을 범천에 대이심이라."

이러한 증문으로 모든 대중이 천태대사에게 항복하고, 그 후부터 법화 제1, 열반 제2, 화엄 제3으로 경의 우열을 정하게 된다.

이렇게 해서 수나라 이후 한토(중국)와 월지(인도)에 크고 작은 논(論)도 천태대사의 의(義)보다 하열하기 때문에 석가세존이 다시 탄생하였다고, 찬탄하고 모두 그를 따르게 된 것이다.

그래서 소석가라 칭하기도 하였다.

이로 인해서, 법화경 제1, 열반경 제2, 화엄경 제3으로 우열을 분명히 세운 것이다.

그 이후 150년이 지나서 다시 세종이 생겨 나와 법화경을 내리게 된다.

이것을 안타깝게 보고 형계대사(묘락)가 천태의 제자인 관정이 기록해 놓은 천태대사의 법화현의와, 법화문구, 지관좌선법

등을 정리 기록해서 지금까지 전해져 오고 있고, 남삼북칠(南三北七)의 제자들이 지금에 이르고 있는 것이다.

9. 석가여래와 묘법연화경

1) 싯달다 태자(석가여래)께서 탄생하실 그때 무우수나무 아래서는 커다란 수레바퀴와 같은 일곱줄의 연꽃이 솟아올랐다.

태자는 곧 그 위에 불끈 일어서서 사방으로 일곱 걸음을 걷고 나서 한 손은 하늘을 가리키고 한 손은 땅을 가리키며 "천상천하 유아독존 금자이왕 생분이진(天上天下 唯我獨尊 今慈而往 生分已盡)"이라 하셨다.

이 말씀은 "하늘과 땅 위에선 내가 가장 홀로 높다. 나는 이제 다시 '생'을 받지 않으리라"고 외치신 것이다.

이 때 대지는 6종으로 진동하고 대광명은 온누리에 가득 찼으며 해와 달은 한결같으나 그날따라 더욱 밝은 빛을 발하였고 맑은 샘은 파지 않아도 저절로 땅에서 솟아올랐으며 때 아닌 나뭇가지에 아름다운 꽃이 피고 영묘한 새들이 떼를 지어 몰려들었고 맹수와 흉금은 적연히 소리를 감추고 만천도 흐름을 멈추었으며 흐린 물은 곧 깨끗해져 8공덕수를 이루었으며 하늘에는 한 점 구름이 없고 하늘 북(법고)은 자연히 울어 삼천대천세계에 꽃 같은 소리로 '대구세주'의 탄생을 찬탄하였다.

본래 부처님은 하늘과 땅 위에선 가장 높고 존귀한 분으로서 또한 인간이 가장 존귀함은 사람의 몸을 받아야만이 부처를 이룰 수가 있기 때문에 나 자신이 실로 귀하다는 뜻으로 나타낸 말씀이다.

다시 생을 받지 않으리라고 한 말씀은 부처님은 생사를 여의므로 즉 나고 죽음이 없는 영원한 생명을 지니고 있음을 나타내신 말씀이다.

그런데, 또 사방으로 일곱 걸음을 걸으셨다.

이 일곱 걸음과 실상묘법연화경을 생각하지 않을 수 없다.

이 일곱 걸음을 걸으신 것은 행(行)을 먼저 보이신 것으로 볼 수 있다.

2) "실상묘법연화경"은 우주의 7대인 지, 수, 화, 풍, 공, 견, 식이 된다.

일연대사는 나무를 '남' 하나로 보시고 남묘호레엔게교(남묘호레엔게교) 지금은 일본인들이 세계공통어라고 주장하고 있지만 실로 망언이 아닐 수 없다.

이미 부처님께서는 말법세상이 오실 것을 아시고 말법세상의 모든 미혹한 중생들을 위하여 묘법연화경을 수지 독송하여야 함을 표현하신 것이다.

3) 석가족에 부처님께서 태어나시기 이전에 이미 부처님(구원본불)이심을 "묘법연화경 수량품"에서 증명하신 것이다.

실상묘법연화경은 제불께서 증득하신 요체이며, 총체요 법체로써 문자가 없으나 또한 문자로 나타낸 것이 곧 묘법연화경의 5자이며 명자즉이므로 뜻을 알든 모르든 받아가지고 입으로 부르는 행을 하면, 즉신성불이 된다고 하신 것은 법화경은 평등대혜의 실상법이기 때문이다.

모든 제불의 명호와 보살마하살과 일체의 다라니, 삼매 등 모든 불국토 등 일체 제불께서 갖추신 모든 지혜는 이 묘법연화경 5자에서 나왔음을 천태지자대사가 이미 설하신 것이다.

본래는 안팎이 없지만 실상묘법연화경을 부르면, 안으로는 자성의 실상이 드러나고 밖으로는 일체제불의 가피가 있음은 석존께서 이미 법화경에서 설하신 것이다.

그러므로 자력과 타력이 둘이 아님을 알아야 한다.

선(禪)가에서 하는 수행은 대부분 견성성불이 목적이나 견성을 하였다 하여도 석존과 똑같이 됨이 아님은 누구나 다 아는 바이다.

구원실성의 부처님은 묘법연화경 여래수량품 제16 외의 일체 모든 경전에서 나오는 제불과의 차이점을 말한다면 묘법연화경 외에 나오는 제불과 보살은 석가모니불 이전에 이미 성불하였다고 되어있으나 묘법연화경 여래수량품 제16에서 밝히신 바 다른 경에 나오는 제불과 보살의 명호는 구원실성의 석가여래께서 나투신 방편의 적불임을 알아야 한다.

그러므로 석존께서는 불생불멸의 부처님이심을 묘법연화경에 설하신 것이다.

인간은 누구나 묘법연화경에 귀의하여 수지하면 곧 즉신성불로써 제목을 봉창하면 부처님의 지혜를 남김 없이 수용하는 것이다.

묘법연화경은 모든 진리 즉 생명의 당체로 이것이 곧 실상으로써 드러나지 않는 것이 없으며, "실상묘법연화경" 일곱 자를 간절히 부르면 소멸되지 않는 죄가 없으며, 드러나지 않는 복이 없으므로 이루어지지 않는 소원이 없을 것이다.

진실한 불법을 진정으로 알고 성불을 원한다면 천태삼대부 (법화현의, 법화문구, 마하지관)를 소개하는 바이며 또한 제관 법사가 지은 천태사교의를 참고하기를 바란다.

4) 석가여래는 한 인간으로 태어나시어 엄마의 젖을 먹고 성 장하여 인생에 대한 고뇌 끝에 출가하시어 그야말로 6년 간의 수행으로 고난과 고통속 에서 부단한 정진 끝에 6년 간의 고행 을 마치시고 깨달음을 얻기 직전 마무리하기 위하여 7일간 선 정 끝에 부처님이 되신 것이다.

7일간의 마지막 투쟁으로 스스로 증득하시어 부처님이 되신 것이다.

이런 과정으로 인하여 부처로서 인간이 바른 삶을 살 수 있 도록 가르침을 주신 것이다.

부처님께서는 부처가 되신 후 입멸 8년 전까지 일체경(방편 교)을 설법하셨으며 입멸 직전 8년간은 묘법연화경을 설하셨다. 묘법연화경은 일체 모든 경의 결론으로 신앙의 대상이 되는 절 대적 유일한 신으로 부처를 나오게 하는 능생으로 구원본불인 것이다.

즉 부처님은 묘법연화경이 진실한 '교'임을 분명히 설하신 것 으로, 묘법연화경은 어떤 부처님께서 이 세상에 나오시더라도 서가여래와 똑같이 설법하신다고 말씀하셨으며 다보불께서 이 를 증명하셨다.

석가여래께서는 묘법연화경을 설하시기 위해서 일체의 모든 경을 설하셨으며, 묘법연화경이 본래 부처님이시며 묘법연화경이 석가여래시며 불생불멸(영원한 생명을 지닌 부처님)의 본불이시며 묘법연화경이 불교의 진실한 '교'(가르침)인 것이다.

10. 묘법연화경과 우주와 인간과의 관계

우리 인간은 우주라는 한 눈에 보이지 않는 커다란 공간 속에서 살아가고 있다.

인간은 땅만 있어서는 살 수가 없다. 물이 있어야 하고 불이 있어야 하며 바람과 공기가 있어야 한다. 이러한 것들이 없이는 살아갈 수가 없다.

이것이 바로 우주며 지(地), 수(水), 화(火), 풍(風), 공(空)이라 한다.

우주를 작은 생명체에 비유하면 바로 우리 인간의 몸이며 인간의 몸이 곧 '묘법연화경'인 것이다.

인간이나 모든 생명이 있는 존재의 근본적인 하나의 위대한 힘이 무엇이겠습니까?

이것이 바로 영원한 생명을 가진 부처님이요 본불인 것이며 본불은 '묘법연화경'인 것이다.

우주의 힘은 지(地), 수(水), 화(火), 풍(風), 공(空) 다섯 자이다. 묘법연화경 또한 다섯 자이다.

우리 인간은 부처의 성품을 지니고 있으며 인간의 성품이 불신이므로 작은 우주라고도 한다.

그러므로 인간의 육체도 다섯 등분으로 구분할 수 있다.

이것을 비교하여 비유하자면 다음과 같이 비유된다.

묘법연화경의 '묘(妙)'는 우주의 공과 같으며 인간의 머리(두뇌)에 비유하며

묘법연화경의 '법(法)'은 우주의 바람(풍)과 인간의 목에 비유하며

묘법연화경의 '연(蓮)'은 우주의 불(火)과 인간의 가슴(심장)에 비유한다.

묘법연화경의 '화(華)'는 물(水)과 인간의 배에 비유하며

묘법연화경의 '경(經)'은 우주의 땅(地)과 인간의 발(다리)에 비유한 것이다.

묘법연화경의 '묘'와 우주의 '공'은 우주의 본체이며 공기와 같이 보이지도 않으며 실로 '묘'함이요 인간의 '머리(두뇌)' 또한 그야말로 묘하다 하지 않을 수 없다.

그야말로 세 글자는 '묘'한 것이다.

묘법연화경의 '법'은 부처님께서 목구멍으로 법을 설하심을 뜻하니, 인간의 폐에서 나오는 바람(風)으로 기관지를 통하여 목구멍으로 소리를 입 밖으로 전달하는 것과 같으며,

묘법연화경의 '연'은 연꽃이 마치 인간의 심장과 같이 생겼다 하였으며 그 심장을 다시 우주의 '화(火)'로 비유하였다.

묘법연화경의 '화(華)'와 인간의 '배'와 우주의 '수(水)'는 물이므로 인간의 배와 생식기까지를 말함인데 모든 분비물 등이 저장된 곳이기도 하며 이것이 '물(水)'이라 비유하며,

묘법연화경의 '경'은 이어주는 '끈'이라 하며 인간의 발과 다

리로서 우주의 땅(地)을 밟고 다니는 것을 비유한 것이며, 땅이 없으면 역사를 이어갈 수도 없는 일이며 인간이 살 수도 없다.

이 세 가지는 참으로 묘하게 일치된다는 사실이 묘한 비유가 아닐 수 없다.

이렇게 우리 인간은 우주와 묘법연화경과의 관계는 밀접한 관계를 가지고 있다.

이 세 가지가 바로 석가여래께서는 전세에도 부처님이셨고 중생을 위하여 사바세계에 나투셨으며, 부처님은 영원한 본불이시고 석가여래는 한때 상을 나타내신 적불이시며 '불생불멸'이심을 묘법연화경에 나타내신 것이다.

우주의 위대한 힘, 인간의 눈에 보이지 않는 위대한 힘, 근본적인 하나의 위대한 힘이 본불이시며 묘법연화경인 것이다. 그러므로 우리 인간은 일대사인연인 묘법연화경을 수지 독송하여야 '부처님의 지혜'에 접근할 수 있을 것이다.

석가여래께서는 인간은 누구나 부처님이 될 수 있는 길을 가장 빠르고 정확하게 설법하신 경전이 묘법연화경임을 설하셨으며 '묘법연화경'은 최상승의 '일승법'이며 '대승경전의 꽃'이라 한다.

그러므로 말법세상에 중생들을 위하여 설하신 묘법연화경이므로 말법세상에 사는 모든 미혹한 중생들은 누구나 수지할 수 있다.

묘법연화경이 바로 부처님이기 때문에 실상묘법연화경 제목을 부르는 것은 주(主)된 행(行)이며 제목을 수지함이 되는 것이며 제목을 수지함으로서 불신을 갖는 것으로, 최고의 공덕이라 하셨다. 즉 누구나 부처님이 될 수 있음을 명확히 제시하신 것이다.

속담에 '뛰어봐야 부처님 손바닥이야'라는 말이 있다. 우주를 손바닥에 비유한 것이다.

부처님이 안 되고는 우주를 볼 수가 없다.

또한 손바닥과 손등은 인체의 축소판이며 우주의 축소판으로 인간을 소우주라고도 한다.

그러므로 우주와 인간은 같다고 볼 수 있으며 묘법연화경이 곧 불신이며 인간도 불신이므로 누구나 부처님이 될 수 있는 것이다.

우주와 인간 그리고 묘법연화경은 일체인 것이다. 얼마나 우리 인간에 있어서 묘법연화경이 소중하며 거룩하고 위대한 경전인가를 알 수 있을 것이다.

11. 수지(受持)란?

수지(受持)는 '마음'으로 받아 몸으로 지니는 것이라 하였다.

마음으로 부처님의 진실한 법인 묘법연화경을 받아서 몸으로 가져 제목을 부르는 행(行)을 하여야 한다.

몸으로 지니다 하여 움켜쥐고 보관하라는 것이 아니다. 마음으로 받았으면 몸으로 지니는 것에 대한 행을 하여야 한다.

관보현경에 공양 중에서도 행(行) 공양이 가장 큰 공양이라 하였다.

부처님의 법은 보이지도 않는데 어찌 몸으로 받을 수 있을 것이며 가질 수 있겠는가?

그러므로 우리 범부(凡夫) 중생(衆生)들은 진실(眞實)한 마음으로 부처님의 법(法)을 받아 몸으로 지니는 것인데 몸으로 지닌다는 것은 주(主)된 행(行)을 하여야 진실(眞實)하게 가지는 것이 되는 것이다.

그러므로 입으로 제목(題目)인 실상묘법연화경(實相妙法蓮華經)을 부르는 것은 몸으로 지니는 것에 대한 행(行)인 것이다.

입으로는 제목을 부르고 스스로 행(行)을 하는 것이 주(主)된 행(行)이 되며, 또한 법화의식(法華義式)을 취(取)하는 것이 되며 수지(受持)인 것이다.

의식이라 함은 묘법연화경에 귀의하는 하나의 행(行)으로서 실상묘법연화경, 즉 제목(題目)을 부르는 것이 진정한 수지(受持)인 것이다.

12. 법화경의 중요성

1) 말법의 현시대에서는 법화경만을 주장하는 이유는 여타의 경은 방편에 불과하며, 석가여래의 진실한 법은 오로지 묘법연화경 이십팔품 하나에 있다는 것을 알아야 하며 묘법연화경은 부처님의 진실한 종자가 되며 실상이 드러남이라 일체 제불께서 증득하신 몸인 삼신(법신·보신·응신) 그리고 오안(육안·천안·혜안·법안·불안)은 이 경에 의지하여 갖추셨음은 이 경에

설하신 바 그대로이다.

2) 아미타경이나 지장경 등에 보면 어느 정도의 죄는 소멸되지만 오역죄는 용서하지 않음을 보았을 것이다.

또한 여타의 경에 비록 오역죄까지도 소멸된다고 하였으나, 이것은 부처님의 진실한 법에 들어오기 위한 방편이었음을 묘법연화경에서 분명히 밝히신 것이다.

3) 방법(妨法)에 대하여

어떤 스님이라도 대승경을 직선적으로 비방은 하지 않는 듯하지만, 사실은 진실로 성불할 수 있는 진실의 가르침을 방편경과 같이 보거나 또한 방편을 위에 두고 진실의 가르침을 아래에 두거나 또한 어느 구절만을 빼가지고 왜곡되게 설하는 것은 자신도 모르게 방법(妨法)이 되어 크나큰 죄를 범하게 되는 것이다.

방편의 가르침은 근기가 하열한 업보중생을 위하여 설하신 소승의 권교임에도 불구하고 많은 불교신도들이 현혹된 까닭으로, 석가여래 출세 본회의 목적을 외면한 채 이러한 소승권교가 마치 본래 면목인 것처럼 속은지 오래되어 정법은 은몰되고 사마 외도가 판을 치며 방법(妨法)의 설법으로 혹세무민하니 정법과 악법이 뒤바뀌어 모든 선(善)이 상실되어 지옥 아귀 축생 수라의 4악도로 무질서한 현실이 되고 있다는 사실이다.

4) 총지에는 문자가 없지만 문자는 총지를 드러나게 하며 지

극한 대승의 뜻은 법체가 문자로 나타남을 설하신 바, 이 뜻을 믿고 바로 알면 현실에 나타난 산하대지와 일체 만물 만상이 곧 일승(一乘)으로써 실상(實相) 아님이 없으니 이것이 곧 적광토임을 설하신 것이다.

그러므로 미혹한 중생은 적광토를 아비지옥으로 받아들이고, 세존께서는 아비지옥을 적광토로 수용하신 것이라 했다.

13. 오시팔교(五時八敎)

- 열반경을 바탕으로 해서 저술된 것으로 보임
- 천태사교의를 참고

오시(五時)

부처님께서 50년간 설하신 시기를 다섯으로 구분한 것을 오시(五時)라 한다.

1화엄, 2녹원시(아함시), 3방등시, 4반야시, 5법화 열반시.

1) 화엄시(華嚴時)

싯달다 태자가 보리수 밑에서 정각을 이루신 후, 21일간 중생의 기근을 시험하시기 위해서, 권대승의 가르침으로 화엄경을 설하신 시기.

장소는 중인도 적멸도량 보리수 아래(연화장세계). 칠처 팔회의 설법이다.

구역(불타발다라 삼장 역) 40권본, 60권본으로 구성되었고, 신역(실차난타 삼장 역)은 80권으로 구성되어 있다.

결경은 범망경으로 대승보살계를 낸다.

원교에 별교를 겸한 가르침으로 겸(兼)이라 하고, "40여 년 이전의 원교에 해당"된다.

화엄경은 돈교(頓教)로써-비밀교와 부정교도 있다- 돈대(頓大)의 근기를 위하여 설하셨다.

화엄경은 용수보살이 용궁에서 가져온 약본 화엄경인데 4,500게송으로 95,048자로 구성되어 있다.

돈교란 화의사교인 부처님의 일대성교인 설법 방법의 하나로, 유인을 하기 위해서 하열한 경을 먼저 설하지 않고 곧 바로 대승을 설한다는 뜻이니, 아침에 해가 뜨면 먼저 제일 높은 산을 비추는 것과 같다.

화엄경은 세존께서 성도 직후에 법계유심(法界唯心)을 나타내시는데, 다시 말해서 일체제법은 모두가 마음에서 만들어진다는 화엄경의 이치를 설하신 것이다.

성문과 연각들이 화엄경을 설하시는 그 자리에 있다고 해도 귀머거리나 벙어리와 같고, 성문과 연각의 성불과 여인의 성불은 허락하시지 않은 것이다.

법화경 신해품 제4에서, "곧 곁의 사람을 보내어 급히 쫓아가서 데리고 오게 하였는데 두렵고 놀래어 크게 겁을 내어 괴로워 하다가 기절하여 땅에 쓰러졌나이다." 라는 말씀과 같다.

화엄은 권대승의 경으로 중생제도를 위해, 실대승법이 법화경으로 이끌기 위해 중생의 근기에 따라서 방편을 설하신 대승의 가르침으로, 즉 성문, 연각, 보살 등에 대해서 각각 다르게 사제법과 십이인연법과 육바라밀의 헤아릴 수 없는 겁을 지나면서 수행하는 자체를 설하신 가르침이다.

화엄경은 다섯 가지 우유 맛 중에 유미에 해당한다.

소에서 처음 우유를 짜냈을 때의 맛인 원유의 맛에 비유한 것이다.

2) 아함시(阿含時)

성도 후 57일이 지난 후에 범천왕과 하늘 왕들이 법을 설해 주실 것을 간곡한 청으로 인해서 바라나국에 있는 녹야원에 가셔서 다섯 비구를 위해서 사제법과 십이인연법, 팔정도를 설하신다.

다섯비구를 불법에 유인하기 위해서 소승의 가르침인 4아함경을 12년 동안 설하신 시기를 말한다.

4 아함경

1. 증일(增一)아함경 : 인천(人天)의 인과를 나타내신 경이다.
2. 중(中)아함경 : 적멸의 깊은 뜻을 나타내신 경이다.
3. 잡(雜)아함경 : 모든 선정을 나타내신 경이다.
4. 장(長)아함경 : 모든 외도와 사견을 파하심을 나타내신 경
   이다.

4 아함경은 삼승(성문·연각·보살)의 근기를 위해서 설하신

가르침이다.

결경은 유교경(遺敎經)으로 소승계를 낸다.

해가 차츰 골짜기를 비추는 것과 같다. 때는 묘시(卯時)에 해당된다.

낙미(酪味)로서 원유를 약간 끓여 물을 가미한 것이다.

종파는 계율을 중시하는 율종이다.

법화경 신해품제4에서 비유로는 "장차 그 아들을 달래어 인도하고자 하여 다시 사람을 보내되"라는 말씀과 같다.

3) 방등시(方等時)

이어서 소승을 탄가하고, 대승을 사모하게 한 시기로 8년 동안 법을 설하신 시기로 녹야원의 설법 이후 반야에 앞서 화법4교의 기(機)에 대해서 처음 4교인 장교, 통교, 별교, 원교의 법을 설하셔서 다만 성문과 연각을 하책하고, 보살을 칭탄과 공양하는 것을 나타내신 경이다.

권대승의 가르침으로 생소미(生酥味)에 해당하며, 낙미에서 다시 제조한 것이다.

8년간 혹은 16년 동안의 설법으로 장소는 욕계와 색계의 중간인 대보방 등에서 설하신 가르침이다.

장교, 통교, 별교, 원교의 근기를 위해서 설하시고, 점교의 중간이며, 비밀교와 부정교가 들어 있다.

대집경, 심밀경, 능가경, 능엄경, 관무량수경, 아미타경, 대일경, 정명경, 금강정경, 승만경, 소실지경, 유마경외 많은 경이 있으며, 결경은 영락경이다.

태양이 점차 평지를 비추는 것과 같으며, 아침식사 때로 진시(辰時)에 해당된다.

법상종, 선종, 정토종, 진언종에서 소의경으로 삼는다.

방등은 대승경의 통명이기 때문에 대승의 처음을 방등시라 한다.

곳곳에서 장교, 통교, 별교, 원교의 법을 설하셨으며, 소승을 하책하시고 대승을 사모케 한 기간으로 성문과 연각승을 뛰어넘어 보살승을 칭송하신 가르침이다.

그림자가 많은 물에 비치어 그릇과 물결에 따르는 것과 같으며, 하나인 부처님의 땅을 나타내되 정토와 예토를 다르게 하고, 부처님의 몸을 나타내는 데도 때에 따라서 크고 작게 하되 각각 다르게 나타내신 것이다.

부처님의 설법은 한 가지 소리지만 설법에 따라서 각각 이해하는 것도 달라서 두려움이나, 환희하거나, 번뇌를 벗어나려고 하거나, 혹은 의심하는 마음을 끊은 상태가 된다.

법화경 신해품 제4에 "이 시일이 지난 뒤에야 마음이 서로 통하여 서로 믿어서 들어가고 나오는데 어려움이 없이 되었으나, 그러나 머무는 곳은 아직 본래의 거처에 있었나이다."라고 한 것과 같다.

4) 반야시(般若時)

이 반야는 방등경을 설하신 후와 법화경의 앞에 있어서 후삼교(통교·별교·원교)의 기(機)를 위하여 제부(諸部)를 설하시고, 마하반야 등 공(空)의 가르침으로서 22년간 혹은 14년 동안 설하신 시기를 반야시라 한다.

권대승(부처님의 깨달음을 그대로 나타낸 실대승교로 유인을 하기 위해서 임시방편으로 설해진 가르침)의 가르침으로서 숙소미(熟酥味)인데, 앞에 생소미(방등)를 다시 정제한 것이다.

설법장소는 취봉산 백로지외 네 곳의 열여섯 모임에서 설하신다.

통교, 별교, 원교의 근기를 위하여 반야를 설하신다.

태양이 평지를 비춤과 같다.

구역(舊譯)의 여러 가지의 반야경을 포함하고 집대성해서 당나라 때의 현장삼장이 새롭게 대반야경을 역경했다.

1부 600권 265품으로 육십억 사십만 자로 구성되었고, 종이는 10,638지(紙)이다.

통교(성문·연각·보살에게 설한 대승초입의 가르침)의 소극적인 가르침인 공(空)을 설해서 삼승이 다 같이 배우는 공반야(空般若)와 별교, 원교의 적극적인 불공중도(不空中道)를 설해서 보살들만 배우는 불공반야(不空般若) 등이 있다.

반야에는 마하반야경, 대품반야경, 광찬반야경, 금강반야경, 천왕문반야경, 문수문반야경, 능단금강반야경, 소품반야경, 방광반야경 등이 있다.

결경은 인왕반야경이다.

사리불과 수보리로 하여금 보살을 위해서 반야를 전교하게 하였다.

법화경 신해품 제4에, "그때 궁한 아들은 가르침의 명을 받고, 여러 가지의 물건과 금, 은과 진귀한 보물과 모든 창고를 맡아 가졌으나, 한 그릇의 밥도 취할 생각이 없었으며, 그 머무르는 곳은 여전히 본래 있던 곳이었으니 이는 천하고 못났다는 마음을 또한 능히 버리지 않고 있었나이다" 즉 아버지가 되는 장자는 아들이라 이름을 붙인 궁자에게 재산을 관리하는 일을 맡기게 되는 것과 같다.

중생의 기근에 불순하고, 불필요한 것을 제거한 기간이다.

천태대사의 마하지관 권5상에서 "작무(作務)하는 자는 흥성(興盛)함이라" 즉 개가 주인에게 따르지 아니하고, 사육하는 사람에게 따른다는 비유다.

이 말은 권교 즉 방편에 집착해서 일체경의 왕이요, 대승경의 골수인 묘법연화경을 무시한다는 뜻이다.

5) 법화 열반시

(1) 법화경

대반야를 설하시고 난 후에 법화경을 8년간 설하신다.

제호미(醍醐味)로서 법화순원일실(法華純圓一實)이라고 한다.

화법사교인 돈교, 점교, 비밀교, 부정교가 없고, 실대승으로서 일승원교이며, 미전의 원교와는 완전히 다르다.

장소는 중천축 마갈타국의 영축산과 허공에서 2처3회로 설하신다.

첫 번째, 영산회 설은 서품 제1에서 법사품 제10까지, 10품이다.

두 번째, 허공회 설은 견보탑품 제11에서 여래신력품 제21까지, 11품이다.

세 번째, 영산회 설은 촉루품 제22에서 보현보살권발품 제28

까지, 7품이다.

법화경은 본문과 적문으로 나누어진다.

적문 : 제1품에서 14품까지로 개권현실(開權顯實)이라 한다.

개권현실이란 근(近, 가까운 것)-보리수하에서 정각을 이루신 것을 보이신 것을 열어서 원(遠, 먼 것)-구원본분불임을 나타내는 것인데, 다시 말해서 처음에 시성정각(始成正覺)을 열어서 구원실성(久遠實成)을 나타내는 것이고, 법화경의 적문의 개현(開顯)-닫혀있는 것을 열어서 감추어진 진실의 상을 밝히는 것을 말한다.

본문 : 제15품에서 28품까지로 개근현원(開近顯遠)이라 한다.

개근현원이란 약(略)개근현원과 광(廣)개근현원의 두 가지가 있다.

1. **약개근현원**은 약해서 근을 열어 원을 나타내는 것으로써 부처님의 생명이 영원함을 설하신 종지용출품 제15를 말한다.

석존께서는 무량의경과 법화경 종지용출품 제15에서 인도 가야성의 "보리수나무 아래서 최정각을 성취하였으며, 나는 구원이래 이들을(지용보살) 가르치고 교화하였느니라."

지용보살(4대보살)들이 부처님 제1의 제자라고 하심이다. 이것을 약개근현원이라 한다.

2, **광개근현원**은 넓은 가운데 가까운 것을 열어서 멀리 있는 것을 나타내는 것인데, 약개근현원으로 인해서 다시 광개근현원을 설하는 것이다.

종지용출품 제15에서 "나는 구원 겁 이전에 이들의 무리들을 교화하였느니라."라고 말씀하시니까 대중들이 놀라는데 이 뜻을 여래수량품에서 밝히신 것이다.

여래수량품 제16에서 "아실성불이래 무량무변 백천만억 나유타겁 비여 오백천만억(我實成佛已來無量無邊百千萬億那由他怯譬如五百千萬億)"

"일체 세간의 사람들은 모두 내가 이 세상에서 출가해서 성불한 것으로 생각하고 있으나, 실은 내가 성불해 옴은 오백진점겁"이라는 상상도 할 수 없는 먼 옛날에 성불하였음을 분명하게 설하시고, 부처님의 수명은 영원함을 밝히신 것이다.

법화경은 실(實)대승경으로, 1부 8권 28품으로 구성되었으며, 69384자이다.

설하신 기간은 8년 간이다.

태양이 두루 일체를 다 비추어 조금의 그림자도 없는 것과 같으며, 이것을 정오에 태양이 지구를 비치는 것과 같다고 한 것이다.

개경은 무량의경(無量義經)이며, 결경은 불설관보현보살행법경(佛說觀普賢菩薩行法經)이다.

무량의경 설법품에서 "내가 일찍이 도량 보리수 아래에 앉아서 육 년만에 아뇩다라삼먁삼보리를 이룩하여 얻었느니라. 부처님의 눈으로 일체의 법을 관하였으되 선설하지 아니하였느니라." "모든 중생의 성품과 욕망이 같지 아니함으로 가지가지로 법을 설함이니라. 가지가지 법을 설하되 방편력으로써 설하였으니 사십여 년에 아직 진실을 나타내지 아니하였노라. 이런 고로 중생이 도를 얻음에도 차별이 있어 속히 무상보리를 이룩하지 못함이니라."

"물은 비록 다 같이 씻을 수 있다 할지라도 그러나 샘은 연 못이 아니요, 연못은 강하가 아니며 강하는 바다가 아니니라. 처음이나 중간이나 끝에 설함이 말은 비록 같을지라도 뜻은 각 각 다름이 있느니라"라고 하시고. "다음에 방등십이부경과 마 하반야와 화엄해공을 설하여 보살이 겁이 지나도록 닦아 행함 이라"라고 하심이다.

부처님께서 일대 50년간 설하신 법 중에 40여 년 동안 설하 신 것은 방편이라고 하신 것이다.

(2) 열반경

권대승의 제호미로서 법화경의 유통분에 속한다.

쿠시나성 발제하의 강변에 있는 사라쌍수 사이에서 열반직전 하루 낮과 하루 밤 동안 설하신 가르침으로 법화경을 유통하기 위해서 설하신 가르침인 것이다.

상주사교(常住四敎, 항상 주해서 설하는 네 가지의 가르침)로 서 장교, 통교, 별교, 원교를 설하신 것이다.

열반경에서 이 경을 군습(涒拾)으로 점교(근기에 응해서 점차 적으로 유인해 가는 교법)임을 나타내신다.

북본의 구역으로 40권이 있고, 남본의 신역으로 36권이 있다.

결경은 상법결의경(像法決疑經)이다.

부처님께서 법화경을 설하실 때 이해하지 못하는 무리들이 있어서 이해하지 못한 이들을 위해서 마지막으로 근기를 조숙 시키시고, 묘법연화경에서 이익에 누락된 사람들을 주워서 거 두어들인다는 뜻이다.

묘법연화경은 큰 수확, 즉 대수의 위로 정하시고, 열반경을 군습으로 이삭을 줍는 위로 정하신 것이다.

부처님의 가르침에서 벗어난 언행하는 것을 외도라고 한다.
외도에 속지 말고, 오직 부처님의 뜻에 따르라고 하신 가르침이 있다.
열반경 제6에서 말법에 사는 중생들을 위하여 네 군데 의지할 것을 정해주신 가르침이 있다.
첫째 법에 의하되 사람에 의하지 말라.
둘째 지혜에 의하되 식에 의하지 말라.
셋째 뜻에 의하되 말에 의하지 말라.
넷째 요의경에 의하되 불요의경에 의하지 말라.
법이란 오직 부처님의 가르침인 경문을 뜻하며, 사람이란 등각이하 제종의 조사, 선사, 논사 등을 지칭하신 것이며, 오직 부처님의 지혜에 의지하고, 문수, 관음, 보현, 지장 보살등의 식에도 의지 말아야 하거늘, 하물며 가섭과 사리불 등과 선무외 불공, 현장, 달마 혜능 등의 모든 조사와 선사와 논사의 식과 말에는 절대로 의지하지 말라하신 것이며, 일체의 뜻을 다 마친 묘법연화경에 의지하고, 불요경인 화엄경, 방등경, 반야경, 아함경 등의 다른 일체의 경에는 의지하지 말라 하신 것이다.

열반경 제6에서, "대승을 배우는 자는 육안이 있다 해도 이름하여 부처님의 눈이라 하느니라. 귀·코·혀·몸·뜻의 다섯 뿌리도 또 이와 같느니라."

열반경 제7에서, "만약 부처님의 설한 바를 따르지 아니 하는 자는 마땅히 알라, 이 사람은 마의 권속이니라."

열반경 제9에서, "선남자여, 일천제가 있어 나한의 형상을 하고 고요한 곳에 머물러 방등 대승경전을 비방하는 것을 보고 나서, 모든 범부의 사람들이 이는 참다운 아라한이로다, 이는 대 보살이로다 라고 생각하느니라."

일천제(一闡提)란 성불하는 인(因)을 갖지 못한 사람과 단선근(斷善根)자이다.

열반경 제10에서, "순타여, 만약 비구 비구니 우바새 우바이가 있어 추악한 말을 하여 바른 법을 비방하고, 그 무거운 업을 지어 오래도록 고치거나 뉘우치지 않고, 마음에 부끄러워함이 없으리라. 이와 같은 사람을 이름하여 일천제의 길에 취향한다고 하느니라."

열반경 제15에서, "원컨데 모든 중생이 하나같이 모두 출세(出世)의 문자를 수지하라 하셨느니라."

열반경에서, "모든 부처님이 스승으로 하는 바는 이른바 법이니라. 내지 그러므로 모든 부처님이 공양하고 공경하느니라."

상법결의경에서, "문자에 의하는 고로 중생을 제도하고 깨달음을 얻느니라."

"모든 악비구 혹은 선을 닦는 일이 있어도 경론에 의지하지 아니하고, 스스로 자기의 견해를 쫓아서 아닌 것을 바른 것이라 하고, 이는 삿된 것, 이는 바른 것을 분별하지 못하고, 널리 도를 구하는 이와 속인을 향하여 이와 같은 말을 하리라, 나는 능히 이를 알고, 나는 이를 능히 보노라고, 마땅히 알라, 이 사람은 속히 나의 법을 멸하리라. …… 지옥에 들어감이 마치 화살을 쏨과 같으니라."

열반경에서, "무서운 코끼리는 만날지언정 악지식은 만나지 말라."

열반경에서, "선우를 멀리 하고, 정법을 믿지 않고, 악법에 안주하면 이 인연으로 침몰하여 아비지옥에 있으면서 받는 바의 고통은 이리저리 팔만 사천 가지의 고통을 받으리라."

법멸진경에서, "나의 열반 후 오역독세에서 마도가 성행하고, 마가 사문으로 되어 나의 도를 무너뜨리고 어지럽게 하며, 내지 악인이 점차로 많아지되 바다 가운데 모래와 같으며, 선인은 심히 적으리라."

대집경에서, "불법이 은몰하면 내지 이와 같은 불 선업의 악왕과 악비구가 나의 정법을 무너뜨림이라."

묘법연화경을 눈먼 자들은 법본존으로 보지 못하고, 육안의 자는 글자로 보고, 성문 연각은 허공이라고 보고, 보살은 무량의 법문으로 보고, 부처님은 하나하나의 문자를 금색의 석가여래로 보신 것이다.

이 묘법연화경의 28품 69384자 문자 하나하나가 곧 바로 삼십이상과 팔십종호를 갖추신 묘각과만(妙覺果滿)의 진실된 부처님이시고, 석가세존의 온몸의 혼이 완전무결하게 스며들어 있음을 알아야 할 것이다.

묘법연화경 법사품 제10에서, "이 가운데 여래의 전신이 있느니라."

팔교(八敎)

부처님께서 설하신 가르침의 내용과 중생을 인도해 가는 수단
인 화법사교와 화의사교로 분류하는데 이것을 팔교라고 한다.

설법내용과 설법의 형식으로 경전을 8가지로 분류한 것을 일
컫는다.

화법4교는 일대성교를 교리내용에 의해서 네 가지로 분류
한 것인데, 장교, 통교, 별교, 원교로 분류한다(약의 성분에
비유한다).

화의4교는 부처님이 중생을 인도해가는 형식, 의식, 방법에
따라 네 가지로 나타낸 것인데, 돈교, 점교, 비밀교, 부정교로
분류한다(약의 조제법에 비유한다).

천태지자대사의 교판으로서, 천태사교의, 화엄오교장 등에서
설해져 있으며, 석가여래의 일대성교를 교리내용으로 분류한
화법사교(化法四敎)와 형식이나 방법에 의한 화의사교(化儀四敎)
로 되어 있다.

1) 화법사교(化法四敎)

(1) 장교
4 아함경으로서 육도의 인과와 도리를 분류하여 설하신 것.
장교에는 삼장(三藏)이 있다(인과를 밝힌다).
경장(經藏). 율장(律藏). 논장(論藏)

① 경장(經藏)

부처님의 설법을 저장하는 것으로, 정장(定藏)이라고도 하며, 계(戒), 정(定), 혜(慧)의 삼학 중에서 정학을 설하므로 정장이라고 한다. 여기서는 미선(味禪), 정선(定禪, 淨禪), 무루선(無漏禪)이 있다.

미선(味禪)이란 탐욕의 번뇌에서 서로 상응하여 일으키는 선정이다.

정선(定禪, 淨禪)이란 불도를 수행하는 사람이 마음을 한 곳에 집중하여 산란한 것을 막고, 욕망의 번뇌를 떠나 열반의 도를 깨닫는 수행법이다.

무루선(無漏禪)이란 삼승(성문·연각·보살)이 증득하는 최고의 지혜를 발하는 선정이다.

② 율장(律藏)

계장(戒藏)이라고도 한다.

수행상 금계(禁戒) 의칙(儀則)으로서, 5계, 십선계(十善戒)와 비구 250계, 비구니 500계의 계율을 설하심.

구사론 권14에서는 팔계를 금하고 있다.

1) 살생(殺生) - 살생을 하는 것.
2) 불여취(不與取) - 남의 것을 취하는 것.
3) 음제주(飮諸酒) - 술을 마시는 것.
4) 비범행(非梵行) - 난잡한 행이며, 청정한 행이 아닌 것.
5) 허광어(虛狂語) - 거짓말을 하는 것.
6) 도시향만무가관청(塗飾香鬘舞歌觀聽) - 몸을 단정히 하여 노래와 춤을 구경하는 것.

7) 면좌고광엄려상좌(眠坐高廣嚴麗床座) - 높고 크고 화려한
곳에서 앉거나 자는 것.
8) 식비시식(飾非時食) - 때 아닌 때에 밥을 먹는 것.

십선계(十善戒)란 열 가지 선(善)을 받아 가지는 것(열 가지
악행의 대어).

대승의 재가자가 지켜야 할 계로 열 가지 죄악을 예방하는
계율이다.

정법념처경 권2에서, 불살생. 불투도. 불사음. 불망어. 불기
어(거짓으로 말을 만드는 것). 불악구, 불양설(두 혀를 사용).
불탐욕, 불진애, 불사견.

이렇게 계율을 설하신 것이 계장 또는 율장이다.

③ 논장(論藏)

부처님께서 설하신 가르침을 체계적으로, 논의 주석한 것을
집대성한 것이다. 혜장(慧藏)이라고도 한다.

논장은 고(苦), 공(空), 무상(無常, 같은 상태에 머물지 않고
변한다는 뜻), 무아(無我, 인연에 의해서 변화하는 것 그 자체
를 있는 그대로 보는 것)의 지혜를 말함.

무아는 법화경에 들어서 상락아정이라는 부처님의 사덕을 설
하심으로써 완성된다.

이 삼장(三藏)에는 계(戒), 정(定), 혜(慧)가 설해져 있지만 그
본래의 뜻은 계율이다.

또한 삼계의 생사와 인과만을 밝힌 삼장교이다.

우리가 살아가는 우주의 삼라만상을 공(空)이라 관(觀)하는 공

관(空觀)으로서, 이 공관은 일체의 모든 법은 생멸무상이며, 일체의 모든 법을 구성 요소로 분석하는 석공관(析空觀)을 관법으로 해서 모든 법의 공(空)만을 보고, 타(他)와 다른 독특한 법, 즉 불공(不空)을 모르는 단공(但空)의 이치를 설한 것이다.

단공은 공의 이치를 알고 불공을 보지 않고 공에만 집착하는 것이다.

또한, 정보(正報)라 해서 인간의 삶을 영위하고 있는 주체로서 십계를 밝혔지만 의보(依報)에 의해서 6계(六戒)만을 밝힌 것이다.

정보(正報)에서 십계를 밝혔지만 연각, 보살, 불이라고 해도 그 내용은 성문의 깨달음에 불과하기 때문에 성문을 위한 가르침이라고 한다.

(2) 통교(通敎)

삼승을 위하여 공통적으로 설한 권대승 초문의 가르침으로, 장교와 별교와도 통하므로 통교라 한다.

여기서는 십지(十地)를 설하신다.

삼장교의 과(果)를 체득한 자와 더 깊이 들어가 통교 후의 별교와 원교의 이치를 깨닫는 것인데, 여기서도 계·정·혜 삼학을 설했지만 육도(六道)를 벗어나지 못한다.

장교의 공관은 일체의 모든 법을 생멸무상(生滅無常)이라 해서 제법을 분석하는 석공관인데 비해서, 통교(通敎)에서는 무생멸(無生滅)의 4제(四諦), 십이인연, 육도를 관하는, 즉 정확하게 보고 세 가지로 분별하게 된다.

첫째, 지혜로써 번뇌를 없이 하고,

둘째, 관과 지혜를 통달하여, 진리에 도달하는 것이다.

셋째, 불관(不觀), 즉 무명(無明)에 의하여 관일법성(觀一法性)을 밝히는 것이다.

사물의 당체 그대로가 공(空)이라고 하는 통교에서 설하는 체공관(體空觀)인데, 분석해서 관찰하지 않고 제법의 당체 그대로를 공이라 보는 것이다.

이 공은 진제(眞諦)라 해서 출세간의 진리를 본다고 하는 것이다.

장교와 통교에서는 육도(지옥·아귀·축생·수라·인·천)에는 불성이 있다 하지 않고, 이 가르침을 수행하면 삼승이라 해서, 제 나름대로 성불할 수 있다고 설한다.

(3) 별교(別敎)

장교, 통교와 후에 설할 원교(圓敎)와는 별개의 것이기 때문에 별교라 한다.

별교에서는 계·정·혜 삼학을 설하고, 오직 보살만을 대상으로 해서 역겁수행을 설하셨는데, 이승(성문·연각)은 제외시켰다.

별교의 가르침인 삼혹(三惑), 즉 견사혹, 진사혹, 무명혹을 끊어도 견사혹은 계내(戒內)의 공제(空諦)의 혹, 진사혹은 계 외의 가제의 혹, 무명혹은 중제의 혹이므로, 삼제 각각이 원융하지 못한 것이다.

천태대사의 지관 권 4에서 나타낸 삼혹인 즉공(卽空), 즉가(卽假), 즉중(卽中)인 원융삼관(圓融三觀)에 의해서만이 삼혹을 단절한다고 하였다.

즉, 공관으로 인해서 견사혹을 파하고, 중관으로 인해서 무명혹을 파해서 삼혹이 끊어지기 때문에, 별교에서는 52위가 각각의 위(位)에서 모든 수행을 쌓을 때만이 다구저겁(多俱低劫)을 지나서야 겨우 성불할 수 있다고 하였지만, 52위의 수행만으로 일생에 성불할 수 없다는 것이다.

52위

1. 십신(十信) : 견사혹을 감춤.
2. 십주(十住) : 견사혹을 단(斷)하고, 진사혹을 감춤.
3. 십행(十行) : 진사혹을 단(斷)함.
4. 십회향(十回向) : 무명혹을 감춤.
5. 십지(十地) : 십품의 무명을 단함.
6. 등각 : 같이 11품을 단함.
7. 묘각(妙覺) : 같이 12품을 단(斷)함.

(4) 원교(圓敎)

삼제와 십계, 십여시, 삼천의 제법이 원융 원만하여 원교라 한다.

법화경의 원교는 40여 년의 설함과는 달리, 서로 융합해서 (체로 쳐서) 하나의 법(일승법)에 일체의 법을 구족한다.

일체의 법은 하나의 법에 포섭되서, 본연일체(本緣一切)를 이루므로, 상즉(相卽)은 제법의 체(體)에 있어서, 각자 둘이 융합하여 방해를 하지 않아 일체불이(一切不二)다.

이전의 모든 경은 삼승을 각각 설하였으므로 편협적인 가르침이다.

법화경은 십계호구(十界互具), 일념삼천(一念三千)을 설하신 것으로, 부족함이 없기 때문에 원융원만한 가르침이 되는 것이다.

원교에는 두 가지가 있다.

첫째, 이전(爾前)의 원교로 별교에 해당한다(화엄경).

둘째, 법화의 순원(純圓)이다(법화경).

이전의 경에서도 범부가 위의 수행(순서)을 거치지 않고 성불한다고 설하고 있으며, 혹은 번뇌를 끊지 않더라도 성불한다고 설하신 부분이 있는데 이것은 가설이다.

다음의 경문은 조사선에서의 돈오돈수를 주장하는 문구다. 즉 돈오점수를 거치지 않고 깨닫는다고 하는 것이다.

대범천왕문불결의경(大梵天王問佛決疑經)에서, "나에게 정법안장 열반묘심 실상무상 미묘법문(正法眼藏涅槃妙心實相無相微妙法門)이 있음이라. 교외별전(敎外別傳)이니 마하가섭에게 부촉함이라."

화엄경에 "법계유심의 가르침으로, 초발심 때에 정각을 이루노라. 그러므로 원만수다라라."

정명경에서, "무아무조(無我無造)로서 수자(受者)는 있으나, 선악의 업은 패망하지 않는다."

대반야경에서, "초발심으로부터 즉 도량에 앉음이라."

관경에서, "위제희는 시(時)에 응하여 무생법인─무생무멸의 진리를 깨닫고, 그곳에 안주하여 마음이 동요치 않는 위를 얻음이라."

범망경에서, "중생이 불계(佛戒)를 받으면 그 위는 대각(大覺)과 같으며, 즉 제불의 위에 들어가니 이는 진실로 제불(諸佛)의 자식이라."

이러한 가르침을 이전(42년 간의 방편의 설법)의 원교의 증문이라 하고, 이것은 52위를 밝힌 것이며, 별교(화엄)의 52위와 같은 것이다.

묘법연화경의 개경인 무량의경 설법품에서,

"문사수일 이의각이(文辭雖一 而義各異)"이라. 말은 같을지라도 그 뜻은 각각 다름이라 하시고 법화 순원의 원교를 40여 년의 설법과는 구분하신 것이다.

일연대사께서 말씀하시길, 그 까닭은 가섭존자에게 선(禪敎)의 일법(一法)을 교외(敎外)로 전하였다 해서, 모든 경의 가르침은 달을 가리키는 손이라 하고, 달을 보고 나서 손을 무엇하겠는가.

마음의 본분인 선(禪)의 일리(一理)를 안 후에 부처님과 경교(經敎)에다 마음을 두겠는가.

이런 고로 십이부경(十二部經)은 민문자라.

혜능대사의 육조단경에 이 문자를 주인으로 삼았지만, 이것은 결국 부처님의 가르침 중 40여 년의 방편에 한하는 말씀인 것이다.

천태대사와 일연대사의 말씀에 "만일 교(敎)를 떠나서 이(理)를 전한다면, 교(敎)를 떠나서 이(理)가 없으며, 이(理)를 떠나서 교(敎)는 없음이라."고 하셨으며, 이것은 이(理)가 즉 교(敎)이며, 교(敎)가 즉 이(理)임을 알아야 한다고 하심이다.

부처님께서 염화미소로 부촉하신 것도 그 자체가 교(敎)인 것이다.

자리를 반분한 것도 교(敎)인 것이다.

발가락을 관에서 내민 것도 교(敎)이다.

불입문자(不立文字)라는 4자도 교(敎)의 문자(文字)임을 알아야 한다.

일연대사의 저서에 달마가 서래(西來)하여, '직지인심 견성성불(直指人心見性成佛)'이라 하지만, 화엄경과 모든 대승경에는 이런 말씀이 없다 한다.

또한 교문(敎文)에 걸리어 언설에 구애를 받는다 하여 교외(敎外)에서 수행(修行)을 한다면 이 사바세계에서 어떻게 불사(佛事)를 행할 것이며, 또한 선근(善根)을 지을 것인가.

선도(禪徒)가 어찌 말로써 설하여 사람에게 교시(敎示)하겠는가.

문자를 떠나서 해탈(解脫)의 의(義)를 말하지 못함을 알아야 한다.

말(言) 자체도 문자임을 알아야 한다.

정명경에서, 범부를 개회(開會)하고, 번뇌와 악법도 모두 개회하고, 단 이승은 개회(삼승 즉 일승)하지 않았기 때문이다.

반야경 중에 이승의 소학(所學)의 법문은 개회하고서도, 이승인자(者)와 악인은 개회하지 않았다.

여기서 개회라고 했는데 이 개회는 법개회와 인개회, 두 가지가 있다.

인개회란 이승의 성불은 오직 법화경에 있다는 뜻이다.

법개회란 법화경은 일체 모든 경을 초월해서 가장 뛰어난 특성을 가지고 있는데 그 특성인 개회의 법문으로는 적문과 본문이 있다.

적문은 방편의 가르침을 개회해서 일불승의 체내에 귀의해서 들어가는 것을 적문이라고 한다.

본문은 일체제불을 개회해서 오직 하나밖에 없는 본불에 귀의해서 들어가게 하는 것을 본문이라고 한다.

그래서 무량의경에서 말씀하시기를, "사십여년 미현진실(四十餘年 未顯眞實)"이라.

"40여년에 아직 진실을 설하지 않았노라" 하심이다.

이것은 42년 동안의 경전은 모두 이 묘법연화경에 유인하기 위해서 방편으로 설하신 것을 나타내신 말씀이다.

즉 화엄경, 정명경, 반야경, 관경, 범망경에서의 성불과 법화경의 성불은 말은 같을지라도 그 뜻은 각각 다르다는 것이다.

무량의경 설법품에서, "문사수일 이의각이(文辭雖一而義各異)" 말은 비록 같을지라도, 그 뜻은 각각 다름이 있느니라 하신 말씀은 42년의 권교에서의 성불과 법화경의 원교에서의 성불은 다르다는 것을 분명히 나타내신 것이다.

원교의 위를 육즉위(六卽位)에 배대해 보면, 오품제자(五品弟子)를 외범(外凡)이라 한다.

법화문구 권10 상(上)의 5품

1) 즉시 수희의 마음을 일으킨다.

2) 스스로 수지 독송한다.

3) 다른 사람에게 권해서 수지 독송케 한다.

4) 육도(六度)를 겸해서 행한다.

5) 육도(六度)를 바르게 행함이니라.

육도행(六度行)

이즉, 명자즉, 관행즉, 상사즉, 분진즉, 구경즉으로 구분한다.

1. 이즉(理卽) : 제목의 정법을 듣지 못하고, 불도에 무지한 미혹한 범부 중생의 위로서 이치상의 부처라는 것을 깨닫는 위(位).

2. 명자즉(名字卽) : 말이나 문장을 통하여, 이 몸이 본래부터 부처이며, 일체법 개시불법(一切法 皆是佛法)이라고 깨닫는 위(位).

3. 관행즉(觀行卽) : 실천수행을 통하여 나의 심성의 부처를 관하고, 소관의 이치와 능관의 지혜가 상응해서 언행일치의 수행에 면려, 즉 스스로 애써 노력하는 위(位).

4. 상사즉(相似卽) : 십 신(十信)을 내범(內凡)이라 하여, 상사즉(相似卽)이라 하며, 삼혹 가운데 견사혹, 진사혹을 단진하고, 육근청정의 덕을 얻는 위로서, 부처의 깨달음에 상사(서로 비슷함)하는 위(位).

5. 분진즉(分眞卽) : 십주(十住), 십행(十行), 십회향(十回向), 십지(十地), 등각(等覺). 이 다섯 가지 위를 분진즉(分眞卽)이라 해서, 무명혹 가운데 원품의 무명만을 남기고, 일체의 미혹을 단진하여 불성을 부분적으로 나타내어 가는 위(位).

6. 구경즉(究竟卽) : 묘각(妙覺)으로, 구경즉(究竟卽)이라 해서, 원품의 무명을 끊고, 불성을 남김없이 나타낸 구극의 묘각(妙覺)의 위(位).

이전의 원교와 법화의 원교는 삼제, 십계호구, 일념삼천, 등위를 육즉(六卽)에 이상과 같이 배대하였다.

2) 화의사교(化儀四敎)

돈교, 점교, 비밀교, 부정교로서 화법의 사교로 중생의 기근을 조숙(調熟)시켜 나아가는 교화방법으로 석가여래의 가르침을 분류한 것이다.

(1) **돈교(頓敎)** : 유인의 수단을 쓰지 않고 대승(大乘)을 설하는 것을 돈교(頓敎)라 한다.
(2) **점교(漸敎)** : 소승을 설하여 점차로 유인하는 것을 점교라 한다.
(3) **비밀교(秘密敎)** : 같은 설법을 듣고 제각기 기근에 따라 회득시키는 것을 비밀교라 한다.
(4) **부정교(不定敎)** : 득익(得益)의 부동(不同, 움직임이 없는 것)을 말한다.

천태대사와 묘락대사께서는 법화경은 팔교 중에 어디에 속하는가에 대해서 초팔(超八)이라고 해석하고, 팔교를 초월했다고 설했다.

여시아문사(如是我聞事)에 묘락대사기에서, 만약 초팔의 여시가 아니라면 어찌해서 이 경의 소문으로 할 것인가 라고 했으며, 모든 경의 제목은 팔교의 내(內)이고, 또한 망목(網目)과 같고, 이 경의 제목은 팔교의 망목을 초월하여 대강(大綱)이라 한다고 하였다.

열반경 제3권 금강신품에서, "부처님께서 가섭에게 말씀하시되, 능히 정법을 호지한 인연으로 금강과 같은 몸을 성취하여 얻었느니라."

"가섭이여 내가 옛적에 호법한 인연으로 지금에 이 금강과 같은 몸을 성취함을 얻어 언제나 파괴되지 아니 함이니라."

"선남자야 정법을 호지하는 자는 오계도 변하지 않고, 위의를 닦지 않고서도 마땅히 칼과 활과 창을 가지고서 지계 청정의 비구를 수호할지니라."

열반경 제17권 범행품에서, "불성을 봄으로써 대 열반을 얻으며, 이것으로 보살의 청정한 지계라 하며, 세간의 계율이 아니라 한다. 이 경을 수지하면서 계를 헐뜯는 자는 곧 이는 중생의 대 악지식이니라. 나의 제자가 아니며, 마의 권속이니라."

화엄경과 반야경, 대일경 등은 성문, 연각의 성불을 나타내지 않으셨고, 구원실성을 설하지 않았기 때문에 2가지의 허점이 있다.

첫째는 수행의 위계에 차별이 있으므로 아직 권을 열지 않고, 미전 적문의 일념삼천의 법문을 설하지 않았다.

둘째는 시성정각을 말씀하신 까닭으로 일찍이 적문을 열지 않고, 본문 구원을 감추신 것이다.

이에 천태대사는 '천월(天月)을 알지 못하고 다만 연못에 비친 달을 관할 뿐이라.'

이 뜻은 하늘에 떠 있는 하나밖에 없는 달을 보려고 하지 않고, 물에 비친 달이 본래의 달로 착각하고 만족하게 생각한다는 것이다.

40여 년 동안 방편으로 설하신 미전의 경이 부처님께서 설하신 최고의 법으로 생각하고, 이에 벗어나지 못하는 것은 바로 하늘에 떠 있는 달을 보지 못하고 물에 비친 달의 그림자를 보고 본래의 달인 줄 알고, 물에 비친 달을 잡으려고 애쓰는 것과 같은 것이니 실로 안타까운 일이 아닐 수 없다.

14. 우리나라의 법화불교

백제 사람인 현광대사가 중국으로 건너가 남악혜사 문하에서 천태대사와 같이 동문수학해서 법화삼매를 증득하신 분이다.

현광대사는 우리나라의 법화경 종조라고 할 수 있다.

남악혜사 대사로부터 안락행의를 받아 안락행으로서 법화삼매를 증득하신 고승이다.

그 후 중국인 혜민에게 법을 전한 후 안락행의를 가지고 귀국해서, 당시 웅주(공주)에서 법화경을 유포하고, 많은 제자들을 배출하셨다.

현광대사의 제자 중에는 화광삼매, 수광삼매를 얻은 제자가 많았다고 한다.

고구려 영양왕 때, 혜자스님은 일본으로 건너가 일본의 성덕태자에게 법화경을 가르쳤다.

신라 낭지법사도 법화삼매를 증득했다고 한다.

신라의 원효대사는 법화종요를 지어서 회삼귀일의 법화 사상으로 삼국을 통일하는데 원동력이 되게 했다.

고려 제관법사는 중국의 오월 왕의 초청으로 중국에 가서,

천태사교의를 짓고 중국에서 입적했다.

그 당시 쇠퇴한 중국의 법화 불교를 융성하게 한 분이다.

천태사교의는 승려라면 반드시 필독해야 할 과제이다. 일본의 경우에 제관법사의 천태사교의는 필수과목으로 승려가 되고자 하면 반드시 공부해야할 교재다.

고려 문종의 넷째 아들인 의천대각국사는 천태대사의 법을 이어, 교(敎)와 관(觀)의 병수로써, 묘법연화경의 10권을 방언(方言, 우리말)으로 번역한 것은 그야말로 자랑스러운 일이라 하겠다.

원묘국사 요세는 전남 장흥 만덕사의 옛 터에 백련사를 짓고, 천태삼대부 절요를 만들었다. 그리고 보현도량을 만들어, 천태 특유의 참회법인 법화삼매 참의로 중생을 화도했다.

정명국사 천인은 묘법연화경 총찬과 묘법연화경 수희품 별찬을 저술했다.

수희품 별찬

제법실상위정체(諸法實相爲正體)

모든 법은 실상을 본래의 바른 형체로 하고

평등불혜위묘종(平等佛慧爲妙宗)

평등한 부처님의 법을 묘종으로 하여

일일언구편법계(一一言句徧法界)

한 구절 한 구절이 법계를 두루 하는도다.

자자호구여제주(字字互具如帝珠)

글자마다 제왕의 구슬을 품었으니

여래비장심심원(如來秘藏甚深遠)

여래의 깊고 깊은 비밀이 감추어 있도다.

사십여년미개시(四十餘年未開示)

사십여 년 동안을 열어 보이시지 않으시다가

구묵본회금내창(久黙本懷今乃暢)

오랫동안 묵언하사 본회를 이제야 펴 보이시네.

무이무삼유일승(無二無三唯一乘)

이승도 없고 삼승도 없고 오직 일승 뿐이라.

묘재차법심희유(妙哉此法甚希有)

묘하도다! 법화여 몹시 희유하니

여우담화시일현(如優曇華時一現)

마치 우담발화가 때에 한 번 핀 것 같구나.

정명국사는 묘법연화경 수희공덕품 제18품만을 보고도 이렇게 찬탄하신 것이다.

고려의 천책은 금자(金字)로 법화경 사경을 한 계기로 출가한 분이다.

고려 충숙왕 때에 무암, 무기, 운묵 대사는 석가여래의 행적송을 지은 것으로 유명하다.

운묵대사는 행적송 자서에서, 사도를 버리고 정도에 들어가려면, 마땅히 교를 배우고, 부처님의 화의를 알아야 한다고 했다.

운묵대사는 인천(人天)의 안목(眼目)은 바로 이 묘법연화경이며, 이 법에 의지하여야만 비로소 불자라 할 수 있다고 했다.

불자로서 '본사를 모른다면 세속에서 아비를 모르는 불효자식과 무엇이 다르리' 라고 하심이라.

이 말씀은 본사란 인천의 안목인 묘법연화경이고, 석가여래의 가르침인 이 법을 뜻한다.

운묵대사께서는 항상 이 말씀을 잊지 말 것을 당부하셨다.

열반경에서, "의법불의인(依法不依人)하라."

즉 "경과 같이 설하지 아니함은 아무리 훌륭한 자라도 신용하지 말라"고 하신 부처님의 말씀을 항상 깊이 생각할 것이며, 함부로 망령되이 경문의 말씀을 해석하지 말며, 부처님의 뜻을 잘 이해하고 해석해서 행할 것을 당부하신 것이다.

운묵대사 행적송 권하 14에서,

'부처님 멸도 후 일천칠백 년 후 말법 시대에는 사자의 몸속에서 벌레가 생겨, 사자의 몸뚱이를 다 파먹어 버리는 것과 같이 부처님 제자들이 파계 악행으로 인해 스스로 불교를 파괴시킨다'라고 예언하셨다.

고려 말과 조선 초와 지금의 이 시대의 불교를 볼 때, 운묵대사께서 미래를 내다보시고 하신 말씀에 감탄을 금할 수 없다.

진실을 왜곡되지 않게 전해야 함은 우리들의 사명이라 생각한다.

인간에게는 무한한 잠재능력으로 인하여 가능성을 지니고 있다고 한다.

15. 제목봉창의 시창자는?

중국(中國) 수(隋)나라의 천태지자(天台智顗) 대사(大師), 세칭 약왕보살(藥王菩薩)의 후신(後身)로서 화타(化他)의 제목(題目)을 선창(宣唱)하였으며, 당시 남악혜사대사(南岳慧思大師) 문하(門下)에서 천태지의(天台智顗)와 우리나라 신라(新羅) 현광법사(玄光法師)는 남악혜사(南岳慧師)대사로부터 묘법연화경(妙法蓮華經)을 수행한 후 귀국하여 법화홍통(法華弘通)에 주력하였으니 법화경 제목(題目)을 처음 부르기 시작한 사람은 중국의 천태지의(天台智顗) 대사에 이어 신라(新羅)시대의 현광법사(玄光法師)라 하겠다.

특히 현광법사는 법화삼매를 증득하셨다 하였고 우리나라의 법화경 종조이시며. 그후 중국(中國)의 수(隋)나라와 당(唐)나라를 위시하여 신라(新羅)시대와 일본(日本) 등 고대로부터 묘법연화경(妙法蓮華經) 제목(題目)을 부르는 법(法)이 행(行)하여 왔음은 역사적(歷史的)으로 기록(記錄) 되어있는 문증(文證)으로도 알 수 있다.

불교(佛敎) 즉 부처님의 가르침은 어느 특정 국가(國家)의 소유물이 될 수 없으며 특정인의 종교(宗敎)가 될 수 없다.

부처님의 법(法)은 모든 중생들이 전부가 다 소유할 수 있는 것이며, 우주법계가 곧 실상이요, 부처님의 만법이 곧 실상이니 실상(實相)이 곧 묘법연화경(妙法蓮華經)이라는 다섯자(五字)에 있으므로 이것이 곧 불신(佛身)으로 즉신성불의 경으로 여래의 행을 하여 모든 중생을 법으로 인도해서 다 같이 성불하고자 하는 것이 실상묘법연화경인 것이다.

16. 제목의 중요성

1) 제목은 일체제불의 법체이며 요체이며 총체인 것이다.

그러므로 인본존은 하열하고 법본존은 수승함으로 법본존인 실상묘법연화경 7자를 수지하여 부르는 것은 법화경에 이미 그 뜻을 나타내신 것이다.

2) 묘법연화경 여래수량품 제16에

'시호양약(是好良藥) 금유재차(今留在차) 여가취복(餘可取服) 물우불차사(勿憂不差事)'라는 가르침이 있다.

일연대사는 '시호양약(是好良藥)'이란 혹은 '경교(經敎)' 혹은 '사리(舍利)'이며, '말법세상(末法世上)'에 있어서는 '묘법연화경(妙法蓮華經)'이며, '호(好)'란 '제목(題目)'을 말함이며, '삼세제불(三世諸佛)'이 좋아하는 것은 제목(題目)의 다섯 자인 '묘법연화경(妙法蓮華經)'이며, '금유(今留)'란 '말법세상'을 말함이며, '취(取)'란 '법화경을 수지(受持)할 때의 의식(儀式)'이며 '복(服)'이라 함은 '복용(服用)'을 한다는 것이며 '복용(服用)'한다는 것은 '제목(題目)을 부르는 행(行)'이라 하셨다.

3) 대정장경(大正藏經) 제50권 p56b

속고승전(續高僧傳) 제17 당도선 찬(唐道宣撰) 전30권 천태지의 전(天台智顗傳)에서도 편(便) 령(슈) 창(唱) 법화제목(法華題目)을 송(誦)이라 하였으며. 천태지의(天台智顗) 대사는 임종시(臨終時) 사람들로 하여금 법화경의 제목(制目)을 부르게 하였다고 기(記) 되어 있다. 법화경 제목을 임종시 부르면 묘법삼력의 공덕으로 하여 속(速)히 보리(菩提)를 이룩하고 생사(生死)의 윤회신(輪廻身)을 받지 않는다고 말씀하셨다.

4) 법화전기(法華傳記) 제5에서는

법화경(묘법연화경)의 제목(題目)을 송(誦)하니 옥중(獄中)의 죄인(罪人)이 다 연화(蓮華)에 좌(坐)하고 지옥(地獄)은 변하여 량지(凉池)로 되었다고 하였다.

5) 법화장강(法華長講)은

대당(大唐) 의왕산(醫王山)의 의식(義式)을 옮겼(移)음이라. 단, 피(彼)의 의식(義式)은 법문(法門)이 넓지 아니하고 단지 나무묘법연화경(南無妙法蓮華經)을 12시간(현재 시간은 24시간을 말함)을 끊이지 않고 부를 뿐이라고 하였다.

6) 묘법연화경 다라니품 제26

하황옹호(何況擁護) 구족수지(具足受持) 불고(佛告) 제나찰녀(諸羅刹女) 여등단능(汝等但能) 옹호수지(擁護受持) 법화명자(法華名者) 복불가량(福不可量)이라 하였다.

법화명자(法華名者)라 함은 법화경(法華經) 제목(題目)을 수지(受志)하는 자, 즉 일체중생(一切衆生) 중에서 법화경(法華經)을 수지(受持)하는 법화행자(法華行者)를 뜻함이며 법화경(法華經)을 수지독경(受持讀經)하는 법화행자(法華行者)를 옹호(擁護)하는 모든 나찰녀(羅刹女)들의 복(福)이 헤아릴 수 없이 많다 하였으니 법화경(法華經)을 수지독경(受持讀經)하는 법화행자(法華行者)야말로 그 공덕(功德)을 짐작할 수조차 없이 무량(無量)하다는 뜻이다.

부처님께서 모든 나찰녀(羅刹女)들에게 이르시되 '착하고 착하도다 너희들이 법화경의 이름을 받아 가지는 자를 옹호(擁護)할지라도 복(福)을 가히 헤아리지 못하겠거늘 하물며 수지 독송하는 자이랴' 하셨다.

7) 천태소부집석소(天台小部集釋所)에
묘법연화경의 5자는 28품 전체의 뜻이라 하였으며 초심(初心)의 행자(行者)는 뜻을 알지 못할지라도 이를 행(行)하면 자연히 뜻에 맞음이라.

이 뜻은 묘법연화경 전체 뜻은 모르더라도 24시간(時間) 수지(受持)하여 행(行)을 하면, 즉 입으로 부르면 묘법3력(妙法三力)의 공덕(功德)이 구족(具足)할 것이라는 뜻이다. 이 5자(五字) 속에 만법(萬法)이 들어있다 하였다.

실상묘법연화경. 실상묘법연화경. 나무평등대혜실상묘법연화경.

17. 묘법연화경 제목봉창에 대하여

1) 제언

국가의 특질과 민족의 특성을 생각하건데 우리는 일본에서 발전해 왔다고 생각하는 법화경의 수지 방법에서 벗어나야 한다고 생각한다. 법화경이 일본에서 먼저 시작되었다고 생각하는 것은 아주 잘못된 생각이다.

이미 백제시대에 천태대사와 같이 동문수학한 현광대사께서는 법화경 안락행품의 안락행의로써 법화삼매를 증득하셨으며, 귀국하여 법화경을 유포하셨고, 백제 성왕 때 법화경을 일본으로 전달하였다는 것을 분명하게 알아야 하겠다. 또한 우리나라 고려의 제관법사께서는 중국에 건너가 천태사교의를 저술하셨다.

천태사교의는 부처님 일대 50년 동안의 설법하심을 교적으로 잘 나타내신 저서로서, 출가자들은 부처님의 가르침인 경전과 부처님의 가르침에 의한 수행을 하고자 한다면 반드시 습득하여야 할 교재인 것이다.

법화경은 반드시 말법에 모든 중생들이 수지하여야 할 부처님의 최상승의 법임은 불자라면 아시리라 생각한다.

또한 법화경은 말법에 제목을 수지하여야 한다는 것은 부처님의 가르침이다. 열반경과 관무량수경에서 대승경의 명호를 송하라 하심이라.

그런데, 제목을 부름에 있어 일본의 방법을 따라야 하는 지를 지적하고자 한다.

우리나라에서는 일본의 '남묘호레엔게교'를 우리말로 '나무묘법연화경'이라고 그대로 수행하고 있다.

시대의 변천에 따라 교화방법은 그 시대에 맞게 또는 민족의 특성과 국가 간의 이념이 다름을 알아서 교화 방법을 선택하여야 하며, 세계의 일체중생이 모두가 다 국가와 민족의 특성을 고려하여 수행할 것을 감히 제언하는 바이다.

나무(南無)라 함은 일연대사께서 가로되, 나무는 범어로서 귀명이라 함이니, 귀명이라 함은 묘법연화경에 귀의하여 명을 바치겠다고 함이라.

천태대사께서 가로되, 신(身) 합장함이며. 구(口) 소리를 냄이며. 의(意) 묘법연화경의 뜻이라 함이다.

이 삼업(三業)은 먼저 합장을 하고, 소리를 내어 묘법연화경을 부르라 하신 것이다.

제목을 부른다는 것은 평소에 지극한 마음으로 염하면 된다. 묘법연화경의 뜻을 관하고, 소리를 내어 제목을 부르는 것은 합장함과 같은 것이다.

나무(南無)는 경지명합에 그 의(意, 부처와 중생이 하나라는 의의)가 있음으로 하종의 의미가 크다 하겠다.

나무는 중생의 뜻이라, 부처님께서 법화경을 수지하는 자는 이미 즉신성불(卽身成佛)이라 하셨으니 중생심으로 수지하는 것보다 법화경 본문의 뜻을 헤아려 보건데, 곧바로 여래의 행으로써 본과를 드러내어 쓰는데 있으므로 "실상묘법연화경(實相妙法蓮華經)"으로 봉창하는 것이 더욱 수승하다는 묘련큰스님의 말씀이다.

즉 즉신성불의 경지로 이것을 더욱 드러냄에 있다 하겠다.

일본국 일연대사의 원력

일연대사는 일본의 전 민족에게 제목 하종의 의미를 부여하였다.

① 나는 일본국의 안목이 되겠다 – 일연대사는 일본의 빛이 되겠다고 하심.

② 나는 일본국의 기둥이 되겠다 – 지붕을 받치는 기둥이

되겠다고 하심.

③ 나는 일본국이 전함이 되겠다 - 일연대사는 일본의 주춧돌이 되겠다고 하심.

④ 나는 일본국과 일본의 민족을 위하여 먹물을 흘려 혼을 담으리라.

일연대사의 말씀을 잘 살펴보아야 하리라.

어떤 법화 수행자는 일연대사의 '일본국을 위하여'란 말을, '세계일체중생을 위하여'라고 생각한다고 하는데, 각자가 잘 분별하여야 하리라.

'일본국을 위하여'란 말이 어찌해서 세계일체중생을 위한다라고 생각하는 것인가?

일연대사의 저서에서는 곳곳에 일본국과 일본민족을 위하여라 말씀하심이다.

이것은 일본에서 태어났기 때문에 일연대사께서 태어난 나라의 은혜를 갚아야 한다고 하심이라.

그런데 왜 우리나라의 국민들은 일본말로 남묘호레엔게교라 하나, 꼭 일본말로 해야 성불한다고 하는 것은 부처님의 뜻이 결코 아니다.

우리말로 나무묘법연화경을 하여도 남묘호레엔게교라고 하는 것과 똑같은 것인데, 하물며 일본말로 하는 것은 일본을 섬기고 일본사람을 위하여 수행하는 것이 아니고 무엇인가.

결국 삼천리금수강산을 일본화하고자 함이라. 일본은 36년간 우리 강토를 짓밟고, 절을 불태우고, 승려들에게는 파계를 강요하였고, 전쟁시에 우리나라의 여성들을 끌어다가 전쟁의 제물로 바쳤으며, 나라의 정기를 막기 위하여 곳곳에 쇠말뚝을 박아놓고, 악행과 악업을 수없이 저질러 결국은 패망하고 말았다.

그것도 부족해서 역사를 왜곡하여 교과서까지 엉터리로 제작한다는 것은 세계의 역사를 일본인들의 편리대로 일본을 위해서 바꾸어 놓겠다는 것인데 그래도 좋단 말인가. 이것은 묘법연화경의 뜻을 망각한 연고이다.

지금도 일본인들은 한국인을 앞세워 일본말로 법화경을 해야 성불할 수 있다고 하고 있다.

부처님께서는 세계 어느 나라말도 모두 다 아시는데 일본말로 해야만 성불한다는 말은 결코 믿어서는 안될 것이다. 이것은 우리나라와 세계를 일본의 종교 식민지화하겠다는 것이 아니고 무엇인가 잘 분별하기 바란다.

일연대사의 다섯가지 의(義)

① 교(敎) – 경전 내용을 철학적인 방법으로 선택

② 기(機) – 사람 마음의 움직임을 심리적 방법으로 선택

③ 시(時) – 시대가 변화함에 따라 사회적인 방법으로 연구하여 선택

④ 국(國) – 국가의 특질과 민족의 특성을 고려하는 방법을 선택

⑤ 서(序 – 교화과정을 그 나라의 역사적 배경을 고려하여 방법을 선택

이상의 다섯 가지는 부처님께서 이 사바세계에 나오신 근본목적의 가르침이 무엇인가를 알아서 사람의 마음에 따라 그 시

대에 따라 국가와 민족의 특성을 살려 민족적인 방법으로 교화 방법을 일연대사는 선택하였음이다. 특히 국(國)에서는 '불교는 반드시 나라에 의해서 이를 홍통할지어다'라고, 일연대사도 말씀하셨으니, 어찌 일연대사의 말씀을 부정할 수 있겠는가. 종교는 국가도 초월해야 함에도 일연대사께서는 자기가 태어난 일본국과 일본민족을 더 소중히 한 것이다.

이제 우리 불교인들은 누구를 막론하고 나라를 먼저 생각하고, 내 민족을 먼저 생각한다면 지금까지의 잘못된 생각을 고쳐야 할 시기라고 하겠다.

18. 실상묘법연화경(實相妙法蓮華經) 제목 창제

1) 실상(實相)의 의미

일체제법의 실상이 그대로 묘법의 당체로 일체제법의 진실한 본체이니 불변의 진리를 말함이다.

중생을 법화경에 인도함은 실상을 깨닫게 하기 위함이라.

진실한 지혜는 실상의 지혜이라.

일연대사께서는 "실상"이란 "나무묘법연화경"의 또 다른 이름이라 하였다.

실상의 뜻에는 말로써 표현할 수 있는 것과 없는 것, 일체가 다 포함되지 않음이 없다.

'실상묘법연화경'을 봉창하면 다시 '나무'라 하지 않아도 문저에서 '나무'는 더욱 강하게 나타나며, 묘법연화경의 다섯 자는 더욱 드러나게 됨이다.

2) 실상은 경지명합(境智冥合)에 강하다

구계즉불계(九界卽佛界) 즉신성불(卽身成佛)의 경지(境地)로서, 즉 경(境)이란 묘법연화경 본존이시며, 지(智)란 중생의 지혜를 말한다.

본존을 믿고 제목을 부를 때에 비로소 경지명합이 있으므로, 즉 부처와 중생이 하나 되어 성불하는 것이며, 제목의 십종공덕을 이루게 되는 것이다.

경(境)과 지(智)가 화합할 때 인과(因果)가 있으니 인(因)은 시초요, 과(果)는 끝이 되는 것이다.

공(空)·가(假)·중(中) 삼관(三觀)은 인(因)에 의(義)하고, 묘법연화경(妙法蓮華經)은 과(果)의 의(義)이니, 인(因)이 있는 곳에 과(果)가 있는 것이다.

짓는 것이 없으면 어떻게 과실이 생기겠는가.

일심삼관(一心三觀)은 묘법(妙法)에 들기 위한 수행방법(修行方法)이다. 하물며 다른 선법(禪法)이겠는가.

고래로부터 우리 조상님들께서는 '실상묘법연화경'의 제목을 불러 왔다는 증언들이 나오고 있으며, 모 사찰의 주련이나 고불상의 복장에서 '실상묘법연화경'의 두루마리로 봉안된 것이 출토되었고, 수행당시 기도 시에는 대방광불화엄경. 실상묘법연화경을 부른 흔적이 곳곳에 있는것도 사실이다.

남묘호레엔게교를 부르는 것은 일본을 받들며 성불하고자 하는 것이다.

우리 민족의 얼과 호국신 등 순국열사께서 편히 잠들 수 있게 하여야 할 것이며, 우리는 우리의 국가를 받들어 우리의 주체성을 잃지 않고, 성불함을 목적으로 삼아야 할 것이다.

일연대사도 일본국을 위해서 남묘호레엔게교(南無妙法蓮華經)를 먹물을 흘려 혼을 담겠다고 했는데, 하물며 우리들이 어찌 우리 대한민국을 저버리고, 일본과 일본천왕과 일본국민을 받들고 수행하고자 하는가, 참으로 어리석은 일이 아닐 수 없다.

그러므로 "실상묘법연화경(實相妙法蓮華經)" 제목을 봉창할 것을 강력하게 주장하는 바이다.

실상묘법연화경에는 자국과 타국이 없음이다.

3) 실상묘법연화경 제목 창제

우주 삼라만상이 실상이요, 부처님의 만법이 실상이라.

실상은 여래행이라.

실상의 법은 묘법연화경 이십팔품이요, 묘법연화경 이십팔품은 팔만대장경이라.

묘법연화경 다섯 자는 모든 경의 골수요, 이(42년경) 금(무량의경) 당설(열반경) 중 제일이며, 경중의 왕이라 하심이다.

묘법연화경 여래수량품 제16에서 "말법에 모든 중생들이 즐거이 놀 곳이니라"라고 부처님께서 말씀하셨으니 어찌 다른 곳에 눈을 두겠는가?

묘법연화경은 실상의 도리를 밝히심이라. 그러므로 실상묘법연화경이라 함이다.

열반경 권4. 사상품에, 여래가 스승으로 하는 것은 곧 법(法)이니라. 그러므로 여래가 공경 공양하느니라.

법화경은 금경(金經)으로서 석가모니부처님 일대사인연의 대법(大法)이라.

문저가 원만하므로 문상이 원만하니 색상문자이며, 색상문자가 원만하므로 여래라 하니 곧 실상이라.

두두물물이 여래이며, 여래 아님이 없으니 이것이 또한 실상이로다.

천태대사 가로되, <u>실상이란 실상의 심리(深理)가 본유의 묘법연화경이니라.</u>

일연대사 가로되, 실상이란 적문에 기인하고, <u>실상의 심리인 본유의 묘법연화경은 본문의 법문이며, 실상은 나무묘법연화경의 이명(異名)이니라.</u>

실상이 본래부터 갖추고 있는 깊은 이치가 묘법연화경으로서, 본문의 법이기 때문에, 실상이라 함은 묘법연화경을 더욱 강하게 드러내는 데 있고, 묘법연화경을 드러내는 것은 부처님의 대자대비하신 마음이 아니고서는 드러내서 남에게 주지 않으며, 남에게 준다는 것은 모두를 다 성불시키고자 하는 부처님의 대자비의 마음으로서 이 묘법연화경이 아니고서는 불성불(不成佛)이니, 드러내는 것은 곧 대자비심으로서 여래행(如來行)인 것이다.

실상묘법연화경의 제목을 창제하는 것은, 중생의 입장에서가 아니고 여래의 입장이다.

　모두가 다 부처님의 마음이 나의 마음이 될 수 있도록 하고
자 하는데 그 큰 뜻이 곧 여래의 입장인 것이다.

　방편품에서 부처님께서 이 묘법연화경을 수지하면 즉신성불
한다고 하시고, 한 사람도 성불하지 못하는 사람이 없다고 하
심이다.

　일연대사는 의구전 권 하에서, 이 묘법등의 오자를 말법, 백
법은몰의 시에 상행보살이 출세하시어 오종의 수행 중에는 사
종을 약하고, 오직 수지의 일행으로써 성불하리라고 경문에 엄
연히 있느니라 라고 하셨는데, 분명히 오자 칠자라고 나타내었
으니, 앞에 나무(南無) 또는 실상(實相)을 올리고 제목을 부르는
것은 그 나라에 있어서 역사와 문화 또는 국민의 정서에 따라
서 바르게 선택하라고 일연대사께서도 말씀하신 것이다.

　불설관보현보살행법경(법화삼부경의 결경)에서
　'너는 응당 대승의 인을 관할지니 대승의 인이라 함은 법의
실상이니라.'
　'석가모니불은 비로자나 변일체처라고 이름하느니라.'
　'한량없이 수승한 방편은 실상을 생각하는데서 얻느니라.'
　'마음의 뿌리는 원숭이와 같아서 잠시도 쉬는 때가 없나니 만
일 절복하고자 하면 응당 부지런히 대승을 외우고 부처님의 위
없이 높고 바르게 깨달으신 몸과 힘과 무외로 성취하신 바를
염할지니라.'

제목봉창의 십종 공덕

1. 일체제불의 호념 공덕
2. 모든 보살의 수호 공덕
3. 금강팔부 옹호 공덕
4. 무명업장 멸진 공덕
5. 일체고난 소멸 공덕
6. 복덕지혜 구족 공덕(복과 덕과 지혜를 구족함을 얻는 공덕)
7. 선성소원 성취 공덕(남보다 앞서 성인에게 갈 수 있음을 성취하는 공덕)
8. 제불만덕 원만 공덕(모든 부처님의 덕이 원만하게 갖추어짐을 성취하는 공덕)
9. 수의수생 자재 공덕(나고 싶은 곳에 다시 태어남이 자재함을 성취하는 공덕)
10. 광도중생에 무궁한 공덕(모든 중생이 무량한 공덕을 성취하는 공덕)

제목을 부르는 것을 사이비라는 일부 스님이 있으나, 불교는 부처님의 가르침으로, 부처님께서 말법에 제목을 홍통 하도록 부촉을 하신 것은 거짓이란 말인가,

법화경의 말씀 곳곳에서 제목의 뜻을 나타내었건만 이해하지 못하고 방법(謗法)을 저지르고 있으면서, 방법을 저지르고 있다는 것을 모르고 있는 것이다.

천태대사께서는 때가 되지 않아서 제목을 유포하시지 않았으며, 그 증거는 대장경에서 제목을 나타내었음이다.

19. 제목을 부르라고 하신 증문

1. 관무량수경 하품하생-대승경의 제목을 염송케 하심이다.
2. 석문의범은 우리나라의 고유 의식집으로, 화엄경을 대방광
   불화엄경이라 제목을 나타내었다.
3. 열반경 제3권 명자공덕품에 제목의 공덕이 설하여져 있다.
4. 제목을 부르면 사이비라고 하는 일부 스님들이 있으나 불교
   는 부처님의 가르침인데 그렇다면 부처님께서 말법에 제목
   을 홍통하도록 부촉하신 것은 거짓이란 말인가.
   묘법연화경의 경문 곳곳에서 제목의 뜻을 나타내었건만 이
   해하지 못하고 방법을 저지르고 있으면서도 방법임을 모르
   고 있는 것은 안타까울 뿐이다.

   천태대사께서는 때가 되지 않아서 제목을 유포하지 않았으며,
그 증문은 대장경에서 제목을 나타내신 것임을 알 수 있다.
   상법결의경에서, "모든 악비구가 혹은 선(禪)을 수(修)하여 경
론(經論)에 의(衣)하지 않고", "스스로 자기의 사견을 세워서 비
(非)로써 시(是)라 하며, 이는 사(邪), 이는 정(正)이라고 능히
분별하지 못하리라."
   "두루 도속(道俗)을 향해서 이와 같이 말하되, 나는 능히 이
를 알고 나는 능히 이를 본다고. 마땅히 알라, 이 사람이 속
히 나의 법을 멸(滅)하리라."

20. 불보살의 명호와 묘법연화경의 승열

묘법연화경의 제목을 부르는 것은 어렵다.

그러나 나무아미타불 또는 불보살의 명호를 부르는 것은 쉬운 일이다.

문자(文字)의 수(數)도 그 뜻이 크지만 경마다 공덕의 승열은 크게 다르다.

무량의경에 "문사수일 이의각이(文辭雖一 而義各異)"라, 즉 "말은 같을지라도 그 뜻은 각각 다름이 있느니라." 가 증문이다.

제불의 명호는 와력(瓦礫)과 같고, 법화경의 제목은 여의보주와 같다.

이 증문은 무량의경 설법품에서 "사십여 년 동안에 설함은 진실이 아니니라."

부처님의 가르침 중에 대·소·권(방편)·실(진실)도 분별하지 못하면서 불교를 아는 것처럼 생각하고, 부처의 명호를 외도(外道)등에 상대(相對)해서 여의보주에 비유한 방편의 경문을 보고, 묘법연화경의 제목을 여의보주에 비유한 경문과 말이 같다고 해서, 염불 등 불보살의 명호와 묘법연화경의 제목은 우열이 없이 동등하다고 생각한 것이다.

부처의 명호를 부르는 것과 묘법연화경의 제목을 부르는 것을 같다고 생각하고,

부처의 명호가 가장 존귀하다고 해서 부처의 명호를 부르기 때문에, 세간의 사람들은 하루에 부처의 명호를 수없이 부르지만, 묘법연화경의 제목은 일생동안 단 한 번도 부르지 않는 것이다.

세상에는 지혜롭지 않는 자가 자기 스스로 지혜로운 것처럼 생각하고 있다.

이런 사람들은 불교를 바르게 분별하지도 못하기 때문에, 불보살의 명호와 묘법연화경의 제목을 부르는 것을 같다고 하거나, 아예 일본종교라고 매도하고 사이비라고 하면서, 묘법연화경에는 제목을 부르라고 하신 구절이 한 자도 없다고 하는 것이다.

이것은 부처님의 가르침 중 대·소·권(방편)·실(진실)을 모르기 때문이다.

또한 제사들의 글 중에서 설사 나와 있다고 하더라도 이것이 관심(觀心)의 석(釋)인지, 아니면 적당하게 한 말인지 반드시 경문에 의지해서 바르게 해석하고 분별해야 한다.

열반경에 제6에서 부처님께서는 말법에 반드시 네 군데 의지하라고 의지처를 정해 주신 것이 있으니 네 가지 중에서 첫 번째로 "법에 의지하고 사람에 의지하지 말라" 법이란 묘법연화경이요, 사람이란 옛 조사, 선사, 논사를 지칭하신 것이다.

대집경 제55에서 부처님께서 월장보살에게 이르시되, (여래멸후 제오 오백세, 백법은몰 투쟁견고시대) "내가 멸도한 후 처음 오백 년 중은 바른 수행으로 해탈이 견고한 시대이며, 다음 오백 년 중은 바른 수행으로 선정삼매에 견고한 시대이고, 다음 오백 년 중은 바른 수행으로 독송다문이 견고한 시대이며, 다음 오백 년 중은 탑과 절을 많이 세워 견고한 시대이고, 다음 오백년 중은 나의 법 중에서 투쟁이 언송하여 백법이 은몰하리라. 이때에는 수염과 머리를 깎고 몸에 가사를 입었으나 계를 파괴하면서 법대로 수행하지 않고 비구라는 이름만을 가질 뿐이니라."

이 뜻은 말법오탁악세에는 사람의 마음이 악해져서 힘과 싸움으로 다투기를 즐겨하고, 정법과 상법시대에 홍통 되어온 진언. 염불. 율. 선종 등의 백법인 방편설법인 경전의 불보살의 명호에만 의지하는데, 말법에는 불보살의 명호로는 이익이 없으므로 방편의 경전은 은몰할 것임을 나타내신 말씀이다.

묘법연화경 약왕보살본사품 제23에서, "내가 멸도한 후 후오백 세 중 널리 선포하고 유포해서 사바세계에 악마와 마민과 모든 하늘과 용 야차 구반다 등이 그 편리를 얻는 일이 없도록 하라. 수왕화야 너는 마땅히 신통력으로써 이 경을 지키라. 어찌하여 그러한고 하면, 이 경이 염부제 사람들의 병에 좋은 약이기 때문이니라."

정토종에서 말법 만년에는 일체경은 다 멸하고 오직 미타경 일경만이 남는다고 하고, 대집경을 인용해서 말하기를 "당금말법은 오탁악세이므로 오직 정토 일문만이 통입해야 할 길이라고 하였는데, 대집경에는 이런 문구가 한 자도 없다.

이 말은 선도화상이 "불멸후 일천 년(정법·상법)의 백세(중생수명)"를 "말법만년"이라고 하고 "말법만년 동안 미타경만이 남는다"고 한 말을 믿고서 하는 것임을 알아야 한다.

그러므로 말법에 있어서 모든 부처의 명호는 외도와 제천선신과 이승, 그리고 보살의 명호에 비교하면 와력(瓦礫, 밝음이 없는 기와나 돌)과 여의보주와도 같다.

그러나 제불의 명호의 공덕과, 법화경 제목의 공덕을 같다고 생각하고, 모든 경전은 다 동일하다고 생각하는 것은 무간지옥을 벗어날 수 없는 사람들이다.

천태대사의 지관5에, "설사 세상을 멀리하는 자(者)도 하열의 승(乘)을 즐기고, 지엽(枝葉, 나무가지와 잎)을 반부(攀付, 붙잡고 기어오르는 것)함과 같으며, 개(犬)가 천한 종을 따르는 것과 같고, 원숭이를 존경하여 제석(帝釋)으로 삼는 것과 같고, 힘도 없는 것을 숭배하면서 명주(明珠, 밝은 구슬)와 같다고 하니, 이러한 흑암(黑暗)의 사람이 어찌 도(道)를 논하겠느뇨."

이 뜻은 설사 세상을 싫어하고 출가둔세(出家遁世)하여, 산림에 몸을 숨기면서 명리명문(名利名聞)을 끊고, 오로지 후세를 기원하는 사람들도 묘법연화경의 대승을 수행하지 않으며, 권교하열(權敎下劣)의 승(乘)의 명호(名號) 등에 의지함은 와력과 같은 것을 부르는 것인데도, 이것을 명주(明珠)라고 생각한 벽인(僻人)에다 비유해서 무간지옥에 들어갈 자와 어찌 불도를 논할 것인가 라고 하신 것이다.

묘락대사께서 선주천자경(善住天子經)에 있는 말씀을 들어서 법화경의 심(深)을 나타내어 가로되, "법을 듣고 비방을 일으켜 지옥에 떨어지는 것은 항사(恒沙)의 부처를 공양하는 자보다 낫다."

묘법연화경의 이름을 듣고 비방하는 죄는, 아미타불, 석가불, 약사불 등의 항하사의 명호를 부르는 것보다 오히려 낫다는 뜻이다.

그 이유는 묘법연화경의 제목을 들은 연고로 죽어서 반드시 지옥고와 축생의 고를 다한 연후에는, 다음 생에 사람으로 태어나서 이 인연으로 묘법연화경에 귀의하게 되어 비로소 성불할 수 있기 때문이다.

그러므로 당세의 염불자가 염불을 일만 번 내지 몇 십만 번을 부른다는 등 말하지만, 그것으로는 궁극에는 생사(生死)를 출리(出離)하지 못한다.(일연대사의 설)

만약 금생에 염불을 해서 극락세계에 간다손 치더라도 법화경이 성불의 경이라는 것을 깨닫기 위한 것이지 성불과는 무관한 것이다.

염불 등은 미현진실이기 때문에 정토(淨土)의 직인(直因)은 아니다.

그런데 정토의 정인(正因)을 극락(極樂)에 가서 후에 수행(修行)하리라고 생각, 극락의 직인(直因)이 아닌 염불을 정토(淨土)의 직인(直因)이라고 생각하는 것은 심히 벽안이라고 함이다.

부처님께서 42년 동안 방편을 설하시고 난 후 무량의처삼매(無量義處三昧)에 드셨을 때, 문수보살이 미륵의 질문에 답을 하시되, 과거 일월등명불의 때에 아미타는 16왕자의 한 사람으로서 묘법연화경의 오자를 배워서 깨달으신 후에 부처가 되신 것을 밝힌다.

"모든 여래는 이 묘법연화경에서 나오시느니라"고 명백하게 밝히신 것이다.

아미타불께서 나무아미타불을 불러서 부처가 되었다고는 어느 경문에도 없다.

열반경에서 "모든 여래의 출세문자를 수지하라."

열반경에서 "모든 여래가 공경 공양하는 것은 법(묘법연화경)

이니라."

그러므로 이 묘법연화경은 여래출세의 경이므로 이 경에 공양 공경하느니라.

그러므로 묘법연화경은 "난신난해(難信難解), 믿기도 어렵고 이해하기도 어렵다"고 하신 것이다.

21. 인간의 무한한 가능성

천태대사께서는 한 찰나에 사람의 마음속에 움직이는 삼천 가지의 마음이 들어 있다고 하였다.

삼천이나 되는 마음의 움직임이 일념 속에 모두 다 내재되어 있다는 것이니, 즉 악한 마음을 가질 것인가, 아니면 선한 마음을 행할 것인가에 따라서 많은 변화를 가져올 것이다.

악으로 가느냐, 선을 행하느냐는 이 일념에 있는 것이다.

한 마음 잘못 먹으면 평생을 후회하게 되며, 한 마음 바르게 가지면 나날이 즐겁다는 것이다.

부처님께서도 악과 선을 다 가지고 계셨지만, 악을 멀리 하시고 선을 행하시므로 부처님이 되신 것이다.

이렇게 일념으로 부처도 되고, 악인도 되고, 과학자도 되고, 사업가도 되는 것이다.

하나의 마음이 이렇게 다른 결과를 가져오는 것이다.

이 중에서 가장 중요한 것은 부처가 되는 것이다.

사업가가 되든지 과학자가 되든지 모든 인간은 부처가 될 것을 서원하고 살아가야 하리라.

부처가 되기 위하여 부단한 노력을 진행함으로 그 과정에 과학자도 사업가도 되는 것이기 때문이다.

인간으로 태어난다는 것은 부처가 되는 기회를 부여받은 것이라고 생각한다.

그러므로 찰나에 마음이 무한한 힘을 갖추고 있음을 알고, 이 개체가 갖추고 있는 무한한 힘을 통찰함으로써 깨달음이 실현되는 것임을 알아야 할 것이다.

우리는 세존의 가르침을 아는 것만으로는 성불할 수 없다.

부단한 노력을 하여 부처로 향하는 마음의 문을 열어, 그 법속으로 들어가 부처를 구하려는 마음을 가지지 않으면 안 된다.

묘법연화경에, 부처님께서 제자들에게 지금까지 갖고 있던 마음을 바꾸게 하기 위하여 말씀하시기를, "사리불이여 모든 부처님의 지혜는 매우 깊고 무량하여, 그 지혜의 문은 이해하기도 어렵거니와, 들어가기도 어려워서, 성문과 벽지불로서는 알 수 없느니라."

특히 벽지불이란 자기 자신 스스로 얻지 못함을 얻었다고 만족하며, 자연의 현상을 보고 스스로의 힘으로 자신만의 편안함을 얻어 그것에 만족하면서 사는 사람을 말하는 것이다.

이 시대에 사는 우리들 모두를 가리키는 말씀인 것이다.

자기 자신만을 생각하며, 자기중심적이고 이기적인 마음에 의한 지혜는 범부중생의 지혜인 것이다.

이 마음을 바꾸어 나가야만 부처의 문에 들어갈 수가 있다.

묘법연화경 방편품에, "5천의 무리들이 자리에서 일어나 물러감이라."

부처님께서 이들을 가리켜, 죄의 뿌리가 깊은 증상만 자로서, 얻지 못한 것을 얻었다고 하는, 건방지고 교만하고 자만하는 자들을 지적하신 것이다.

모르면서 아는 척, 또는 교만하고 자만하는 것은 죄의 뿌리가 깊기 때문이다.

이것은 사람이면서 수라나 축생의 마음이 더 많기 때문이다.

부처님께서는 중생에게 불지견(佛知見, 있는 그대로를 보는 것)을 열어(開), 보이시고(示), 깨닫게 하시고(悟), 들게(入) 하기 위하여 이 세상에 나오심이라.

중생도 부처가 될 수 있음을 깨닫게 하려는 것이다.

우리는 부처 되기를 위하는 마음을 항상 가짐으로써, 불지견을 깨닫고자 하며, 자기 것으로 만들도록 노력해야 할 것이다.

이것은 모든 차별을 없게 하기 위함이고, 모두가 다 부처가 될 수 있다는 가르침이다.

진실한 불자라면 부처님의 말씀을 따라 받들어 가져 행함으로써 우리는 반드시 성불할 수 있다.

이것이 우리 인간의 무한한 가능성이 아니겠는가.

저자와의
협의하에
인지생략

실상연화종·현광사 석동광 큰스님의 법화경 이야기

지금이 그 때라

- 법화경의 이해와 수행 -

2017년 4월 20일 인쇄
2017년 4월 25일 발행

재) 불교교단 실상연화종 · 현광사

저 자 묘일 석 동 광
발행처 현 광 사
　　　　경상북도 경주시 내남면 내외로 1130-16
　　　　전화 : 1588-6634, 054) 773-3763

　　　　현 광 사
　　　　울산광역시 남구 거마로 86

펴낸곳 ㈜ 이화문화출판사
　　　　제 300-2015-92호
　　　　서울시 종로구 사직로 10길 17 인왕빌딩 1F
　　　　02-732-7091~3 (구입문의)
　　　　www.makebook.net

값 18,000원